2022

BLUE BOOK OF

NINGBO DEVELOPMENT

BLUE BOOK OF NINGBO DEVELOPMENT

宁波发展蓝皮书

2022

主编 傅晓

ZHEJIANG UNIVERSITY PRESS
浙江大学出版社

图书在版编目（CIP）数据

宁波发展蓝皮书. 2022 / 傅晓主编. —杭州：浙
江大学出版社，2022.11
ISBN 978-7-308-23288-3

Ⅰ.①宁… Ⅱ.①傅… Ⅲ.①区域经济发展－研究报
告－宁波－2022 ②社会发展－研究报告－宁波－2022
Ⅳ.①G127.553

中国版本图书馆 CIP 数据核字（2022）第 221651 号

宁波发展蓝皮书 2022
NINGBO FAZHAN LANPISHU 2022
傅　晓　主编

策划编辑	吴伟伟	
责任编辑	丁沛岚	
责任校对	陈　翮	
封面设计	周　灵	
出版发行	浙江大学出版社	
	（杭州市天目山路 148 号　邮政编码 310007）	
	（网址：http://www.zjupress.com）	
排　　版	浙江时代出版服务有限公司	
印　　刷	广东虎彩云印刷有限公司绍兴分公司	
开　　本	710mm×1000mm　1/16	
印　　张	23.5	
字　　数	448 千	
版 印 次	2022 年 11 月第 1 版　2022 年 11 月第 1 次印刷	
书　　号	ISBN 978-7-308-23288-3	
定　　价	88.00 元	

目　　录

专题篇

综 合 篇

2021 年宁波经济发展总报告

谢瑜宇　吴伟强　陈珊珊

一、2021 年宁波经济发展基本情况

2021 年以来,面对复杂严峻的外部环境,宁波市上下坚决贯彻落实中央和省市各项决策部署,按照"争先、创优、进位"要求,统筹常态化疫情防控和经济社会发展,经济运行稳中有进,新兴动能加快培育,民生品质持续优化,社会大局和谐稳定,实现了"十四五"良好开局。2021 年,全市实现地区生产总值 14594.9 亿元,同比增长 8.2%,其中,一、二、三产分别同比增长 2.8%、9.8% 和 7.1%,三次产业之比为 2.4∶48.0∶49.6。

(一)三大产业稳中有进

1.农业发展稳中向好

全市蔬菜、生猪、水产品总产量分别同比增长 2%、10% 和 3%,新增国家农业产业强镇 1 个、农业产业化国家重点龙头企业 1 家、国家级农民合作社示范社 3 家、中国美丽休闲乡村 1 个。

2.工业经济发展提质

全市实现规上工业总产值 22107 亿元,同比增长 21.8%;规上工业增加值 4865 亿元,同比增长 11.9%。从重点行业看,通用设备、金属制品、计算机通信电子等行业增长较快,增速分别为 23%、22.5% 和 25%。优势产业提升发展,镇海炼化扩建项目老区改造工程与乙烯装置计划在 2021 年 12 月底引料开工正式投产,万华宁波新材料研究院、吉利极氪工厂等项目相继竣工。

3. 服务业保持发展平稳

全市商贸经济发展较快,实现限额以上商品销售总额 37362.6 亿元,同比增长 28.9%,其中批发业、零售业销售额分别同比增长 29.6%、15.8%。金融存贷增长提速,2021 年 12 月末金融机构本外币存款、贷款余额分别同比增长 13.5% 和 14.1%。交通运输稳中趋缓,水运、公路货物周转量分别同比增长 3.6%、16.9%,宁波港域货物吞吐量、集装箱吞吐量分别同比增长 3.7%、8.6%,除公路运输外,其余增速均呈逐月回落态势。地产销售降幅扩大,商品房销售面积同比下降 13.6%。

(二)市场需求稳中有升

1. 对外贸易增势良好

全市完成自营进出口总额 1.19 万亿元,同比增长 21.9%,全国份额占比提升到 3.1%,其中出口分别同比增长 19.0% 和 27.4%。成为全国首个跨境电商零售进口破千亿城市,建设海外仓 213 个,总面积 271 万平方米。

2. 消费市场持续恢复

全市实现社会消费品零售总额 4649.1 亿元,同比增长 9.7%,通过公共网络实现的零售额同比增长 26.6%。新引进首店品牌 221 家。

3. 投资结构出现分化

全市完成固定资产投资 4304 亿元,同比增长 11.0%,其中工业投资、房地产开发投资分别同比增长 20.4%、14.1%,基础设施投资同比下降 9.9%。实际利用外资 32.7 亿美元,同比增长 32.7%。

(三)三大收入保持增长

1. 财政收入增长较快

全市实现一般公共预算收入 1723.1 亿元,同比增长 14.1%。从税收结构来看,非税收入仅增长 0.3%;税收收入增长 16.8%,其中国内增值税、企业所得税、个人所得税分别增长 11.5%、31.8% 和 26.5%,受房地产市场环境影响,契税及耕地占用税仅增长 2.5%。

2. 企业效益总体良好

全市规上服务业企业利润总额同比增长 31.4%。规上工业企业利税总额、利润总额分别同比增长 9.4% 和 10.2%,亏损面为 17.3%,同比下降 1.8 个百分点。产成品库存处于高位,同比增长 27.2%。

3. 居民收入稳步增长

全市居民人均可支配收入 65436 元,同比增长 9.1%。其中,城镇、农村居民人均可支配收入分别为 73869 元、42946 元,分别同比增长 8.6%、9.7%。从收入来源看,人均工资性收入、经营净收入、财产净收入、转移净收入分别同比增长 7.2%、6.0%、15.4%和 17.6%。

(四)新兴动能不断增强

1.科创投入持续加大

实施科技创新"栽树工程",财政科技支出同比增长 16.6%;规上工业企业研发投入同比增长 28.1%;预计全年 R&D 经费支出占 GDP 比重达到 3%左右。甬江实验室揭牌成立,首批 7 个人才项目团队签约落户;获批省部共建农产品质量安全危害因子与风险防控国家重点实验室,关键零部件领域创新成果产业化公共服务平台成为国家级平台,石化智慧供应链平台落户大榭。

2.新兴产业提速发展

全市人工智能、数字经济核心产业、高技术制造业、战略性新兴产业增加值分别同比增长 21.3%、17.5%、16.1%和 14.5%,均高于规上工业增加值增速;新产品产值同比增长 26.3%,新产品产值率达 34.3%;新能源汽车、集成电路、服务器等产量分别同比增长 214.6%、76.5%和 54.2%。

3."双创"主体加快培育

全市新设市场主体 22.1 万户,同比增长 16.7%,增速居浙江省第一,市场主体累计达 119.7 万户。出台推进企业"四上"实施方案,建立"大优强"企业培育库,打造"专精特新"企业梯队,新增国家级单项冠军企业(产品)18 家、国家级专精特新"小巨人"企业 127 家,累计总量分别居全国第 1 和第 3 位。出台科技企业"双倍增"行动计划,高新技术企业总数超过 3900 家。全力打造人才高地,遴选支持高层次人才团队项目 309 个,新增就业大学生首次突破 20 万人,首次入选外籍人才眼中最具吸引力的中国"十强城市"。

(五)社会民生持续改善

1.民生指标平稳向好

深入实施"甬上乐业"计划,城镇新增就业 34.4 万人,城镇登记失业率 2.31%,有 4.8 万人实现失业再就业。居民消费价格同比上涨 2.1%。

2.社会保障持续提升

全市户籍人员基本养老和医疗保险参保率分别达到 99.2%和 99.9%,城乡居民基本养老保险基础养老金标准实现全市统一并提高到 310 元/月。兜底帮扶不断加强,统一全市低保标准,发放低保金、特困供养金、物价补贴等社会救助资金 7.6 亿元,临时救助困难群众超过 2.4 万人次。民生投入持续加大,用于住房保障、社保和就业一般公共预算支出分别同比增长42.4%和6.8%。

3.社会事业稳步推进

落实教育"双减",义务段学校课后服务实现全覆盖。深化国家产教融合试点,66家单位入选省级以上试点培育对象;宁波职业技术学院、宁波城市职业技术学院、浙江工商职业技术学院获批国家级示范性职业教育集团(联盟)。成立东方理工高等研究院。加快建设市疾控中心迁建、市公共卫生临床中心等项目,鄞州人民医院成为全市首家县(市、区)级三甲医院。

总体来看,2021年,宁波市经济延续2020年下半年以来的良好势头,实现了预期发展目标,随着低基数效应逐步减弱,全年经济增速呈现"前高后稳"走势,除消费以外的其他主要指标,两年平均增长率基本接近正常水平。但是从经济运行情况看,仍存在一些问题:一是企业经营压力较大。企业生产综合成本上升、物流瓶颈制约、产业链供应链受阻等问题尚未根本改变,企业利润下滑、小微企业经营困难、企业预期不振等情况依然存在。二是财政收支压力加大。一般公共预算支出高于收入221.2亿元,已连续多年出现收支缺口。三是外贸发展存在不确定性。受海外疫情、国际经贸形势、地缘政治等因素影响,企业订单趋于短期化,订单的持续性面临诸多不确定、不稳定因素。

二、2022年宁波经济形势分析

(一)全球经济复苏势头存在减弱风险

2021年,随着新冠病毒疫苗接种覆盖面的扩大,以及在各国积极财政与货币政策等作用下,世界主要经济体经济呈现明显复苏。2021年,美国GDP同比增长5.7%,为1984年以来的最高值;法国GDP同比增长7%;英国GDP同比增长7.2%,超过了疫情前水平;德国GDP同比增长2.7%,但仍比2019年低2个百分点。此外,俄罗斯GDP同比增长4.7%,印度经济增速达8.3%,巴西达4.6%。

展望2022年,受一系列因素的影响,全球经济复苏进程将面临曲折,如美国等发达国家刺激政策推出、俄乌冲突导致的供应链危机、大宗商品和能源价格上行引起的通货膨胀等等。在俄乌冲突尚未激化的情况下,2022年1月25日,国际货币基金组织在《世界经济展望报告》中,预计2022年全球经济将同比增长4.4%,已较此前预测下调0.5个百分点,预测美国经济今明两年将分别增长4%和2.6%,欧元区经济将分别增长3.9%和2.5%。2月10日,欧盟委员会发布冬季预测报告,预计欧盟和欧元区经济 2022 年均将实现 4.0％的增长,较之前预测下调 0.3 个百分点;而 2023 年经济增速则将分别放缓至 2.8％和 2.7％。

(二)国内经济将保持增中求进

根据国家统计局初步核算数据,2021 我国国内生产总值实现 114.367 万亿元,GDP 增速达 8.1％,两年平均增长 5.1％,经济持续稳定恢复,生产端与需求端不断改善,外贸实现超预期增长,总体增长处于合理区间;并且居民收入与经济增长基本同步,就业形势总体稳定。但是季度 GDP 增速呈现回落,分季度看,一季度同比增长 18.3％,二季度同比增长 7.9％,三季度同比增长 4.9％,四季度同比增长 4.0％。当前,中国经济面临需求收缩、供给冲击、预期减弱等三重压力。

展望 2022 年,中国经济虽仍面临三重压力,但是经济长期向好的基本面没有改变,经济仍然在常态化稳定发展的轨道上,拥有抗风险、抗冲击的能力。从政策层面看,2022 年是党的二十大召开之年,也是"十四五"规划全面落实的一年,随着规划项目的落地,将持续增强宏观经济复苏的动力;国家层面明确将慎重出台有收缩效应的政策,这表明将更多地推进有利于经济稳定的政策;财政政策总体积极,同时更加强调效能;货币政策保持稳健,同时要求保持流动性合理充裕。因此,从经济的基本面与政策面看,如果外部环境保持稳定,那么 2022 年我国宏观经济大概率将扭转 GDP 增速回落趋势并恢复增长,经济下行压力也会得到缓解。

(三)2022 年宁波经济发展面临的机遇与挑战

1. 机遇

第一,高水平对外开放的不断深入推进。经济全球化和贸易自由化依旧是世界经济发展大方向,我国坚持对外开放的基本国策,实行积极主动的开放战略,坚定支持多边贸易体制,深入推进"一带一路"建设,不断深化国际合作。在此背景下,我国对外开放新格局形成的同时,将带来对内对外的新机遇。比如,2022 年 1 月 1 日,区域全面经济伙伴关系协定(以下简称 RCEP)正式生效,RCEP 区域是一个拥有 25 亿人口的区域大市场,经济与贸易增长潜力巨大,这将为宁波市外贸行业带来明显机遇;"一带一路"建设的深入推进,正不断加密我国与中东欧国家的经贸合作往来,宁波推动中国—中东欧国家经贸合作示范区仍大有可为。此外,在制度性开放背景下,自贸区建设在扩大开放上将步子迈得更开,这将加速推动宁波推进浙江自贸区宁波片区和宁波经济技术开发区建设,也更有利于推动新业态新模式的开展。

第二,实施扩大内需战略的机遇。2021 年,我国经济总量超过 114 万亿元,庞大的国内需求是支撑经济发展的稳定动力,也是抵御外部变化与风险的底气。实施扩大内需战略,是构筑"双循环"新发展格局的重要内容,也是国家推动经济发展稳中求进的重要政策发力点,尤其是在释放消费需求、促进投资增长、保障和改善民生等方面。宁波在港口、工业、外贸等方面拥有相对比较优势,通过利用好内外贸一体化等扩大内需的政策,将推动企业开拓国内市场,拉动项目投资,进而更好地促进国内国外两个市场、两种资源的利用。

第三,国内科技自主创新进入更快发展周期。受复杂的外部环境、疫情冲击等影响,"十四五"规划把坚持创新驱动发展放在前所未有的重要地位。从现实看,也唯有科技创新才能占领未来制高点;当前在半导体、高端装备、软件、数据库、生物医药等产业的国产替代方面拥有广阔市场,互联网和创新技术与生产、消费等将不断地深度融合并催生新基建与数字经济,而人工智能更是有望引领第四次科技革命。随着近几年宁波在创新要素上的大力度投入,经济发展的新兴动能和创新动能在持续增强,这将有力地促进产业基础高级化、产业链现代化,促进产业加速顺应疫情后新平台、新工具、新服务、新渠道等新商业模式的发展,进而推动经济高质量发展

2.挑战

第一,城市新旧动能需要加快接续转换。当前,我国经济进入新常态,需要城市主动适应速度变化、结构优化、动力转换的调整。从发展趋势看,我国经济正加速从传统要素驱动走向创新驱动,从出口导向型走向双循环新发展格局,从高耗能粗放投入走向低碳绿色发展。这就需要宁波主动作为去适应调整,比如,要更快地推动发展好内外贸一体化,要坚持在"房住不炒"前提下创新推动城市有机更新,要在碳减排工作下推动产业低碳绿色发展,要在保持经济活力下推动产业基础高级化和产业链现代化。只有系统推进,才能加速实现新旧动能的接续转换,提升城市竞争力。

第二,城市需要更有韧性来抵御各类风险。2021 年,宁波经济总量突破 1.4万亿元,经济呈现活力足、有韧性的特点。当下,会给宁波经济发展带来较大影响的还是各类风险挑战。比如,在西方主要国家很可能全面放开疫情防控下宁波市疫情防控常态化的保持,以及要研判产业链、供应链的调整风险;俄乌冲突对全球经济影响的不确定性,以及对宁波市外贸行业带来的影响;全球持续性通货膨胀对宁波市企业的持续性影响;根据《2022 年全球风险报告》,极端天气事件频发,居全球十大风险首位,宁波需要更主动地提升应对台风等极端天气的能力。

三、2022 年宁波重点行业发展趋势分析

（一）工业重点行业发展趋势分析

1. 汽车行业将实现恢复性增长

受芯片短缺影响，2021 年全国单月汽车产量连续 9 个月出现同比下降，市场需求受到压制。展望 2022 年，随着供给端的逐步恢复，市场成交有望回暖。从供给端看，研究机构普遍预期缺芯问题将得到缓解，随着原材料价格见顶回落，汽车供给状况将会显著改善。从需求端看，汽车市场的置换需求将显著提升，2021 年，3—6 年、7—10 年车龄二手车占交易总量的 1/3 和 1/4 左右，为近 5 年来较高水平；在汽车产能恢复后，因缺芯而被压制的消费需求也将得到释放。全国乘用车市场信息联席会预计，2022 年国内乘用车市场销量将同比增长 5%，增速高于 2021 年水平。从重大项目看，随着吉利极氪工厂项目等一批汽车类重大项目竣工投产，汽车行业发展有望得到增量支撑。综合判断，在行业供需回升、项目新增量的支撑下，宁波市汽车制造业有望加快增长。

2. 石化行业基本面稳中趋缓，但新项目支撑有力

从上游原材料看，油价将处高位，受美国限制页岩油开发政策影响，原油供给端收缩，加上地缘政治局势动荡，预计 2022 年全球原油需求缺口约 200 万桶/天，布伦特原油价格将高位震荡。煤价将处于合理区间，由于我国着力打击资本恶意炒作，并积极增加煤炭产能平抑市场价格，煤价预计在一定范围内震荡波动，但因油、气价格居高难下，作为替代性能源，煤价仍然具有潜在上行动能。从下游需求看，石化产品应用领域十分广泛，与宏观经济需求紧密相关，在经济下行压力加大、海外订单回流的背景下，需求端总体呈现稳中趋缓的态势。从市场供给看，石化行业属于高耗能行业，在"双碳"、能耗"双控"政策导向下，现有产能节能减排压力较大，新增产能审批难度较大，产品供应量将保持平稳或有所回落，但随着海运环境的逐步改善，进口石化产品将会弥补一定的供应缺口。从新增量看，镇海炼化、逸盛新材料 2 期等一批重大项目陆续投产，有望带来近千亿产值增量。总体来看，石化产品供不应求的紧张局面将在 2022 年得到明显缓解，产品价格有望下行，企业效益水平预计出现回落，但由于新投产项目体量较大，将对行业增长形成较强支撑。

3. 纺织服装业增长动力减弱

2021 年以来，随着疫情得到有效控制，宁波市纺织服装业逐步复苏，但受下

半年疫情反复、国际物流受阻等影响,生产有所趋缓。展望 2022 年,企业供给能力提升受限,市场需求有所收缩。从生产端看,原材料价格回落、海外供应链修复有利于降低企业成本压力,但是纺织服装行业属于高耗能行业,能耗"双控"政策对企业生产的影响仍将持续。从需求端看,随着疫情后期东南亚生产的逐渐恢复,宁波市企业的部分订单预计将流向海外,江浙地区织机开工率从 7 月下旬高点逐步回落,降至年底的 51.89%,回落幅度达 24.58 个百分点,同比下降 23.76%;国内需求相对疲软,全国服装鞋帽、针纺织品类零售额同比下降 2.3%。总体来看,2022 年,宁波市纺织服装业发展动力将有所趋弱,在高基数因素影响下,预计产值将有所下降。

(二)服务业重点行业发展趋势分析

1. 商贸经济将有所回落

2021 年,宁波市商贸经济的快速增长主要得益于大宗商品价格的快速上涨。2022 年,随着补库存周期逐步见顶,预计市场库存回补的需求将明显减弱,但大宗商品价格将出现分化,石油、天然气价格有望继续高企,铁矿石、铜等原材料价格将出现回落。总体来看,受俄乌冲突等因素影响,大宗商品价格仍有上行空间,但市场运量需求减弱,商贸经济增长动力会有所不足,叠加高基数因素,预计 2022 年宁波商贸经济将呈现弱增长或负增长态势。

2. 交通运输将有所放缓

2021 年,受海外港口拥堵因素影响,海外航运流通不畅,进而传导至公路、铁路领域的运输,但航运价格快速上涨,航运企业效益良好,为全行业增加值增长提供了较强支撑。2022 年,交通运输业将呈现"量升、价跌"的局面,随着海外港口拥堵问题的逐步缓解,海运价格将出现回落,货运量有望实现增长,但受海外订单回流、全球经济复苏边际减弱等因素影响,运量增长空间较为有限。总体上看,交通运输行业仍有望保持增长,但增速将明显低于 2021 年的水平。

3. 金融存贷增长分化

虽然国家货币政策预期总体偏宽松,货币市场将保持较好的流动性水平,但贷款需求将出现明显放缓。从房贷需求看,由于房市快速趋冷,土拍市场冷淡,房贷需求将明显下降,结合 2021 年住宅成交前高后低的走势,预计房贷的最大降幅将出现在一季度。从企业需求看,受原材料价格回落影响,企业用于购置原材料的信贷需求将出现回落;由于盈利改善,短期经营性贷款需求将减少;去库存周期中,企业投资意愿减弱,用于项目投资或设备改造的资金需求将减少;房企投资意愿显著下降。总的来看,一方面,金融信贷增速将显著放缓,不排除出现负增长的可能性;另一方面,在居民购房、企业投资减量的背景下,储蓄需求有望提升,将支撑存款增速稳中趋升。

综合来看,在需求收缩、供给冲击、预期转弱三重压力下,经济存在较大下行风险。其中,工业经济在重点行业以及新投产重大项目的支撑下,有望保持平稳增长;服务业经济受商贸、房地产等行业回调影响,将呈现稳中趋缓态势。但也要看到,2021 年底的镇海疫情拉低了全年基数,将对 2022 年的经济增长产生积极影响,预计 2022 年全市 GDP 将同比增长 7% 以上。

四、2022 年宁波经济发展展望与对策

(一)着力提升科技创新能力

1. 做好开放揽才工作

要以超常规举措、超常规力度实施人才强市战略,加快建设世界重要人才中心和创新高地战略支点城市。做强聚才平台,下大力气打造甬江两岸科创区,壮大高校院所动力源,筑强企业引才用才主阵地。优化人才结构,加快引进高端人才,大力聚集青年人才,着力培育产业人才,深入实施甬江引才工程、宁波工匠培育工程,深化宁波青年友好城市建设,打造支撑高质量发展的创新型人才队伍。

2. 推进关键核心技术攻关

要不断推进强链、补链,增强产业链供应链韧性,集中力量解决汽车等领域的芯片短缺问题。动态更新重点产业链图谱,找出空白点和弱项短板,精准施策,持续支持关键核心技术攻关。聚焦新材料、人工智能、新能源、工业互联网等重点领域,加快实现一批产业核心技术突破。加大财政支持基础研究力度,健全鼓励支持基础研究、原始创新的体制机制。

3. 加大对创新主体的扶持力度

要发挥企业创新主体作用,不断提高企业研发费用加计扣除比例。加大优质科技型企业培育力度,争取在国家级制造业单项冠军、雄鹰企业、专精特新"小巨人"企业、独角兽企业的数量上有较大突破。

(二)着力促投资稳企业保增长

1. 加快扩大有效投资

举全市之力招引大项目、好项目,以链式招商促进宁波市战略性新兴产业的培育。抢抓能耗政策调整的机遇,如新增可再生能源的电力消耗量不纳入地方能源消耗总量考核,超前谋划、主动争取,落地一批过去由于能耗制约很难落地

的重大产业项目。适度超前开展基础设施投资,加快推进一批事关城市长远发展和安全保障的港区、航道、铁路、轨交等,同时积极布局以新网络、新设施、新平台为代表的"新基建"项目。

2.继续支持企业稳定发展

在疫情常态化背景下,要实施新的减税降费政策。强化对中小微企业、个体工商户、制造业等的支持力度。引导金融机构加大对实体经济特别是小微企业、科技创新、绿色发展的支持。推进普惠金融改革试验区建设,深化融资畅通工程。深化国家保险创新综合试验区建设,完善保险全要素生态体系。构筑"一十百千"企业服务网络体系,迭代升级"甬易办""企报通"等应用,通过数字化改革提升政务服务效能,提高为企服务便利度。

3.全面落实就业优先战略

要深入推进"甬上乐业"2.0 版,进一步加强全方位全链条就业政策精准供给,促进高校毕业生、农民工、就业困难人员就业。支持灵活就业,从政策、渠道、服务等多方面进行改革探索,走在全省、全国前列。

(三)着力扩内需促消费

1.持续激发消费活力

要积极创建国际消费中心城市。推动传统消费扩容提质,加快出台新能源汽车、绿色智能家电、绿色建材下乡等政策,实施"十百万"消费提振行动。大力培育消费新热点、新场景,做强"首店经济""首发经济",扩大数字生活、公共服务等新型消费规模。加快发展夜间经济,促进夜间经济和城市文化深度融合。增加高品质消费品的供给,如引进高端养老产品、改造提升精品文旅线路、扩大优质消费品进口等。

2.持续升级消费平台

要高水平建设一批高品质步行街,将老外滩国家级示范步行街打造成城市地标。做强泛三江口商圈、东部新城商圈、南部商务区商圈等几大城市核心商圈,完善市县两级商圈,创建一批商贸特色镇、示范村。加强消费基础设施建设,提升重要商圈与地铁、公交的接驳频次,优化社区商业网店布局和流通网络,高水平建设首批国家级一刻钟便民生活圈试点。

3.持续优化消费环境

要探索设立消费促进专项资金,面向文旅、餐饮、汽车等领域发放一批消费券,活跃消费市场。深化收入分配改革和公共服务领域改革,提振消费信心。强化消费者权益保护。

（四）着力推进高水平对外开放

1. 探索制度型开放，搞好"双区"建设

要放大中国—中东欧国家经贸合作示范区带动效应，办好第三届中国—中东欧国家博览会，争创中国—中东欧国家贸易便利化试验区。高水平推进浙江自贸区宁波片区建设，在投资便利化、贸易自由化、油气全产业链等领域形成一批全国首创、牵引全局的制度性改革成果，推动自贸区改革成果向示范区覆盖。推动"双区"联动，发挥政策叠加优势。

2. 继续深入实施"225"外贸双万亿行动

要推动外贸提质增量。抢抓 RCEP 全面生效的机遇，积极扩大进口，建设具有全球影响力的进口消费品集散中心、配送中心、交易中心。健全以订单为导向的生产与贸易一体化模式。大力发展数字贸易、跨境贸易、服务贸易等新业态新模式，加快独立站、海外仓等新型贸易基础设施建设。强化内外贸一体化发展，培育壮大内外贸双循环企业。

3. 提高城市国际化水平，打造国际一流营商环境

要加快推进城市基础设施国际化，建设一批高水准学校、医院、社区，积极举办国际化论坛、峰会等活动，深化国际经贸、投资、科技、人文等交流合作，加强城市国际化宣传营销，提升城市的国际影响力和知名度。

（五）着力推动绿色低碳发展

1. 有序推进碳达峰碳中和

要坚持先立后破、通盘考虑，既不搞"碳冲锋"，也不搞运动式减碳，优化落实碳达峰行动方案，扎实推进碳达峰十大行动，着力打造节能改造、绿色建造等十大标志性工程。落实全面节约战略，推进资源节约集约循环利用，倡导简约适度、绿色低碳的生活方式。深化电力市场化改革、油气体制改革等，推进可再生能源、氢能、储能等产业发展，提升能源安全保障能力。

2. 强力推进数字经济做大做强

要实施数字经济"一号工程"2.0 版，推进数字经济核心产业提质扩容，大力发展集成电路、新型数字元器件、数字智能终端、电子信息材料等四大数字制造业，以及互联网及软件信息服务、数字产品及互联网批零服务、数字内容服务、新型数字基础设施等四大数字服务业。推进规上企业全流程数字化改造，加快"5G＋工业互联网"推广扩面，打造工业互联网领军城市。

3.加速推进传统制造业绿色转型

要全面实施新一轮"腾笼换鸟 凤凰涅槃"行动,深化制造业全域产业治理,加快老旧、低效工业区的改造和小微企业园的提升,淘汰整治一批低效企业。深化实施绿色示范创建,完善制造业碳达峰指标体系和政策。

作者单位:宁波市社会科学院

2021年宁波社会发展总报告

邵一琼

2021年是开启"十四五"时期全面建设社会主义现代化国家新征程的第一年,也是宁波高质量发展建设共同富裕先行市的开局之年。这一年来,宁波投入700多亿元资金,开工建设39个浙江省共同富裕集中项目,加快打造"善育""优学""健康""颐养""安居""保障""温暖"等七个"浙里甬有"幸福民生品牌。宁波在促进全体人民共同富裕方面迈出了新的步伐,教育条件保障水平、教育公平水平位居全国前列,奥运金牌数居中国城市之首。2021年,宁波入选健康中国行动创新模式首批试点城市,并成功推行租赁住房和共有产权住房试点。第12次捧得"中国最具幸福感城市"奖牌,给予市民满满的归属感和幸福感。

一、2021年宁波社会发展基本状况

(一)社会事业

1.义务教育优质均衡,高等教育内涵提升

(1)学前教育补短提升

扩大普惠性幼儿园资源,2021年新增公办幼儿园30所,普惠性在园幼儿占比达91%。县(市、区)逐步撤并准办园9所,二级及以上幼儿园在园幼儿占比达73%。组织学前教育干部、教研员及骨干教师等赴南京培训,宁波市名园长、特级教师、名师、骨干教师等赴苏州蹲点学习,进一步提高宁波学前教育管理者的领导力和骨干教师的专业水平。开展2021年全市学前教育教研责任共同体评估,评选出11个先进教研责任区、42个先进教研辅导园、34名优秀兼职教研

员。江北区、北仑区通过浙江省学前教育普及普惠县评估。

（2）基础教育提档升级

截至 2021 年 12 月底，宁波共有小学 418 所，在校学生 53.8 万人；初中 238 所，在校学生 22.2 万人；普通高中 84 所，在校学生 9.9 万人。落实"双减"政策，全面推进中小学课后服务工作，形成对象全覆盖、主体全协同、五育全融合、成本全公益、培养全链条"五全"新模式，实现义务段学校 100% 全覆盖。北仑区、奉化区通过浙江省义务教育优质均衡发展县评估。结合新课程新教材，落实普通高中教学改进计划，开展普通高中分类统测，推进普通高中高质量发展。

（3）高等教育内涵提升

截至 2021 年 12 月底，在甬高校共计 16 所，全日制在校学生 1.83 万人；拥有国家级一流本科专业 39 个（2021 年新增 22 个），省级一流本科专业 53 个（2021 年新增 17 个），其中宁波大学获批 14 个国家一流专业。浙江药科职业大学挂牌，填补了宁波职业本科的空白。宁波工程学院杭州湾汽车学院获批教育部首批现代产业学院；宁波工程学院、浙大宁波理工学院、浙江万里学院获批浙江省现代产业学院；宁波职业技术学院牵头的宁波智能制造职教集团等 4 家职教集团入围国家示范性职业教育集团（联盟）培育单位。

2. 医疗改革持续推进，智慧医疗不断深化

（1）医疗改革持续推进

纵深推进"三医联动""六医统筹"改革，深入探索医保支付方式、医保总额打包等改革进展，深化公立医院薪酬制度改革，创新推出"天一甬宁保"等补充医疗保险。稳步实施医保按 DRGs 点数法付费改革，严格控制公立医院费用增长。截至 2021 年 12 月底，全市公立医院门急诊均次费用同比下降 5.26%，住院均次费用同比下降 0.03%；医疗服务收入占比 32.01%，同比提高 1.4 个百分点。

（2）智慧医疗不断深化

推进新一代全民健康信息平台建设，归集 194 亿条数据，健康档案质量居浙江省第一，大数据版健康档案累计调阅 100 万次。加强健康大脑安全中心建设，互联网统一出口覆盖 10 个区（县、市）230 家医疗卫生机构。依托云医院平台，为患者提供"云咨询""云诊疗""云护理""云药房"和"云健康管理"等多项线上医疗卫生服务。截至 2021 年 12 月底，全市提供互联网咨询、问诊服务 46.1 万人次，开具电子处方 39.2 万张，药品配送服务 23.5 万人次，居家护理服务 1.04 万人次。"甬 e 保"作为浙江省数字化改革优秀案例得到省委主要领导表扬。

3. 全民健身广泛开展,赛事成绩持续突破

(1)全民健身广泛开展

全民健身设施不断完善,宁波 317 个新建住宅小区同步配建体育设施,新增体育设施面积约 17.1 万平方米;大力推进 10 个体育公园建设,已建成体育公园 59 个,面积达 225.7 万平方米,市民满意率达 91.9%。截至 2021 年底,全市共有体育场地 27227 个,总面积达 2397 万平方米,人均体育场地面积约 2.5 平方米。全年完成新建(改建)体育公园 12 个,百姓健身房和社区多功能运动场 110 个,足球场(含笼式)10 个。全年体育彩票销售额达 22.6 亿元,比上年增长 15%。

(2)赛事成绩持续突破

2021 年,宁波市共举办全国性及以上赛事和活动 22 项。在 2021 年第 32 届东京奥运会上,宁波运动员 7 人参赛夺得 5 枚金牌,创造 1 个世界纪录、1 个奥运会纪录和 1 个亚洲纪录,其中宁波鄞州籍射击运动员杨倩获得"首金",金牌数(与上海并列)居中国所有城市之首。在随后举行的第 14 届全运会上,在竞技体育项目上摘得 20 金、11 银、11 铜,共 42 枚奖牌,成绩居全国第 4、全省第 1。2021 年 6 月,两大"国字号"帆船基地——中国青少年帆船示范基地、中国内湖帆船产业实验基地,正式落户宁波东钱湖。

(二)社会保障

1. 就业形势总体稳定,助企稳岗倾力相助

(1)就业形势总体稳定

2021 年,全市新增城镇就业人员 34.4 万人;全年新增就业大学生 21.6 万人,同比增长 30.1%。创新政策鼓励支持灵活就业,逐步落实新业态从业人员职业伤害保障机制,允许电子商务、网络约车、网络送餐、快递物流等从业人员按规定先行参加工伤保险;发放灵活就业社保补贴 1.96 亿元,惠及近 9 万人次。2021 年 5 月 24 日,李克强总理考察了中国宁波人才市场并对宁波就业工作给予了肯定,指出"宁波对灵活就业人员的支持政策值得好好总结"[①]。相关经验被国家发改委在全国推广。

(2)助企稳岗倾力相助

2021 年,全市新增高技能人才 8.2 万人,累计达 63.3 万人;新建技能大师工作室 15 家,累计 115 家;全年全市完成技能人才培训 42.3 万人。加强校企合

---

① 《李克强考察宁波人才市场,问得最多的是灵活就业》,中国政府网,2021 年 5 月 25 日,http://www.gov.cn/govweb/premier/2021-05/25/content_5611296.htm。

作拓展用工,邀请全国 32 家应用型院校和技能培训机构来甬参加校企合作大会,与企业和学校达成合作意向 200 余家次;多次组织企业赴西华大学、浙江广厦职业技术大学、山西农业大学等院校开展精准化实地对接,邀请安徽、江西等地的职业学院赴杭州湾新区等地考察企业、洽谈合作。持续推进线上线下余缺调剂服务,达成意向 7.9 万人次,较好缓解企业用工紧张问题。

2. 住房保障扎实推进,低保救助有力支撑

（1）住房保障扎实推进

建立健全"租购并举"住房供应体系,坚守"房住不炒"定位,推进市、县两级城市主体责任落实,建立完善房地产市场平稳健康发展长效机制,落实"稳地价、稳房价、稳预期"主体责任。扎实推进国家住房租赁试点,全年新增和盘活租赁住房各 2 万套(间)。织密织牢"全域覆盖"住房保障网络,开展共有产权房试点,做好人才安居专用房房源筹集,全力推进房屋征收遗留项目攻坚清零,深化提前还贷"一件事"服务,推广"无证明"办理租房提取公积金业务,探索公积金业务跨区域办理。

（2）低保救助有力支撑

深化专项行动强帮扶,持续开展春风行动、就业援助月等活动,走访就业困难人员 7727 户,2021 年上半年开发保持公益性岗位超 6000 个,确保零就业家庭持续动态归零。加强公益性岗位开发管理,全市开发保持公益性岗位超 6000 个。落实政策兜底线,落实失业保险扩围政策,推进失业补助金政策延长与失业金"畅通领、安全办",发放失业补助金 1.53 亿元,惠及 7.26 万人,人数与金额均居浙江省前列。

3. 慈善募捐再创新高,慈善帮扶更加精准

（1）慈善募捐再创新高

2021 年,全市慈善组织、红十字会系统接收捐赠总额 28.71 亿元,同比增长 62.2%,创历史新高,其中慈善总会系统 10.51 亿元,红十字会系统 1.4 亿元,基金会 16.8 亿元。2021 年,共有 3.9 万人次通过网络捐款 430 多万元,带动线下捐赠 166 万元。宁波探索开展"人人慈善示范区"省级试点,通过政府购买服务、公益创投等多种方式,支持、扶持慈善组织发展。截至 2021 年 12 月底,全市登记认定慈善组织 80 家,获得公开募捐资格 17 家。为了更好应对突发灾害带来的风险,宁波还发起建立了突发灾害应急帮扶慈善基金。

（2）慈善帮扶更加精准

在助学帮扶方面,第十九次"彩虹助学"活动结对 200 名家庭困难的大学生,发放助学金 60 万元;"关爱近视学生"项目支出善款 25.3 万元,1100 名学子受益。在助医帮扶方面,全年救助重大病患者 170 人,支出 368.8 万元;"慈惠童心"项目支出 17.3 万元,受益 10 人;白内障患者复明活动支出 485.9 万元,受益 1981 人;血友病患者项目支出 351.7 万元,受助 1239 人。在助残帮扶方面,在第 31 个全国助残日期间支出善款 30 万元,资助东柳街道阳光驿站、市特殊教育中心学校等机构,主要用于特殊学生午餐补贴、残疾人生活环境及机构设施改善。

(三)社会治理

1.基层治理有序推进,未来社区先行先试

(1)基层治理有序推进

以全国首批市域社会治理现代化试点为契机,完善市级抓统筹、县级负主责、基层强执行的工作体系。建立健全市、区(县、市)、乡镇(街道)、村(社区)、网格五级治理事件分流处置机制,10 个县级指挥中心、156 个镇街指挥室、2841 个村(社区)和 9679 个网格实现全面联通。成功认领中央政法委"智治支撑""法治保障"两个试点创新项目,持续擦亮"村民说事""小微权力 36 条""365 工作法""阿拉一起来"等治理品牌。

(2)未来社区先行先试

加快未来社区建设"1+N"政策体系创新,强化市级部门协同和市县联动,构建"一心三化九场景"。印发实施三年行动计划,开展改造更新、区域化推进、未来乡村等建设模式研究,形成 20 个左右储备项目。稳步推进划船社区、白鹤社区征迁工作,加快推进姜山社区、通山社区项目建设。2021 年,全市创建 61 个未来社区,其中旧改类 51 个、新建类 10 个,打造具有归属感、舒适感和未来感的新型城市功能单元。

2.平安建设根基扎实,矛盾纠纷有效化解

(1)平安建设根基扎实

2021 年,全年全市共发生各类生产安全事故 160 起,死亡 114 人,与前两年平均数相比分别下降 26.4%、26.2%。全年全市共立案查处食品安全各类违法案件 4709 件,其中大要案 10 件,罚没款 3015.9 万元,移送公安机关涉嫌犯罪案件 29 件。全年人民调解组织共调处各类民事纠纷 9.78 万件,调解成功 9.76 万件,成功率达 99.8%。宁波连续 15 年获浙江省平安市称号,10 个县(市、区)实现平安金鼎"全覆盖",海曙区、江北区、象山县成功夺取省平安一星金鼎,余姚市获"平安中国建设示范县"称号。

(2)矛盾纠纷有效化解

完善建立逐级递进的调处化解模式和调解组织网络,推广"网格融调",开展

"流动巡回调解""点单式巡回调解"。深化纠纷调处化解数字化场景应用,3000个人民调解组织信息在"浙里办"向全社会公开,实现纠纷化解"网上随时办、全域就近办、简易快捷办"。提炼推广"五小工作法""阿拉调解""花季关护"等特色亮点。完善县、镇、村三级社会矛盾调解体系,深化全链解纷机制,成立全国首个地市级调解学院,全市三级矛盾调解体系共化解矛盾纠纷4.35万起,化解率达99.97%,满意率达99.96%。

3.社会组织蓬勃壮大,社会工作提质增量

(1)社会组织蓬勃壮大

依托"以社育社"模式和项目化运作方式,引导社会组织积极参与社会服务、社会治理,全市依法登记社会组织超过1万家,宁波文具行业协会等11家社会组织获评浙江省品牌社会组织,23名社会组织人才获评浙江省社会组织领军人物。贯彻落实"双减"工作要求,严格落实社会组织登记审查制度,全市统一登记为非营利性机构的学科类校外培训机构793家,占40.7%。扎实开展打击整治非法社会组织专项行动,推进"僵尸型"社会组织专项整治行动,已引导注销"僵尸型"社会组织113家、撤销16家。

(2)社会工作提质增量

建成50个乡镇(街道)社会工作站,超额42.8%完成省政府民生实事项目建设任务。出台《宁波市乡镇(街道)社会工作站建设管理规范(试行)》《关于全面推进乡镇(街道)社会工作站建设的实施意见》,推动乡镇(街道)社会工作站规范运作、发挥作用。加大社会工作人才建设,全市2021年社会工作者职业水平考试人数首次超2.5万人,居全省第2位,同比增长78.6%,成为全国首批拥有高级社会工作师的地区,实现"零"突破。

(四)社会服务

1.政务服务不断优化,法治政府成效卓著

(1)政务服务不断优化

2021年5月,中央党校(国家行政学院)电子政务研究中心发布《省级政府和重点城市一体化政务服务能力(政务服务"好差评")调查评估报告(2021)》,宁波市以94.49分在全国32个重点城市中位列第3,宁波市网上政务服务能力总体指数连续2年被评为"非常高"(超过90分),宁波的"甬易办"助力惠企政策即时兑现,入围报告专题目录。2021年,浙江政务服务网宁波平台(简称"一张网")提供全市政务服务事项31224个,网上可办率达97.80%,掌上可办率达96.25%,跑零次比例达97.01%,即办件比例达88.05%,承诺时间压缩比达94.93%。群众办事"好/差评"中,主动评价的好评率达到99.99%。

（2）法治政府成效卓著

海曙、江北、鄞州、宁海四地成功创建全省首批法治浙江（法治政府）建设示范区。发布实施《宁波市法治乡村建设促进条例》，发布全省首个乡镇（街道）合法性审查地方性标准，落实乡镇（街道）法治化综合改革试点。推进"无证明（证件）办事之城"、重大行政决策管理、清理行政规范性文件、参与市营商环境投诉监督中心等政府法律事务工作卓有成效。其中象山探索打造行政决策后评估系统入选全省数字化改革重大应用"一本账 S1"目录。

2. 公共服务持续深入，群众文艺蓬勃繁荣

（1）公共服务持续深入

开展第七次乡镇（街道）综合文化站定级工作，全市 150 个文化站参加定级，力争省评一级以上文化站比例超过 80%。对全市 154 个乡镇（街道）综合文化站和 2500 多个村（社区）文化服务中心开展公共文化设施运行管理情况排查。全市新增"天一约书"信用借还服务点 6 个，建成宁波图书馆前湾新区分馆。宁波图书馆入围 2021 年度国际图联公共图书馆奖，实现了中国公共图书馆该奖项零的突破。

（2）群众文艺蓬勃繁荣

"书香宁波日"期间，全市推出"北大名家天一讲堂讲座系列"等 100 余项活动，举办全省第十七届未成年人读书节，形成"省、市、县联动，社会参与"的良好势头。以"百年礼赞·一心向党"为主题组织十大系列庆祝活动，参加线下演出活动的群众近万人，线下观众近 6 万人次，线上观众超 1000 万人次。创排《听见·红色家书》经典朗读会，原创红色甬剧《众家姆妈》《红杜鹃》等党史题材文艺精品，话剧《张人亚》和姚剧《童小姐的战场》入选省文化和旅游厅庆祝建党 100 周年百场舞台艺术作品展演。成功举办"一人一艺杯"全民戏曲大赛和宁波市第五届青年舞蹈演员大赛。

3. 养老服务优化提升，育幼服务迅猛发展

（1）养老服务优化提升

打造"甬有颐养"品牌，每百名老人社会养老床位达到 5.6 张，建成 10 个 5A 级居家养老服务中心，10 个社区（村）确定为老年友好型社区，7 个社区（村）被评为全国示范性老年友好型社区。"青鸟探巢 农村失独老人幸福晚年"志愿服务项目荣获 2021 年浙江省青年志愿服务项目大赛金奖。全面启动老年人防跌倒综合干预项目，试点开展老年失智症防治服务项目。加快完善老年健康服务体系，扎实推进老年友善医疗机构建设，截至 2021 年底，数量达 102 家。

（2）育幼服务迅猛发展

实施"甬有善育"行动,牵头起草宁波落实三孩生育政策和配套措施的相关文件。宁波市卫健委公布的新增 3 岁以下婴幼儿照护服务机构和托位信息数据显示,2021 年全市新增 3 岁以下婴幼儿托育机构 694 家,新增托位 2.5 万个。大力发展 3 岁以下婴幼儿照护服务,全市千人托位数达 2.71 个,高于省考核指标（千人托位数 2.5 个）。2021 年,全市户籍孕产妇死亡率为 0.347‰,婴儿死亡率为 1.72‰,各项核心指标持续低于全国平均水平。宁海县妇保院列入儿童早期发展示范基地国家级试点,鄞州区、余姚市妇保院列入省级试点。

二、2021 年宁波社会发展存在的薄弱环节

总体而言,2021 年宁波社会发展呈现和谐稳定、整体趋好的发展趋势。但是新冠肺炎疫情防控常态化、外部形势复杂化也暴露出我们在基层社会治理体制机制方面尚存在一些亟须重视和解决的薄弱环节,主要表现在以下几个方面。

（一）社会事业资源配置有待优化

以义务教育事业为例。"双减"政策出台后,尽管各地在推进教育公平、教育均衡方面开展了大量实践和探索,但优质学校教育资源供给不平衡不充分问题依然客观存在。为均衡师资配置,提高教育质量,部分地区已经开始探索新一轮教师轮岗改革,但受轮岗范围划定过窄等因素影响,教师资源分配不均问题尚未从根本上得到有效化解。此外,农村优质教育资源相对紧缺、师资队伍总量不足、高层次人才引育难等问题仍然存在。许多农村家长出于对子女教育的殷切希望,纷纷将孩子转学到城区学校,其结果是城区学校学生拥挤、班级规模过大,一个班超过 60 个学生是普遍现象;而农村学校的本地学生流失严重,生源质量下降。同样,像公共卫生、公共体育、社区建设等社会事业也存在不少发展不均衡、不充分从而影响实现共同富裕的问题。

（二）社会保障供需矛盾有待缓解

社保扩面在一定程度上引起企业负担加重。浙江省计划自 2023 年起大力推进参保扩面,并列入各地级市政府考核。宁波以民营企业发展为主,中小微企业较多,受中美贸易摩擦、新冠肺炎疫情等影响较大,参保缴费、夯实基数积极性不高,推进扩面可能加重部分企业负担,引发生产经营困难等问题。就业结构性矛盾逐步凸显。受生产扩大、限电双控、原料价格上涨、薪资竞争优势弱等影响,员工收入减少,提早返乡和失业人员增加,企业用工短缺更加明显。与此同时,

网上购物的发展,吸引了从其他产业中释放出来的劳动力,他们转变为快递员、骑手等,虽然收入并没有减少,甚至还有不少增加,但是他们的劳动条件和保障存在一定程度的滞后。

(三)社会治理数字鸿沟有待消减

在疫情防控实践中,各区(县、市)探索出不少数字治理的成功经验,但就全市而言,目前存在着"数字鸿沟"现象。一方面,治理平台存在数字鸿沟。受政府组织架构条块分割影响,各业务部门围绕自身服务管理需求,各自为政开展系统建设,延伸至社(片)区网络使用的信息化平台不断增加,各业务部门信息化应用水平参差不齐,给整体推进基层信息系统建设和数据资源融合带来一定难度。另一方面,治理手段存在数字鸿沟。个别干部思想上与时代不合拍、行动上与转型不同步,在基层治理时仍然使用传统的治理手段。例如,现有信息系统的录入多局限在 PC 端,利用移动终端开展一线工作的普及率不高。社区工作者在信息搜集过程中,多使用纸质文档,或利用笔记本手工记录,再返回工作电脑前录入,这种采集方式易导致数据丢失、失真等问题。例如,智能摄像头的前端监控设备缺乏智能分析能力,无法对重点人员、流动人口和车辆信息等进行精细化管控,还是需要人工登记。

(四)社会服务老幼需求有待满足

"一老一幼"两端挤压,对社会公共服务提出新挑战。从年龄结构看,高龄老年人口数量不断增加,截至 2021 年末,60 岁及以上的人口为 174.7 万人,占总人口的 18.3%,同比上升 0.2%,其中 65 岁及以上人口为 126.9 万人,占总人口的 13.3%,同比上升 0.7%;0—14 岁的人口为 116.4 万人,占总人口的 12.2%,同比下降 0.1%,创历史新低。目前,宁波市基本养老服务资源配置上社区居家养老亟待进一步拓展,农村养老形势较为严峻,适合农村老年人集中托养照顾的正规养老服务机构数量较少,饮食、家政、日常照料的民营机构还跟不上发展需要,多元养老格局尚未形成。此外,已有的生育政策落实也不到位,如丈夫陪产假"落地难"、生育保险制度政策惠及面较窄等。2021 年,宁波托育机构和托位在短期内出现较快增长,全市新增 68 家托育机构,但与上海、深圳等国内先进城市相比,政策力度还可以更大,服务质量还可以更高。

三、2022 年宁波社会发展展望与建议

2022 年是一个重要的年份。下半年,即将举行中国共产党第二十次全国代

表大会。2022年乃至今后一段时期,宁波将始终坚持以高质量发展建设共同富裕示范区为总牵引,努力在创新普惠共享的社会事业体制机制、提高共同富裕的社会保障供给水平、强化技术支撑的社会治理统筹能力、实现全龄友好的社会服务体系建设等方面形成阶段性成果,蹄疾步稳向着打造"六个之都"、建设现代化滨海大都市的美好目标迈进。

(一)创新普惠共享的社会事业体制机制

一是实现全域统筹,健全社会事业资源规范化配置。结合宁波实际,研究制定基本公共服务项目清单和保障标准,建立基本公共服务标准实施动态调整机制。加强基本公共服务标准实施效果反馈,完善闭环管理,定期开展基本公共服务均等化社会满意度调查和评价。借助流动服务站等载体,着力增强偏远农村、山区、海岛服务能力。二是坚持以人为本,完善社会事业资源均等化配置。完善社会事业资源供给决策过程的公众参与机制,通过公众听证、议题论证、专家咨询、团体座谈等途径收集民意,使资源供给能够反映公众偏好,促进供求结构均衡。三是加强信息公开,促进社会事业资源共享化配置。建立健全基本公共服务跨区域合作机制,鼓励相邻县(市、区)加强基本公共服务资源统筹和共建共享。构建社会事业资源开放和共享平台,平台中反映各市级社会事业资源供给总量、各类事业资源供给现状、城乡间供给情况以及社会资源供给密度水平等数据,在全市范围内部署社会事业的建设和投资。

(二)提高共同富裕的社会保障供给水平

一是稳底板,尽力而为提高社会保障覆盖面。推进非本市户籍人口的灵活就业、新业态从业人员按规定参加职工养老保险,健全退役军人社会保障制度,稳步扩大参保增量。实施城乡居保提档补缴,探索参保人员多缴费、长缴费激励机制,确保宁波城乡居民基础养老金标准在省内保持领先水平。二是扬长板,加强新业态劳动关系权益保障。确保新业态企业规范用工,明确劳动者权益保障的责任归属,健全劳动力市场最低工资制度、工资支付保障制度,严格督促企业落实新业态劳动者基本权益保障责任,有效治理超时加班、拖欠工资等突出问题,维护劳动者权益。三是补短板,落实扶弱势帮重点政策兜底保障。着力打造"甬上乐业"2.0版,持续深化"十省百城千县"劳务协作,推广"工疗车间"经验,鼓励引导社会力量参与帮扶带动机制,引导困难群体从事包括各类新业态形式在内的灵活就业岗位。发挥公益性岗位托底安置作用,推进低收入群体政策性医疗补充保险全覆盖,探索建立困难人员大病医疗家庭支付封顶制。完善困难残疾人生活补贴和重度残疾人护理补贴制度,健全补贴标准动态调整机制。

（三）强化技术支撑的社会治理统筹能力

一是建设"城市大脑"，编织线上智能管理"一张网"。推进在视频监控、照明路灯、停车位、烟雾报警、道路井盖、地下排水、城市空气质量等城市基础设施上部署物联网感知设备，接入统一平台，提升公共安全、城市管理、道路交通、生态环境等领域的智能感知水平。二是聚焦"高效处置一件事"，编织线下自治共治"一张网"。进一步推动市网格指挥中心与市直部门、片区网格信息会商处置平台，以及基层站所、12345 热线、群众举报 App 等治理功能融合，优化信息流转程序，全面建成上下贯通、高效协同的社会治理体系。三是借力"一张智网"，推进全市域、全领域智能管理。对接省、市"基层治理四平台"、智慧村社通等平台，开发城市运行平台和智慧村居服务平台，推动基层事务在线运行、协同处置、闭环管理。建设综治云管控平台，建立重点人员动态信息档案库，构建管控全覆盖、措施全落地、结果全监测的"精密智控"体系。加强公共安全视频图像、数据在基层治理、智慧城市、应急救援等领域的应用，深化应用"智慧应急一张图"系统，提高应急管理能力。

（四）实现全龄友好的社会服务体系建设

一是加快构建育儿友好服务体系。探索延长产假、陪产假等现行政策，完善育儿假、生育险、育幼补助金等制度，加强生育妇女就业、工资待遇等权利保障。借鉴深圳经验，出台地方性学前教育条例，探索延伸学前教育年龄扩大到 0～3 岁，鼓励支持有条件的幼儿园开设托班，加快形成"城镇 15 分钟社区托育服务圈"，实现乡镇（街道）婴幼儿照护服务机构基本全覆盖。二是加快构建养老幸福服务体系。发展就近式基本养老服务体系，增加中心城区嵌入式、多功能、综合性养老服务设施，探索公办养老机构改制为国企，支持专业性养老服务机构建设。创新专业化家庭养老支持政策，加强家庭适老化改造，实施"线上监测＋线下探访"相结合的独居、空巢、留守老年人巡访制度，构建"农村 20 分钟养老服务圈"和"城市 10 分钟养老服务圈"。三是加大康养型养老服务供给。推进医疗机构、养老机构和家庭有序转接，能力评估、专业服务和照护政策衔接配套，推动医康养融合发展。深化长期护理保险改革试点，探索设立家庭照护床位，加强养老护理教育培训，为老年人提供医疗、护理、康复和养老一体化服务。

参考文献

[1] 李培林、陈光金、王春光：《社会蓝皮书：2022 年中国社会形势分析与预测》，社会科学文献出版社 2021 年版。

[2]《2021 年宁波市国民经济和社会发展统计公报》，http://tjj.ningbo.gov.cn/art/2022/2/

23/art_1229042825_58913883. html。

[3]《宁波高质量发展建设共同富裕先行市行动计划(2021—2025 年)》,http://www. cnnb. com. cn/xinwen/system/2021/08/18/030280240. shtml。

[4]《宁波市人民政府办公厅关于印发宁波市公共服务发展"十四五"规划的通知》,http://www. ningbo. gov. cn/art/2022/1/5/art_1229533140_1731958. html。

作者单位:宁波市社会科学院

2021 年宁波文化发展总报告

张 英

2021 年以来,国家、省、市各个层面对文化建设作出了新部署,提出了新要求。宁波文化发展迫切需要进一步对照新要求,立足基础厘清现状,面向未来加强谋划,开启打造新时代文化高地的新阶段。

一、2021 年宁波文化发展基本情况

(一)思想理论宣传进一步走深走实

第一,持续深化习近平新时代中国特色社会主义思想学习宣传。深入实施新一轮溯源工程,围绕习近平同志对宁波产业转型、体制改革、文化建设、生态文明建设、党的建设等 5 个方面的重要指示批示精神,形成了一批系统性的研究成果。47 项课题获 2021 年度国家社科基金立项,95 项课题获批浙江省哲学社会科学项目。全市"学习强国"注册激活总学员人数居全省第 2 位,活跃度为47.5%(全省平均活跃度约为 35%)。

第二,全力推动党史学习教育。以建党百年为契机,组织开展 5 大专题 20项活动。成立红色文化研究中心,建设中国共产党宁波历史馆,编撰党史普及读物《百年追梦》《百名英烈》《百年画卷》,组织"建党百年·宁波百人百事"系列报道,形成了践行革命精神、传承红色基因的良好氛围。

第三,不断形成生动有序的宣讲热潮。围绕"难忘这一年""我最喜爱的习总书记的一句话"以及党的十九届六中全会精神等主题积极开展各类宣讲,组建宣讲团 3600 余个,累计宣讲 6 万多场次。在深化 80 后、90 后青年宣讲的同时,大力推进 00 后青年宣讲,涌现出鄞州区"鄞铃"00 后新时代理论宣讲团、宁波财经

学院 00 后宣讲团等一批 00 后青年宣讲团队。充分运用电影党课、音乐党课、文艺微党课等创新形式,让学习教育更加生动立体,在全省青年理论宣讲暨微型党课大赛情境式宣讲决赛中,宁波荣获第 1 名。

(二)文明典范城市创建扎实推进

当前,宁波正通过打造具有显著创建带领力、价值引领力、区域辐射力和国际影响力的文明典范城市,着力擦亮"在宁波,看见文明中国"城市品牌。

第一,城市品质化建设不断推进。2021 年,宁波把"精品线路""特色街区""亮点工程"作为全国文明典范城市建设的牵引性、开路性、标志性工程,通过开展城乡"精特亮"创建,宁波已建成精品线路 200 条、特色街区 200 个、亮点工程 100 个。同时启动实施《宁波市全面打造"最干净城市"三年行动实施方案》,全面开展"最干净"指数测评,开展"席地而坐"城市客厅示范区域创建。第 12 次获评中国最具幸福感城市。此外,新时代文明实践中心建设全域化推进。

第二,城市公共服务优质共享不断推进。实施"甬有善育、甬有优学、甬有健康、甬有颐养、甬有安居、甬有保障、甬有温暖"行动,建成 15 分钟生活圈、健康圈、文化圈、体育圈、托幼圈、养老圈。

第三,公民道德素养建设不断推进。组织开展宁波市"道德模范话党史"百场巡演和道德模范先进事迹巡演"五进"活动,建成"道德模范一条街"3 条。截至 2021 年底,获评全国道德模范及提名奖 12 人、"中国好人"107 人,浙江省道德模范 21 人、"浙江好人"277 人,连续 5 年全省领先。注册志愿者 214 万名,志愿服务组织 1.4 万余个,23 个单位和个人被评为全国志愿服务"四个 100"先进典型,"首善之城"形象不断彰显。

第四,数字化创建水平不断推进。大力实施文明创建智融工程,建成运行文明城市创建智慧管理平台,列入省委宣传部首批全省宣传文化系统重点应用场景目录,初步实现了文明创建的全时、全域、全员、全景数字化。

(三)公共文化服务呈现高质发展

第一,公共文化基础进一步夯实。开展第 7 次乡镇(街道)综合文化站定级工作,对全市 154 个乡镇(街道)综合文化站和 2500 多个村(社区)文化服务中心开展公共文化设施运行管理情况排查。深化乡镇(街道)图书馆提质升级,同时全市 11 家公共图书馆全部获评浙江省"满意图书馆",达标率全省第 1,宁波图书馆入围 2021 年度国际图联公共图书馆奖,实现中国公共图书馆该奖项零的突破。新增 3 个省级民间文化艺术之乡,宁海县被评为"中国民间艺术之乡"。43 个家庭被评为省级文化示范户,88 位个人被评为省级文化能人,数量均居全省第 1。

第二，公共文化活动影响力进一步提升。编制实施《宁波市推进高品质文化供给规划》和《2021 高品质文化供给计划》。围绕建党百年这一重大时间节点，先后组织大运河国际钢琴节、庆祝建党百年主题灯光秀、"七一"文艺晚会、市民文化艺术节等重大文化活动。2021 年 11 月，以"致敬百年 读领风尚"为主题举办第七届浙江书展，累计开展全民阅读推广活动 450 余场，影响力覆盖人群达到3000 万人次。全年市级四大剧院共演出各类精品剧目近 200 部，其中，高雅精品剧目近 60 部，观演人次达到 10 万余人次，实现了"精品剧目周周有"的目标。

第三，文艺精品创作引领力进一步彰显。围绕建党百年重大主题，创作推出话剧《共产党宣言》、芭蕾舞剧《白毛女》等 10 部优秀作品，完成电视剧《大国飞天》《和平方舟》宁波拍摄相关工作，电视剧《甜蜜》《春天里的人们》在央视八套黄金档播出，大型人文纪录片《王阳明》在央视科教频道播出，以张人亚为原型的红色题材电影《力量的密码》已通过国家电影局备案，话剧《张人亚》纳入浙江省庆祝建党 100 周年展演剧目之一。

（四）文化遗产保护传承不断加强

第一，保护传承的体制机制进一步完善。市本级和 10 个县（市、区）分别挂牌成立文物局。制定出台了《宁波市关于加强文物保护利用改革的实施方案》《宁波市文物保护专项资金管理办法》《宁波市文物事业发展"十四五"规划》等系列政策，提升了文化遗产保护传承的组织化、规范化水平。

第二，"考古宁波"品牌进一步树立。井头山遗址入选 2020 年度全国十大考古新发现，河姆渡遗址入选全国"百年百大考古发现"。推动河姆渡国家考古遗址公园建设、上林湖 3A 级景区景观施工改造，推进"小白礁Ⅰ号"二期保护、慈溪潮塘江元代沉船保护和象山定塘横湾沉船整体迁移保护，建成塘河文化陈列馆、望京门遗址公园。在水陆考古齐头并进的基础上，举办"文明的星光""千年城事"等考古专题展览 7 个。

第三，非遗保护进一步完善。天一阁古籍修复技艺、红帮裁缝制作技艺、象山竹根雕入围第五批国家级非物质文化遗产代表性名录。余孟友等 23 人入围第六批省级非遗代表性传承人。新增市级非遗项目 55 个，增补市级非遗代表性传承人 43 名，增补市级非遗传承基地 18 个，命名 7 个乡镇为第二批市级文化传承生态保护区。完成第一批 50 个省级非遗项目短视频拍摄制作。

第四，重点文化遗产保护力度进一步加强。印发实施《大运河（宁波段）遗产巡查工作异况处置规则》，初步编制完成《宁波大运河国家文化公园建设概念规划研究》《河姆渡考古遗址公园建设规划》。颁布实施《宁波市海上丝绸之路史迹保护办法》，并在 11 月召开 2021 年海上丝绸之路保护和联合申报世界文化遗产城市联盟联席线上会议。此外，开展了"十四五"时期河海博物馆等全市重点文化设施选址研究,为下一步重点文化设施的布局和建设做好前期准备。

（五）文化产业发展稳中有进

第一,文化产业规模持续扩大。根据市统计局初步核算,2021 年全市规模以上文化及相关产业企业营业收入 2092.87 亿元,同比增长 22.15%,较全国平均水平高 6.15 个百分点。其中,文化制造业营业收入 839.67 亿元,同比增长 13.78%;文化批发和零售业营业收入 830.46 亿元,同比增长 32.54%;文化服务业营业收入 422.74 亿元,同比增长 21.22%。

第二,文化产业结构持续优化。一方面,文化产业核心领域增长迅速。文化产业核心领域近两年平均增长达 20% 以上,其中创意设计服务、文化传播渠道和文化娱乐休闲服务与上年同期相比增长均超过 30%。另一方面,文化新业态发展强劲。2021 年,文化新业态特征较为明显的 16 个行业小类实现营业收入 304.89 亿元,同比增长 26.3%,增速较全市规模以上文化及相关产业企业高 4.15 个百分点,超全国文化新业态平均水平 7.4 个百分点。

第三,文化市场主体发展良好。从文化企业而言,2021 年实施文化产业"单项冠军计划",着力打造文化领军企业,其中音王股份被认定为第四批国家文化和科技融合示范基地,大丰实业获"全国文化企业 30 强"提名。在省级新一轮企业评比中,宁波共有 10 家企业入选省级重点文化企业,10 家企业入选省级成长型文化企业,数量创历年新高。从文化产业园区而言,截至 2021 年,共有市级（含培育）文化产业园区 69 个,其中国家级文化产业园区 5 个、浙江省重点文化产业园区 8 个、浙江省文化创意街区 9 个,集聚文创企业 1.2 万余家,实现总产值 380 余亿元。

（六）文旅融合有效推进

第一,文旅消费有所提升。以国家文化和旅游消费试点城市建设为契机,实施文化消费网红品牌推广计划,并联动各县（市、区）开展文旅促消费活动,相继开展了 120 余项文旅活动。老外滩街区成功入选第一批国家级夜间文化和旅游消费集聚区、首批浙江省旅游休闲街区名单。全年累计接待国内外游客 5155.94 万人次,实现旅游总收入 838.82 亿元,分别同比增长 8.04%、5.5%,恢复程度居全省第 2。

第二,主题化旅游不断突出。围绕红色旅游,印发实施《宁波市红色旅游发展规划》《宁波市红色旅游发展三年行动计划》,培育产生首批 5 家市红色旅游融合发展示范区和 10 家市红色旅游教育基地,浙东（四明山）抗日根据地旧址入围文旅部建党百年百条精品红色旅游线路。围绕滨海旅游,印发实施《宁波市邮轮游艇旅游发展"十四五"规划》,组织召开两市三县"三门湾湾区旅游高质量发展研讨会",开展港通天下旅游精品线路调研。围绕乡村旅游,实施《宁波市乡村旅游提质富民行动计划》,组织开展 2021 宁波乡村旅游季活动,共推出 17 条精品旅游线路、27 个重点旅游乡镇、100 余项特色主题活动。

第三,文旅项目稳步推进。实施《宁波市旅游业"微改造、精提升"行动计划》,启动 460 余个项目建设。推进"四十百千"工程建设,发布"十四五"重大文旅建设项目。全年实施文旅建设项目 307 个,总投资 3283.5 亿元,当年实际完成 369.86 亿元。

(七)城市文化交流传播有序推进

第一,城市优质文化影响力不断彰显。舞剧《花木兰》赴全国 12 个城市巡演;话剧《张人亚》先后赴北京、上海、杭州等地演出;宁波交响乐团品牌初显,赴北京、杭州、广州、深圳等副省级以上城市巡演,举办高端音乐会等演出 65 场,展现宁波城市文化的魅力和风采。

第二,区域交流日趋紧密。推动杭甬两地签订文化旅游合作框架协议,唱响两地文化领域的"双城记"。同时,推进长三角一体化文旅发展,举办 2021 宁波文旅(上海)推广活动,联动上海自驾旅游机构做好"千车万人游宁波"产品推广。首次联合举办上海旅游节宁波分会场活动,开通上海到宁波季节性旅游直通车线路 5 条。

第三,交流传播的渠道不断拓展。全国首创"展＋演""会＋演"等多维度文旅融合推广模式。举办"顺着运河来看海"宁波文化和旅游全国十城巡展活动。创新国际交流新路径,推出世界名城云上巡展,加强线上线下中外文旅交流,深化宁波旅游在"一带一路"沿线国家的形象。发挥索菲亚中国文化中心作用,举办中国旅游文化周、宁波文艺出海等交流活动。加强 Insight Ningbo 海外社交平台运维,5 个账号粉丝量超过 30 万,比年初增长 90％以上。宁波电视台新闻综合频道英文栏目、宁波电台英语广播、宁波日报英文专版等一批对外宣传阵地全面上线,积极筹建宁波市对外传播中心。

二、2021 年宁波文化发展存在的主要问题

(一)文化发展共识有待凝聚

一是文化战略地位不高。相较于国际和国内先进城市对文化发展的认识和确立文化战略在城市发展战略中的核心地位而言,宁波的文化发展战略还只是从属于城市经济社会发展战略的子战略。浙江省第十四次党代会上就已提出了

"努力建设文化浙江"的新目标,但宁波至今还未响亮提出"文化宁波"的建设目标。二是文化发展方向不明。宁波文化资源丰富,但也存在驳杂散碎的问题,没有对应重点打造的优势文化资源形成共识,导致主攻方向不明确、重点不突出、投入不集中,如目前主推的文化标识有阳明文化、商帮文化、海洋文化、藏书文化等,但挖掘深度不够,品牌影响力较弱,且各县(市、区)基本上"各唱各的调",没有形成"大合唱",导致宁波至今仍未形成有个性、有特色、易传播且有较高认同度的文化标识。

(二)文化产业竞争力有待激发

一是文化产业整体规模偏小。虽然产业总量列全省第2,但与杭州相比仍有较大差距。2020年,宁波文化产业增加值为987.75亿元①,仅占GDP的8%,而同年杭州文化产业增加值为2285亿元②,占GDP的14%。二是高能级、大规模、有特色的平台较为缺乏。文化产业园区入园企业平均产值不到300万元,与杭州平均产值800万元相比差距明显,园区规范化、集约化发展水平仍待提升。三是产业发展能级不高。90%以上为小微企业与个体工商户,有实力、影响力和带动力的龙头企业不多,全市规模以上文化企业仅有1038家,至今没有一家入选"全国文化企业30强"。四是发展环境尚需优化。随着发展形势的改变,原有的激励政策效应在弱化,而新的政策效果还未见效。此外,在疫情防控常态化背景下,局部散点疫情仍然不同程度地抑制了文化消费市场的复苏。

(三)文化地标建设有待加强

一是缺乏新的重大文化设施项目。对文化空间布局缺少科学、系统谋划,缺少有较大社会效益和品牌效益的重大文化项目,尤其缺乏代表城市形象、彰显城市品位的文化地标。"十三五"期间,市级层面投入使用的重大文化设施仅有市图书馆新馆,其他列入"十三五"规划的重大文化设施,包括河海博物馆、非遗馆、新音乐厅、文化馆新馆等,均未实质性启动。二是原有重大文化设施提升改造力度不够。市图书馆新馆(3.2万平方米)加老馆(1万平方米),也没有超过5万平方米,与同类城市同级别图书馆相比,仍然偏小,藏书功能无法充分发挥。市文化馆面积仅有4300多平方米,与同级别城市文化馆如深圳市文化馆新馆的8万多平方米、广州市文化馆新馆的6万多平方米、青岛市文化馆的4万多平方米相比,差距较大。

(四)文化发展要素保障有待加大

一是人才队伍的问题。在文化人才队伍方面,既有数量不够的问题,也有结

---

① 宁波市统计口径按照《宁波市文化创意产业分类(2018)》标准统计。
② 数据来自《2020年杭州市国民经济和社会发展统计公报》。

构不优的问题。一方面,文化从业人员占总从业人员的比重较小,且本地人才供应与储备不足。根据 2020 年统计概览数据,宁波文化、体育和娱乐从业人员数为 3.71 万人,仅占总从业人员的 0.63%,占比在副省级城市中排名下游,数量与宁波市人口总量和城市地位远不相称;另一方面,高层次、复合型文化人才稀缺,人才结构不理想。2017 年、2018 年宁波每百万人拥有省级文化领域优秀人才数分别为 390.38 人、432.09 人,都低于当年全省平均水平 438.40 人、465.59 人。这个问题在近两年发展中依然没有明显改善。二是文化投入问题。2016—2020 年,全市文化体育与传媒支出占财政支出比重分别为 2.38%、2.34%、2.17%、1.97%、2.10%,总体呈下降态势。三是用地指标问题。在项目用地指标方面,部分标志性文化设施、文创产业园、文化礼堂等文化项目用地指标争取困难,项目进度受阻。

三、2022 年宁波文化发展展望及建议

从趋势看,尽管文化发展也面临着不确定因素,如当前国际环境日趋复杂,新冠肺炎疫情影响广泛深远,经济全球化遭遇逆流,产业结构调整和产业链转移出现新动向,这些都给宁波文化发展和产业升级带来不稳定性和不确定性。但是,文化发展不断向好的基本面没有改变,文化发展将面临更多的"机"而不是"危"。其一,从国家层面看,随着文化强国建设的推进,2021 年出台的文化政策也达到历年之最,标志着文化建设在"两个一百年"奋斗目标接续推进中进入了新的历史阶段。其二,从省级层面看,2021 年 8 月,浙江省委召开了文化工作会议,这是时隔 10 年之后省委专题部署文化工作最高规格的会议,随后在 9 月发布了《中共浙江省委关于加快推进新时代文化浙江工程的意见》,为打造新时代文化高地作出了新的顶层设计,为建设文化强省描摹了新的施工蓝图。其三,从市级层面看,2021 年 6 月通过的《宁波高质量发展建设共同富裕先行市行动计划(2021—2025 年)》明确提出了"精神自信自强"的发展要求。可见,打造新时代文化高地、实现人民精神富有是宁波建设共同富裕先行区的重要内容。此外,消费需求的多样化为文化发展拓宽了市场空间,数字化改革的深化为文化发展提供了新动能、新场景。

下一阶段的宁波文化建设应充分贯彻发展新部署、新要求,切实发挥利好因素,自觉将地方的文化实践融入共同富裕先行市建设,努力在现代化先行中实现文化先行,在共同富裕中实现精神富有。

（一）打响四张文化名片，着力彰显"书藏古今、港通天下"的城市文化标识

宁波的城市形象主题口号是"书藏古今、港通天下"，这一主题口号不仅直观反映了宁波最核心的两大文化特质——"书"和"港"，而且也生动折射出最具历史文化底蕴和文化发展高度的四张文化名片——海洋文化、藏书文化、阳明文化、商帮文化，其中与"书藏古今"密切关联的主要是藏书文化与阳明文化，与"港通天下"紧密相连的是海洋文化与商帮文化。

第一，弘扬"海洋文化"，打造高水平海洋文明起源地。海洋文化是宁波文化最古老的发展源头，直到今天，海洋文化依然是宁波文化的重要主题。当前宁波应大力弘扬海洋文化核心价值，积极整合创新海洋文化资源，把宁波打造成海洋文化特色品牌鲜明、海洋文化产业发达、海洋文化科研与交流活跃的高水平海洋文明起源地。

第二，弘扬"藏书文化"，打造高品质书香之城。精心打造天一阁·月湖文化区，进一步确立"南国书城"品牌。深入实施宁波文化研究工程，启动"四明文库"编纂，传播宁波文化经典。进一步培育全民阅读氛围，提升全民"悦"读之城的品质。

第三，弘扬"阳明文化"，打造高品位心学圣地。阳明文化代表了宁波精英文化和学术文化的发展高峰，也是中华优秀传统文化的典型代表之一。当前要大力推进阳明文化的挖掘研究、传承弘扬工作，推进余姚阳明古镇等项目的建设和产品开发，提高宁波（余姚）阳明文化周活动规格，加强阳明文化文旅开发，把宁波打造成形神兼备、切实可感的心学圣地。

第四，弘扬"商帮文化"，打造高能级文化商贸中心。商帮文化是宁波近现代以来形成的最重要的文化形态，是宁波作为商埠名城的文化写照。当前要总结提炼好商帮文化，弘扬宁波帮精神，着力推动宁波国际消费中心城市建设，积极争创国家文化和旅游消费示范城市。

（二）推动文化产业高质量发展，着力提升宁波文化竞争力

第一，提升传统文化产业能级。将高端文化智造作为发展千亿产业集群的重要组成部分，推进科技在文化制造业的深度应用，实现从"文化制造"到"文化智造"转型提升，将宁波打造成全球文化智造中心。加快文旅融合提质，培育文旅融合新业态、新空间，推进全市旅游设施数字化、国际化改造升级，打造一批文旅综合体、文旅融合品牌和文旅消费集聚区。

第二，壮大核心产业规模。以"四个宁波"建设为主要抓手，推动以创意和内容为内核的文化产业发展，优化宁波文化产业结构。推进"创意宁波"建设，推进创意设计产业更好地服务城市品位提升、经济结构优化、传统文化转化和产业结

构升级,建设创意设计高地。加快"影视宁波"建设,打造影视产业全产业链,做大做强影视创作、拍摄制作、发行传播、资源交易等产业关键环节,打造全国一流影视产业基地,争创联合国全球创意城市网络"世界电影之都"。推动"音乐宁波"建设,提升宁波音乐演艺产业的核心竞争力和品牌影响力,构建海上丝绸之路音乐母港,建设长三角音乐时尚消费中心,打造在国内乃至国际上具有较高知名度的音乐之城。加强"书香宁波"建设,构建集内容创作、终端应用、数字传播、运营出版、营销推广等于一体的传媒出版全链条产业体系。

第三,补齐数字文化产业短板。实施数字文化发展战略,依托宁波国家文化与科技融合示范区,推进新一代信息技术在文化产业领域的融合和应用,加快数字内容创新,重点补齐数字文化新业态短板,布局文化科技前沿产业,打造全国数字文化产业新兴集聚区。

（三）加强文化地标建设,着力提升城市大型公共文化建筑水平

第一,建设"新时代八大文化设施"。着眼国际文化大都市建设,建设天一阁·月湖核心人文地标、河姆渡国家考古遗址公园、宁波河海博物馆、宁波音乐厅、宁波美术馆新馆、宁波市公共文化服务中心（文化馆新馆）、宁波市非物质文化遗产馆、宁波博物馆新馆等一批具有国际一流水平、代表城市形象的地标性设施。

第二,振兴历史文化街区。以三江都市文化核心区为重心,以见人、见物、见生活为原则,进一步改造提升月湖、郁家巷、南塘河、鼓楼公园路、永寿街伏跗室、秀水街、郡庙天封塔、天主教堂外马路,以及余姚市府前路、奉化区西街南大路等历史文化街区,支持建设一批体现宁波文化特质的城市景观小品。

第三,打造宁波文化遗产重大标识。依托世界文化遗产中国大运河（宁波段）,推进大运河国家文化公园建设,打造"中国大运河出海口"城市形象。加强它山堰世界灌溉工程、上林湖越窑遗址等文化遗产研究保护利用。推进井头山二期遗址挖掘项目,创建河姆渡国家考古遗址公园,打造"文明之源"标志地,继续打响"考古宁波"品牌。

（四）落实文化发展要素支撑,着力优化文化发展环境

第一,加大文化投入力度。加大财政资金投入力度,把文化事业费用占财政支出的比重达到1‰作为"十四五"规划期末的约束性指标,确保公共财政对文化建设投入增长幅度不低于财政经常性收入增长幅度;积极调整优化文化投入结构,整合资金,集中财力,全力保障重大项目和重要区块建设需要;引导和支持民间资本进入文化领域。深化"放管服"改革,提高服务效能,优化投资环境,吸引社会资本参与提供文化领域准公共产品和服务。

第二,打造文化人才汇聚地。一是加强高端和紧缺人才引进。推动培养和塑造本地艺术大师,推进"文化艺术新秀"人才工程,实施"青年文旅优才"培养计划等。同时,做好"甬江引才工程"文化体育领域创业创新人才(团队)引进和服务保障工作。二是加强基础文化人才培育。鼓励和支持在甬高校及职业院校创办与文化产业相关的学科或专业,支持高校与重点文化企业、文化产业园区联合建立产学研人才培养基地,加快培养文化产业发展的急需人才。对照现代公共服务体系建设要求,全面提高基层公共文化队伍能力水平。三是优化人才发展环境。制定宣传文化队伍建设中长期规划,完善文化人才的评定标准及办法,创新文化产业人才引进政策。

第三,完善文化政策体系。一是强化顶层设计。当前关于文化发展领域的"十四五"规划相继推出,在此基础上应根据所确定的总体发展目标和发展任务,进行合理分解,确定年度发展目标、任务,同时制定相应的考核和奖惩制度,以督促目标达成。二是强化政策集聚,无论是横向的文化部门政策,还是纵向的文化年度政策,都要有一定的衔接性。因此,要对近5年的文化政策进行通盘梳理,及时废止那些已经过时的政策,疏通相互抵触的部分,填补政策的空白点,并做好相关文化政策的宣传和阐释工作。

作者单位:宁波市社会科学院

2021年宁波生态文明发展总报告

任春晓　任巧丽

2021年是中国共产党成立100周年,处于完成了第一个百年奋斗目标,开启历史新征程,朝着第二个百年奋斗目标进军的重要关口。这一年,宁波高标准开展环境整治,高质量推进绿色发展,高品质推进城乡统筹,高水平推进制度创新,高起点培育生态文化,成效显著。2022年,宁波将始终把生态文明建设摆在突出位置,围绕打造"美丽中国先行示范区"的目标和建设现代化滨海大都市的要求,实现美丽空间、美丽经济、美丽环境、美丽城乡、美丽港城的"美美融合绽放",努力谱写美丽宁波建设新篇章。

一、2021年宁波生态文明建设的基本情况和主要成绩

(一)水环境状况

2021年1—12月,全市11个国控断面中,除浮礁渡水质同比变差一个级别未达标外,其余全达到考核目标;27个省控以上监控断面中,Ⅰ类占7.4%,Ⅱ类占33.3%,Ⅲ类占44.4%,Ⅳ类占14.8%,Ⅴ类占0,劣Ⅴ类占0。功能达标率为96.3%,同比下降3.7个百分点;水质优良率为85.2%,同比下降3.7个百分点。综合评价为良好。全市6个省对市考核的跨行政区域河流交接断面水质均达标,达标率100%;80个市控以上参评断面中,Ⅰ类占2.5%,Ⅱ类占42.5%,Ⅲ类占42.5%,Ⅳ类占12.5%,Ⅴ类占0,劣Ⅴ类占0。水质优良率为87.5%,功能达标率为98.8%。全市地表水综合评价为良好,与上年相比,功能达标率下

降1.3个百分点,水质优良率持平。[①] 集中式饮用水水源地水质保持优良,全面完成53个"千吨万人"饮用水水源保护区环境整治,重点开展县级及以上城市饮用水水源地规范化建设。宁波市9个县级在用集中式生活饮用水水源,均为水库型地表水,水质均达到或优于《地表水环境质量标准》(GB3838—2002)Ⅲ类标准,达标率100%。

截至2021年12月,开展冬春季水环境治理攻坚和"污水零直排区"建设2.0版提升攻坚两大行动,持续推进江北再生水厂建设,分别完成3个省创和31个市创工业园区零直排区建设,新、改建城镇污水配套管网120公里。推动农业面源污染防治,新增290个日处理能力30吨以上农村生活污水处理设施的标准化运维,锚定余慈等水环境质量改善重点区域,实施姚江流域水环境综合治理三年行动,打造姚江"美丽河湖"等。水生态水治理扎实推进,浙江省水利厅、省河长制办公室公布2021年美丽河湖名单,宁波市海曙区西洋港河、照天港河及其水系、江北区慈城护城河水系等13条(个)河湖入选。自2018年至今,宁波市共创建市级"美丽河湖"56条(个),其中44条(个)被评为省级"美丽河湖",创建数量居浙江省前列。

(二)大气环境状况

2021年,宁波市中心城区(8个国控环境空气质量评价点)环境空气质量连续5年稳定达标,二氧化硫、二氧化氮、一氧化碳、PM 10浓度达到一级标准,其中PM 2.5浓度为21微克/立方米,比上年同期下降8.7%,在全省11个地市中排名第2;综合指数为3.25,比上年同期下降了0.06个百分点,在全省11个地市中排名第4;优良率为95.9%,比去年同期提高了3.0个百分点,在全省11个地市中排名第5。[②] 宁波环境空气质量持续稳中向好,大气复合污染态势有所趋缓。首先,得益于协同深化PM2.5和O_3"双控双减"专项行动,以及协同推进减污降碳,全年共完成161个VOCs深度治理项目、4个钢铁超低排放改造项目和8家水泥企业超低排放工程治理,淘汰产能落后企业278家,整治"低散乱污"企业2716家。其次,得益于强化移动源、颗粒物污染管控和绿色港口建设,完成北仑、镇海、慈溪、奉化4个地区禁止高排放非道路移动机械使用区域划定,淘汰老旧营运柴油货车3021辆,完成汽车尾气排放治理维护站(M站)建设499家,新增光伏装机63.4万千瓦,累计建设扬尘自动监测点170个,建成高空瞭望视频监控设施148套。由于与PM 2.5浓度、臭氧浓度和颗粒物相关的灰霾天数

[①] 浙江省宁波生态环境监测中心:《宁波环境监测简报(2022第4期)》,2022年1月13日。

[②] 浙江省宁波生态环境监测中心:《宁波环境监测简报(2022第6期)》,2022年1月19日。

同比减少,"宁波蓝"已渐成常态。

(三)土壤环境状况

2021 年是全面开展"十四五"土壤、固废污染防治工作的开局之年,宁波以"无废城市"建设、"清废净土"行动、固废专项整治为主要抓手,全面推进土壤、固废污染防治工作,为打赢污染防治攻坚战、加快建设美丽宁波提供坚强保障。一是全力推进受污染耕地"源解析"工作,计划 3 年内 9 个受污染耕地分布县(市、区)全部完成"源解析",2021 年象山、北仑、宁海、余姚已完成,慈溪、鄞州、镇海将在 2022 年完成,任务最重的海曙、江北将于 2023 年完成,从而形成污染源全口径清单,建立控源(断源)销号闭环工作机制,有效遏制污染源对受污染耕地的持续影响。二是持续强化建设用地环境风险管控,严格落实调查报告评审制度。2021 年,全市共完成 498 个地块调查报告的评审,污染地块安全利用率达 93%以上,完成省定目标,未发生因土壤污染而引发的粮食安全问题和污染地块开发利用的社会事件。三是全面统筹全域"无废城市"建设。成立全域"无废城市"建设工作专班,建立健全"无废城市"建设推进机制,市本级和海曙、镇海、北仑、鄞州、奉化、宁海已正式向省厅提交省级"无废城市"评估申请。四是深入开展工业固废专项整治。全面排查宁波市工业固废(特别是铝灰铝渣)存在的问题和短板,开展汽修行业、废矿物油收集行业专项执法行动,严厉打击环境违法行为。对危废经营企业开展第三方核查,加快问题整改闭环,全面提升规范化管理水平。五是全面推进两个收运体系建设。按照省厅一般工业固废和小微企业危废两个收运体系建设的总体部署和要求,全力推进两个收运体系建设。2021 年,全市共建成 17 个一般工业固废收运分拣点,覆盖企业 51917 家,收运一般工业固废 48829 吨;共建成 11 个小微产废企业危废收运点,覆盖企业 14726 家,共收运危险废物 8166 吨,基本实现县(市、区)全覆盖。

(四)自然资源保护状况

2021 年,全市生态环境质量继续保持较好水平,生态环境状况指数(EI)为80.5,等级为"优"。除镇海区、慈溪市、江北区生态环境状况为"良",其余各地均为"优"。2021 年 10 月 12 日,国家主席习近平以视频方式出席在昆明举行的《生物多样性公约》第十五次缔约方大会领导人峰会并发表主旨讲话,强调生物多样性保护的重要性,要求人们深怀对自然的敬畏之心,构建人与自然和谐共生的地球家园。① 宁波地处亚热带，自然环境得天独厚，孕育着丰富且独特的生物及自然生态系统。据宁波发布的生物多样性保护"自然笔记"，目前全市森林面积达 665.01 万亩，森林覆盖率约 48%，市域内植物种类繁多，现有野生植物 2183 种，列入国家重点保护野生植物计 51 种。其中国家一级保护野生植物有中华水韭、南方红豆杉等 4 种，国家二级保护野生植物有金钱松等 47 种。境内野生动物资源较为丰富，共有陆生脊椎动物 546 种，全市列入国家重点保护动物 79 种。其中国家一级保护动物有云豹、黑麂等 16 种，二级保护动物有穿山甲等 63 种。全市海洋生物资源有鱼类 440 种、虾类 121 种、蟹类 240 种。为给多样生物留足生存空间，截至 2021 年底，已经建立 28 个省级以上自然保护地，已划定海洋生态保护红线 3139.40 平方公里，占海域总面积的 37.6%；划定陆域生态保护红线 1670.4 平方公里，占全市陆域面积的 17.1%，为宁波生物多样性安全提供了强有力的保障。② 2021 年 5 月 19 日，在国际生物多样性日宁波主题宣传活动上，宁波首个生物多样性体验基地在海曙龙观乡雪岙村启动建设，基地建有百鸟乐园、萌宠乐园、蝴蝶乐园等体验馆，建成后将成为华东地区规模最大的生物多样性基地之一。

（五）美丽乡村创建状况

第一，农业生产跃上新台阶。全市全年完成农林牧渔业增加值 372.5 亿元，比上年增长 3.0%。粮食产量 67.8 万吨，同比增长 0.6%；肉类总产量 8.5 万吨，同比增长 12.0%；禽蛋产量 3.7 万吨，同比下降 6.0%；牛奶产量 4.2 万吨，同比增长 39.3%；水产品总产量 107.1 万吨，同比增长 4.5%。全年新增市级农业龙头企业 17 家，累计达 322 家，其中农业产业化国家重点龙头企业 11 家。

第二，美丽乡村建设全域推进。宁波以"4566"乡村产业振兴行动和新时代美丽乡村"13511"工程为抓手，持续深化"千万工程"。强谋划、重集聚，串点连线成面，推进美丽乡村整体提升、全域秀美。截至 2021 年底，全市已完成省级新时代美丽乡村示范县 1 个、省新时代美丽乡村达标村 615 个、示范乡镇（街道）12 个、特色精品村 36 个、市新时代美丽乡村小集镇式中心村 10 个、梳理式改造村 411 个、乡村振兴带 11 条、风景线 7 条。2021 年启动的市级两年期项目（小集镇式中心村 20 个、示范乡镇 27 个、乡村振兴带 20 条）已完成目标进度。新增省级

---

① 《习近平在〈生物多样性公约〉第十五次缔约方大会领导人峰会上的主旨讲话》，中国经济网，2021 年 10 月 12 日，https://baijiahao.baidu.com/s? id＝1713395024653125511&wfr＝spider&for＝pc。

② 冯瑄、陈晓众：《宁波发布生物多样性保护"自然笔记"》，《宁波日报》2021 年 10 月 11 日第 A2 版。

高标准农村生活垃圾分类处理示范村 20 个、历史文化村落保护利用重点村 3 个,累计分别达 79 个和 29 个。完成农村公厕改造 1131 座。① 继 2015 年 12 月宁波市被评为国家第二批生态文明先行示范区以来,生态环境部组织开展了第五批国家生态文明建设示范区和"绿水青山就是金山银山"实践创新基地的评选工作,在 100 个国家生态文明建设示范区中浙江有 9 个,宁波的宁海县上榜;在 49 个"绿水青山就是金山银山"实践创新基地中浙江有 2 个,宁波的北仑区上榜。宁波的生态文明建设在全国继续走在前列。

二、2021 年宁波生态文明建设的主要做法和突出特点

(一)坚持科学规划,绘就现代版富春山居图

2021 年是"十四五"规划的开局年,宁波一系列与生态文明建设相关的规划制定出台,如《宁波市林业发展"十四五"规划》《宁波市循环经济发展"十四五"规划》《宁波市水安全保障"十四五"规划》《宁波市城乡建设发展"十四五"规划》《宁波都市圈国家森林城市群总体规划(2021—2035 年)》等等,《宁波市生态环境保护"十四五"规划》提出在大气环境保护、水环境建设、土壤固废治理、生态保护与修复、风险防控、能力建设等领域实施包括大气、水环境保护和土壤固废治理等 78 个重大工程项目,到 2025 年,宁波生态环境保护各项工作力争走在全国制造业发达地区前列,美丽宁波建设取得明显成效,基本形成节约资源和保护环境的空间格局、产业结构、生产方式、生活方式。基本实现"气质"清新、"水质"澄澈、"土质"洁净,海洋生态环境明显改观,环境风险得到全面管控,成为美丽中国先行示范区。《美丽宁波建设规划纲要(2021—2035 年)》提出,到 2025 年,在生态文明建设和绿色发展领域成为浙江建设"重要窗口"模范生,生态环境质量持续好转,绿色创新内生动能显著增强,基本建成美丽中国先行示范区。市生态环境局还制定了《宁波市固体废物污染防治"十四五"规划》《宁波市土壤和地下水污染防治"十四五"规划》等专项规划,提高了未来生态文明建设工作的计划性和预见性。

(二)坚持变废为宝,聚焦全域无废城市创建

2020 年 8 月 20 日,宁波市人民政府办公厅印发了《宁波市"无废城市"建设

---

① 宁波统计:《2021 年宁波市国民经济和社会发展统计公报》,2022 年 2 月 23 日,http://tjj.ningbo.gov.cn/art/2022/2/23/art_1229042910_58913884.html。

实施方案》(甬政办发〔2020〕54 号),明确到 2022 年全域建成省级"无废城市",基本形成"源头管理精细化、贮存转运规范化、过程监控信息化、设施布局科学化、最终处置无害化"的"无废城市"建设宁波模式。围绕这一目标,市本级和各县(市、区)都成立了"无废城市"工作专班,各地各部门严格按照有关要求推进"无废城市"创建工作,并取得了阶段性成效。据省固废治理数字化平台相关信息显示,宁波"无废城市"建设"四张清单"完成情况在全省 11 个设区市中排在前列。一年来,宁波加快产业结构调整和落后产能淘汰,同时推进生活垃圾分类和化肥农药减量增效,全市一般工业固废产量呈下降趋势,固废利用处置水平逐年提高,利用处置能力居全省第 1,危险废物利用处置类别和处置规模实现"双覆盖",全市大宗工业固体废物基本实现全利用,一般工业固体废物综合利用率达到 99.6%,基本实现年产一般工业固废 50 吨以上企业线上注册全覆盖。城市生活垃圾分类覆盖面达到 100%,城镇生活垃圾产量首次出现负增长,城镇生活垃圾回收利用率达到 64.4%,8 座生活垃圾焚烧厂建成运行,总规模达 1.15 万吨/日,全市生活垃圾实现"零填埋"。建立静脉产业,即上游企业的固废作为原料或能源进行生产,整个产业按照"固废—产品—再生资源"的经济模式运作,就像人体中的静脉血管一样,让固废循环利用、变废为宝。如北仑区通过污染物处理基础设施建设,形成了污水、固废、工业用气(热)三大静脉经济循环网,培育出一批资源回收利用企业,以静脉产业筑牢了"无废城市"建设的根基。加强对固体废物源头分类贮存、收集、运输、利用处置全过程监管,完善再生资源回收体系与生活垃圾分类收运体系"两网融合"制度,推进工业固体废物、建筑垃圾等固体废物全类型分类收集,引入专业化分类服务企业,加强专业化运输管理,实现资源利用最大化、处理处置无害化。①

(三)坚持智慧赋能,重点落子于数字化改革

2021 年 6 月,《浙江省数字政府建设"十四五"规划》发布,提出要"推行协同智能的生态治理。建立及时感知、全面互联、多元共治的生态环境数字化治理体系"。宁波以数字科技之"智"凝铸监管执法之"治",不断提高生态环境综合执法科技化、智能化水平,加快实现从"人防"到"智防""技防"的跨越式发展,为美丽宁波建设保驾护航。2021 年,宁波积极扩大污染源自动监控点位覆盖面,累计建设联网重点排污单位污染源自动监控点位 500 余个(包含污染源自动监测、视频监控),实现火电、热电、垃圾焚烧、化工、印染、污水处理厂等重点污染源自动

---

① 冯瑄、陈晓众、王钧钧:《锻造"无废城市"宁波还有多长路要走》,《宁波日报》2021 年 08 月 16 日第 A4 版。

监控系统全覆盖。为助力生态环境执法监管科技化水平提升,从单纯污染排放结果管理转变为治污过程智慧化管理,智慧环保用电监控系统主要通过对企业产污设施、治污设施运行状态实行 24 小时不间断的监控分析,有效发现企业污染防治设施闲置、不正常运行、差别化管控措施落实不到位等问题,为基层环境监管漏洞打上“科技补丁”。目前,宁波市智慧环保用电监控系统平台已投入试运行,已接入企业 50 余家、监控点位 2000 余个。依托空间技术体系,打造空天地一体“巡查先锋”,宁波市生态环境系统积极拓展科技执法新手段,通过与自然资源部门卫星遥感地图的资源共享、无人机空中巡查等手段,定期研判区域环境变化情况,有力震慑了部分企业“捉迷藏”式偷排行为,打造天(卫星遥感)、空(无人机巡航)、地(执法人员巡查)三位一体的执法新模式。宁波是全国七大石化产业基地和华东地区重要能源基地,臭氧是大气污染防治的首位因素,为加强对挥发性有机物排放企业的日常监管,宁波生态环境系统积极探索 VOCs 走航监测工作,走航监测车具备“智、简、快、全”等特点,可以实现“边走边测”“智能溯源”,助力挥发性有机物监测监管,为环境执法人员迅速执法提供科学依据。目前镇海区、北仑区分别购置了一台 VOCs 走航监测车,其他县(市、区)也与第三方监测机构建立了联动机制,以购买服务方式确保 VOCs 走航监测工作。

(四)坚持乡村振兴,美丽宁波立体综合推进

发展农业和振兴乡村是宁波生态文明建设的重要抓手。首先,宁波以“绿色生态、优质高效、特色精品、融合创新、美丽健康”为导向,大力发展绿色都市农业,切实保障“米袋子”“菜篮子”产品保供稳价,更好满足群众优质化、多样化消费需求,夯实共富乡村基础。深入实施农业品牌振兴行动,大力发展主导产业和特色优势产业,目前,全市有农产品商标 2.1 万件,占全市商标总数的 8.4%。市级以上名牌农产品 360 个,全市“三品一标”农产品总数达到 1789 个(居全省第 1),其中无公害农产品 1599 个,绿色食品 171 个,农业农村部中绿华夏认证有机农产品 4 个,地理标志农产品 15 个。“三品一标”产地面积 204.63 万亩,主要食用农产品中三品比率达到 59.62%;全国“一村一品”示范村镇 26 个,居全省第 1。品牌农产品种类基本覆盖了农林牧渔各产业,涌现出半岛味道、宁海珍鲜、慈农优选、江北农好、四明山珍等一批全品类农产品区域公用品牌及余姚榨菜、慈溪杨梅等产业区域公用品牌,“母子品牌”建设体系不断完善,品牌竞争力不断增强,全市基本形成了“区域品牌+企业品牌+产品品牌”的农产品品牌体系。其次,围绕全市国土绿化美化工作,持续加强森林、湿地资源保护,进一步增强全民生态获得感。自然保护地体系基本建成,森林质量精准提升,生态福利更加普惠。“十三五”期间,累计绿化造林 13.86 万亩,森林抚育 15.59 万亩,森林覆盖率达到 48%,平原区林木绿化率达到 20%以上,沿海防护林基本实现合拢;

实现"浙江省森林城市"县域全覆盖,创建省市级森林城镇 134 个、森林村庄 1187 个、"一村万树"示范村 102 个。制定《宁波市关于全面推行林长制的实施方案》,进一步压紧压实全市各级党委和政府保护发展森林湿地资源的主体责任,全面建成覆盖市、县、乡、村的四级林长制管理体系,为形成布局合理、覆盖城乡、功能强大的森林湿地生态系统和高质量建成森林宁波打下坚实的基础。按照省大花园建设和市委市政府"六争攻坚、三年攀高"行动部署,坚持以"都市乡村、田园城市"为导向,串点成线、镇村联建、整乡整镇梯度推进美丽乡村全域提升发展。开展村庄清洁行动,分季节、分村庄类型,侧重不同的主题、整治内容和推进方式,全力实施"清洁家园"农村人居环境专项整治,在村庄安居宜居美居、绿化美化彩化、垃圾源头分类、生活污水处理等内容上提升档次。

(五)坚持补短强弱,确保压力传导责任落实

为了能进一步锻长板扬优势和补短板强弱项,把生态文明建设落到实处,宁波在 2021 年重点就以下几方面展开责任压实工作。

第一,抓好中央生态环境保护督察组反馈问题的整改。中央生态环境保护督察组由生态环境部牵头成立,中纪委、中组部的相关领导参加,自 2016 年 1 月 4 日正式亮相以来,代表党中央、国务院对各省(自治区、直辖市)党委和政府及其有关部门开展的环境保护督察,对各地的生态文明起着极大的推进作用。中央生态环境保护督察组向浙江省反馈督察情况,既肯定了浙江省的成绩,也指出生态环境保护中存在的明显短板。2021 年 5 月 18 日,全省建设新时代美丽浙江暨中央生态环境保护督察整改工作推进大会后,宁波紧接着召开大会部署相关工作。坚决抓好中央生态环境保护督察等反馈曝光问题的整改工作,如象山水桶岙垃圾填埋场渗滤液处置能力不足存在向市政管网超标排放渗滤液现象,镇海后海塘煤炭交易市场存在污水直排滩涂或入海现象等,运用问题及时发现有效解决闭环机制,持续深化生态环境问题"举一反三"大排查大整改,把责任落实下去,把压力传导下去,切实摸清生态环境底数,全面消减生态环境问题存量,不折不扣完成督察整改任务。

第二,持续深化创新环境报告制度。开展年度环境状况和环境保护目标完成情况报告工作,是人大推动生态文明建设的法定职责,也是加强生态环境保护的重要抓手。环境报告制度,是各级政府向本级人大或其常委会(乡镇人大主席团)报告环境状况和环境保护目标完成情况,推进形成政府自觉履行生态环境保护责任、主动接受人大监督的长效机制。2018 年,环境报告制度在宁波正式落地,同年 3 月 23 日,市人大常委会首次听取和审议了市政府《关于宁波市 2017 年度环境状况和环境保护目标完成情况的报告》。目前,从市县两级到市、县、乡三级全覆盖,环境报告制度在宁波持续走向常态和规范。无论是大气、水、土壤

等环境质量还是年度环保目标完成情况,关注整体环境质量,落实环境报告"年检"制度,成为宁波人大的"规定"动作。2021年,市人大常委会积极探索、锐意创新,在听取报告、分组审议基础上,首次举行联组审议,建设首个数字化应用场景,开展环境报告的满意度测评,着力推动环境监督系统化、规范化、精准化、数字化。

第三,全市联合行动抓好落实。2021年1月,宁波召开生态环境行政执法与司法衔接联席会议,开展为期1年的"利剑2021"打击环境违法犯罪专项行动,这次行动首次由法院、检察院、公安局、司法局和市生态环境局五部门联合部署、联合行动、联合印发取证指引,首次启用"生态环境执法大平台",重点查处包括酸洗、电镀、不锈钢、石化、冶炼、造纸、化工、危险废物及固体废物处置、垃圾处理等9大重点行业的问题,强势推动中央和省生态环保督察反馈问题、长江经济带警示曝光等问题的整改,强势倒逼"散乱污"企业动态清零,助推全域产业综合治理,从源头上预防和减少发展对生态环境的影响。

三、2022年宁波生态建设发展展望与建议

(一)机遇与挑战

"十四五"时期,宁波要乘势而上开启高水平全面建设社会主义现代化先行市新征程,须在发展动能转换、城市能级提升、制度优势再造上实现大突破,生态环境保护工作也面临重大机遇和挑战。

机遇和有利因素体现在:一是中央要求"生态文明建设实现新进步",作出了支持浙江高质量发展建设共同富裕示范区的意见,省委要求"在生态文明建设方面走在前列",市委提出"努力当好践行'两山'理念、建设生态文明的模范生""建设全域美丽宜居品质城市"等系列政策,为生态环境工作锚定新高度。二是"一带一路"倡议以及长三角一体化、现代化大湾区、杭甬"双城记"、全球海洋中心城市建设等重大战略在宁波交汇落地,为推动区域环境治理现代化带来新契机。三是制造业高质量发展试验区和自主创新示范区建设深入实施,数字化改革全面推进,新型工业化与信息化、先进制造业与现代服务业深度融合,将加快产业转型升级,有利于从根本上减轻生态环境保护压力,同时也为生态环境整体智治提供重要支撑。四是绿色低碳和生态文明的新发展理念深入落实,国土空间开发管控不断强化,粗放型城市扩张趋向减少,积极应对气候变化国家战略深入实施,为统筹推进经济社会高质量发展和生态环境高水平保护提供了有利条件。

挑战和不利因素体现在:一是绿色低碳发展水平有待进一步提升。"国家临

港重化工基地、华东地区重要能源基地"的定位和区域产业经济空间布局碎片化特征明显的整体背景,决定了宁波绿色低碳转型和污染减排压力较大,国土开发强度和单位国土面积的污染负荷高于全省平均水平,应对气候变化工作面临极大压力。高技术制造业和知识密集型服务业发展不足,规上企业产值中燃煤发电、炼化等重工业占 63.5%,全市能源结构以煤炭、石油等化石能源为主,清洁能源消费占比依然较低。交通运输结构有待进一步优化,铁水联运等高效组织模式比例不高。二是环境质量持续改善基础尚不稳固。大气环境质量面临复合型污染治理攻坚瓶颈,臭氧(O₃)、PM2.5 成为宁波市空气质量的主要制约因子,臭氧前驱物 VOCs、氮氧化物(NO$_x$)排放总量和强度居高不下。噪声和臭气异味持续成为群众关注热点。地表水环境改善不稳固,局部地区"污水零直排区"建设不够彻底,平原河网水体有轻度污染,水质反弹风险较大。受长江携带入海污染物和本地陆源污染叠加影响,近岸海域水质仍不理想,"一港两湾"水质大部分为劣Ⅳ类。局部区域的土壤污染依旧存在,地下水环境质量不容乐观。三是生态环境安全屏障需进一步巩固。山水林田湖草系统整治修复仍显薄弱,自然保护地规范化建设有待加强,森林生态系统中天然林偏少。海域空间开发利用方式相对粗放低效,部分自然岸线和生态空间遭受挤占,滨海环境品质和亲海体验感不佳。生物多样性保护亟须加强,局部自然生态功能退化、生物物种受损,湿地生物和部分天然经济鱼类资源受到破坏。环境安全保障面临巨大压力,涉危化品企业、运输车辆和油气等输送管道点多量大,放射源多而散,区域性、布局性环境风险较为突出。四是生态环境治理能力仍有短板。人防、物防、技防相结合的环境问题发现机制还不健全,智能化预测预警和溯源分析能力不足,执法人员短缺。环境风险管控和应急能力建设还需加强。生态环境基础设施仍有缺口,一般工业固废、小微企业危废、建筑垃圾等部分固废收运体系和处置利用能力不足,污水收集和处理设施建设仍显滞后。生态环境保护科研能力不强,土壤、固废及农业农村污染防治方面的人才储备、技术支撑能力薄弱。五是生态环境治理体系需进一步完善。政府部门生态环境保护"三管三必须"职责落实不够到位,市、县、乡三级职能网络需进一步优化;可反映资源消耗、环境损害、生态效益的绩效评价考核制度尚未有效形成。生态环境保护法规制度需要完善,土壤污染防治、机动车和非道路移动机械排放监管等领域的地方立法存在空白。全民参与的社会行动体系和齐抓共管的生态环境管理格局尚未全面形成。陆海统筹、区域协调、部门联动的生态环境治理体系需要进一步强化。

(二)对策与建议

2022 年,宁波市生态环境保护工作面临机遇与挑战交织、动力与压力并存的复杂形势,将进入协同推进经济高质量发展、人民生活高品质提升奔向"共同富裕"和生态环境高水平保护的关键期,全面推进生态文明建设和绿色低碳发展的攻坚期,必须保持战略定力,努力推进解决与高质量发展要求不相适应的结构性问题,在措施精准性上下功夫,创新多元化治理模式,巩固提升生态环境质量,深入推进碳达峰行动,为2035年生态环境状况根本好转打好基础。

1. 强化规划引领,构筑绿色生态空间

科学划定生态保护红线、永久基本农田和城镇开发边界三条控制线,推进宁波市海岸带保护与利用规划编制;严格落实生态保护红线、环境质量底线、资源利用上线和生态环境准入清单制度,构建以环境管控单元为基础的空间管控体系,实现国土空间差别化管理和生态环境分区分类精准管控。推动山水林田湖草等全资源要素规划体系建设,深化专项规划编制。构建完备的自然保护地体系,加强生物多样性保护,守住自然生态安全边界。塑造现代化城市品质,优化新型城市功能单元,加快未来社区、未来园区建设。推动旧园区、旧厂房、旧市场等低效空间改造,改善城镇人居环境。积极融入长三角一体化发展战略,优化"一主两副多节点"城镇空间布局和"三江三湾大花园"生态魅力格局,厘清各大片区功能和建设重点,提升城市综合承载力,助力创建国家中心城市。

2. 实施综合治理,持续改善环境质量

建立地上地下、陆海统筹的生态环境治理制度,全力打好生态环境巩固提升持久战。坚决打赢蓝天保卫战,强化重点区域、重点行业、重点企业治理,加强细颗粒物和臭氧"双控双减",制定实施二氧化碳排放达峰行动方案,推动全市环境空气质量持续改善。持续打好治水提升战,完善河湖长制度,深化"五水共治",推动"污水零直排区"建设提质扩面,保障饮用水水源安全,建设高质量"宁波水网"。实施"十大百项"重点工程建设,打造一批"全国领先、全省领跑"的标志性成果。完善陆海统筹的海洋污染治理机制,提升港湾和近岸海域水质。扎实推进净土清废攻坚战,加强土壤环境全过程风险防控,持续加大受污染土壤治理修复力度。高标准推进生活垃圾分类治理攻坚行动,巩固垃圾分类先行示范优势。完善固废收运体系和基础设施,努力创建全市域"无废城市"。

3. 重视"双碳"工作,推进绿色低碳发展

提高新建扩建工业项目能耗准入标准,严格落实产业结构调整要求,围绕零碳电力、零碳非电能源、碳捕集利用与封存和生态碳汇等方向,进行关键核心技术攻关。根据省委省政府统一部署,将碳排放强度纳入"亩均论英雄""标准地"指标体系,推动能耗"双控"向碳排放总量和强度"双控"转变。在政府层面,进一步把碳达峰、碳中和相关指标纳入经济社会发展综合评价体系,同时建立碳达峰目标责任考核清单化、闭环化管理机制,并纳入生态环境保护督察范围。重点布局新能源,发展优质战略产业,推动构建清洁低碳安全高效的能源体系,抢抓行业发展红利,积极布局成长性高、发展前景好的新能源产业,包括储能、风力发电、光伏等。在社会层面,不断强化公众节能降碳理念,推动碳普惠应用建设,逐步加入绿色出行、绿色消费、绿色居住、绿色餐饮、全民义务植树等项目,引导公众践行绿色低碳生活理念。

4.构建生态文化,提高全民生态素质

以生态环境教育特色小镇专项规划及建设指南为技术指引,充分挖掘当地自然人文资源,打造"一村一品"生态环境教育品牌,采用"政府引导、公众参与、机构运营"的模式共同治理,成立由党政领导、分管部门、专家团队、乡贤、志愿者等组成的专班,系统梳理生态环境教育的价值转化途径,实现"全域打造、全民参与"的良好氛围。建立健全生态文化传播体系,结合世界环境日、浙江生态日等主题活动,开展公益宣传展示、专题讲座、现场参观等实践活动,普及生态文化知识,弘扬生态人文精神,构建全民生态文明教育网络体系,强化生态文明宣教阵地建设,培育生态环境教育特色试点,增加公众对生态文明建设参与率,进一步提高全民生态文明素养。广泛开展绿色生活行动,全方位推进绿色革命,努力形成勤俭节约、绿色低碳、文明健康的生活方式。倡导全民绿色消费、绿色办公、绿色出行,创新公众参与模式,完善公众参与和监督机制,拓展参与平台,畅通信息公开、信访投诉、环保听证"三个渠道",积极开展"生态环境议事厅"活动。发展壮大环保志愿者队伍,引导环保社会组织规范化发展。推进在甬高校成立绿色联盟,建设交流平台,培养青年绿色人才。

综上,宁波要深入实施可持续发展战略,必须以解决突出环境问题为突破口,以生态文明制度建设为着力点,强化生态保护和环境质量约束,推动经济社会发展全面绿色转型,建设人与自然和谐共生的现代化。

作者单位:任春晓,中共宁波市委党校;任巧丽,宁波大学

2021 年宁波党的建设总报告

谢 磊

2021 年,宁波市各级党组织在市委的坚强领导下,深入学习贯彻习近平新时代中国特色社会主义思想,深刻领悟习近平同志对浙江、对宁波工作的重要指示精神,把"两个维护"内化于心、外化于行,坚持把党的领导作为抓好各项事业的根本前提,加强党的全面领导,党的建设质量不断提升。

一、2021 年宁波党的建设基本情况

坚持党要管党、全面从严治党,党的建设全面加强。2021 年,宁波市党史学习教育扎实推进,基层党建、干部队伍建设、清廉宁波建设等方面都取得了新进展。

(一)高质量开展党史学习教育

2021 年,宁波市以明理、增信、崇德、力行为目标,高标准高质量开展党史学习教育。在学习教育中,将建党百年庆祝活动贯穿其中,把党的十九届六中全会精神的学习作为重要内容,广大党员干部从党的百年奋斗重大成就和历史经验中汲取智慧和力量,坚定了信念,提振了精神,也干出了实绩。

1. 扎实推进党史学习教育

市委切实把中央和省委对党史学习教育的各项部署要求落到实处,各级党委(党组)把开展学习教育作为贯穿全年的重大政治任务。全市 1.4 万名县处级以上领导干部、3.2 万个基层党组织和 56.1 万余名党员全程参加学习教育,累计开展专题学习 2.2 万余次、专题研讨 1.1 万余场,召开专题组织生活会 3.2 万

余场。在学习教育中形成了大宣讲的工作格局,"百千万"①系列宣讲活动共组建宣讲团 3600 余支,累计开展线上线下各类宣讲 6 万余场。组建巡回指导组,确保学习成效可量化、可评估,10 个巡回指导组对 10 个县(市、区)和 92 个市直单位实现巡回指导全覆盖,全面全程统筹、压紧压实责任,此外,还率先在全省实施动态数据分析制度,编制全省首个"党史学习教育评价指标体系"。将党史学习教育同解决民生实际问题结合起来,开展"三为"②实践活动,谋划落实 11 大行动 53 项举措,县处级以上领导干部领衔破解难题 5.1 万余件,各级党组织为群众办实事 54.4 万件,为企业解难题 11.6 万个,为基层减负担 9.8 万个,专题实践活动调查评估满意率达到 96.1%。

2. 组织开展庆祝建党百年活动

以增强政治性、突出时代性、注重时效性为标准,高质量开展庆祝建党 100 周年活动。举办了庆祝建党 100 周年理论研讨会,46 篇优秀论文获奖。党史工作重大成果《中国共产党宁波历史》第三卷(1978—2002)出版,"中国共产党在宁波 100 年"系列普及读物即《百年追梦》《百名英烈》《百年画卷》面世,《建党百年·宁波百人百事》一书首发。举办了市"两优一先"③表彰大会,表彰市优秀共产党员、市优秀党务工作者、市先进基层党组织各 100 名(个)。开展"光荣在党 50 年"纪念章颁发工作,向全市 3.98 万名老党员颁发纪念章。举行了庆祝中国共产党成立 100 周年文艺演出,以"永远跟党走"为主题举办音乐党课,围绕庆祝建党百年主题,发布了主题音乐优秀作品,启动了全国优秀舞台剧目展演活动等。宁波博物院、宁波美术馆、宁波市档案馆等场馆分别推出庆祝建党百年特别展。庆祝建党百年主题灯光秀在三江口上演,多点多地,全城联动,红"满"甬城。

3. 学习贯彻十九届六中全会精神

市委召开动员部署会,传达党的十九届六中全会精神,部署学习宣传贯彻工作,要求全市各级党组织切实把全会精神的学习当作首要政治任务,落实省委

---

① "百千万"系列宣讲活动是指百名书记带头讲、百名局长条线讲、百名专家深入讲、百名记者互动讲、千名青年流动讲、万名干部入户讲。

② "三为"实践活动是指我为群众办实事、我为企业解难题、我为基层减负担。

③ "两优一表"指优秀共产党员、优秀党务工作者、先进基层党组织。

"六学联动"①"六讲六做"②等部署要求,加强领导、精心组织、全面发动,抓好学习领悟、宣讲宣传、教育培训、研究阐释、贯通融合等环节,营造人人学、人人讲、人人践行的浓厚氛围。市委召开专题学习会,通过专题研讨深刻认识这次全会政治承载厚重、理论贡献突出、历史意义重大,通过集中交流准确领会全会精神的博大内涵,精准把握全会精神的整体脉络和精髓要义,尤其是深刻领会"两个确立"的决定性意义。全市党员干部不断对标全省、全市领导干部会议部署要求,进一步统一思想、深化认识,切实把学习成果转化为争先创优进位的坚强决心和行动举措。全覆盖开展党的十九届六中全会精神集中轮训,在宁波党员干部学习网开设全会精神学习的"市管干部网络专题"和"处级干部网络专题",设置必学课程与必答考题。

(二)高标准推进基层党建

2021年来,宁波市以换届为契机夯实基层组织建设,以骨干培养和党员提质为重点加强基层队伍建设。紧扣"锋领港城"目标,大抓基层、重抓党建,不断推动基层党建迭代升级、融入全局,彰显出各领域党建服务保障大局的使命价值。

1. 夯实基层组织建设

截至2021年底,全市共建有3.2万余个基层党组织,其中企业党组织1万余个、机关事业单位党组织1万余个、村社党组织近1万个、社会组织党组织1000余个,其他党组织近千个。所有基层党组织都奋战在改革攻坚、共同富裕、社会治理、为民服务的第一线,特别是面对"烟花"台风来袭、新冠肺炎疫情反复,广大基层党组织守土奋战、主动迎战,战斗堡垒作用充分发挥。与此同时,全市3300多家各级党群服务中心,为党员、群众提供一站式、便捷化服务。2021年是市县乡集中换届之年,宁波顺利完成了10个县(市、区)、83个乡镇的换届工作,扎实推进了91家市直单位的届末考察和5家市属企业党委的集中换届考察。抓住换届契机,推动班子结构功能"双提升",以系统性重塑推动县乡班子结构全

---

① "六学联动"是指领导干部示范学、党史学习深化学、专题党日集中学、丰富载体创新学、激励党员自主学、知识竞赛全员学。

② "六讲六做"是指讲好党的百年奋斗历程,做红色根脉的坚定守护者;讲好新时代的辉煌成就特别是"两个确立"对新时代党和国家事业发展、对推进中华民族伟大复兴历史进程的决定性意义,做"两个维护"的示范引领者;讲好百年奋斗的宝贵经验,做新时代"重要窗口"的优秀建设者;讲好总书记深厚的为民情怀,做人民至上的不懈奋斗者;讲好总书记在浙江的故事,做"八八战略"的忠实践行者;讲好总书记赋予浙江的重大历史使命,做高质量发展促进共同富裕的先行探路者。

面优化,换届后县(市、区)班子年龄、学历、来源等关键指标均高于省定标准,乡镇班子 35 岁以下党政正职配备、班子成员中全日制大学以上学历占比也高于省定标准。

2.加强基层队伍建设

全链闭环锻造基层骨干。经过换届,"一肩挑"率达 99%,村书记平均年龄比换届前下降 7.5 岁,大专及以上学历占比达 60.6%,基层队伍干事能力显著提升。大力实施"领雁工程",全面推行村(社)书记县级备案管理,健全培养、历练、考评链条,推动基层队伍整体优化提升。深化"导师帮带"制,成立名师工作室,推行新老支书师徒结对,形成带动矩阵效应。全市累计获评省千名好支书120 名、省担当作为好支书 35 名、省兴村(治社)名师 12 名,评选出市"担当作为好支书"、市兴村(治社)名师各 100 名,7 名村党组织书记进入新一届乡镇领导班子。不断推进党员提质工程。目前,宁波市党员人数为 56.1 万余人,全年新发展党员 1.8 万余名,居全省首位,基本消灭 3 年未发展党员的"空白村"。量质并举抓好发展党员工作,大专学历以上党员占总数的一半以上,35 岁以下党员占发展总数的近 80%。建立健全党员队伍分类管理"1+1+N"制度体系,不断增强党员教育管理的针对性和有效性。

3.深入推进各领域党建

基层党建全面提质的态势日益显现,召开全市基层党建工作会议,以"锋领港城"为目标,实施全领域建强、全区域提升。抓党建促乡村振兴,在全省率先制定深化全域党建联盟建设专项政策,运用强村带动、项目牵引、飞地抱团等 8 种主要模式,组建 600 个全域党建联盟,基本实现乡村全覆盖。在城市推动城市社区党组织向下延伸,制定出台居民小区党建指导意见,组建红色物业联盟。把党建统领作为商圈发展和街区治理的主线,探索出了党建引领楼宇商圈治理新模式。推进两新党建"争先进位、整体跃升",在两新领域建立 10 个行业性党组织、创建 1100 家"双强六星"党组织,打造 1000 多个"甬爱 E 家"服务驿站,推进新业态新就业群体党建工作试点,在全省率先构建市县两级快递物流行业党委。统筹推进机关、高校、国企、公立医院等各领域党建,凝聚起守护红色根脉、打造"锋领港城"的强大合力。

(三)高水平打造干部人才队伍

坚持党管干部原则,把党的领导贯穿干部选任、教育培训与监督管理的全过程,深入推进干部队伍建设。抓好后继有人这个根本大计,在实施人才强市战略背景下,通过定政策、塑平台、强机制,不断培养、造就、吸引人才,把各方面优秀人才集聚到推动新时代区域发展的实践中来。

1.严格选人用人标准

突出政治标准,严把政治首关。聚焦领导干部这个"关键少数",常态化开展政治素质调研,密切关注攻坚一线的政治表现,"一班一表""一人一表"精准画像。以集中换届为契机,专题开展市管领导班子政治建设和"六稳""六保"①专项考核,全方位考准考实政治表现。树立实干导向,突出以事业为上选干部。选拔使用了一批冲劲大、实绩好的领导干部,大胆起用了一批专业精、活力足的优秀年轻干部,注重提拔了一批勤勉敬业、埋头苦干的"老黄牛"式干部。大力选拔在斗争一线、疫情防控、争先进位和数字化改革中表现突出的干部。创新工作机制,进一步打通省部属驻甬单位干部交流使用壁垒,首次从国企、高校、省部属单位选拔干部优化县(市、区)党政班子。强化选人用人监督,系统构建换届风气监督工作体系,首次开展市属高校选人用人工作专项督导,年度市委选人用人满意度创历史新高。

2.加强培训历练锻炼

把习近平总书记最新重要讲话、对宁波重要指示批示精神深度融入各类主题班次必修内容和必学课程,全年举办新思想系列进修班等主题班次30期,培训干部1.47万人次,其中市管干部1500余人次。强化分类施教,对市管干部实施引领带动和专业化能力双提升计划,对基层干部开展共同富裕主题轮训,对年轻干部首次组织"分组联镇村,一线赛实绩"活动,对选调生和初任公务员实施"五位一体"教培模式。注重专业能力提升,办好专业化能力培训班32期,培训2200余人次。对全市公务员学习培训情况进行实时更新、动态分析,并建立"一干部一档、一班次一册、一单位一表"培训档案。改版升级后的宁波党员干部学习网以及甬派客户端的"甬学"平台平稳运行,全市"学习强国"注册激活学员数居全省第2位,活跃度超过全省平均水平。举办"担当攻坚、争先进位"干部专业能力风采集中展示,30余名干部展示数字化改革成效和干部担当事迹,各地各单位举办风采展示80余场次1000余人次。实施干部一线建功行动,市县两级广泛发动骨干到防台防汛、抗疫攻坚、扶贫一线接受磨砺。选派1368名干部和247名专业技术人才参加挂职磨砺,选派120名机关企事业单位干部担任驻村第一书记扎实开展工作。

3.持续监督与关爱

强化日常监督,围绕"德、能、勤、绩、廉"五个方面开展日常监督,把重点放在

---

① "六稳"是指稳就业、稳金融、稳外贸、稳外资、稳投资、稳预期,"六保"是指保居民就业、保基本民生、保市场主体、保粮食能源安全、保产业链供应链稳定、保基层运转。

干部的"绩"上。严格落实领导干部报告个人有关事项的规定,高质量做好个人有关事项报告工作,从严报告、从严核查、从严查处,个人有关事项报告随机查核、重点查核一致率超过95%。从严把好年轻干部教育监督关,将近年查办的26起年轻干部违纪违法典型案例汇编成警示录。推进干部立体监督系统建设,市县两级干部监督系统顺利对接贯通。全年共为119名受到失实检举控告的党员干部澄清正名(其中市管干部5名、县管干部25名),对诬告陷害行为进行纪法处理。同时,对824名受党纪政务处分的党员干部进行回访教育,鼓励受处分党员干部从"有错"变"有为"。健全完善"1211"①干部心理健康关爱体系,升级"干部心理素质提升中心",运行"甬心向上"线上服务平台,大力营造暖心关爱氛围。抗疫期间,紧急开通10条心理关爱热线,为一线抗疫人员提供点对点的心理服务。

4.集聚高水平人才

召开市委人才工作会议,创新提出人才发展"一城三地"②战略目标,发布了新一轮人才政策,完善"通则+专项+定制"人才政策体系。高质量举办线上线下联动的宁波人才日、人才科技周等引才活动,启动实施"甬江引才工程",依托甬江实验室打造城市科创标杆,组建人才发展集团。支持院校建设,新建院士工作站31家、省级博士后工作站52家。国家级人才培养工程取得实效,国家"杰青"、省特级专家、省领军团队入选数居全省首位,自主培养海外院士2名,入选省鲲鹏行动计划3名,入选全国杰出专技人才实现零的突破。深化人才合作,沪甬人才合作先锋区发挥作用,引进上海高层次人才300余人,实施甬丽人才联合行动方案。全年新引进大学毕业生首次突破20万,增幅超过30%。系统优化留才生态,在金融政策上,在全省率先出台实施"金融支持人才17条",打造"财政+金融"创业支持体系,完善"货币+实物"人才安居体系,通过集中建设、市场配建新筹集人才住房5539套,推广线上线下服务体系,依托"人才码"服务57万余人次。上线了人才工作数字化改革平台,革新了人才工作绩效考评体系,多维度立体考评引才绩效,用指标通报、实时督办等措施压实部门责任。

(四)高压态势坚持反腐败斗争

2021年,市委立场坚定、旗帜鲜明,坚决扛起管党治党政治责任,一以贯之

---

① "1211"体系是指成立"1个服务指导机构",建立"2个综合服务中心",开设"1组线上服务平台",组建"1张全覆盖服务网络"。

② "一城三地"战略目标是指加快建设世界重要人才中心和创新高地战略支点城市,奋力打造高水平人才首选地、创新策源地、产业集聚地。

全面从严治党,纵深推进清廉宁波建设,宁波市政治生态持续向上向好。全市纪检监察机关忠实履职尽责,积极担当作为,充分发挥监督保障执行、促进完善发展作用,宁波市全面从严治党成效度持续位居全省前列。

1. 坚定不移反腐败

宁波市纪检监察机关始终把"三不"①一体推进方略贯彻到反腐全过程各方面,坚定不移推进"打虎""拍蝇"。全年纪检监察机关共立案 2052 件,党纪政务处分 1886 人,查处市管领导干部 20 人、处级干部 91 人,共移送司法机关处理 91 人,严肃查处了一批不收敛、不收手的典型。根据中央纪委、省委受贿行贿一起查、规范领导干部廉洁从政从业行为等意见,纪检监察机关会同组织部门协助市委共制定配套的 6 项制度,推进行贿信息库建设试点工作。深入实施"一案五必须"制度,注重从典型案件中查找监管薄弱环节和制度漏洞,督促案发单位以案促治促改,补齐制度短板。把警示教育放在更加突出的位置,修订《市管领导干部重要节点廉政风险提醒防范手册》,定期通报典型违纪违法问题、盯牢重要节点及时开展廉政风险提醒、专题开展年轻干部警示教育等。在高压震慑和政策感召下,全市共有 168 人主动投案。与此同时,严格落实"三个区分开来"②,深入开展"澄清宣传周"等活动。

2. 扎实推动巡察整改

高站位推进中央巡视和省委巡视整改任务,组建工作专班,建立整改相关制度和机制,共开展监督检查 2252 次,纠正问题 113 个,提出意见建议 241 条,推动完善制度 264 项。中央巡视反馈的问题全部完成整改,提前完成省委巡视阶段性整改任务,巡视移交的问题线索处置率、信访办结率均为 100%。高质量完成巡察全覆盖,组织实施十三届市委第八、九轮巡察,共对 28 家单位的党组织开展巡察,发现问题 879 个,移交问题线索 23 件。组织开展对 8 家市直单位党委(党组)巡察"回头看"和全市粮食购销领域联动巡察,共发现问题 430 个,移交问题线索 21 件。加大对县(市、区)党委巡察工作指导督导力度,推动县(市、区)、村(社)巡察覆盖率均按期达到 100%。

3. 进一步完善监督

把政治监督摆在首位。聚焦"一把手"和领导班子监督,出台 21 项配套制

---

①　"三不"是指一体推进不敢腐、不能腐、不想腐。

②　"三个区分开来"是指要把干部在推进改革中因缺乏经验、先行先试出现的失误和错误同明知故犯的违纪违法行为区分开来;把上级尚无明确限制的探索性试验中的失误和错误,同上级明令禁止后依然我行我素的违纪违法行为区分开来;把为推动发展的无意过失,同为谋取私利的违纪违法行为区分开来。

度,细化制定"五张责任清单"若干措施。2021年共立案审查违反政治纪律案件20件,党纪政务处分25人,有120名党员领导干部因履行管党治党责任不力被问责。做实日常监督,全年纪检监察机关处置问题线索5761件,运用"四种形态"①处理7072人次,占比分别为72.2%、18.6%、3.7%、5.5%。开展重点领域监督,围绕全市重点任务的贯彻落实情况跟进监督、精准监督。全面实施六大专项工程②,护航宁波高质量发展建设共同富裕先行市,出台专项监督工作方案,为长三角一体化发展提供坚强的纪律保障。创新推出"1+1+11"③专项监督工作机制,如在疫情防控期间开展专项监督,督促职能责任单位履职尽责。采取"两化一跨"④联合监督检查模式,借助大数据分析筛查功能,集成运用相关部门资源和数据。进一步向基层延伸监察监督体系,在全市设立2910个村(社区)监察工作联络站,开展基层监督"一地一品"创建,形成基层监督特色应用场景53个。

4.深入开展专项整治

统筹推进中央纪委、省纪委部署的各项专项整治,紧盯省委部署的33项专项整治监督任务,有针对性地开展政法、国企、教育、医疗、开发园区、金融、供销社、粮食等重点领域问题专项整治。重点对漠视侵害群众利益问题进行专项治理,对群众急难愁盼重点问题开展集中治理,市纪委监委会同市直单位持续整治群众身边腐败和作风问题,共组织督导检查1039批,查处问题158个,处理194人。聚焦村庄撤并、农村基层"三资"管理、被征地人员参保、农村乱占地耕地建房等领域,共查处群众身边腐败和作风问题354起,党纪政务处分266人。深入开展信访专项整治。全市纪检监察机关共接受信访举报2626件次,检举控告2167件次。聚焦重信重访,扎实开展"三多"件"清淤"行动,51件省市县三级督办"三多"信访均提前办结。紧盯基层公权力运行中的问题,选取疑难重点信访件,开展专项行动,党纪政务处分169人,移送司法机关处理26人。

(五)高要求常抓作风建设

2021年,全市纪检监察机关以更坚决的态度培土加固中央八项规定精神堤坝,以更有力的措施整治形式主义与官僚主义,对歪风邪气露头就打、反复敲打,

---

①　"四种形态"是指在执纪监督时,经常开展批评和自我批评、约谈函询,让"红红脸、出出汗"成为常态;党纪轻处分、组织调整成为违纪处理的大多数;党纪重处分、重大职务调整的成为少数;严重违纪涉嫌违法立案审查的成为极少数。

②　"六大专项工程"是指督政清障、督责清梗、督风清浊、督案清腐、督微清源、督规清商。

③　"1+1+11"是指1个综合组、1个信访组和11个监督检查组。

④　"两化一跨"是指数字化运用、系统化研判和跨部门协同。

经过坚持不懈的努力,党风政风焕然一新,社风民风持续向好。

1. 严格落实中央八项规定

2021 年,全市纪检监察机关持之以恒,加强对贯彻落实中央八项规定精神的监督检查,全年各级纪检监察机关共查处违反中央八项规定精神问题 344 起,批评教育帮助和处理 452 人,给予党纪政务处分 290 人。宁波市违反中央八项规定精神问题统计情况显示,在动真碰硬遏制违规吃喝的举措下,公务接待中明目张胆的违规吃喝、奢侈浪费问题得到极大改善,但针对悄然滋生的隐形变异的"吃喝风",纪检监察机关从机制源头入手,从公务接待反浪费着手,掀起节俭之风。每到重要节点,宁波市各级纪检监察机关发布关于贯彻落实中央八项规定精神的纪律提醒,年底,为进一步严明纪律强化警示提醒,通报了 6 起违反中央八项规定精神典型问题。

2. 整治形式主义与官僚主义

2021 年,全市纪检监察机关共查处不担当、不作为等形式主义、官僚主义问题 171 起,批评教育帮助和处理党员干部 225 人,其中给予党纪政务处分 123 人。市纪委监委深入整治贯彻重大决策部署只表态不落实、维护群众利益不担当不作为、敷衍塞责、弄虚作假、阳奉阴违等问题。全市纪检监察机关聚焦基层减负,主动深入一线,直击基层减负要害,不断强化细化对落实基层减负举措的监督检查。同时,持续优化"基层点、上级改"工作模式,推动健全基层减负长效机制,共收集 172 个"点题"内容,下发"函告书"26 份,督办落实问题 70 个,有效解决了一批基层干部群众反映强烈的问题。

3. 持之以恒纠治"四风"①

2021 年,全市纪检监察机关共查处享乐主义、奢靡之风问题 173 起,批评教育帮助和处理 227 人,其中给予党纪政务处分 167 人。全市纪检监察机关立足小切口,从突出问题抓起,精准施策,严防享乐主义和奢靡之风反弹回潮。把制止公务接待浪费作为纠治"四风"的重要内容,深入开展党员干部公职人员酒驾醉驾、公款购买发放节礼、"天价茶"背后"四风"问题、违规发放津补贴等专项整治,紧盯吃请送礼歪风,整治"车轮上的腐败"。针对高压态势下一些"四风"问题由明转暗、隐形变异的新情况、新特点,全市纪检监察机关结合实际综合施策,深挖细查隐形变异"四风"问题。做深做细日常监督,全市纪检监察机关与公安、财政、审计、市场监管等部门加强信息互通和沟通协作,形成监督检查合力。

---

① "四风"是指形式主义、官僚主义、享乐主义和奢靡之风

二、2022 年宁波党的建设形势分析

2022 年是"两个一百年"历史交汇、向着新的赶考之路全力迈进之年,是深入学习贯彻党的十九届六中全会精神、喜迎二十大胜利召开之年,是认真贯彻落实市第十四次党代会精神、"十四五"深化推进、共同富裕先行市建设突破性进展之年,新时期新形势新任务,给宁波市的党建工作提出了新要求。

(一)政治首位新要求

当前,国内外形势深刻复杂,宁波经济社会发展进入关键时期,区域发展面临严峻的挑战和考验。全市各级各部门要深刻领悟习近平同志对浙江、对宁波工作的重要指示精神,切实把思想和行动统一到党的十九届六中全会精神上来,服务"国之大者"①,增强政治首位意识。对党员干部来说,旗帜鲜明讲政治始终是第一位的要求。全市党员干部不仅要把对党忠诚、为党分忧、为党尽职、为民造福作为根本政治担当,还要紧密地团结在以习近平同志为核心的党中央周围,全面贯彻习近平新时代中国特色社会主义思想,大力弘扬伟大建党精神,做"两个确立"忠诚拥护者、"两个维护"示范引领者。各级党组织必须充分发挥组织作用,以更大力度强化政治引领,把党的组织优势、政治优势发挥好。

(二)党建统领新要求

新发展阶段宁波的历史使命已经明确,面对锻造硬核力量、唱好"双城记"、建好示范区、当好模范生,加快建设现代化滨海大都市的使命任务,必须高点谋划、高位推进党建如何为高质量发展提供坚强组织保证。推动党建统领、整体智治进阶迭代成为当前亟须解决的课题,一网统管、"四治融合"、整体智治的格局需要全面形成,如何全面建立上下贯通、高效协同的五级治理体系。现实要求必须立足宁波党建工作总体布局,务实推动抓党建带全局、抓党建强发展;在基层党建中深化建设"锋领港城",奋力打造新时代党建高地;通盘谋划和统筹实施整体智治,综合考量贯通性、系统性、精准性、持续性、实效性,切实以理念创新提高工作前瞻性,以方法系统再造优化规则机制流程,充分运用数字化改革成果;同时,对标共同富裕,推动党建引领共同富裕创出宁波品牌。

---

① 即指事关党和国家前途命运、事关中华民族伟大复兴、事关人民幸福安康、事关社会长治久安的大事。

（三）自我革命新要求

中国共产党作为百年大党,要保持先进性和纯洁性,需自觉运用党的百年奋斗历史经验,永葆自我革命精神,一刻不停推进党风廉政建设和反腐败斗争。全面从严治党在新形势新任务下,需要向纵深发展、向基层延伸、向每个支部和党员覆盖。准确把握新时代党在自我革命中的职责使命,必须继续坚持严的主基调,保持惩治腐败高压态势,高标准执行中央八项规定精神,巩固发展反腐败斗争压倒性胜利,准确把握不敢腐、不能腐、不想腐之间的内在联系、辩证关系,坚持系统谋划、一体推进。必须狠抓作风建设,强化监督执纪,坚持真管真严、敢管敢严、长管长严,在巩固发展良好政治生态上下真功见实效。

三、2022 年党的建设的若干要点

2022 年,宁波市各级党组织应坚持以习近平新时代中国特色社会主义思想为指导,胸怀"两个大局"①,服务"国之大者",奋力打造新时代党建高地,系统提升党的建设质量,切实把党建优势转化为发展优势,为宁波在新发展阶段所承担的历史使命和发展任务提供坚强保证。

（一）聚焦政治引领

始终把"两个确立""两个维护"作为最高政治准则,引导党员干部内化于心、外化于行,把"两个确立"转化为"两个维护"的实际行动。把学懂弄通做实习近平新时代中国特色社会主义思想作为首要政治任务,扎实推进习近平新时代中国特色社会主义思想教育培训计划,把党的二十大精神的学习贯彻作为头等大事抓实抓好。对于党员领导干部,尤其是"一把手",确保政治能力与担任的领导职责相匹配,切实做到政治坚定有觉悟。常态化开展政治素质考察和政治体检,注重在"大战大考"中检验党员领导干部的政治表现。围绕"国之大者"强化政治监督,严明政治纪律和政治规矩,推动重大决策部署一贯到底、落地见效。积极引导广大党员坚定政治理想、把准政治方向、锤炼政治能力、严明政治纪律,不断提高党员的政治判断力、政治领悟力、政治执行力。

（二）聚焦基层党建

努力打造新时代党建高地,升级"锋领港城",实施"红色根脉强基工程",落实"一指数、五工程、五机制"总体布局,健全"锋领港城强基指数"。推动基层党

---

①　"两个大局"是指实现中华民族伟大复兴的战略全局和世界百年未有之大变局。

建迭代升级,促进基层党组织全面进步、全面过硬,打造变革型基层组织,提高基层塑造变革能力。放大党的基层组织力,创建示范性党建联盟,区域化构建党建联合体,发挥全域党建联盟提质聚力作用。做实街道"大工委"和社区"大工委",探索加强融合型大社区大单元党建。聚焦未来社区、未来乡村,全面推进小区党建,推动党的组织嵌入生产生活全服务链,推动整园建强、整楼推进、整线突破。扎实推进新领域新群体党建,深化新业态、新就业群体党建试点成果。深入实施机关、高校、国企、公立医院系列党建工程,推进全域党建矩阵。

(三)聚焦队伍建设

完善干部工作"一体系三机制"①,对干部队伍进行系统重塑,锻造一支政治过硬、具有领导现代化建设能力的高素质专业化干部队伍。严格做好选贤任能工作,立好政治标尺、突出实干实绩、注重专业素养、重视群众口碑,确保选出来的干部德配其位、才配其位、德才兼备。选优配强关键岗位干部,大力培养使用年轻干部,注意调动各年龄段干部的积极性,坚决调整不适宜不担当不作为以及慢作为的干部。大力选拔使用与共同富裕先行市相匹配的高素质专业化干部,开展"争先进位"一线建功行动,实施"赋能成长"能力素质提升计划,表彰奖励担当作为好干部。更加关注干部心理健康,实施心理赋能关爱行动。深化对人才工作规律性认识,推进人才发展体制机制综合改革,用好用活人才发展平台,探索灵活化育才用才新举措,精心做好人才服务保障。

(四)聚焦从严治党

坚持全面从严治党战略方针,健全完善"四责协同"②机制,争取"三不"一体推进的更多制度性成果和更大治理成效。继续以"七张问题清单"③为牵引,高质量完成中央巡视、省委巡视、各类督察等反馈问题整改,及时开展整改工作"回头看"。继续坚持书记抓、抓书记,压实党建责任传导,健全纵向到底、横向到边的全链条责任体系。切实加强对"一把手"和领导班子的政治监督、用权监督、自律监督,通过层层落实监督职责。不断加固中央八项规定精神的堤坝,着力铲除"四风"问题滋生的土壤,主动适应纠治"四风"进入深水区的态势变化,更加注重

---

　　① "一体系三机制"是指选人用人高质量发展指标体系,干部成长选育管用全链条机制、全面立体透视察人识人机制、精密智控干部大监督机制。

　　② "四责协同"是指党委的主体责任、纪委的监督责任、党委书记的第一责任以及班子成员的一岗双责任。

　　③ "七张问题清单"是基于巡视、审计、督查、生态环保、安全生产、网络舆情、群众信访等方面问题,围绕问题发现、生成、整改、评估、预防全周期,运用数字化改革思路、方法、手段赋能全流程精密智控、全要素综合分析、全方位党建统领的多跨场景应用。

纠树并举、治根治源,坚持外部纠治与内在淬炼综合施策、专项治理与长效机制协同发力。巩固拓展基层监督,以更显著的成效让群众在一个个具体问题的解决中感受到公平正义。以数字化改革为牵引,积极推动监督的理念变革、方式变革、技术变革,以更有效的路径推动监督效能跃迁提升。推进各类监督贯通协同,高水平打造清廉单元,让监督体系更好融入治理体系,打造一批可复制可推广、具有宁波辨识度的清廉建设样板。

作者单位:宁波市社会科学研究院

部 门 篇

2021 年宁波工业发展情况分析
及 2022 年展望

罗　丽　苏慧琨

2021 年以来,宁波市认真贯彻落实市委市政府决策部署,以高质量发展建设共同富裕先行市为总目标,以数字化改革为引领,以争先创优进位为导向,聚焦产业链补短锻长、数字经济倍增发展、工业投资提质扩量、创新能力提档升级、产业治理创新突破等,推动各项任务落地,全市工业经济运行持续向好。

一、2021 年以来宁波工业经济运行情况

(一)聚焦目标任务,工业经济趋稳回升

第一,工业生产迭创新高。2021 年,全市实现规上工业总产值 22108.2 亿元,首次站上 20000 亿元新台阶,同比增长 21.8%(见图 1)。全市实现规上工业增加值 4865.0 亿元,同比增长 11.9%(全省平均增幅 12.9%,全国平均增幅 9.6%),居全国副省级城市第 3 位,两年平均增长 8.5%(全省平均增幅 9.1%,全国平均增幅 6.1%)。全市规下工业增加值同比增长 12.1%,增速高出全省平均增幅(11.2%)0.9 个百分点(见图 2)。出口交货值 4075.4 亿元,同比增长 21.1%。

第二,支撑性指标稳定。全市工业用电量 674.7 亿千瓦时,同比增长 11.9%(全省平均增幅 14.2%),其中全市制造业用电量 622.7 亿千瓦时,同比增长 12.3%(全省平均增幅 14.8%)(见图 3)。

第三,企业增长面良好。全市规上企业中,大型、中型、小型企业增加值分别同比增长 7.8%、17.1% 和 13.1%。轻工业增长 8.8%,重工业增长 13.1%。国

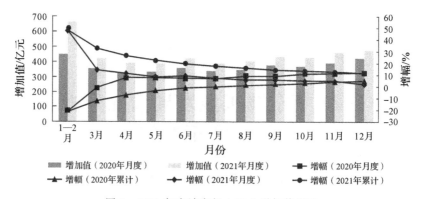

图1　2021年宁波市规上工业增加值增速

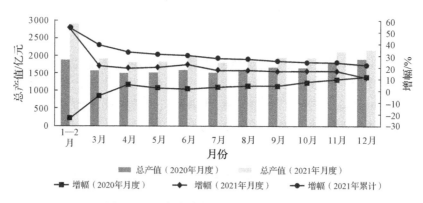

图2　2021年宁波市规下工业总产值增速

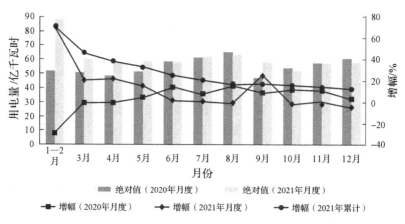

图3　2021年宁波市月度工业用电情况

有及国有控股企业增长 8.3%，有限责任公司增长 7.2%，股份制企业增长 5.5%，港澳台资企业增长 13.3%，外商投资企业增长 8.3%，私营企业增长 15.8%。

第四，企业效益高位增长。2021 年 1—11 月，全市规上企业累计实现利税总额 2320.6 亿元，同比增长 10.0%；实现利润总额 1561.8 亿元，同比增长 10.8%。全市规上企业平均营业收入利润率 7.7%，高于全省平均水平 0.6 个百分点，高于全国平均水平 0.7 个百分点；每百元营业收入中的成本 83.3 元，低于全省 0.1 元，低于全国平均水平 0.4 元。

（二）聚焦重大项目，工业投资高速增长

第一，增速全省领先。2021 年，全市工业投资同比增长 20.4%，高于全省平均水平 2.6 个百分点，在全省排名第 3；制造业投资同比增长 27%，高于全省平均 7.2 个百分点，在全省排名第 3；技改投资同比增长 21.7%，高于全省平均水平 7.8 个百分点，在全省排名第 4。

第二，项目开工加快。20 个百亿级项目和 107 个十亿级项目建设加快。"双百"工程项目完成投资 428.5 亿元，占全市工业投资的 43%，英力士苯领树脂项目等 14 个项目新开工，吉利极氪工厂项目等 15 个十亿元以上项目竣工投产。实施"增资扩产"专项计划，全市增资扩产项目 839 个，累计完成投资 462.5 亿元，占全市工业投资总量的 46.4%。镇海炼化绿色石化基地及炼油老区乙烯原料适应性改造项目 1—11 月完成投资 119.9 亿元，占全市工业投资的 12%，成为 2021 年宁波工业投资高速增长的特殊贡献因素。

（三）强化筑长补短，新动能加快培育

第一，产业结构调整成效明显。2021 年，全市"246"万千亿级产业集群累计实现规上工业增加值（已剔重）3876.1 亿元，同比增长 11.6%。装备制造业、高技术产业、高新技术产业、战略性新兴产业、高端装备制造业等重点产业规上工业增加值增速分别达到 16.1%、16.1%、12.6%、14.5%、12.7%，均高于规上工业平均水平。

第二，数字经济加快发展壮大。2021 年，全市数字经济核心产业增加值首次突破千亿元，达到 1001.1 亿元，按可比价同比增长 17.5%，高于全省平均增速 4.2 个百分点。2021 年增加值比 2020 年净增 254 亿元，总量增长 34%，居全省首位（全省增长 18.9%）。数字经济核心产业增加值占 GDP 比重达到 6.9%，提升幅度 0.9 个百分点，高于全省平均提升幅度 0.4 个百分点（全省占比由 10.9% 提升至 11.4%，提升 0.5 个百分点），提升幅度居全省第 2 位，呈现出良好发展势头。

（四）强化主体创新，企业成长开辟新赛道

第一，优质企业培育梯次升级。推动企业上规、上市、上云、上榜。全力培育"专精特新"，累计拥有国家级单项冠军 63 家，稳居全国城市首位。累计拥有国家级专精特新"小巨人"企业 182 家，在全国城市中位居第 3；入围国家重点"小巨人"39 家，共获得 8667 万元国家奖补资金。落实省"放水养鱼"行动，新增入库企业 117 家，累计 682 家，居全省前列。新增独角兽企业 3 家。

第二，企业创新基础不断夯实。强化企业技术创新能力提升，新增国家级技术创新示范企业 1 家、省级企业技术中心 14 家，新增"浙江制造精品"34 个。新认定市级制造业创新中心 6 个，光电功能膜材料创新中心获评省级创新中心，新增全省首个国家级创新成果产业化公共服务平台建设项目。持续推进制造业设计能力提升，新增国家级工业设计中心 3 家、省级工业设计中心 10 家。

（五）聚焦治理能力，资源配置加速优化

第一，推进产业治理。加快低效工业区块改造，推进"产业更新、功能转换、拆除重建、局部更新、零星归宗"等 5 种模式改造提升，截至 2021 年底，全市已开工项目 88 个，完成 37 个，涉及企业 1971 家，盘活工业用地 17501 亩，新增工业厂房面积 334 万平方米。深化"亩均论英雄"改革，全市规模以上工业企业亩均增加值增长 13.2%、亩均税收增长 12.2%；3 亩以上规下评价主体的税费实际贡献为 144 亿元，亩均税收贡献为 10.03 万元，分别同比增长 86.9%、61.8%。

第二，推进数字化改革。建设化工、家电、文体用品、服装、模具（金属）等产业大脑。化工产业大脑试点建设初具成效，已接入全省化工园区 22 家，已有 73 家企业使用物资联储联备场景应用，交易额达 240 万元。多维度推动场景应用开发，江北"新产品研发一件事"等 5 个场景应用入选省级试点项目，宁海"企服通"平台获省数字经济系统应用场景大赛一等奖。加强三级贯通，产业链监测、亩均论英雄 3.0 等 7 项省级重大应用均在宁波落地。

二、当前工业发展中存在的主要问题

在肯定成绩的同时，也要清醒看到存在的短板和不足，主要表现在以下几个方面。

第一，重大项目接续不足。投资规模大、带动力强的优质项目欠缺，个别地区 20 亿元以上重大项目个数为零；项目谋划招引力度不足，生物医药、集成电路等新兴行业项目尤缺。从排摸情况看，2022 年全市 1000 万元及以上工业投资

项目中,计划新开工项目563个、计划总投资1238.1亿元、年度计划投资269.9亿元,分别比2021年减少205个、316.5亿元、34.9亿元;镇海、象山两地工业投资预计出现两位数负增长。

第二,产业创新动能不足。创新投入不足,研发投入增速居全省末位,面大量广的中小企业总体规模小、创新能力弱;产业技术人才、复合型管理人才、企业家人才短缺;创新成果转化偏慢,产业创新研究院创新引领作用不强,高新技术企业数量少。

第三,产业结构调整仍需加快。战略性新兴产业、数字服务业规模偏小,占比不高;内部结构不优,软件与信息服务业产业规模小,支撑作用不强;产业平台能级不高,集聚效应远远不够。数字经济核心产业统计、监测、项目招引、环境营造等均存在短板。

三、2022年宁波工业经济发展形势分析与预测

（一）国外环境分析

从国际发展大势看,全球新冠肺炎疫情周期性往复的局面或将延续,各国经济恢复进程出现分化,主权债务风险、地缘政治冲突等不确定不稳定因素交织叠加,导致产业链多环节受阻,各国贸易保护主义倾向加剧,世界经济复苏动能趋缓。国际货币基金组织(IMF)预测2022年全球经济增速由2021年的5.9%放缓至4.9%,世界贸易组织(WTO)预计全球货物贸易增速由2021年的10.8%回落至4.7%。

（二）国内环境分析

2022年是党的二十大召开之年,以国内大循环为主体、国内国际双循环相互促进的新发展格局将加快构筑,经济长期持续稳定向好的基本面不会改变。同时,新冠肺炎疫情的演变发展,打破了现行全球供应链的正常运转,数字化转型已经成为我国产业升级与高质量发展的重要趋势。伴随着数字技术的不断成熟和完善,驱动数字技术与实体经济的深度融合。利用新技术新应用补长、拓展、深挖产业链,释放数字经济对实体经济发展的叠加与倍增作用,已成为产业长远发展的"必修课"。

（三）自身环境分析

2021年以来,宁波市工业经济呈现高位起步、逐步趋稳的运行势态,总体表现出较强的弹性和韧性。但是受全球供应链紧张、国际抗疫形势分化等复杂形

势的影响,部分产业链供应链运行不畅,特别是"缺芯""缺箱""缺舱"等问题仍存在,部分行业企业盈利空间受到国际大宗商品价格持续上涨等因素挤压。面对当前复杂的情形,亟须以数字化改革为引领,以创新为动力,聚焦产业优化提升、项目提质扩量、数字经济突破、产业基础再造、优质企业培育等重大任务,强化争先创优进位,加快推动制造业高质量发展,推动工业经济"以进促稳、高开稳走"。

综合内外部环境和支撑因素,考虑到 2021 年工业投资基数整体偏低,2022年稳增长、促发展政策的持续发力,和国际宏观环境的影响,预计 2022 年宁波市工业经济总体将呈现稳定发展的态势。初步考虑规上工业增加值增长 10% 左右,工业投资增长 30% 左右。

四、2022 年推进宁波工业经济发展的对策举措

2022 年是党的二十大召开之年,推动工业经济发展,保障工业经济平稳运行,以高质量发展的优异成绩迎接党的二十大胜利召开,意义重大。

(一)壮大数字经济规模

第一,加快培育数字经济。聚焦集成电路、新型数字元器件(组件)、数字智能终端、电子信息材料等四大数字制造业,以及互联网及软件信息服务、数字产品及互联网批零服务、数字内容服务、新型数字基础设施等四大数字服务业,加强数字经济发展工作推进机制建设,加强头部企业招引。加快群志光电车载大屏等重点项目落地,加快集成电路"一链四区"、镇海"镇芯"集成电路产业园等重点平台建设。加快软件产业集聚发展,推进宁波软件园扩容和北仑、鄞州、江北等地软件特色园区建设,加大生态型企业引进培育,推动模具、汽配行业"卡脖子"工业软件重大项目攻关。

第二,推进数字化转型。强化分行业、分企业精准施策,启动实施新一轮规上企业数字化改造 3 年全覆盖行动。推进"大优强"企业从制造环节数字化向研发、设计、管理、供应链等全环节全业务链的数字化转型。推进单项冠军企业、专精特新企业的数字化车间全覆盖,力争建设省级智能工厂/未来工厂 15 个以上。推进"5G+工业互联网"区域推广拓面、应用场景提升等试点,建成 10 个标志性示范项目。积极推广应用 supOS 工业操作系统,加快培育智能制造系统解决方案供应商。

第三,推进数字经济系统迭代升级。加快建设完善产业数据仓,迭代升级制造强市大平台和数字经济综合应用门户,贯通省、市、县三级产业数据,提升数字资源配置效率。围绕数字经济系统"浙企""浙里"跑道,聚焦"产业大脑+未来工

厂"核心架构,加快化工产业大脑等现有工业领域产业大脑建设,积极探索供应链金融在模具等行业试点,谋划建设新材料等细分行业产业大脑。

(二)推动产业链提质升级

第一,培育先进制造业集群。推动高端基础件、智能家电等集群积极争创国家级先进制造业集群,推动绿色石化、汽车两大产业进入国家新一轮决赛。完善培育机制,推动集群促进机构和相关产学研机构积极参与产业集群培育工作,夯实产业集群基础。加快新兴集群谋划建设,聚集新材料、数字经济等细分领域,谋划打造北仑区"光芯"、慈溪高端磁性材料等一批产业集群,力争新增省"新星"产业集群 2 个,国家新型工业化产业示范基地 1 个。

第二,加快标志性产业链培育。深化"四个百场"活动,建立"五个一批"动态培育库,强化产业链重点企业、重点项目监测分析和跟踪服务,完善产业链断链断供风险防范和处置机制,畅通产业链供应链环节,组建产业链上下游共同体10 个,新增产业链协同创新项目 15 项。

第三,深化推进传统制造业改造提升。落实省传统制造业改造提升 2.0 版实施方案,深化纺织服装、家电等 12 个重点行业"一业一案"改造提升,开展"质量效益、产业集群、龙头企业"三维度省级试点对标提升活动,推进"一县一经验"总结推广,力争传统制造业改造提升工作继续走在全省前列,1 个县(市、区)获省政府督察激励。

(三)推进工业投资提质扩量

第一,实施工业投资攻坚行动。加快制定工业投资专项行动方案,围绕绿色石化、汽车、新材料、集成电路等重点产业集群和产业链关键环节谋划一批重点项目;围绕重大谋划项目清单和重点产业链招商图谱招引签约一批重点项目,力争每年新签约落地 10 亿元以上内外资项目 20 个以上;紧盯项目建设重要节点和形象进度,持续推进一批工业投资(技术改造)续建项目。

第二,持续推进重大项目建设。建立 2022 年度市级重大工业投资计划表,推进全市 10 亿元以上、百亿元以上重大工业投资项目建设,强化项目分类指导,定期对项目进行跟踪,对照年初制订的计划进度,督促各地按计划推进项目建设。深入开展项目全周期管理,注重项目开工、竣工等关键节点进展情况,加强宁波市工业投资监测分析系统管理工作,健全项目动态更新调整、投资月度监测分析和项目困难问题报送制度。

第三,加大新兴产业投资。按照全市产业体系及布局规划,建立新兴产业、未来产业领域重点投资(技改)项目清单,支持新一代电子信息、关键基础件、生物医药、节能环保和人工智能、空天信息、氢能等产业投资,定期开展跟踪监测,确保年度投资增速高于全市面上。

第四,强化新基建项目建设。加快 5G 基站、超算中心、绿色大数据中心等数字基础设施建设,新增 5G 基站 5000 个,实现普通乡镇及以上区域 5G 信号覆盖。迭代升级建设"双千兆"城市,不断提升全市网络服务质量。推动北斗示范应用,拓展北斗融合创新应用。

(四)推进产业腾笼换鸟

第一,深化园区平台建设。完善"重点产业园＋工业社区"机制,发布工业区块控制线管理办法,严格保护控制线内工业用地。按照"一区多园、一园一业"的原则,标准规划建设 55 个左右重点园区,推动新增产业项目必须进园、存量项目有序进园。加强小微企业园建设,完善小微企业园管理办法,加强小微企业园绩效评估和星级评定管理,改造提升小微企业园 25 个,新增三星级以上小微企业园 10 个。

第二,加快"散弱乱"整治提升。全面启动新一轮制造业"腾笼换鸟、凤凰涅槃"攻坚行动,综合运用法律、标准和差别化要素配置政策等手段,加快整治高耗低效企业。深化"亩均论英雄"改革,迭代升级亩均效益综合评价 2.0 版,推动评价覆盖面增至 70% 以上。

第三,推进绿色低碳发展。严格落实"双碳"目标,科学编制制造业领域碳达峰行动方案,重点推进 7 个高排放行业碳达峰行动。支持企业加快绿色改造,推动企业减碳增效、低碳转型。深化绿色制造体系建设,推进绿色工厂、绿色园区、绿色设计产品、绿色供应链示范创建,力争完成星级工厂创建 300 家,启动建设市级绿色园区 10 个。

(五)打造优质企业梯队

第一,大力培育"大优强"企业。完善企业培育库和重点培育企业清单,加强培育工作统筹和协调推进,建立专班推进机制,搭建数字化企业培育平台,加快组建制造业高质量发展产业基金,推动要素资源向"大优强"企业倾斜,鼓励发展制造业总部经济、平台经济,大力培育高市值上市公司,加速壮大企业规模,新培育百亿企业 3 家,力争新增独角兽企业 1 家。

第二,加快企业专精特新发展。聚焦关键核心技术攻关和市场占有率提升,持续做好单项冠军企业(产品)培育,加强冠军企业群体协作和产业链融合,支持单项冠军示范县创建,积极承办全国会议,力争新增国家级制造业单项冠军 18 家,进一步打响单项冠军之城品牌。持续做好专精特新中小企业培育,加大对"小巨人"、隐形冠军、"放水养鱼"企业支持力度,强化资本、创新、数字、人才等要素赋能,力争新增国家级专精特新"小巨人"企业 120 家。

第三,加强企业管理创新。完善管理创新提升星级评价自测系统,持续推进企业管理创新提升星级评价。建立管理标杆企业培育库,加强典型示范宣传,通过专题培训、专场对接、现场辅导等方式,引导培育企业对标先进,提升管理创新水平,争创省市级管理标杆企业。积极培育本地管理创新服务提供商。

(六)提升产业创新能级

第一,深入推进产业基础高级化。围绕关键基础零部件、核心基础电子元器件、关键基础材料、关键基础软件等产业基础重点领域,瞄准进口替代,实施 200 个以上产业基础再造项目。加强"卡脖子"技术和产品攻关,打造一批关键产品、重点产业的标志性成果。推动整机企业与零部件企业协同创新,推动产业链上下游协同开展产品的工程化、产业化和应用推广。筹办好以产业基础高级化为主题的国家制造强国专家论坛,积极争创国家产业基础高级化试点城市。

第二,加快推进创新载体建设。推进制造业创新中心建设,强化资源整合和运营管理,优化创新中心运营管理机制。加快构建国家、省、市 3 级建设体系,推动石墨烯、磁性材料、智能成型技术、电驱动等 4 家省级创新中心和光电功能膜材料等 6 家市级创新中心建设运行,继续创建省级和市级创新中心,力争省级创新中心达到 5 家以上、市级创新中心达到 10 家以上。

第三,全面提升企业创新能力。实施规上企业研发活动 3 年全覆盖行动,鼓励企业加大研发投入,规上企业研发经费占营业收入比重提升至 2.5%以上,增长 15%以上。持续推进企业技术中心建设,新增省级企业技术中心 10 家以上、国家级企业技术中心 3 家以上。推进工业设计中心建设,力争新增国家级工业设计中心 2 家以上。

(七)提升服务企业水平

第一,迭代企业服务体系。按照"政府指导、市场化运营"思路,建设宁波企业综合服务大平台,深化企业码宁波专区应用,支持宁海"企服淘"平台、市 8718 企业服务平台迭代升级,持续完善"一十百千"企业服务体系,实现省、市、县、镇四级企业服务工作联动。突出基础性综合服务的"普惠便捷"属性和专业化公共服务的"专精特新"要求,制定企业服务工作考核办法,推动实现企业服务的智能化、闭环化、精准化、集成化。

第二,持续推进减负降本,强化数据分析,加强国家、省、市现有减负政策跟踪,针对政策落实的难点堵点,研究解决方法措施。梳理企业诉求,针对高频事项,强化政策研究储备。继续做好本地特色减负降本政策梳理工作,原则上满足数源条件的政策都要上线到减负降本应用场景。继续做好"一指减负"应用场景的宣传推广,增加企业的知晓度。

第三,优化民营经济发展环境。切实做好"最多报一次"工业企业试点和"企报通"平台宣传推广工作,优化企业报送服务体验。强化经济运行监测,加强与供电、统计、税务等部门工作对接,加强重点企业产值预报、用电监测、景气度调查等监测,深化对重点地区、重点企业的订单、原材料价格等指标监测,加强风险防范,确保经济运行平稳。建立健全民营经济工作会议制度、问题协调、信息报送机制,持续优化民营企业发展环境。

作者单位:宁波市工业和智能经济研究院

2021 年宁波"三农"发展情况分析
及 2022 年展望

田佳琦　林庆欢　施志权　刘易作

2021 年,宁波市"三农"工作在确保粮食安全和保障重要农产品有效供给的基础上,贯彻新发展理念,构建新发展格局,落实高质量发展要求,以生态农业为基、田园风光为韵、村落民宅为形、农耕文化为魂,贯通产加销,融合农文旅,促进食品保障功能坚实稳固、生态涵养功能加快形成、休闲体验功能高端拓展、文化传承功能有形延伸,打造美丽宜人、业兴人和的社会主义新乡村,推动农业高质高效、乡村宜居宜业、农民富裕富足,为全面推进乡村振兴、加快农业农村现代化提供有力支撑,为加快建设现代化滨海大都市和共同富裕先行市贡献"三农"力量。

一、2021 年宁波"三农"发展基本情况

(一)守牢安全底线,农业基本盘更加稳固

1. 主要农产品价稳量升

2021 年,全市粮食播种面积 169.23 万亩,同比增长 1.4%;粮食总产量 67.79 万吨,同比增长 0.5%。生猪产能加速恢复,全市 14 家新建万头猪场建成投产,26 家规模猪场完成改造提升,累计出栏生猪 90.4 万头,同比增长 16.2%。"菜篮子"产品提质增效,全市蔬菜种植面积 132 万亩,同比增长 2%,产量 262 万吨,同比增长 2.1%。渔业总产量 106.2 万吨,同比增长 3.6%。

2.农业综合产能稳步提升

稳步推进粮功区整治优化和抛荒耕地复耕复种,加快推进高标准农田建设,新立项 39 个,面积 11.7 万亩,建成 4.4 万亩。实施种业强市五年行动计划,攻克青蟹、银鲳及小黄鱼规模化繁育及甬粳水稻选育等一批关键核心技术,奉化水鸭列入国家畜禽遗传资源名录,全市农作物良种覆盖率达 98% 以上。

3.农业防灾减灾体系更加健全

积极防范应对"烟花""灿都"台风,把农业农村损失降到最低。政策性农业保险扩面提质,推广水稻完全成本+收益保险、生猪养殖成本补充保险等新险种,全市险种达到 118 个,保费收入 5 亿元,赔付 5.7 亿元,保险深度达到 1.4%,居全省第 1。

(二)补强产业链条,现代农业质量效益显著提升

1.农业"双强行动"扎实推进

组建"三农四方"科技联盟,3 项成果获得国家科学技术奖,获批建设省重点农业企业研究院 1 家,农业科技进步贡献率达 67%。加快推进农业领域"机器换人",新建农机农艺融合示范点 6 个,农机社会化服务组织和示范农机合作社 16 家,农作物耕种收综合机械化率达 81.1%,其中水稻耕种收综合机械化率 90.6%,均居全省第 1。

2.现代农业经营体系不断完善

推进标准化生产,全市新增绿色认证产品 192 个,地理标志农产品 2 个。农产品检测总体合格率达 99% 以上。大力培育新型农业经营主体,新增国家级农民合作社示范社 3 家、农业龙头企业 1 家,省级农业产业化联合体 8 个,市级以上农业经营主体 95 家。完成主体分级授信 1.4 万户,贷款余额 24.8 亿元。

3.数字赋能加速推进

深化农业数字化改革,宁波市乡村振兴数据驾驶舱平台入选宁波市"数字政府"重大标志性工程,评选推出一批宁波数字乡村先锋榜,奉化、鄞州获批省级数字乡村建设试点。象山"村民说事"、奉化"浙里甬惠渔"2 个应用场景入选省农业农村数字化改革第一批"优秀应用"。全年创建数字农业工厂 20 家、种养殖基地数字化升级改造 57 家。

(三)乡村价值持续彰显,富民强村稳健前行

1."串点连线成面"美丽乡村整体提升

创建省新时代美丽乡村达标村 615 个、特色精品村 36 个、风景线 7 条、美丽

宜居示范村 25 个。创建市级小集镇式中心村 10 个、梳理式改造村 411 个。慈溪市培育美丽乡村片区组团 79 个,实现片区组团"全覆盖"。全市 79 个村启动艺术特色村建设,艺术赋能振兴乡村入选浙江省"乡村振兴十大模式"。加快城乡基础设施一体化,新改建农村公路 105 公里,全市新建绿道 195 公里。持续深化"千万工程",推进"13511"新时代美丽乡村建设,按照"全域提升、连片打造、片区组团、区块示范"创建要求,推动分类创建由点到线到面,实现整体提升。

2. 乡村新业态蓬勃兴起

大力发展种养融合、产加销融合、农旅文融合等多种类型融合产业,成功举办乡村旅游节、农民丰收节等系列活动,促进农旅融合产业健康快速发展。新增中国美丽休闲乡村 1 个,省级休闲农业和乡村旅游精品线路 12 条,10 个小吃入选浙江农家特色小吃百强。实施村庄景区化 2.0 版建设,新增民宿床位 1500 余张,全市农家乐和休闲农业营业收入超 50 亿元。

3. 加强乡村历史文化保护利用

有序推进重要古建筑遗迹保护修缮、古树名木保护等,启动历史文化(传统)村落保护利用重点村 3 个、一般村 2 个。挖掘优秀传统文化,宁海县(十里红妆婚俗)被评为中国民间艺术之乡。大力推广文化赋能村民、艺术振兴乡村做法,促进与国内艺术院校开展合作。传承发展优秀农耕文化,开展"跟着节气游乡村"系列活动,组织年糕节、春笋节、桃花节、杨梅节等各类节庆活动 50 多场次。

(四)创新体制机制,乡村改革活力迸发

1. 深化省级新时代乡村集成改革试点

象山县省级新时代乡村集成改革试点纳入市共同富裕重大改革项目,鄞州、余姚、慈溪申报第二批省级集成改革试点。全市 11 种农村产权品种列入平台交易,累计交易额 57.5 亿元。4 个县(市、区)开展股权质押贷款试点,累计发放股权质押贷款 3.2 亿元。加强农村集体"三资"管理,清产核资实现"一年一清",财务审计实行"三年一轮审"。

2. 深化农村土地制度改革

巩固农村承包土地"三权分置"改革成果,5 个县(市、区)开展农村土地经营权抵押贷款,贷款总额达到 10 亿元以上。大力推进农村土地流转,承包土地流转率和规模经营率均达到 70% 以上,居全省第 1。加快推进农村闲置宅基地(农房)激活利用,全市发放权证 205 本,引进项目 215 个,激活利用闲置宅基地(农房)面积 31.2 万平方米。

3. 深化"三位一体"改革

全面启动县镇两级农合联示范建设,慈溪坎墩街道农合联等 29 家单位获省示范性乡镇农合联。县(市、区)数字农合联建成率达 100%,培育省级现代农业服务中心 8 家,省级产业农合联 10 家,村级综合服务社 66 家,新培育农合联社会化服务组织会员 80 家。

二、宁波"三农"发展过程中存在的问题

(一)主要问题

粮食等主要农产品生产后劲还需持续加强,乡村产业结构有待进一步优化,农民持续增收机制有待健全,城乡基础设施和公共服务差距仍然较大。

(二)具体问题

在产业发展方面,产业结构有待进一步优化,农产品加工、冷链物流存在短板,龙头企业规模不够大,实力不够强,农产品数量不够多。农村存量的农业发展用地供给越来越少,农村土地流转也存在诸多障碍,机械化发展受限。

在乡村建设方面,农村水、电、路等基础设施和教育、医疗等公共服务方面与城市相比,差距仍然较大。村庄规划建设同质化,缺乏乡村特色。

在农民培育方面,新型职业农民、高素质农民总量偏小,农业从业人员素质有待提高,农业产业发展人才短缺,引导各类人才到乡村创新创业的机制尚不健全。粗放型农业生产模式仍未摆脱,科技研发能力还有待提高,科技推广应用也还不足。

在乡村振兴方面,不少农村人气不旺、活力不足,村级集体经济优质项目较少,村集体增收缺乏有效的支撑和保障。

三、2022 年宁波"三农"发展展望及建议

(一)面临的形势

2022 年,是党的二十大召开之年,也是宁波市实现农业农村现代化、建设共同富裕先行市的关键之年。2022 年,中央一号文件中明确了两条底线任务:保障国家粮食安全和不发生规模性返贫;三方面重点工作:乡村发展、乡村建设、乡村治理;推动实现"两新":乡村振兴取得新进展、农业农村现代化迈出新步伐。

1. 面临的困境

2022 年"三农"工作面临的挑战更加严峻、任务更为艰巨,局面空前复杂、困难前所未有。一是全球性疫情与国际市场被动叠加,保供稳价压力更大。全球新冠肺炎疫情大流行仍处于发展阶段,对国际产业链供应链的影响还在持续。二是农产品需求刚性增长与资源环境约束趋紧矛盾加剧,突破瓶颈制约更加迫切。补上产需缺口,只能在增量上做文章,向科技创新、组织创新、模式创新要单产、要效益。三是全面推进乡村振兴由谋篇布局进入具体施工阶段,更加考验"三农"系统的能力水平。2021 年是"十四五"规划的开局之年,搞好过渡衔接,2022 年就要全面实施。乡村振兴部门要统筹各方面力量,协同推进乡村建设、乡村治理,还要兼顾多头,责任重大难度不小。

2. 采取的措施

第一,突出一条主线,即加快推动农民农村领域共同富裕,努力缩小城乡区域差距。

第二,抓住四个关键,即千方百计提升粮食产能,多措并举促进农民增收,关口前移守牢安全底线,多方协同破解要素制约。

第三,推动七项任务。一是切实保障重要农产品有效供给。二是扎实推进农业"双强行动"。三是深入实施新时代美丽乡村建设。四是大力促进富民强村。五是加快缩小城乡差距。六是着力深化"四治融合"治理体系。七是党建引领推进乡村振兴。

3. 主要预期目标

农林牧渔总产值增长 4%,一产增加值增长 3.5%,农村居民人均可支配收入增幅高于 GDP 增幅、高于城镇居民收入增幅,低收入农户人均可支配收入增长 10% 以上。

（二）对策建议

1. 高站位确保粮食安全和重要农产品有效供给

抓好粮食生产和重要农产品生产供给是 2022 年"三农"工作的头等大事,既是工作任务,更是政治责任。一要千方百计稳定粮食生产。增加种粮补贴,压紧压实属地责任。二要稳妥保障粮食市场运行平稳。宁波市粮食自给率低、缺口大,需要发改部门有步骤、分批次地做好储备粮增储工作,确保宁波市粮食市场供应充裕、价格基本稳定。三要优化"菜篮子"产品结构。蔬菜是重要民生产品,"菜篮子"稳不稳,关系着千家万户的"小账本",要统筹好蔬菜的生产、流通、调控等工作。

2.高质量做优做强都市现代农业

宁波市人多地少,人均占有耕地量不足,要实现产业兴旺以推进乡村振兴,必须在加快农业现代化上下功夫,以数字经济赋能高效生态农业发展。一要尽快发展数字生态农业。因势利导加快补齐农村数字公共服务体系建设短板,不断完善农村通信、冷链物流等相关基础设施,完善乡村的生产性服务体系,打造数字农业"云平台"。二要实施种业振兴行动。大力推进蔬菜种子种苗育繁推一体化,鼓励种子企业建立种质资源库。选育一批具有自主知识产权的新品种,加快农业优良品种示范推广。三要加快产业融合发展。围绕粮食、水果、蔬菜等全产业链,创建优势特色产业集群,建设一批"一村一品"专业村。做大特色产业品牌,因地制宜打造一批区域公用品牌。促进农产品流通现代化,推进"互联网+"农产品出村进城工程,完善城乡冷链基础设施,健全"从农田到餐桌、从枝头到舌尖"农产品市场体系,推进"快递进村",打通末端配送"最后一公里"。

3.高水平增强"三农"工作动力活力

一要深化农村土地制度改革。制定宁波市集体经营性建设用地入市政策,建设城乡统一的建设用地市场机制,进一步盘活资源、完善增值收益分配机制。持续推进农村承包地"三权分置",引导土地经营权规范有序流转。稳妥推进农村宅基地管理与改革,充实健全农村宅基地管理队伍,提升农村宅基地审批管理与监管执法水平。二要深化集体产权制度改革。健全集体资产监管机制,完善管理平台,推动农村集体资产管理在线公开、在线监督。积极探索培育和发展农村产权流转交易市场,促进农村要素自由流动、合理配置。三要健全现代农业经营体系。开展国家、省、市、县四级示范社创建,深化整县推进试点,推动农民专业合作社高质量发展。加快培育家庭农场,重点培育一批示范场。健全各级服务组织名录库,完善农业生产社会化服务。四要深化农村金融支持改革。提高金融服务"三农"水平,探索制定服务"三农"重点领域目录,增强涉农主体信息共享应用。推动农村信用体系建设,优化信用镇(街)、村、户评定模式,推进新型农业经营主体建档评级。

4.高标准多措并举促进农民增收

农民收入是检验"三农"工作实效的一个重要尺度。一要聚焦农民转移就业。工资性收入作为宁波市农民收入的重要组成部分,占比超过 60%,因此农民就业尤为重要,在进一步增加公益性岗位的同时,要支持各区按照项目制方式促进农村劳动力技能、创业技能提升,为灵活就业农民提供就业保障。二要优化乡村产业结构。受疫情、农业自然灾害、农业生产成本"地板"和农产品价格"天花板"双重挤压,以及农民就业技能等多重因素影响,农民增收难度不小。为此,要鼓励农民发展乡村特色个体经济,增加经营性收入,鼓励发展高附加值特色农产品,引导农民从传统种植业向农产品加工、休闲农业和乡村旅游转型升级。三要培育高素质农民。实施培育行动,采取"线上＋线下""理论＋实践"授课方式,调整优化培训课程,遴选培训示范基地,以生产技能和经营管理水平提升为主线,分阶段、分专题安排集中培训、现场考察和生产实践。四要释放改革红利。现在农村还有大量"沉睡资源",需要通过改革激活这些资源,主要通过深化农业农村重点领域改革、发展新型农村集体经济等,争取在更广领域、更深程度让更多农民群众从中受益。

作者单位:宁波市乡村振兴促进中心

2021 年宁波服务业发展情况分析及 2022 年展望

唐秀华　李佩佳　孙学梁　夏知豪　王　来

2021 年以来,宁波市委市政府紧紧围绕省委"忠实践行'八八战略'、奋力打造'重要窗口'"和"锻造硬核力量、唱好'双城记'、建好示范区、当好模范生、打造共同富裕先行市、加快建设现代化滨海大都市"的历史使命,高质量完成"十四五"服务业顶层设计,谋划港航服务业、生产性服务业和专业服务业三大补短板攻坚行动,深化服务经济改革创新,全力推动宁波服务业保持良好增长态势,继续展现强大韧性,为全市经济"稳中有进"高质量发展做出巨大贡献。2022 年,必须坚持稳中求进工作总基调,贯彻宁波市十四次党代会精神,聚焦突出问题短板,准确预判形势,优化顶层设计框架,不断推动现代服务业跨越发展。

一、2021 年宁波服务业发展基本情况

(一)主导地位更加稳固

服务业平稳运行,总量规模进一步扩大,经济增长的主引擎地位更加稳固。增加值再创新高,增量逐季扩大,全年实现 7241.6 亿元,同比增长(以下简称"增长")7.1%(见图 1);占地区生产总值(GDP)的比重达 49.6%,虽较上年(51.4%)下降 1.8 个百分点,但依然高于工业占比(48.0%)1.6 个百分点(见图 2)。成为 GDP 增长的重要支撑,对 GDP 增长的贡献率达 44.2%,拉动 GDP 增长 3.6 个百分点。从城市特征看,门户城市发展特征依然鲜明,依托港口和开放优势,批发零售和交通运输两大劳动密集型行业依然牢牢占据宁波服务业的主导地位,"十三五"时期,两大行业增加值占服务业比重保持在 25% 以上(2021 年为 27.8%)(见图 3)。

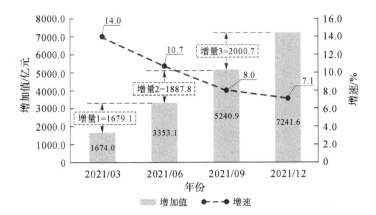

图 1　2021 年宁波市服务业增加值及增速季度变化情况

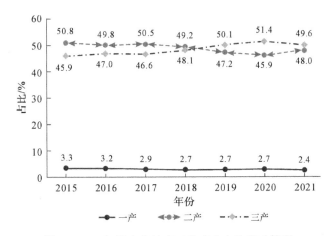

图 2　2015 年以来宁波市三次产业占比变动情况

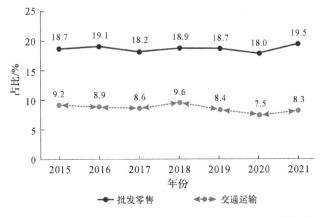

图 3　2015 年以来批发批零和交通运输两大行业占服务业增加值比重

（二）优势行业快速发展

批发零售业、营利性服务业、金融业、交通运输业保持较快发展势头（见图4），四大行业合计对服务业增长的贡献率高达 90.9%。其中，批发零售业，全年完成限上商品销售额 37361.8 亿元，同比增长 28.9%；金融业，截至 2021 年 12 月末，金融机构本外币存贷款余额分别为 2.72 万亿元、2.90 万亿元，分别同比增长 13.5%、14.1%；交通运输业，宁波舟山港完成货物吞吐量 12.2 亿吨（12 年蝉联世界第 1 位）、集装箱吞吐量 3107.9 万标箱（继续位列全球第 3 位），分别同比增长 4.4% 和 8.2%。此外，住宿餐饮业和软件信息服务业在市场需求旺盛带动下，实现较快发展，分别完成增加值 163.9 亿元、220.2 亿元，分别同比增长 17.9% 和 15.9%。

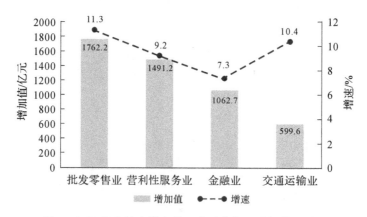

图 4　2021年宁波市服务业四大重点行业增加值及增速

（三）需求效应充分释放

消费、外贸和投资三大需求持续发力。消费需求方面，全年完成社会消费品零售总额 4649.1 亿元，同比增长 9.7%，两年平均增长 4.4%（高出全省平均水平 1 个百分点）。外贸需求方面，宁波自贸片区 7 项创新制度获省肯定，获批新型离岸国际贸易业务试点，货物和服务贸易高速增长，全年宁波口岸进出口、自营进出口首次分别突破 2 万亿元、1 万亿元，口岸进出口占全国比重（5.24%）较 2020 年提高 0.08 个百分点，服务贸易快速发展，跨境电商进出口继续位列全国前列（见表1）。投资需求方面，全年服务业完成固定资产投资同比增长 8.1%（其中高技术服务业投资有所减少，同比下降 6.7%）；服务业实际利用外资 22.4 亿美元，同比增长 66.0%，占全部行业实际利用外资总量（32.74 亿美元）的 68.4%，较制造业优势进一步扩大（见图5）；其中，生产性服务业成为实际利用

外资的主要领域,全年六大领域①实际利用外资占服务业利用外资总量的
96.2%,特别是科学研究和技术服务业占比最高(为 33.2%)(见表 2)。

表 1　2021 年宁波进出口贸易主要指标

外贸领域	指标	规模/亿元	增速/%
货物贸易	口岸进出口	20531.20	23.7
	自营进出口	11926.12	21.6
	其中:出口	7624.32	19.0
	进口	4301.80	26.3
服务贸易	进出口	1401.87	36.8
	其中:出口	946.98	37.9
	进口	454.89	34.6
跨境电商	进出口	1786.10	24.1
	其中:出口	1527.60	24.0
	进口	258.50	—
数字贸易	—	1065.80	—
	其中:数字服务贸易	238.20	—

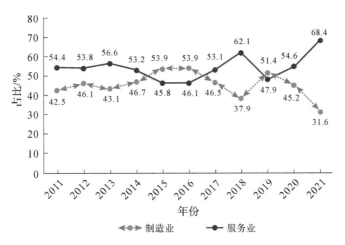

图 5　2011—2021 年宁波市服务业实际利用外资占比变动情况

① 主要指统计年鉴中的(1)批发和零售业,(2)交通运输、仓储和邮政业,(3)信息传输、软件和信息技术服务业,(4)金融业,(5)租赁和商务服务业,(6)科学研究和技术服务业。

表 2 2021 年宁波市服务业各行业实际利用外资情况

服务业领域		规模/万美元	占比/%
生产性服务业	批发和零售业	66479	29.7
	交通运输、仓储和邮政业	1841	0.8
	信息传输、软件和信息技术服务业	30356	13.6
	金融业	2521	1.1
	租赁和商务服务业	39912	17.8
	科学研究和技术服务业	74240	33.2
	小 计	215349	96.2
生产性服务业	房地产业	8484	3.8
	住宿和餐饮业	0	0.0
	水利、环境和公共设施管理业	0	0.0
	居民服务、修理和其他服务业	0	0.0
	教育	0	0.0
	卫生和社会工作	20	0.0
	文化、体育和娱乐业	0	0.0
	小 计	8484	3.8

(四)主体活力持续迸发

企业效益持续改善,与 2020 年相比,除从业人员期末(平均)人数指标外,2021 年全市规上服务业企业营业收入、利税等主要经济指标大幅提升,呈现出快速增长的良好势头。全年规上服务业企业实现营业收入 41959.0 亿元、营业利润 1320.2 亿元、利润总额 1397.6 亿元,分别同比增长 28.4%、32.7%、31.4%(见表 3)。企业做大做强成效显著,10 家物流领军企业、服务业"纳税 20强"、十佳"创新之星"、十大"市场化品牌展会"等 5 个榜单成功列入宁波创业创新风云榜,完成首轮 418 家总部企业认定工作,新增 102 家总部企业,其中 5A级物流企业 1 家,4A 级 5 家,3A 级 18 家。

表 3　2020—2021 年宁波规模以上服务业企业主要经济指标

指标	2021 年		2020 年	
	规模	增速/%	规模	增速/%
单位数	10698 个	—	9305 个	—
营业收入	41959.0 亿元	28.4	31281.3 亿元	9.9
资产总计	68337.9 亿元	20.8	58741.5 亿元	14.6
营业收入	41959.0 亿元	28.4	31281.3 亿元	9.9
营业成本	38916.7 亿元	28.8	28871 亿元	10.8
营业税金及附加	82.4 亿元	16.3	69.9 亿元	−4.5
费用合计	1832.3 亿元	16.0	1534.2 亿元	4.1
营业利润	1320.2 亿元	32.7	964 亿元	−11.3
利润总额	1397.6 亿元	31.4	1031.9 亿元	−11.0
应付职工薪酬	1481.1 亿元	17.1	1178.8 亿元	5.5
应交增值税	326.6 亿元	22.9	264.7 亿元	−4.5
从业人员期末(平均)人数	126.1 万人	−1.4	113.5 万人	10.0

(五)数字化改革积极推进

宁波数字港航服务平台启动运行,平台一期(港口货物监测系统)利用大数据打通交通、海关、口岸、港口等重点节点,实现较为全面的集装箱港口物流监测。数字赋能平台经济试点效果良好,网络货运平台模式在宁波遛马、浙江定邦、无界电子商务等企业深化试点基础上全面推广,外企德科、中通文博等 11 家企业开展灵活用工平台试点。服务业"亩均论英雄"改革全面深化,谋划建设综合评价大数据平台,规上服务业企业年度综合评价继续开展,遴选上报 25 家宁波规上服务企业入选省级"亩产效益"领跑者名单(位列杭州之后,居全省第 2),涵盖现代物流、软件信息、科技服务、商贸流通、文旅体育等行业(见图 6、表 4)。新消费模式创新发展,网络消费、智能消费等消费新业态新模式蓬勃涌现,线上线下消费深度融合,全年累计实现居民网络消费额 1771.1 亿元(居全省第 2),同比增长 9.2%。

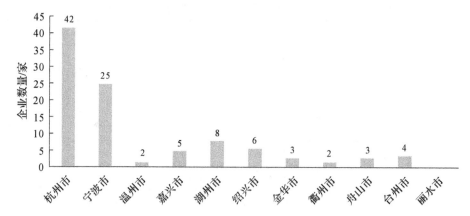

图 6　2021 年浙江省服务业重点行业规上企业"亩产效益"领跑者区域分布

表 4　2021 年宁波市规上服务企业入选省级"亩产效益"领跑者行业分布

行业	数量/家
现代物流业	5
软件和信息技术服务业	4
科技服务业	10
商贸和流通业	4
文化、旅游和体育服务业	2

（六）"3＋2"空间格局更加成型

以三江口、东部新城、南部商务区三大总部经济集聚区为引领,东部临港和北部临湾两片协同的"3＋2"集聚格局更加成型,东部新城三大中心、镇海物流枢纽港和北仑现代国际物流园两大国家级园区集聚效应进一步凸显,海曙翠柏三市里数创产业等 6 个现代服务业创新发展区入选第一批省级名单。同时,随着甬江两岸科创区的谋划建设和城中村改造、老旧小区更新的加快推进,科创服务、工业设计、金融创新等领域涌现出了一批潜力空间(如博洋家纺集团郎官驿的时尚设计)。

二、宁波服务业发展过程中存在的问题

(一)现代产业体系不够完善

一是生产性服务业发展滞后。软件信息、科技服务等高端产业规模较小①,特别是供需不够适配。宁波生产性服务供需总体不够适配,本地化需求难以获得本地化供给,特别是与创新驱动、高质量、"双循环"、"双碳"等时代发展趋势相适应的科技研发、新兴领域检验检测、现代供应链、节能环保等服务需求本地化供给质量不高(如目前宁波工业企业"科技服务"需求排在"中等需求"首位,"检验检测"需求排在"强需求"第 2 位,但通过市场化方式实现科技服务、工业设计的水平和满意程度均较低,见表 5 至表 7)。② 二是旅游行业依然尚未复苏。2021 年,受新冠肺炎疫情持续影响,国内和出入境旅游市场依然处于萎缩状态。全年共接待国内和入境游客 5155.8 万人次,完成旅游总收入 838.8 亿元,尚未恢复至 2019 年和 2020 年水平(见表 8)。2021 年,全市国内外游客数量和旅游总收入分别仅为 2019 年的 36.8% 和 36.0%,2020 年的 42.0% 和 41.1%,特别是入境旅游人数(4.71 万人次)及收入(1397.3 万美元)分别负增长 15.8%、12.4%。

表 5　2021 年宁波工业企业对生产性服务需求强度分类

强需求	中等需求	弱需求
1.节能环保(43.31)	1.科技服务(34.78)	1.产业金融(29.77)
2.检验检测(41.99)	2.大数据服务(32.61)	2.商贸服务(29.67)
3.供应链集成(39.52)	3.软件信息(30.90)	3.工业设计(28.73)
4.人力资源(38.86)		4.时尚创意(18.99)
5.生产性支持服务(38.67)		

注:1.需求强度,通过简单赋值计算,即"没有需求"为 0,"需求较少"为 20%,"需求一般"为 60%,"需求很大"为 100%,比例越高表示需求越大。

2.以 30 分和 35 分为界,分为强需求、中等需求和弱需求三类。

---

① 例如,到 2021 年 11 月,全市规上科技服务业营收 325.5 亿元,仅占全省的 20%,与杭州的 58% 相比差距较大。

② 2021 年 10 月,相关课题组与宁波市服务业局联合设计工业企业需求问卷、生产性服务业供给问卷,通过在线平台"问卷星",由各县(市、区)组织企业填报,共回收有效问卷 531 份,其中工业企业 211 份,生产性服务企业 320 份。

表 6　2021 年宁波工业企业生产性服务需求实现方式（N＝211）

服务行业	不涉及该业务	独立完成	外包完成	合作完成	市场化方式（外包＋合作）
工业设计	67(31.75%)	117(55.45%)	6(2.84%)	21(9.96%)	27(12.80%)
软件信息	86(40.76%)	35(16.59%)	60(28.43%)	30(14.22%)	90(42.65%)
科技服务	89(42.18%)	56(26.54%)	29(13.74%)	37(17.54%)	66(31.28%)
大数据服务	119(56.40%)	39(18.48%)	25(11.85%)	28(13.27%)	53(25.12%)
节能环保	47(22.27%)	62(29.38%)	44(20.85%)	58(27.49%)	102(48.34%)
时尚产业	161(76.30%)	27(12.80%)	6(2.84%)	17(8.06%)	23(10.90%)
检验检测	33(15.64%)	56(26.54%)	69(32.70%)	53(25.12%)	122(57.82%)
产业金融	118(55.92%)	30(14.22%)	30(14.22%)	33(15.64%)	63(29.86%)
供应链集成	77(36.49%)	40(18.96%)	40(18.96%)	54(25.59%)	94(44.55%)
人力资源	37(17.54%)	140(66.35%)	10(4.74%)	24(11.37%)	34(16.11%)
商务服务	62(29.38%)	29(13.74%)	61(28.91%)	59(27.96%)	120(56.87%)
生产性支持服务	39(18.48%)	73(34.60%)	41(19.43%)	58(27.49%)	99(46.92%)

注：括号内的数据为占比。

表 7　2021 年宁波工业企业对本地机构提供生产性服务的满意程度（N＝211）

服务行业	很不满意	不太满意	一般	比较满意	非常满意
工业设计	1(0.47%)	3(1.42%)	60(28.44%)	46(21.80%)	18(8.53%)
软件信息	1(0.47%)	2(0.95%)	70(33.18%)	51(24.17%)	18(8.53%)
科技服务	1(0.47%)	2(0.95%)	70(33.18%)	47(22.27%)	17(8.06%)
大数据服务	1(0.47%)	1(0.47%)	61(28.91%)	44(20.85%)	15(7.11%)
节能环保	2(0.95%)	2(0.95%)	76(36.02%)	62(29.38%)	22(10.43%)
时尚产业	1(0.47%)	0(0)	49(23.22%)	31(14.69%)	13(6.16%)
检验检测	2(0.95%)	0(0)	70(33.18%)	75(35.55%)	23(10.90%)
产业金融	1(0.47%)	1(0.47%)	66(31.28%)	50(23.70%)	15(7.11%)
供应链集成	1(0.47%)	0(0)	72(34.12%)	53(25.12%)	19(9.00%)
人力资源	2(0.95%)	1(0.47%)	84(39.81%)	54(25.59%)	19(9.00%)
商务服务	1(0.47%)	0(0)	70(33.18%)	57(27.01%)	16(7.58%)
生产性支持服务	1(0.47%)	1(0.47%)	77(36.49%)	61(28.91%)	19(9.00%)

注：括号内的数据为占比。

表 8　2019—2021 年宁波市旅游行业发展情况

年份	国内旅游		入境旅游		旅游总收入/亿元
	人数/万人次	收入/亿元	人数/万人次	收入/万美元	
2019	13946.70	2303.10	76.20	40309.70	2330.90
2020	12524.00	1998.40	5.60	1595.80	1999.50
2021	5151.10	837.80	4.71	1397.30	838.80

(二)行业转型升级压力较大

一是企业运营成本压力明显上升。2021 年,规上服务业企业营业成本同比增长 28.8%,高于营业收入 0.4 个百分点。特别是物流成本居高不下,国际航运业"一箱难求"局面依然未得以有效缓解,宁波出口集装箱运价指数(NCFI)屡创历史新高,全年平均值达 3255.7 点,同比上涨 218.4%。二是龙头型、平台型企业缺乏。以宁波具有传统优势的物流行业为例,据中国物流与采购协会最新数据,截至 2021 年 9 月底,在全国 388 家 5A 级物流企业中,宁波仅有 4 家(浙江中外运、宁波顺丰速运、东南物流、信风海运),不及苏州、大连、厦门、杭州、长沙、青岛、武汉、济南等同类城市,更不可能与北京、上海、深圳、广州等城市相比(见表 9)。三是领军人才较为缺乏。到 2021 年 6 月底[①],全市共入库五类高层次人才[②] 4104 人,其中 13 大类服务业领域[③] 3410 人,但除科学研究和技术服务、教育、卫生三大领域外,信息服务(50 人)、交通服务(5 人)、金融服务(14 人)等行业人数均较少(见图 7)。

---

①　高层次人才统计数据为宁波市服务业局"宁波市千名服务业领军人才培育行动方案"课题成果,数据截至 2021 年 6 月。数据更新需与市人力社保局对接获取,并逐个进行分类,工作难度较大,因此数据截止到 2021 年 6 月底,不影响分析结论。

②　即《宁波市人才分类目录(2018)》明确的顶尖人才、特优人才、领军人才、拔尖人才和高级人才。

③　对应《国民经济行业分类》(GB/T 4754—2017)中的 13 类,代号 F—R。

表 9　2021 年全国主要城市 5A 级物流企业数量　　　（单位:家）

城市	数量	城市	数量
宁波	4	武汉	16
苏州	8	济南	17
大连	7	广州	16
厦门	8	深圳	19
杭州	10	上海	27
长沙	10	北京	30
青岛	11		

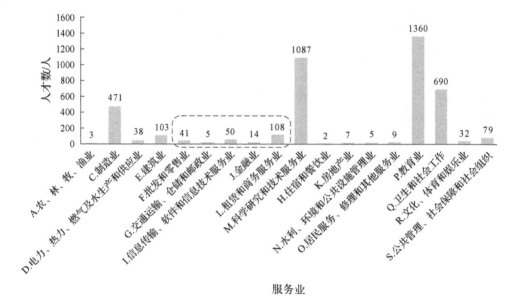

图 7　宁波市 18 个行业高层次人才分布情况

(三)创新发展生态有待健全

一是市级统筹机制亟待建立。目前全市尚未形成统筹协调的发展框架,特别是生产性服务领域,各行业主管部门各自为政,新业态新模式等缺少跨部门管理机制,且部分部门尚未从管事业向管产业理念转变;各县(市、区)工作组织体系缺失,尚未建立专门负责服务业发展的机构和人员队伍。二是政策扶持力度偏弱。服务业发展专项资金规模不可与先进制造业同日而语,而且各行业主管部门的专项资金规模偏小;空间要素支撑政策不够有力,物流等部分领域服务业重大项目落地面临与制造业相同的亩均产出压力。三是金融创新服务实体经济能力不强。金融供需堵点依然较多,企业、平台项目"融不到资"和银行"放不了款"的现象依然存在;金融业态不够丰富,缺乏全国性的金融要素交易平台、功能性区域性总部机构,提供金融辅助功能的高端中介服务总部机构(如会计师事务所、评级机构、咨询公司、科技公司等)依然较为缺乏;金融资源投入产出效率不高,在15个副省级城市中,2021年宁波GDP增量、增速均位居前列(分列第4、第5位),但贷款对GDP增长的贡献和拉动作用排名较低(均为第12位)(见表10)。

表10　2021年副省级城市金融机构贷款对GDP的贡献和拉动情况

城市	GDP/亿元			金融机构本外币贷款余额/亿元			2021年/%		
	2021年	2020年	增量	2021年	2020年	增量	GDP增速	贷款贡献率	贷款拉动率
宁波	14594.9	12408.7	2186.2	29045.47	25451.60	3593.87	8.2	164.4	13.5
青岛	14136.5	12400.6	1735.9	24089.09	21064.81	3024.28	8.3	174.2	14.5
大连	7825.9	7030.4	795.5	13540.30	12952.40	587.90	8.2	73.9	6.1
深圳	30664.9	27670.2	2994.7	77240.78	68020.54	9220.24	6.7	307.9	20.6
厦门	7033.9	6384.0	649.9	15316.67	13424.72	1891.95	8.1	291.1	23.6
杭州	18109.0	16106.0	2003.0	55921.40	49221.40	6700.9	8.5	334.5	28.4
武汉	17716.8	15616.1	2100.7	40825.42	36855.97	3969.45	12.2	189.0	23.1
沈阳	7249.7	6571.6	678.1	19230.1	18129.00	1101.10	7.9	162.4	11.4
长春	7103.1	6638.0	465.1	—	14535.40	—	6.2	—	—
哈尔滨	5351.7	5183.8	167.9	13839.90	12653.40	1186.50	5.5	706.7	38.9
南京	16355.3	14818.0	1537.3	43305.40	38189.99	5115.41	7.5	332.8	25.0
济南	11432.2	10140.9	1291.3	23313.20	20720.20	2593.00	7.2	200.8	14.5
广州	28232.0	25019.1	3212.9	61399.61	54387.64	7011.97	8.1	218.2	17.7
成都	19917.0	17716.9	2200.1	46424.68	41147.94	5276.74	8.6	239.8	20.6
西安	10688.3	10020.4	667.9	29124.00	25792.89	3331.11	4.1	498.7	20.4
宁波排名	7	7	4	8	8	7	5	12	12

注:1.杭州贷款数据均为当年到11月底的数据(全年数据未公布);

2.西安2021年贷款数据为人民币数据;

3.长春2021年数据未公布,因而不参与排名;

4.贷款贡献率=贷款增量/GDP增量×100%;

5.贷款拉动率=GDP增速×贷款贡献率。

来源:各市统计局网站、Wind数据库。

三、2022 年宁波服务业发展展望及建议

（一）形势展望

1. 国际经济复苏态势有望延续

2022 年，全球新冠肺炎疫情远未结束，但总体来看，全球经济仍处于稳步恢复态势。根据 2022 年 1 月 11 日世界银行最新一期《全球经济展望》报告预测，2022 年全球经济增速将达 4.1%，其中美国、中国、欧元区等主要经济体增速将分别达 3.7%、5.1%和 4.2%，继续引领全球经济复苏进程。这将对宁波服务业发展形成有利的外部环境支撑。

2. 中国将更快迈向服务经济时代

中国社科院财经战略研究院 2020 年 4 月研究显示，自 2018 年我国正式进入服务经济时代后，我国将进一步加快经济服务化进程，推动服务型制造和制造服务化发展，预计到 2025 年服务业增加值占比、劳动就业占比、服务消费占比将分别达 59.05%、54.98%和 50.40%。2022 年，国家将进一步深化服务业领域改革开放，推动各项服务业高质量发展政策落地。这将为宁波推动服务业跨越发展营造良好的创新环境。

3. 宁波服务业供需均衡日益迫切

2022 年，宁波服务业依然有望保持在国民经济中的主导地位，但立足宁波企业供给能力和需求水平，顺应创新驱动、高质量、"双循环"、"双碳"等时代发展趋势，科技服务发展的战略性将更加凸显，新一代信息技术服务发展的迫切性将显著增强，现代流通服务优势亟须进一步放大，基础支撑服务根基将亟须进一步夯实。这将对宁波构建完善的现代服务业体系提出新方向、新需求。

4. 行业数字化平台化趋势显著

得益于新基建、疫情催化、数字经济等多重因素的叠加影响，数字技术、人工智能技术等新技术将加速向服务领域渗透，"互联网＋服务""制造＋服务"等新模式加快发展，进一步加速服务业数字化、智能化、平台化、融合化发展进程。这将对宁波服务业新模式新业态发展带来丰富的应用场景。

（二）对策建议

对标"锻造硬核力量、唱好'双城记'、建好示范区、当好模范生、打造共同富裕先行市、加快建设现代化滨海大都市"的使命担当，以高质量为主题，以深化供

给侧结构性改革为主线,坚持系统观念,坚持统分结合和改革创新,持续推进市"3433"服务业倍增发展,构建完善现代服务新体系,统筹实施重大标志性工程,构建完善统筹协调工作推进机制,力争推动现代服务业跨越发展取得积极成果。2022 年,现代服务业新体系基本形成,港航服务、生产性服务和专业服务业攻坚取得突破,服务业增加值增速略高于 GDP 增速。

1. 突出质量变革,谋实谋突破,构建完善现代服务新体系

以攻坚行动为抓手,着眼于"攻坚什么",坚持二、三产业"双轮驱动""两业"融合,构建完善港航服务、制造服务、专业服务、民生服务等四大体系,做大做强生产性服务业,加快培育制造服务新业态。一是围绕服务国际强港,深化实施港航服务业补短板攻坚行动,落实月调度工作机制,统筹推进港航服务业高端化、规模化、集聚化发展。二是围绕服务制造强市,推进生产性服务业补短板,加快实施《宁波市生产性服务业重点领域攻坚行动方案》,聚力推进科技服务、软件和信息、商贸物流、产业金融、人力资源、节能环保等六大重点领域提速提质提能级,促进"两业"深度融合。三是围绕提升城市功能,推进专业服务破难攻坚,加快推动法律、会计、税务、资产评估等高端专业服务业发展。

2. 突出效率变革,大统筹小切口,推动实施重大标志性工程

以谋划举措为抓手,着眼于"怎么攻坚",坚持可落地操作导向,统筹实施七大专项攻坚工程。一是大空间集聚工程,以生产性服务业为重点,分类推进国家级、省级、市级生产性服务业生态功能区建设,高质量打造一批具有全省全国影响力的现代服务业集聚区,力争省级现代服务业创新发展区突破 10 家。二是强平台牵引工程,坚持招大引强与本土培育相结合、线上线下相结合,高质量打造一批具有核心竞争力的综合型重大功能平台,提升网络货运平台、灵活用工平台等平台经济发展效率。三是新主体引育工程,持续开展总部企业引培和物流企业梯度培育,充分发挥国有资本引领作用,支持工投、开投、通商等市属国企参与服务业重点区块开发整合、重大项目建设招引等工作,开展事业性产业技术研究院、科技服务机构等公司化运营试点。四是全要素配置工程,以参与杭甬温申报国家要素市场化综合配置改革试点为契机,加大国家级改革试点争取和推进力度,加快实施服务业领军人才行动方案,持续深化服务业"亩均"评价。五是新场景应用工程,通过加快园区市场化资源释放,定期发布特色典型应用场景示范清单等方式,在科技和信息赋能、制造服务化、数字贸易、绿色低碳、物流园区智慧化等方面打造一批应用场景。六是大政策配套工程,争取政策公平普惠,开展政策体系研究,支持行业主管部门探索推动重点领域政策创新。七是大项目推进工程,加强项目协调服务和要素保障,分类推进一批具有标志性、引领性、示范性

的现代服务业重大项目。

3.突出动力变革,注重工作推动,创新统筹协同推进机制

以专班机制为抓手,着眼于"靠谁攻坚",致力于攻坚动力来源,强化跨部门联动、市县两级配合,要在组织实施、统计监测、招商引资、营商环境等方面创新工作推进机制。一是加强服务业工作统筹。重点研究组建市级生产性服务业攻坚发展领导小组,组建工作专班,开展季度会商、半年监测、年度评估和信息发布通报等实质性工作;用好生产性服务业发展"单独下计划、单独考核"的指挥棒作用,明确各行业、区县(市)年度目标任务,纳入市委督考任务,挂图作战推进。二是加强服务业形势分析监测。建成和运营服务业运行监测分析信息系统,促进数据集成共享,加强服务业形势分析、重点企业统计工作、重要举措谋划储备和重点指标目标落实。同时,突破生产性服务业统计监测,按照现行统计制度,分市、县两级做好月度数据及时统计,开展季度、半年度、年度数据分析研判工作。三是加强项目招商建设。强化"一把手"招商主体责任,健全领导干部联系重点项目制度,严格落实绩效考核制度。聚力推进 2022 年度重大项目招引工作,完善重大项目市、县两级"一体化"统筹联动机制,做好项目全市域统筹调度,畅通项目流转通道。四是开展配套扶持政策研究。围绕 2022 年及近期可攻坚推进的企业主体招大引强、制造企业服务板块剥离、"两业"融合、功能区(园区)建设、领军人才培育等关键环节开展专项研究,研究出台一批务实性政策举措。

作者单位:宁波市发展规划研究院

2021 年宁波社会消费发展情况分析及 2022 年展望

邵　华　周冉冉　钟一鸣

一、2021 年宁波社会消费的发展情况

2021 年,面对复杂严峻的国内外经济形势,宁波市消费市场承压前行,克服新冠肺炎疫情带来的不利影响,持续复苏,总体展现出强大韧性和稳健前行之势,实现了"十四五"消费市场的良好开局。

(一)消费品市场总体运行情况

1. 市场销售呈现稳步加固态势

2021 年,宁波市实现社会消费品零售总额 4649.1 亿元,同比增长 9.7％(见图 1)。限额以上社会消费品零售额增速逐月回落,全年限上社会消费品零售额总额同比增长 15.1％,高出全省平均水平 0.9 个百分点。全年实现商品零售 1641.1 亿元,同比增长 15.0％。

2. 消费市场各行业基本恢复至疫情前水平

2021 年,宁波市限上批发业零售额同比增长 20.1％,限上零售业零售额同比增长 14.1％,限上住宿业零售额同比下降 2.1％,限上餐饮业零售额同比增长 25.0％。基本生活类商品消费筑牢了疫情下的消费基础,线下实体零售业态增速相对平稳,众多商业综合体携手各类首店,与其他零售单位一起实现零售额 1081.3 亿元,同比增长 13.5％,其中,专业店、专卖店、百货店零售额分别同比增长 21.9％、9.4％、16.8％。从限额以上重点商品看,汽车类同比增长 13.3％,其

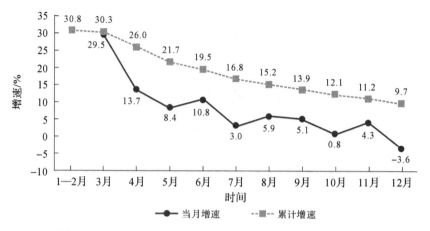

图 1　2021 年宁波市限上社会消费品零售总额分月同比增速

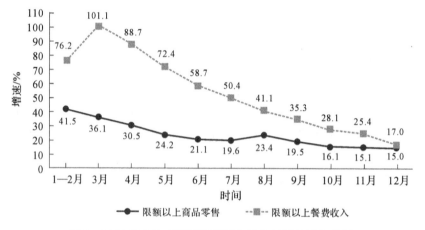

图 2　2021 年宁波市不同消费形态零售额累计增长情况

中新能源汽车同比增长 144.5%,呈快速上升趋势。

3. 新型消费快速发展

宁波"互联网+"消费生态体系进一步完善,网络购物、直播带货、在线教育、在线医疗等新业态新模式在保障疫中供给稳定、促进疫后消费复苏等方面发挥了积极作用,消费者线上消费黏性显著增强。据宁波市商务局统计,2021 年,宁波市实现实物类网络零售额 2814.2 亿元,在浙江省排名第 3,同比增长 12.0%,高于浙江省平均增幅 0.4 个百分点,同时实现非实物类网络销售额 240 亿元(见表 1)。限额以上单位实现网络零售额 367.8 亿元,比上年增长 26.6%。从行业类别看,宁波市网络销售额前 3 名的行业分别是 3C 数码、服饰鞋包、家居服装,三大行业网络销售额占宁波市网络零售总额的 75.3%。

表 1　2021 年浙江省各地市网络零售和居民网络消费基本情况

地市	网络零售/亿元	占比/%	同比增长/%	居民网络消费/亿元	占比/%	同比增长/%	顺差/亿元
全省	25230.3	100	11.6	12276.3	100.0	10.9	12954.0
杭州	9951.5	39.4	10.7	3629.1	29.6	12.7	6322.4
金华	3955.3	15.7	10.1	1257.0	10.2	11.3	2698.3
宁波	2814.2	11.2	12.0	1771.7	14.4	9.2	1042.5
温州	2199.8	8.7	8.4	1546.1	12.6	8.2	653.7
嘉兴	2057.6	8.2	10.8	965.7	7.9	12.4	1092.9
台州	1227.3	4.9	11.1	1002.4	8.2	13.5	224.9
湖州	966.3	3.8	17.6	538.9	4.4	13.5	427.4
绍兴	856.5	3.4	14.6	813.5	6.6	8.2	43.0
衢州	504.0	2.0	29.6	245.9	2.0	6.2	258.1
丽水	591.1	2.3	22.8	298.9	2.4	8.1	292.2
舟山	106.5	0.4	32.1	207.1	1.7	6.7	−100.6

4. 居民消费价格温和上涨

2021 年,宁波市区居民消费价格同比上涨 2.1%,涨幅较上年提高 0.2 个百分点。从八大类别看,价格同比呈现"六升二降"态势。其中,交通通信价格上涨 5.3%,教育文化娱乐价格上涨 4.4%,生活用品及服务价格上涨 2.3%,食品烟酒价格上涨 2.1%,居住价格上涨 0.8%,医疗保健价格上涨 0.4%,其他用品及服务价格下降 2.7%,衣着价格下降 0.4%。

(三)促进社会消费工作落实情况

1. 加强顶层设计,提升消费市场新活力

为进一步发挥消费对经济发展的稳定器作用,2020—2021 年宁波市委市政府密集出台了一系列稳增长促消费的政策措施,如《宁波市建设国际消费城市实施方案》《加快夜间经济实施方案》《关于抢抓机遇加快重点领域新兴产业发展的指导意见》《宁波市以新业态新模式引领新型消费加快发展实施方案》《宁波都市区建设行动方案》《关于促进全市直播电商经济高质量发展的若干意见》等,对下一步开展品质消费提升行动,有效落实扩大内需战略,发展壮大新兴产业、激发

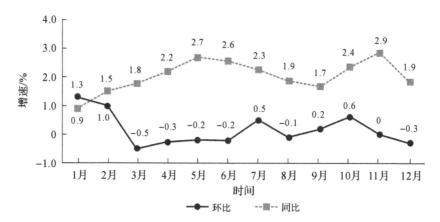

图 3　2021 年宁波市区居民消费价格分月同比增速

消费潜力提供有力支撑。

2. 建设多元消费平台,构筑扩大内需新载体

近年来,宁波市着力推动"两城"建设,持续加强打造国际商圈,扩大本地消费规模和拓展域外消费增量,持续创新夜间经济,加快推进省级夜间经济试点(培育)城市建设。稳步有序推进步行街改造提升,打造引领城市消费升级的重要载体。截至 2021 年 12 月,"泛三江口"商圈、东部新城商圈两个市级商圈基本形成,市六区共建成多层次特色化商圈 23 个,大型商业网点 113 个,总营业面积达到 625 万平方米。丰富活动,激发活力,实施"十百万"消费促进活动,带动商品销售超 100 亿元。夜间经济繁荣发展,开通商旅 1 号线公交专线,组织"六名"品牌评选,更新迭代消费地图,江北区和海曙区成功入选首批"浙江省夜间经济样板城市"。

3. 做大消费底盘,促进品质消费新升级

统筹安排消费基础设施建设,尤其支持重点商业地标大力发展首店经济,创新发展"老店经济",增加重要商圈与地铁、城市公交的接驳频次,带动周边和区域购买力汇聚宁波。2021 年,宁波市签约引进首店品牌共计 221 个,其中全国首店 13 个,华东首店 3 个,浙江首店 72 个。培育认定 40 家"绿色直播间",宁波(前洋)直播中心正式运营,全省首家保税直播展示中心开业,全网直播渗透率达到 19%,较 2020 年提升了近 3 个百分点。创新发展老字号,认定首批 67 个宁波老字号。

4. 优化商贸流通网络,提升商贸便民新服务

生活必需品市场保供有力,量价平稳有序。特别是新冠肺炎疫情防控期间推动建设现代商贸流通体系,畅通流通网络"大动脉",打通城乡流通"微循环",优化社区商业网点布局和流通网络,增强社区商业服务的便利化。截至 2021 年底,已建成市级一刻钟商贸便民服务圈 23 个,成为全省唯一入围国家级一刻钟便民服务圈试点城市。获批成为全国首批供应链创新与应用示范城市。在疫情防控常态下,宁波的生活必需品量足价稳,持续推进"菜篮子"市长负责考核工作,出台"菜篮子"商品保障应急预案。

5. 加快数字生活建设,创新技术消费新模式

支持传统商业企业运用 5G、大数据、物联网等信息技术,加速推进"精品千兆城市"建设,优化升级农村网络基础设施,加快农村商贸流通数字化升级,稳步推进"互联网＋农产品"出村进城。推进消费公共数据开放应用,在消费领域应用"城市大脑"平台,推动智能物流、在线消费、生活服务等重点领域数据的开放应用,推出多项数字生活新服务举措,智能化改造和跨界融合,更好满足个性化、定制化消费需求。2021 年,在公布的首批省数字生活新服务样板县中,海曙区、鄞州区榜上有名,在省商务厅公布首批省级示范智慧商圈名单中,宁波泛老外滩智慧商圈上榜。

二、影响宁波社会消费发展的主要问题

当前,疫情防控成效持续巩固,一系列激发市场活力、促进消费复苏的政策举措持续见效,消费市场出现良好发展态势,但国内外经济形势仍然复杂严峻,消费市场还受诸多不利因素制约。

(一)消费环境需优化提升,消费潜力有待深挖掘

随着各地 2021 年统计公报陆续披露,全国城市消费力 30 强浮出水面,宁波位列第 18 位。同时,宁波实现地区生产总值 14594.9 亿元,在 24 座"万亿 GDP"城市中位列第 12 位;城镇居民人均可支配收入达 73869 元,在全国城市中排名第 6 位,消费力与收入水平的差异性值得关注。面对巨大的消费潜力,如何把消费留住,创造更优质的消费环境及挖掘消费市场的购买力成为关键。2021 年,宁波市居民消费率(居民消费占可支配收入比重)为 61.9%,居民储蓄意愿增强。中国新闻网调查数据显示,面对复杂的宏观经济环境和新冠肺炎疫情影响,居民收入预期下降导致理性消费意识提升,持币观望趋势增强,消费意愿有所减弱。下一步应着重从提振消费信心、培育消费新业态、改善消费环境、加大政策支持力度上来扩大重点商品消费。

（二）消费空间受挤压，农村消费潜力有待释放

2021 年，宁波市居民"衣食住行"四大类（食品烟酒、衣着、居住和交通通信）占消费支出的比重超过 3/4，在相当大程度上限制了居民的其他类消费空间，导致发展型、享受型消费增长受限，影响生活质量提高。国家统计局宁波调查队数据显示，2021 年城乡居民收入分别增长 8.6％和 9.7％，城乡居民人均生活消费支出分别增长 17.2％和 16.9％，农村消费市场潜力巨大。目前，农村受商业网点布局不完善、基础设施建设滞后等因素制约，消费潜力无法有效释放。如何更好开拓城乡消费市场、促进城乡平衡发展，无疑是"十四五"时期的重点课题。

（三）消费场景快速迭代，直播赋能新业态有待提速

随着互联网、大数据技术不断优化、升级，整个消费市场的环境、营销、渠道发生了翻天覆地的变化，在疫情影响和政策支持等因素刺激下，我国直播电商经济实现了暴发式发展。纵向对比，宁波的直播电商经济火力全开，持续维持暴发式态势。但横向对比其他城市，宁波要想成为全国最具发展特色、国际竞争力的直播电商经济第一方阵城市，"拦路虎"不少。一方面，直播电商脱胎于传统电商，从全国来看，宁波传统电商基础相对较弱；另一方面，直播电商赛道竞争对手太多，像杭州、上海、深圳等各大城市先后出台相关政策，抓产业、造平台、挖品牌来抢占直播电商经济"风口"。面对庞大的直播电商市场，宁波有产业基础，深水良港，下一步如何精准发力，跨境出口直播电商成为激发新型消费潜能的重要抓手。

（四）优质商圈避免同质化，聚客能力有待提高

2021 年 10 月，2021 年中国城市"时尚消费力指数"发布，宁波以 33.44 分位居全国第 15 位。报告显示，宁波商圈在"新消费可塑性指数""政策环境支撑指数"两个一级维度上榜，在整体聚客能力上暂时落后。城市商圈的聚客能力是时尚消费力得以激活的基础，截至 2021 年，宁波市六区大型零售商业网点共计 113 处，总营业面积约 600 万平方米，以 2004 年为基数，大型零售商业网点年均增长率为 7.9％，人均大型零售商业网点面积 0.9 平方米，国际上通常认为人均商业面积 1—1.5 平方米是比较合理的参照值。对比行业指标，宁波总体上属于中等水平，但是各区发展不平衡情况凸显。江北区、鄞州区人均指标已经偏高，随着在建项目的不断增多，未来应该警惕商业过量问题。另外要同时注意商业综合体同质化问题，业态布局雷同，引进品牌雷同，"大而全"的"一站式服务"成为商业综合体的最大亮点同时也是最大隐患，商业综合体如何避免同质化，走出自己的特色定位和发展之路，实现各个业态的多赢正是当前需要面临和破解的问题。

三、2022 年宁波社会消费发展趋势展望

(一)从外部环境看商务经济面临的挑战与机遇

1. 从国际环境看,全球经济深入调整,重塑商务经济发展新格局

新冠肺炎疫情全球大流行之后,百年未有之大变局正在加速变化,各国供应链稳定和产业安全面临冲击。2022 年,世界经济形势仍然复杂严峻,复苏不稳定不平衡,疫情冲击导致的各类衍生风险不容忽视。面临日益严峻复杂的全球经贸形势,我国牢牢抓住扩大国内需求这一战略基点,推动经济双循环建设,是提升经济韧性、增强抵御外部风险能力的重要途径。

2. 从国内环境看,不断涌现新业态、新模式,催生商务经济增长点

虽然当前外部环境更趋复杂、严峻,国内发展面临多年未见的需求收缩、供给冲击、预期转弱三重压力,但支撑发展的有利因素和条件仍然不少,我国经济发展韧性强、潜力大、前景广阔,长期向好的特点没有变。疫情防控期间,从新业态的涌现到新消费的扩展,从新就业的创造到数字化的发展,我国商务经济出现了一系列积极的新特点、新趋势、新机遇。在双循环新发展格局理论指导下,立足国内循环,深挖内需潜力,以促进形成强大国内市场为导向,增强消费对经济增长的基础性作用。

(二)从内生动力看消费市场面临的机遇与亮点

1. 从需求端看,需求变化激活消费增长新空间

第一,"时尚+"经济带来消费新机遇。根据国研新经济研究院和博洋研究院 2021 年发布的《"泛时尚"产业发展报告》,我国"泛时尚"产业市场规模已达 7 万亿元,新国货携时尚消费浪潮强势崛起,"时尚+传统产业"的市场不断呈现出品质消费、体验消费和智能消费的新亮点,新生代成为消费主力军,核心消费人群年轻化,消费习惯正在改变,给培育消费动能提供了新方向。

第二,直播经济带来消费新活力。根据毕马威发布的《"十四五"规划行业影响展望——零售篇》,2021 年,我国直播电商规模接近 2 万亿元,渗透率达到 14.3%,且将继续保持较高速增长。直播电商全面暴发,倒逼供应链加快成熟,定制化商品和服务成为新的消费增长点,移动端口成为商业消费的主流入口,新商业应用场景层出不穷。

第三,首店经济带来消费新热点。"首店经济"的繁荣程度不仅是判断一个

城市商业人气的直观指标,还是挖掘消费潜力、激发市场热情的新引擎。2021年宁波签约引进首店品牌共计 221 个,其中"天一·和义商圈"引进品牌 90 个,首店品牌数高居宁波各大商圈首位。中国购物中心客流密度指数榜单显示,"天一·和义商圈"的客流量稳居全市第 1 位,位列华东地区第 5 位。

第四,农村消费市场带来消费新潜力。近年来,消费增长规模增速出现了从一、二线城市到三、四线城市再到农村的阶梯式上升,消费市场下沉明显。宁波城乡居民人均可支配收入连续 17 年呈缩小态势,2021 年宁波城镇居民人均可支配收入 73869 元,增长 6.4%;农村居民人均可支配收入 42946 元,增长7.5%,城乡居民收入倍差降至 1.72,比同期全国城乡居民收入倍差小 0.89。宁波推动共同富裕示范先行,出台《共同富裕乡村建设行动方案(2021—2025)》,全面促进农村消费潜力有效释放。

2. 从供给端看,市场升级提升消费新动力

第一,数字经济。数字经济已经成为推动宁波经济社会发展的主引擎。《宁波市数字经济发展"十四五"规划》提出,到 2025 年,全市数字经济增加值达到 1万亿元以上,数字经济总量占地区生产总值比重 50% 以上,数字经济发展水平处于全国前列,形成数字经济引领现代化经济体系建设、推动人民走向共同富裕的整体发展格局。此外,宁波市还将壮大数字产品及互联网批零服务。到 2025年,数字产品及互联网批零服务收入达到 2000 亿元。在数字智能终端领域,提升机器人、智能车载、智能家居、智能制造装备、智能诊疗装备等智能终端的设计制造能力。

第二,"两城"建设。加快把宁波打造成为接轨国际、辐射国内、惠及民生的国际消费城市,构建规划合理、设施完善、业态多元、管理规范的夜间经济发展格局,有利于完善城市功能、增强竞争优势、提升城市国际化水平,也有利于推进消费升级、培育新增长点、更好满足群众美好生活需求。

第三,新业态培育。2021 年,宁波市政府办公厅印发了《宁波市以新业态新模式引领新型消费加快发展实施方案》,提出到 2025 年,宁波市将培育壮大新型消费领先企业 100 家,创新建立新型技术消费应用场景 10 个,实物商品网上零售额占社会消费品零售总额比重提高 5%,"互联网+服务"等消费新业态新模式趋于成熟。多重利好之下,新型消费有望进一步加快发展步伐,成为促消费扩内需的重要增长引擎。

(三)2022 年宁波社会消费发展趋势预测

2022 年,宁波将主动顺应消费升级趋势,实现消费生产良性循环和更好供需平衡,消费市场长期向好的基本面没有变,将呈现稳中向前的积极态势,消费拉动经济增长的作用将进一步加强。

四、2022年推进宁波社会消费发展的对策建议

2022年,宁波商务工作应紧紧围绕宁波市委市政府的决策部署,把政策发力点适当向前移,立足新发展阶段,贯彻新发展理念,坚持扩大内需战略基点,推进落实全面促进消费各项举措,培育内循环动力,促进消费市场持续平稳健康发展。

(一)以培育消费热点为突破口,扩大居民消费新需求

第一,营造全新的消费氛围。以"服务消费"为重点,带动消费新热点。目前居民消费呈现出从注重量的满足向追求质的提升转变的趋势,应引导传统消费提质升级,实施"十百万"消费提振行动,同时以"节庆经济"为抓手,搞活消费市场。

第二,打造全新的消费场景。以阪急百货开业为契机,高品质打造东部新城核心商圈,继续推进老外滩国家级步行街试点建设,着力建设一批"夜地标""夜生活网红打卡地"等夜间经济载体。

第三,探索全新的消费模式。攻坚发力"直播经济",持续推动直播电商赋能优势产业、专业市场和特色商圈,同时做大做强首店经济,继续吸引国内外知名商业品牌和资源集聚。

(三)以促进民生项目建设为突破口,发展壮大基本生活服务业

第一,推进"15分钟商贸便民服务圈"建设。以"未来社区"建设规划为契机,围绕"15分钟商贸便民服务圈"建设重点,推动全市商业设施提档升级,形成商贸业态多样、供给丰富、布局合理和安全便捷的消费环境,为全省消费便利化提供示范。

第二,实施菜篮子保障工程。进一步探索创新农产品市场营销模式,组织田头直销、农超对接、农社对接、"互联网+"等多种营销手段,着力促进地产农产品的产销对接。落实市县两级菜篮子储备任务,做好菜篮子应急保障供应链建设。

(三)以建设村级电商为突破口,激发城乡消费新动力

第一,扩大农产品流通渠道。带动下沉市场提质扩容,加快农产品产地市场体系建设,实施"互联网+"农产品出村进城工程,切实解决农产品进城"最初一公里"和"最后一百米"问题;进一步提升农村消费吸引力,提升县域文旅服务功能,以产业融合带动农民增收致富。

第二，农村电商助力乡村振兴。"数商兴农"深入推进，农村电商"新基建"不断完善。壮大农村电商经营主体，开展新一轮农村电商示范培育工程。此外，还要让乡村民宿、乡村旅游等"美丽经济"搭上电子商务的"快车"，促进美丽乡村由建设成果向经营成果转化，以"品牌农业＋互联网"的运作方式，提升宁波特色农业产业。

（四）以建设国际消费城市为突破口，培育商务发展新优势

第一，智慧商圈引领商业形态新变革。继续加大信息化基础设施建设力度，以信息化促进传统商业转型升级。推进生活性服务业数字化，持续推进"智慧商圈""智慧街区"等数字商贸项目，推广"云逛街"等新模式，打造一批样板城镇和标杆区域，将全市各主要商圈打造成高端智慧城市商圈。

第二，加快建设布局打造商贸新高地。宁波市应充分利用得天独厚的港口优势、制造业优势、外贸优势、互联网优势，以及良好的经济、人文、旅游等资源优势，加强商贸业集聚效应，建设浙东地区辐射范围广、竞争力强的宁波都市圈现代商贸业新中心，打造不同于港澳珠、优于海南、服务长三角的国际消费中心城市。

参考文献

[1] 宁波市商务局：《商务部明确 2022 年促消费重点领域》，2022 年 1 月。
[2] 宁波市统计局：《2021 年宁波市国民经济和社会发展统计公报》，2022 年 2 月。

作者单位：邵华、钟一鸣，中共慈溪市委党校；周冉冉，宁波财经学院

2021 年宁波对外开放情况分析
及 2022 年展望

夏艺瑄

一、2021 年宁波对外开放基本情况

（一）对外贸易再创历史新高

1. 对外贸易规模突破万亿元

2021 年，在严峻的外部形势下，宁波外贸仍展现出强大的活力与韧性。外贸进出口于 2 月触底后快速反弹，5 月单月进出口规模突破千亿元，此后除 7 月受台风影响外，其余 6 个月月度进出口规模均超过千亿元（见图 1）。全年外贸进出口总额 1.19 万亿元，同比增长 21.6%，成为全国第 6 座"外贸万亿之城"。其中，出口 7624.3 亿元，同比增长 19.0%；进口 4301.8 亿元，同比增长 26.3%。进出口、出口和进口三项规模均为同期历史新高，占全国比重分别达到 3.05%、3.51% 和 2.48%。进出口总额位居全国各市第 6 位、副省级城市第 2 位。

2. 商品结构优化升级

出口领域，加速向价值链中高端攀升，机电产品成为主要出口商品。2021年，全市机电产品出口达 4400.1 亿元，同比增长 24.6%，占全市出口总额的 57.7%，比重较上年提高 2.6 个百分点。高新技术产品出口 552.6 亿元，同比增长 14.4%。进口领域，部分大宗商品进口增长明显，机电产品和高新技术产品进口稳步上升。进口金属矿及矿砂 483.3 亿元，同比增长 46.4%；进口未锻轧铜及铜材 410.2 亿元，同比增长 29.4%，合计拉动全市进口整体 11.2 个百分点。2021 年，全市机电产品进口 645.0 亿元，同比增长 18.0%，占全市进口总额

的 15.0%;高新技术产品进口 421.5 亿元,同比增长 18.8%,占全市进口总额的 9.8%(见表 1)。

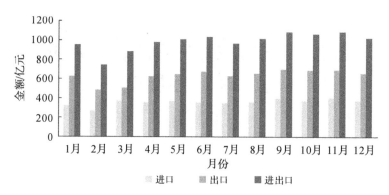

图 1　2021 年宁波市单月外贸进口、出口和进出口额

表 1　2021 年宁波外贸主要出口、进口商品情况

出口				进口			
商品名称	累计/万元	比重/%	增幅/%	商品名称	累计/万元	比重/%	增幅/%
机电产品	44000976	57.7	24.6	机电产品	6450094	15.0	18.0
高新技术产品	5525904	7.2	14.4	高新技术产品	4215488	9.8	18.8
前十大出口商品				前十大进口商品			
家用电器	6191793	8.1	15.5	金属矿及矿砂	4832857	11.2	46.4
服装及衣着附件	5130809	6.7	12.0	基本有机化学品	4832181	11.2	39.3
纺织纱线、织物及其制品	4561432	6.0	−18.1	未锻轧铜及铜材	4101991	9.5	29.4
电工器材	4228436	5.5	33.2	初级形状的塑料	3862445	9.0	−11.5
塑料制品	4010395	5.3	12.7	电子元件	2206502	5.1	19.5
通用机械设备	2719832	3.6	16.3	成品油	1064568	2.5	70.0
灯具、照明装置及其零件	2403928	3.2	15.9	美容化妆品及洗护用品	951225	2.2	6.1
家具及其零件	2398867	3.1	22.4	煤及褐煤	899161	2.1	45.6
汽车零配件	2396962	3.1	28.1	纸浆、纸及其制品	768496	1.8	−12.5
机械基础件	2070894	2.7	31.4	液晶显示板	662976	1.5	3.0

3. 贸易伙伴日益多元

欧盟、美国和东盟依旧为宁波最大的 3 个贸易伙伴。2021 年,全市对欧盟、美国和东盟分别实现进出口 2127.7 亿元、2084.4 亿元和 1248.9 亿元,分别同比增长 24.5%、20.1%和 15.5%,三者合计占同期全市外贸总值的 45.8%。与"一带一路"沿线国家进出口总额 3304.2 亿元,同比增长 20.3%,占同期全市进出口总值的 27.7%,占全国与"一带一路"沿线国家进出口总额的 2.85%。与中东欧国家进出口总额 392.7 亿元,同比增长 40.4%,进出口增速高出全国平均水平 17.1 个百分点,进出口额占全国进出口总额的 4.55%。与 RCEP 其他成员国实现进出口额 3123.4 亿元,同比增长 15.8%,占同期宁波市进出口总值的 26.2%。

4. 业态模式迭代升级

服务贸易占对外贸易比重进一步提升,2021 年全市服务贸易进出口总额 1401.9 亿元,同比增长 36.8%,占对外贸易总额比重达到 11.78%,较上年同期增长 1.3 个百分点(见图 2)。其中,数字服务贸易进出口 238.17 亿元,同比增长 22.2%,占全市服务贸易进出口总额的 17%,较上年同期增长 6 个百分点。跨境电商继续保持较快发展态势,据宁波综试区线上综合服务平台统计,2021 年全市实现跨境电商进出口额 1786.1 亿元,同比增长 20.1%。其中,跨境电商网购保税进口额占全国比重超过 22%,成为全国首个跨境零售进口货值累计破千亿元的城市。海外仓布局持续拓展,截至 2021 年底,全市共有 62 家企业在 23 个国家(地区)建设经营海外仓 217 个,总面积 283 万平方米。

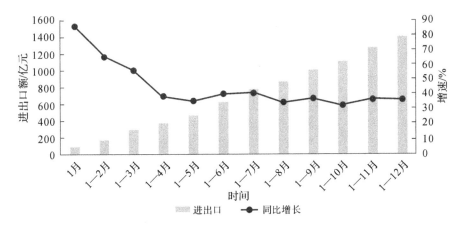

图 2　2021 年宁波市服务贸易进出口累计额与增速

(二)引进外资稳中有增

1. 利用外资规模稳步增长

2021年,全市新设外资企业564家,比上年同期增加78家;投资总额129.3亿美元,同比增长3.3%。合同利用外资86.4亿美元,同比增长83.9%。实际利用外资32.7亿美元,同比增长32.7%,增幅分别高出全国、全省平均水平12.5个和16.5个百分点,实际外资规模提升至全省第2位。

2. 利用外资结构不断优化

2021年,全市第二、第三产业实际利用外资分别为10.3亿美元、22.3亿美元,占外资总额比重分别为31.5%、68.4%。与此同时,高技术产业(制造业和服务业)利用外资实现较快增长,2021年引资总额达11.4亿美元,同比增长261.8%,占全市比重达34.7%,较上年同期提升近22个百分点。其中,研发设计、信息服务、科技成果同比分别增长1303.2%、173.3%、45.7%,医疗仪器设备制造、电子及通信设备制造业分别增长3303.1%、38.2%。

3. 重大项目支撑继续加强

2021年,全市新设或增资投资总额超亿美元以上大项目43个,较上年同期增加11家;合同利用外资51.9亿美元,同比增长66.5%。全市实际到资超千万美元以上项目61个,较上年同期增加8个;合计到账金额29.4亿美元,占比89.9%,较上年同期提升4.5个百分点。全市新设和增资境外世界500强企业项目10个。截至2021年底,累计引进69家境外世界500强企业在宁波投资兴办153个项目(分支机构),投资总额242.6亿美元,较上年同期增长28.2亿元。

4. 新兴市场投资增速明显

我国香港地区仍为2021年宁波外资主要来源地,实际利用外资23.9亿美元,占全市总额的73.1%。欧盟等经济体投资势头良好,实际利用外资2.6亿美元,同比增长36.47%,占全市总额的8%,较上年同期提升0.2个百分点。其中,德国、英国和丹麦实际利用外资比重分别比上年同期提升4.3个、1.3个和0.6个百分点。"一带一路"沿线国家、RCEP国家等新兴市场投资增速明显,实际利用外资分别为1.8亿美元、2.1亿美元,同比分别增长40.7%、22.1%(见表2)。

表2 2021年宁波境外投资前10位市场主体

市场主体	实际外资/万美元	占比/%	增幅/%
中国香港	239410	73.1	36.0
英属维尔京群岛	17874	5.5	33.5

市场主体	实际外资/万美元	占比/%	增幅/%
新加坡	15968	4.9	42.0
德国	14014	4.3	144.5
开曼群岛(英)	10702	3.3	1845.8
美国	4963	1.5	−68.1
英国	4303	1.3	635.6
韩国	3517	1.1	183.4
萨摩亚	2545	0.8	156.0
丹麦	2530	0.8	478.9

(三)对外投资合作健康发展

1. 对外投资规模稳中有增

2021 年,全市累计备案(核准)境外企业和机构 186 家,同比增长 14.8%;其中,境外批发零售业和经贸办事处共备案 89 家,占全市境外投资企业和机构总数的 47.8%。全市备案(核准)中方投资额 24.3 亿美元。境外承包劳务合作营业额 18.8 亿美元,同比增长 6.2%。

2. 对外投资项目更有质量

2021 年,宁波新增对外投资中,超过 3000 万美元的备案投资项目 16 个,备案中方投资额达 17.0 亿美元,占全市总额的 70%,重大项目支撑作用明显;备案项目增资 8.4 亿美元,占 2021 年全市备案增资项目总量的 34.6%,同比增长 88.3%,表明前期对外投资项目的总体运营情况较为稳定。

3. 对外投资结构更加理性

2021 年,全市制造业、服务业备案投资额分别达到 12.3 亿美元、12.1 亿美元,分别占总额的 50.5%、49.5%,制造业与服务业对外投资并驾齐驱。制造业对外投资中,电气机械及器材制造业、汽车制造业的备案投资额分别达到 3.3 亿美元、2.7 亿美元,分别占制造业对外投资总额的 26.8%、22.0%,与宁波产业结构特征相适应。服务业对外投资中,租赁和商务服务业、批发和零售业的备案投资额居前二,合计投资额达到 9 亿美元,占服务业对外投资总额的 76.0%。

4. 对外投资区域更加广泛

2021 年,宁波对外投资区域中新增危地马拉、纳米比亚和苏里南 3 个投资目的地国家。截至 2021 年底,全市累计对外投资目的国家(地区)数量达到 126 个。在"一带一路"沿线国家累计设立境外企业和机构 53 家,备案(核准)中方投资额 9.3 亿美元,分别占全市总量的 28.5%、38.3%。在中东欧地区累计设立境外企业和机构 6 家,备案(核准)中方投资额 5813 万美元。

(四)开放平台建设取得突破

1. 浙江自由贸易试验区宁波片区建设取得实质性进展

2021 年,宁波市编制出台《中国(浙江)自由贸易试验区宁波片区建设方案》,明确了功能定位、空间布局、战略目标、主要任务和相关工作举措。积极探索体制机制创新,全面落实外商投资"准入前国民待遇+负面清单"管理模式,成功获批跨境贸易投资高水平开放、新型离岸国际贸易发展、QFLP 和 QDLP 双向投资等 7 项国家级改革试点,在首创性、差别化制度探索中形成"3+7+10+20"制度创新成果体系。其中,中资非五星旗船沿海捎带业务等 3 项先行先试经验获袁家军书记肯定;抵港外国籍船舶"港口国监督远程复查"机制等 7 大案例入选全省 30 佳制度创新案例;工业社区集成管理服务模式等 10 项标志性成果被评定为全国首创;区块链数字仓单质押融资业务等 20 项改革成果入选全省前七批十大标志性成果。

2. 中国—中东欧国家经贸合作示范区建设积极有序推进

成功举办第二届中国—中东欧国家博览会,共签约国际双向投资项目 97 个,总投资 182 亿美元,其中宁波签约项目 27 个,总投资 34.6 亿美元。举办涉及领导人峰会和《2021 年中国—中东欧国家合作北京合作计划》的机制性活动 8 项,中国—中东欧国家合作论坛、海关检验检疫合作对话会和市长论坛等机制性活动能级进一步提升,新成立和上线了中国—中东欧国家动植物卫生检疫措施工作组、"侨链国际"数字贸易平台等 17 个机制性平台。完成中东欧国家特色商品常年馆改造提升,汇聚中东欧国家 27 个商品馆、4000 多种中东欧商品,在全国设立 36 个直销中心。中东欧国际产业合作园签约落户 17 个项目,总投资 78.3 亿元。

二、2022 年宁波对外开放形势展望与对策建议

(一)外贸:有望保持较快增速,"含金量"有待提升

1. 外部环境呈现利好,有望支撑外贸较快发展

经过 2021 年较快的恢复性增长后,2022 年宁波外贸增速可能会出现边际

放缓,但总体仍将保持稳定增长态势,其中,工业中间品和劳动密集型产品预计将支撑出口,大宗商品预计将继续支撑进口。主要基于以下因素考虑:一是全球经济整体呈现回暖态势,海外复工复产加速,各国封锁措施放宽,服装、箱包等劳动密集型商品出口将随着人们的出行需求增加开始恢复。二是在内外部经济恢复的结构差影响下,我国供应链优先恢复的优势将继续体现,预计宁波工业中间品,尤其是汽车相关产业链的中间品需求将继续保持高速增长。三是随着RCEP的生效,亚太地区区域内贸易关系有所加强,宁波与RCEP国家间尤其是与东盟国家间的贸易往来将进一步拓展。四是国内稳外贸政策的进一步落地、自由贸易试验区建设、内需释放等都将成为拉动宁波外贸进出口增长的重要因素。需要指出的是,防疫物资和厨房家电、家具、体育用品等"宅经济"商品是近两年拉动全市出口增长的主要动力,但伴随疫情缓解和连续两年高速增长的高基数影响,此类商品或将面临出口下降的压力。与此同时,新冠肺炎疫情仍存变数,运力不足、运价高企等问题或将持续,2022年外贸形势仍然存在较大不确定性。

2. 长远发展动力支撑不足,质量短板有待补齐

尽管2022年宁波市外贸发展整体仍会处在一个外需相对强劲的环境中,但从长远看,海外经济持续复苏、疫情后货物贸易结构调整、国内劳动力和原材料成本上升、人民币汇率上升等都对我国外贸发展的质量与效益提出了更高要求。从目前发展基础看,宁波外贸发展"含金量"不高问题较为明显。例如,产品附加值相对不高,出口产品以贴牌加工为主,全市外贸出口的单箱货值约3万美元,仅为深圳的1/5;服务贸易体量不及杭州的一半,结构相对不优,国际运输占比超过55%,主要依赖于货物贸易进出口的持续快速增长,未来变化和不确定因素比较大。结合新形势、新阶段和新要求,2022年在稳定外贸规模基础上,提升贸易发展质量与效益至关重要,也是宁波建设贸易强市的必然要求。对策建议如下:一是要提升出口产品质量,以建设国家外贸转型升级示范基地为抓手,积极推动特色产业品牌化;二是要进一步扩大进口规模,推动中东欧货物进口新突破,建设立足本地服务全国的进口枢纽,推动贸易平衡发展;三是大力发展数字贸易、跨境电商、服务贸易等新型贸易,着力推动外贸数字化、智能化转型,优化贸易结构;四是进一步提高国际市场多元化水平,推动外贸市场结构从传统市场为主向多元化市场协同发展,深度开发欧美发达国家细分市场,大力拓展RCEP等新兴市场。

(二)外资:有望保持稳定增长,稳外资举措需发力

1. 面临形势复杂严峻,稳外资难度依然较大

2022年,宁波市外资工作仍将面临复杂形势,机遇与挑战并存。从机遇上看,一是我国经济的稳定复苏、完整的产业体系保障和超大规模市场优势持续体现;二是以负面清单为基础的更高水平开放会进一步增强外资吸引力;三是营商环境不断优化,宁波市连续两年入围全球营商环境百强城市和全国营商环境评价标杆城市,成为引资竞争优势。从挑战上看,一是疫情持续演变,跨国投资呈现近岸化、本土化、区域化等趋势,招商引资跨境活动受到限制;二是传统比较优势减弱,石化、汽车等传统优势产业新建项目受能耗双控、污染物排放等控制性指标的制约较为明显,产业项目落地困难;三是部分西方国家货币政策收紧,国际资本流动规模或将有所下降,融资成本有所上升,对宁波市利用外资产生负面影响。整体上看,2022年宁波市稳外资工作难度依然较大。

2. 有望保持稳定增长,稳资举措需有力有效

在全球跨国投资整体疲弱的情况下,2021年,宁波市吸引外资规模再创新高,充分显示了宁波市吸引外资的综合优势仍然较强,也体现了稳外资政策的有力有效。2022年,尽管外部形势严峻复杂,但只要稳外资政策到位,利用外资仍有望保持稳定增长。对策建议如下:一是要进一步扩大对外开放,以自由贸易试验区建设为抓手,对标国际一流标准,全面深化对外开放领域体制机制改革和制度创新,探索自贸区税收优惠及外汇自由进出政策,持续营造市场化法制化国际化的营商环境;二是推动重大外资项目落地,及时解决项目存在的问题,优化全流程服务;三是优化利用外资结构,引导外资更多投向数字转型、生态环境等领域,探索扩大金融领域利用外资规模,创新开展资本招商;四是加强产业基金配套,围绕宁波市重点发展产业,调整优化市级产业基金,整合各类资本,有序组建产业并购基金,实行专业化、市场化、规范化运作。

(三)外经:有望保持平稳发展,整体更趋理性

1. 投资稳增趋势将保持,对外承包工程或仍受疫情影响

2022年,伴随海外疫情影响的逐步控制,叠加内循环竞争压力大,国内人工、资源成本上升和海外客户要求日益严苛等诸多因素,宁波境外直接投资将基本持平或略有增长,并将呈现以下结构特征。一是基于宁波产业基础优势,对外投资领域主要集中在纺织服装、汽车制造等传统制造业领域,以印尼、泰国、越南等劳动力成本相对较低的发展中国家为主要投资目的地;二是在"一带一路"倡议引领下,对"一带一路"沿线国家和地区的投资将呈现稳定增长态势,对发达国

家投资受部分国家对外政策收紧等影响而有所回落;三是在全球产业链供应链重塑背景下,企业主要通过扩大境外项目生产规模、投资并购境外资产项目等方式参与境外投资,而境外承包工程业务因受疫情影响较大,叠加项目外派人员出国难、归国更难的问题依然不能得到较好解决,在 2022 年仍然较难拓展。

2. 境外风险因素不断增加,审慎投资合规经营尤为关键

在新冠肺炎疫情和大国博弈影响下,西方国家针对中国企业的强制收购、单边制裁、贸易保护、安全审查等各类限制政策频繁出台,使得我国企业当前参与全球投资并购的风险扩大、成本上升。宁波市对外投资企业以民营企业为主体,存在规划性不强的问题,强化对外经济贸易企业合规经营理念,提升企业国际化经营能力和水平至关重要。对策建议如下:一是培育跨境企业,鼓励企业发挥自身技术、行业优势,以专利技术、高端服务等无形资产入股的方式开展跨境并购和绿地投资,降低外汇储备压力和投资风险,体现宁波市企业技术溢价;二是推动对外承包工程发展向产业链高端延伸,鼓励企业以建营一体化、投建营一体化等多种方式实施项目,提高产业链参与度和在国际分工中的地位,逐步实现由建设施工优势为主向投融资、工程建设、运营服务的综合优势转变;三是依法合规指导企业做好项目尽职调查和事前备案(核准)审批工作,严格落实对外投资相关管理办法,合规开展对外经济合作;四是充分发展甬企"走出去"服务联盟作用,通过成立专家库、举行政策发布会、举办专题培训会、发布年度《国家风险分析报告》等方式,为宁波市对外投资企业提供信息咨询、投资政策、国别风险、法律援助、金融信保和项目策划等方面的服务。

作者单位:宁波市发展规划研究院

2021 年宁波金融发展情况分析
及 2022 年展望

黄　柯

一、2021 年宁波经济金融发展现状

2021 年，面对复杂严峻的国际环境和国内新冠肺炎疫情散发等多重考验，宁波市金融系统深入贯彻落实党中央和省市各项决策部署，全力支持宁波疫情防控和经济社会发展，加强宏观政策跨周期调节，助企纾困，创新推动绿色发展，有效防控金融风险，持续深化金融改革创新，各项工作取得了好的成绩，实现了"十四五"良好开局。

（一）金融发展持续稳健，金融总量有效支撑经济发展

2021 年，宁波金融系统以党史学习教育为抓手，以供需匹配为目标，升级专班牵引服务力度，接续开展金融"三争三服务"行动，配套"四链四台四化"统计监测，全力以赴疏堵点、通链条、促循环。针对重点领域和薄弱群体，统筹开展扫金融需求、首贷户拓展、制造业中长期贷款提升、疏堵通链促循环等 15 个专项行动，引导金融活水精准流向实体经济。正式出台《宁波市金融业发展"十四五"规划》，提出打造金融场景应用深化实践区、保险供给侧结构性改革引领区、普惠金融精准优质服务试验区、金融数字化改革引领先导区等四大特色金融，建成辐射范围广、影响力大的产业金融创新中心和区域性金融中心规划目标。截至 2021 年末，全市社会融资规模增加 5522 亿元，实现金融业增加值 1063 亿元，分别同比增长 8.9% 和 7.3%，金融总量有效支撑全市经济稳健发展。

(二)本外币存款余额稳步增长,非银机构存款增加明显

截至 2021 年末,宁波市本外币存款余额 27229 亿元,同比增长 13.5%,增速高于全国 4.2 个百分点,比上年增加 3241 亿元,同比多增 110 亿元。从存款结构看,住户存款余额 9470 亿元,同比增长 10.0%,比上年增加 859 亿元,占各项存款增量的 26.5%,呈现平稳增长态势。全市非金融企业存款余额 10440 亿元,同比增长 13.9%,比上年增加 1285 亿元,占各项存款增量的 39.7%。其中,非银行业金融机构存款增长较快,存款余额 2452 亿元,同比增长 56.5%,比上年增加 885 亿元,同比多增 624 亿元。此外,全市财政性存款、机关团体存款余额分别为 1144 亿元、3579 亿元,分别同比增长 12.3%、2.6%,比上年分别增加 125 亿元、81 亿元。

(三)贷款规模结构优化提升,服务实体经济质效显著

截至 2021 年末,宁波市本外币各项贷款余额 29046 亿元(主要银行本外币贷款余额情况见表 1 和图 1),同比增长 14.1%,增速高于全国 2.8 个百分点,比上年增加 3594 亿元,同比多增 329 亿元。其中,住户贷款余额 11012 亿元,同比增长 18%,比上年增加 1680 亿元;企事业单位贷款余额 17843 亿元,同比增长 11.4%,比上年增加 1829 亿元。全市绿色贷款余额 2133 亿元,同比增长 44.1%,高出各项贷款增速 30.0 个百分点。从贷款投向看,制造业贷款增速创阶段性新高,贷款余额达 5113 亿元,同比增长 18.3%,增速同比提高 7.0 个百分点,创 2013 年以来新高,占各项贷款增量比重居各行业首位。其中,制造业中长期贷款余额 1554 亿元,同比增长 54.2%,连续 18 个月保持 50% 以上增速。乡村振兴金融服务稳步提升,全市涉农贷款余额 7469 亿元,同比增长 14.2%,比上年增加 926 亿元,同比多增 198 亿元。截至 2021 年末,全市外汇贷款余额为 83.5 亿美元(主要银行外汇贷款余额情况见表 2),同比增长 36.3%,较上年增加 22.2 亿美元,同比多增 20.2 亿美元。

表 1 2021 年宁波市主要银行本外币贷款情况

贷款余额			余额新增		
金融机构	余额/亿元	占比/%	排名	金融机构	新增/亿元	占比/%	排名
宁波银行	3410	11.7	1	宁波银行	693	19.3	1
工商银行	2965	10.2	2	建设银行	386	10.8	2
农业银行	2547	8.8	3	农业银行	327	9.1	3
建设银行	2387	8.2	4	工商银行	220	6.1	4
中国银行	1985	6.8	5	浦发银行	138	3.8	5
合计	29046	100	——	合计	3594	100	——

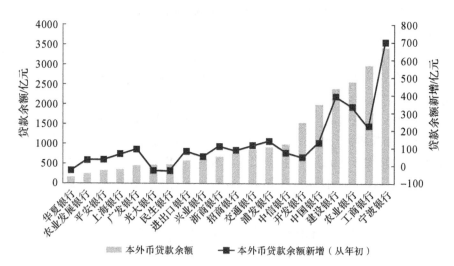

图 1 2021 年宁波市主要银行本外币贷款余额及新增

表 2 2021 年宁波市主要银行外汇贷款情况

金融机构	贷款余额			金融机构	余额新增		
	余额/亿美元	占比/%	排名		新增/亿美元	占比/%	排名
宁波银行	27.7	33.2	1	宁波银行	20.8	93.7	1
中国银行	10.0	12.0	2	建设银行	0.9	4.1	2
开发银行	7.5	9.0	3	浙商银行	0.7	3.3	3
工商银行	5.0	6.0	4	开发银行	0.7	3.2	4
农业银行	4.7	5.6	5	交通银行	0.4	2.0	5
合计	83.5	100	—	合计	22.2	100	—

（四）社会融资规模增长提速，企业融资渠道进一步拓宽

2021 年 10 月,宁波市出台了《关于深化实施"凤凰行动"宁波计划促进经济高质量发展的若干意见》,启动了新一轮"凤凰行动"宁波计划,以全产业引领、全周期参与、全链条保障的理念,加大企业上市和上市公司高质量发展的政策扶持力度,计划开展资本市场主体倍增、上市公司质量跃迁、中介机构聚变升华、数智赋能资本先行、金融生态品质提升五大工程。2021 年 2 月,宁波正式成立了"凤凰行动"投资基金,一期规模 20 亿元,将撬动更多社会资本参与。2021 年,宁波全市新发生直接融资达 2528 亿元,同比增长 9.0%,其中债券融资 2224 亿元,

股权融资 304 亿元,合计新增上市公司 14 家,其中球冠电缆成为全国首批北交所上市公司,境内外上市公司总数达 126 家,总市值约 1.9 万亿元。宁波 A 股上市公司总数较 2015 年实现翻番,数量排名跃居全国各城市第 7 位,跑出了令人瞩目的"宁波加速度"。宁波新增证券分支机构 6 家,截至 2021 年底,辖区共有证券经营机构 198 家,甬兴证券全年营收 4.4 亿元,顺利实现开门红。

(五)擦亮保险创新金名片,创新综试区建设成效斐然

争创国家保险服务"双循环"示范基地,全年新推保险创新项目 30 项,累计首创或深化国内领先项目超 200 项。保险资金引进量居全省首位,小微企业融资额(超 500 亿元)和助企降本减负额(超 30 亿元)居全省前列,擦亮了具有宁波辨识度的保险创新"金名片"。"浙里甬 e 保"作为服务共同富裕的民生普惠工程、"甬有"健康的公共服务应用,凭借数字化改革东风,以健康保险为小切口,满足民生保障大需求、大场景。截至 2021 年末,"浙里甬 e 保"已在全国范围内连接了 4410 家医疗机构和 50 余家保险总部,并实现杭州、广州、青岛等 10 余个城市复制推广,服务人民群众超过 1200 万人。2021 年 9 月 2 日,省委书记袁家军专题听取"浙里甬 e 保"建设情况汇报后充分肯定创新实践方向对、有意义。① 推出全球首款公共卫生事件保险,首创道路交通救助基金保险,易跨保、中东欧食品保等项目获评省市创新案例,全国首批专属商业养老保险在宁波试点。

(六)普惠金融改革推进顺利,企业综合融资成本整体下行

截至 2021 年末,宁波市普惠小微贷款余额 3674 亿元,同比增长 36.4%,高出全省平均增速 6.4 个百分点,稳居全省前二,比上年增加 981 亿元,同比多增 179 亿元。宁波开发建设了数字化的普惠金融信息服务平台,出台了"甬金通"数智金融场景应用改革实施方案,做到数据持续更新、功能迭代升级、对接有效约束,真正让数字赋能接地气、有实效,让老百姓充分享受到金融改革的红利和便利。2021 年 12 月,宁波市新发放企业贷款加权平均利率 4.6%,同比下降 0.06 个百分点。其中,小微企业贷款加权平均利率 4.92%,同比下降 0.09 个百分点,与大型企业利差缩小 0.1 个百分点,有效缓解了小微企业受原材料价格上升、新冠肺炎疫情反复等因素导致的经营压力。

(七)严守金融风险安全底线,市场预期稳定性逐渐增强

宁波金融系统风险总体收敛,信用风险相对较低,始终坚持市场化、法治化

---

① 《袁家军在宁波调研党建和数字化改革工作　充分肯定"甬 e 保"创新实践》,宁波市地方金融监督管理局官网,2021 年 9 月 3 日,http://jrb.ningbo.gov.cn/art/2021/9/3/art_1229024326_58895846.html。

处置风险,增强了宁波金融市场预期的稳定性。截至 2021 年末,全市不良贷款余额 283.1 亿元,比年初减少 122.8 亿元,不良率 0.98%,较年初下降 0.62 个百分点,为近 10 年最低水平。全年处置不良贷款 308 亿元,各项资产减值损失准备 904.2 亿元,比年初增加 40.2 亿元,同比增长 4.7%,风险抵御能力进一步夯实。实现全市非金融企业债券零违约。保险业保险费用率 19.8%,同比下降 5.6 个百分点,为全国最低,行业经营成本更合理。

二、当前宁波经济金融发展短板和问题

当前,我国经济发展面临需求收缩、供给冲击、预期转弱三重压力,站在新的历史起点上,宁波既承担着中央和省委赋予的重任,也面临着经济下行压力加大、技术创新和转化能力有待提高、发展碎片化等问题。面对日趋复杂的形势,宁波金融的地位和作用愈发凸显,但也面临着供需结构性矛盾较为突出、改革创新力度和深度不够,生态环境和风险防范能力仍有不足等问题。

(一)外部形势依然复杂,经济下行压力不容忽视

从国内外看,世界面临百年变局叠加全球性疫情,加速进入动荡变革期,旧秩序已破、新秩序将立,全球生产重构、大国力量重组、地缘格局重塑,热点地区冲突此起彼伏,各类矛盾、风险激化显化,我国正面临沉着应对各种挑战与困难的局面。从宁波来看,投资增长动力不足,消费需求放缓,全市基础设施投资增速较低,受房地产市场行情低迷、碳达峰碳中和能耗双控、政府隐性债务化解等因素影响,重大产业项目接续乏力,专项债项目储备不足,部分项目投资额度压减、进度放缓,各县(市、区)投资形势不容乐观,经济下行压力依然较大。

(二)实体经济面临困境,金融供需对接缺口加剧

奥密克戎病毒变体肆虐扩散,俄乌冲突影响剧烈,导致全球经济受冲击明显,全球各国普遍通胀高企,美联储已明确加息时间表,经济出现类滞胀的情况下,宁波外向型经济面临较大不确定性。原材料价格大幅上涨,国际物流成本持续高位,企业生产成本明显增加,企业经营面临困难,直接影响宁波生产制造业和外贸企业贷款需求。此外,虽然绿色发展、科创产业融资增长较快,但融资规模总量不大,难以弥补基建、房地产等行业贷款减少的缺口,加之小微企业经营困难,融资意愿减弱,致使金融服务保障面临挑战,全市稳信贷难度进一步加大。

(三)潜在风险依然存在,防范化解风险任务艰巨

国内外形势复杂多变导致企业经营风险加大,而且宁波部分企业技术创新

和转化能力有待提高,各种风险诱因持续积累,企业信用风险面临较大反弹压力。尤其是房地产领域,"灰犀牛"不容忽视,部分涉及"卡脖子"领域的制造业企业受设备进口管制、研发滞后、市场不明朗等因素影响,导致与其合作的部分金融机构贷款本息回收存在不确定性。此外,部分中小法人银行负债还有待优化调整,客户基础薄弱,抵御内外部风险能力不强,部分银行自身流动性承压能力不达标,保险业机构分化加剧,中小保险机构发展承压明显。

三、2022 年宁波金融发展展望

2022 年,是党的二十大和省市党代会召开之年,是"十四五"规划实施的关键之年。宁波金融系统以习近平新时代中国特色社会主义思想为指导,全面落实市委市政府的决策部署,胸怀"两个大局"、服务"国之大者"、勇担时代大任,保持"咬定青山不放松"的执着,保持"行百里者半九十"的清醒,坚决扛起锻造硬核力量、唱好"双城记"、建好示范区、当好模范生、共同富裕示范先行市的历史使命,提供优质高效的金融服务,支持实体经济稳健发展,为加快建设现代化滨海大都市发挥金融硬核力量。

(一)聚焦中心工作,体现大金融的大担当大作为

一是认真贯彻落实中央、省委经济工作会议精神,提高站位、主动作为,推动宁波金融发展从"立梁架柱"向"积厚成势"转变,构建大金融格局,助推高质量发展,为建设现代化滨海大都市和共同富裕先行市提供有力支撑。二是顺应时代发展的大逻辑、大趋势,站在重塑宁波竞争新优势的高度,跨领域、跨环节、跨层级、跨部门推动金融理念、金融服务、金融监管的系统性重构和根本性变革,实现"单兵突进"的小金融向"多跨协同"的大金融转变。三是发挥宁波大金融的大担当和大作为,围绕宁波金融服务"扩投资""强制造""活主体""增动能""促共富",做到中心工作推进到哪里,金融服务就聚焦到哪里、跟进到哪里,在服务发展全局中实现宁波金融的高质量发展。

(二)主动攻坚克难,强力保障宁波重大项目建设

一是畅通银企对接,制定银行业、保险业支持宁波重点领域重大项目建设的若干意见,引导金融机构紧跟宁波大项目、大工程、大平台建设,突出精准投放、快速直达,积极支持宁波新型城镇化、能源、交通、水利、乡村振兴、"双碳"专项等重大项目,千方百计保障重点领域资金需求。二是围绕宁波固定资产投资目标靠前参与,引导开发性、政策性和商业性金融机构加强融资产品及融资模式创

新,在重点领域、关键时刻发挥大金融担当作用,重点保障宁波轨道交通第三轮建设项目、宁波西枢纽、机场四期、宁波至象山和慈溪市域铁路等一批重大项目的资金需求。三是鼓励各县(市、区)政府与金融机构全方位合作,谋划城市更新项目,定制融资方案,多渠道引进资金,助力宁波提升城市品质和宜居环境。

(三)坚持守正创新,提升金融支持实体经济质效

一是按照大金融发展方针,扎实推进强服务、强产业、强改革、强监管、强治理等金融"五强"举措,全力推进重大项目保供、科技制造助推、金融助力共富、普惠金融滴灌、金融安全强基等金融领域十大攻坚工程,打造与宁波经济社会发展高度适配的现代金融产业体系。二是强化绿色发展、乡村振兴、制造业、普惠小微企业、民营企业等重点领域的信贷支持,重点支持宁波制造业单项冠军、专精特新"小巨人"、战略性新兴产业等制造业企业,提升产业链供应链金融服务水平。三是围绕宁波开展新一轮"腾笼换鸟、凤凰涅槃"攻坚计划,鼓励和引导金融机构将"腾笼换鸟"相关项目作为贷款投放重点,优先给予中长期贷款支持。四是引导金融机构开展绿色金融产品创新,发展碳排放权、排污权、特许经营收费权等抵质押绿色信贷业务,做好金融服务保障,优化产业结构和增长方式。

(四)统筹资源配置,推动宁波经济金融高质量发展

一是统筹政策、项目、资金等资源整合,强化精准服务,发挥试点示范优势,探索政府、银行、企业三方合作机制,指导监管机构和金融机构强化良性正向激励导向,形成"敢贷、愿贷、能贷"的长效机制。二是优化直接融资和间接融资结构,推进企业上市并购服务优化、区域资本市场创新发展、上市公司高质量发展,鼓励上市企业增发、配股、发债、并购重组,实现新一轮"凤凰行动"新突破。三是打造保险创新综合试验区 2.0 版,保险资金引进、保险项目创新和保险机构引进等取得突破,确保全年保费收入增速不低于全国、全省平均水平。四是推动绿色金融地方规范和标准建设,深化首贷户拓展、小微园区"伙伴银行"等专项行动,引导更多金融资源流向绿色低碳发展领域,稳步提升国家普惠金融改革试验区建设水平。

(五)强化风险防范,坚守不发生区域性金融风险底线

一是金融机构要坚守底线思维,加强风险内控,认真履行风险防控主体责任,完善地方法人公司治理结构,加快处置不良资产,监管部门要坚持科学监管,统筹金融发展与安全,针对不同风险程度的辖区金融机构精准施策。二是主动科学应对内外部环境不确定性造成的贷款逾期、债券兑付、保险理赔等突发性风险,各金融机构既要多措并举加大不良资产处置力度,更要提前预判、提高拨备、补充资本,进一步增强抵御风险能力。三是加强房地产、网贷、个贷等重点领域风险排查,对风险企业采取"一行一策"盯防,尤其要精准落实房地产信贷政策,维护住房消费者合法权益,稳定住房市场预期,严防房地产领域风险外溢。

四、2022 年金融业发展的对策建议

(一)坚守底线、系统施治,金融生态体系实现新优化

要以习近平总书记在中央财经委员会第十次会议上关于防范化解重大金融风险的重要讲话为指引,坚决贯彻中央和省委决策部署,把防范化解金融风险作为重大政治任务摆在突出位置,坚持底线思维,强化系统施治,巩固拓展金融安全稳定发展的良好态势。以不发生区域性风险为底线防范化解重点风险,健全财政金融联动体系,强化地方政府、财政和金融部门全方位协调,发挥财政资金牵引撬动和支持保障作用,推动"微担通"政策迭代优化,完善金融基础治理环境支撑,实现宁波金融生态体系新优化,为建设现代化滨海大都市提供坚实金融支撑。

(二)统筹资源、多跨协同,努力实现大金融发展目标

要以构筑大金融为目标,统筹境内外全方位资源实现"多跨协同",以深化金融供给侧结构性改革为重点,有效提升宁波金融服务实体经济和风险防范能力。以建设国内国际双循环枢纽城市为契机,推动宁波金融业与国内国际市场有效衔接,深度融入长三角,加大金融全面对接。不断发展壮大地方金融总部,引培区域性、功能性总部机构,并加快建设区域资本市场平台、区域保险要素平台、"甬金通"数智金融大脑等"三大"平台建设,助力宁波产业跃升、科创加速、消费升级、财富增值,推动宁波实现共同富裕示范先行宏伟蓝图。

(三)聚焦战略、攻坚克难,金融保障能力实现新提升

要充分认识制造业是宁波经济的重要支柱,也是实现共同富裕的关键领域。政府部门和金融系统要从不同层面出台更加具体有效的普惠金融政策举措,加大对制造业等实体领域的倾斜,围绕宁波打造全国制造业单项冠军第一城和先进制造业集群城市,推动先进制造业与现代金融深度融合。深入实施制造业中长期贷款专项提升行动,强化融资产品和模式创新,大力发展首贷、信用贷款和中期流贷,推广"银税互动""银商合作""信易贷"等产品,加大资金投放力度,保障"雄鹰计划"培育企业和"专精特新"中小微企业的综合金融需求。

(四)改革创新、争先进位,金融规模能级迈上新台阶

要全面多领域金融改革创新,坚定不移把金融产业作为战略性支柱产业来

打造,按照"金融主体要强、金融结构要优、金融配套要齐"的要求,培育引进金融机构,有效利用资本市场助力金融结构优化,完善宁波金融人才政策,提升专业服务配套,以高能级的宁波大金融助推高质量的发展。实施跨境贸易投资高水平对外开放试点,推动金融数字化改革、新型离岸国际贸易和财政支持普惠金融发展改革试点等工作,加快建设长三角区域辐射范围广、影响力大的产业金融创新中心和区域金融中心,努力实现宁波金融创新中心和区域金融中心,努力实现宁波金融业"争先、创优、进位",以优异成绩迎接党的二十大胜利召开。

作者单位:浙大宁波理工学院

2021年宁波房地产市场发展情况分析及2022年市场展望

冯 辉

一、2021年宁波房地产市场总体运行特征

2021年,受房地产调控和信贷政策收紧影响,宁波房地产市场呈现"先扬后抑"态势,总体保持稳定。

(一)房地产投资基本情况

1. 房地产开发投资排名全省靠前

2021年,宁波市房地产开发投资累计同比增速高开低走。根据市统计局数据,2021年全市完成房地产开发投资2075.6亿元,全省排名第2位(全省总投资12389亿元,第1名为杭州市);同比增长14.1%(全省8.5%,杭州1.5%),全省排名第5位。增速比1—11月回落1.8个百分点,两年平均增长10.4%。其中住宅开发投资1399.7亿元,同比增长16.3%,增速比1—11月回落1.8个百分点(见图1)。回顾2021年房地产开发投资累计增速走势可以看出,一季度,房地产开发投资累计增速逐步上涨,6月达到短暂的小高峰,三季度增速开始回落。总体来说,在监管不断加强、房企普遍面临较大资金压力的背景下,房地产开发投资力度整体下行。

2. 商品房新开工面积增速低位平稳

2021年,宁波市商品房新开工面积整体增速平稳,从二季度开始增速由正降为负后增速始终保持稳定。根据市统计局数据,商品房新开工面积2150.6万

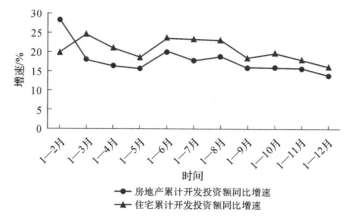

图 1   2021 年宁波市房地产开发投资累计同比增速
数据来源:宁波市统计局。

平方米,比去年同期下降 33.9%。其中,住宅新开工面积 1274.3 万平方米,比上年同期下降 36.0%(见图 2)。

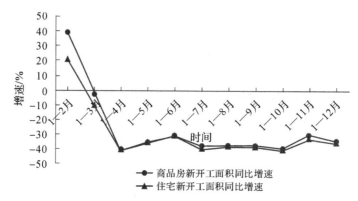

图 2   2021 年宁波市房地产新开工面积累计同比增速
数据来源:宁波市统计局。

(二)房地产交易量情况

1. 新建商品住房供应缩量明显

2021 年,全市商品住房项目新增供应 110560 套(见图 3),同比下降 22.5%。其中,市区新增供应 64486 套,同比减少 13.5%。受集中供地政策影响,宁波市商品住宅供应缩量明显。

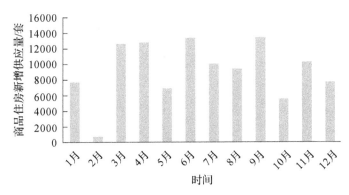

图 3　2021 年宁波市商品住宅预售供应情况
数据来源：宁波市房产交易信息服务网。

2. 新建商品房成交呈前高后低态势

总体来看，2021 年，宁波市商品房销量呈现前高后低的态势，上半年整体行情延续 2020 年底较好形势，甚至好于 2020 年上半年成交规模，同比增长 13.3%，但从三季度开始，成交规模有所回落，成交量持续低位运行（见图 4）。根据市统计局数据，2021 年全市商品房销售 1606.2 万平方米，同比下降 13.6%（全省为同比下降 2.5%）。其中，销售住房 1280.8 万平方米，同比下降 18.5%。

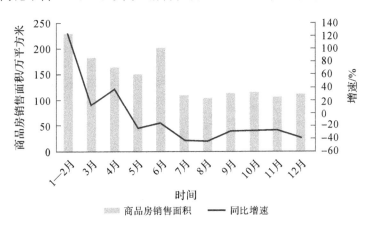

图 4　2021 年宁波市商品房销售情况
数据来源：宁波市统计局。

3. 二手住房市场热度由热转冷

2021 年，宁波市二手住房市场由热转冷，成交总体较为冷淡。全市二手住房成交套数为 69555 套，同比减少 32.3%，成交规模基本回落至 5 年前的水平

（见图 5）。总体上，2021 年全市二手住房成交规模减小较为明显。

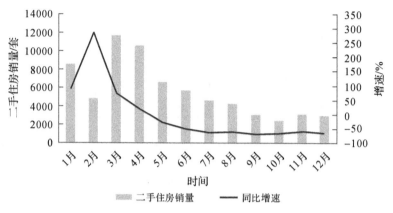

图 5　2021 年宁波市二手住房销售情况
数据来源：宁波市房产交易信息服务网。

4. 房价涨幅总体平稳

2021 年，宁波市住房市场经历了从上半年的分化升温到下半年的热度下降的运行过程。根据国家统计局城市司发布的 2021 年 70 个大中城市住宅销售价格变动情况，宁波市 12 月新建商品住宅价格同比指数为 3.2％，在 70 个大中城市中位列第 27 位；12 月二手住宅价格同比指数为 3.3％，在 70 个大中城市中位列第 15 位。从月度走势来看，从 2021 年初到 4 月，新建商品住宅和二手住宅价格指数同比涨幅呈扩大趋势，5 月后直至年底同比涨幅逐渐收窄（见图 6）。主要原因是上半年货币环境宽松，市场升温；下半年受信贷政策收紧和房地产调控影

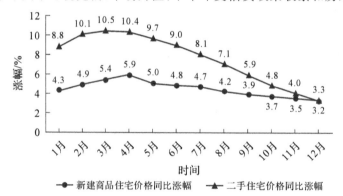

图 6　2021 年宁波市新建商品住宅价格与二手住宅价格月度同比涨幅
数据来源：宁波市统计局。

响,市场预期逐渐转为观望。整体来看,房价涨幅总体平稳。

5. 新建商品房销售金额房企排行

从2021年新建商品房销售金额房企排行来看,宁波市TOP10房企共实现销售金额1373亿元。房企梯队分割明显,TOP3门槛为209亿元,头部房企实力强劲。绿城以362亿元居第1,荣安和万科分别成交272亿元和209亿元,位居第2和第3(见表1)。

表1　2021年宁波市新建商品房销售金额房企排行

排名	房企	销售金额/亿元
1	绿城	362
2	荣安	272
3	万科	209
4	宁波轨道	166
5	宝龙	153
6	融创	146
7	雅戈尔	128
8	滨江	105
9	恒大	101
10	保利	95

数据来源:好地研究院。

(三)土地市场交易情况

1. 住宅用地成交规模缩减明显

2021年,全市土地市场整体缩减明显。据好地研究院统计,全市住宅用地出让115宗,出让面积499万平方米,同比减少38.5%;成交金额989.9亿元,同比减少36.8%;楼面均价10004元/平方米,同比上涨1.4%(见图7)。

2. 成交金额在22个城市中居中位水平

据好地研究院统计,2021年,全国22个试点城市经营性用地总出让金共计3.06万亿元,同比增加11.5%;其中,宁波市经营性土地出让金计1067亿元,同比减少38.9%,出让金额在22个试点城市中居第12位(见图8)。

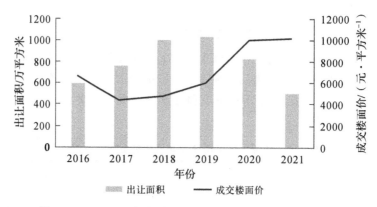

图 7　2016—2021 年宁波市土地出让面积、成交楼面价走势

数据来源:好地研究院。

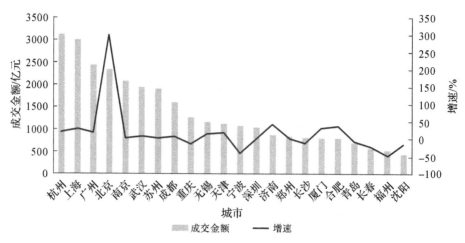

图 8　2021 年 22 个重点城市经营性用地成交金额及增速情况

数据来源:好地研究院。

3. 房企拿地集中度下降

2021 年,绿城、荣安拿地金额分别为 146.6 亿元和 70.6 亿元,占比分别为 14.9% 和 7.2%,为宁波市区拿地额前二。TOP10 房企实现宁波市区房企拿地权益金额 427.8 亿元。第二轮集中供地市场遇冷后,拿地房企集中度下降(见表 2)。

表 2　2019—2021 年宁波市区房企拿地权益金额排行

排名	2019 年			2020 年			2021 年		
	房企	金额/亿元	占比/%	房企	金额/亿元	占比/%	房企	金额/亿元	占比/%
1	绿城	108.6	11.1%	荣安	178.7	13.8%	绿城	146.6	14.9%
2	万科	64.9	6.6%	绿城	151.4	11.7%	荣安	70.6	7.2%
3	中海	53.6	5.5%	滨江	71.3	5.5%	宁波轨交	37.1	3.8%
前三合计		227.2	23.2%	前三合计	401.4	31.0%	前三合计	254.3	25.9%
4	雅戈尔	49.9	5.1%	万科	59.8	4.6%	宁南贸易物流开投	35.9	3.7%
5	荣安	43.5	4.4%	宝龙	55.5	4.3%	保利	30.3	3.1%
6	龙湖	37.2	3.8%	龙湖	42.8	3.3%	金隅	23.8	2.4%
7	中梁	32.0	3.3%	德信	41.0	3.2%	华鸿嘉信	22.8	2.3%
8	江山万里	31.9	3.3%	龙光	34.6	2.7%	华润	20.6	2.1%
9	保利	28.2	2.9%	世茂	33.8	2.6%	奥克斯	20.3	2.1%
10	温州时代	19.9	2.0%	建发	31.9	2.5%	世茂	19.8	2.0%
前十合计		469.7	48.0%	前十合计	700.8	54.2%	前十合计	427.8	43.6%

数据来源:好地研究院。

二、当前房地产市场热点问题分析

（一）市场成交保持低迷行情

房屋销量保持低位运行,主要原因有三:一是市场观望情绪较浓。受前期信贷收紧、二批次供地大面积流拍等影响,市场预期下降,虽然年底信贷政策略有松动,对市场成交影响还有待观察。二是一、二手房市场联动受阻。二手房成交持续保持低位,市场流动性较差,通过出售二手房获取购房资金和"房票"的周期明显拉长,已传导至商品房市场并影响销量。

（二）房地产供需错配导致市场风险上升

由于土地供应与住房成交之间存在时间差与需求差,若不能精细化匹配需求关系,就会导致供需错配的风险。当前人口和产业聚集较快、市场活跃度较高的地区,如庄市、姚江南、骆驼等,土地供应较少甚至出现断供,同时,奉化和杭州湾等库存量大、去化慢的地区用地供应量较大,导致库存快速积累、去化周期明显增长,随整体市场的下行面临较大的调整压力。

(三)市场主体预期下降

当前,房地产市场热度回落,市场主体预期下降。购房者方面,信贷环境收紧导致居民购房贷款放款时间延迟,需求释放节奏放缓,叠加房地产调控政策和全国性土拍市场降温,进一步降低购房意愿和预期。房企方面,企业预期偏弱导致房企拿地意愿降低。一是目前市场销售行情转冷,房企为规避未来经营风险,大幅度提高对拿地利润率的要求。二是在严查购地资金来源的背景下,多数房企购地资金受限。且钢材、混凝土等大宗主要建材价格上涨,在"限房价"的背景下,利润空间被进一步压缩,房企对市场预期普遍走低。

(四)融资规模收紧与融资成本增加导致房企面临资金流动和债务违约风险

当前,从资金紧张到销售困难进而流动性风险增加,导致各类风险苗头不断显现,不容忽视,部分全国性大型房企产生了短期资金链断裂的苗头。供给端,在"三线四档"融资管理规则下,房企资金承压,部分房企陷入经营困难,风险暴露;需求端,在限购限价、收紧房贷额度、房地产税试点政策下,部分城市居民购房观望情绪浓厚。总体来看,全市房地产市场活跃度回落,企业资金流动性趋紧,部分企业销售回款难度增大且融资成本增高,出现经营性风险。

(五)市区低价刚需盘较少

一方面,近年来,宁波市外来人口流入量较大,新市民群体是未来新增住房需求的一大主力,但与本地居民家庭相比,该群体的住房支付能力较低。另一方面,宁波市区低价项目供应有限,在很大程度上制约了住房潜在需求向有效需求转化的能力。根据各片区网签成交情况分析,当前 90 平方米以下的中小面积段套型基本集中在鄞州姜山、云龙横溪;海曙高桥东和鄞江洞桥片区;江北慈城片区;北仑小港、大榭片区;奉化西坞、奉化东、方桥片区。

三、2022 年宁波市房地产市场展望

展望 2022 年,我国经济增速回落,货币政策稳中有松。在继续坚持"房住不炒"的背景下,房地产调控政策将出现局部放松,预计市场总体呈现继续探底的态势,市场信心修复还需时间。总体上,受集中供地节奏影响,预计 2022 年宁波

市商品房市场供应规模不足,全年房地产开发投资额、商品房销量等将受到一定影响。

(一)宏观环境层面

2021 年,在全球政治经济环境不确定的背景下,中央提出要构建以国内大循环为主体、国内国际双循环相互促进的新发展格局,充分挖掘国内需求潜力,宏观杠杆率稳中有降,为未来金融体系继续加大对实体经济的支持创造了空间;同时,我国疫情防控形势良好,经济整体呈现复苏态势,经济增长显示出巨大韧性。从货币政策来看,预计 2022 年稳字当头、稳中有进,防范风险,保持流动性合理充裕。稳健的货币政策要灵活适度,加大跨周期调节力度,增强信贷总量增长的稳定性,保持货币供应量和社会融资规模增速同名义经济增速基本匹配。预计随着经济进一步恢复发展,内生增长动力不断增强,2022 年我国宏观杠杆率将继续保持基本稳定。从房地产政策来看,预计 2022 年调控政策稳步向好。保障性租赁住房供给受支持,房地产供给端的约束将有所减少。从土地供应方面看,地方政府供地将对房企更加友好,土拍规则将进一步优化调整,确保房企拿地积极性。从项目供应方面看,部分地区会调低预售门槛,以加速房企销售和回笼资金。二是购房政策有望放松。基于中央政治局对合理住房需求的支持,预计 2022 年各城市的购房政策有望放松,主要体现在三个方面:首先是行政性管控政策方面。在坚持"房住不炒"总基调下,部分城市或将通过适度放松人才落户政策、降低社保缴纳条件等方式,更好地支持合理住房消费需求。其次是房贷政策方面。预计 2022 年房贷政策将延续宽松的态势,在信贷额度、放贷节奏等方面有所放宽,推动购房需求的释放。最后是刺激消费政策方面。各地政府通过购房契税补贴、首套房认定标准、三孩家庭购房补贴等方式,在需求端给予更大的政策支持。

(二)供求关系层面

第一,在供应层面,土地和商品房供应两端承压。集中供地政策影响土地出让和商品房预售节奏,预计 2022 年三季度前商品住房预售供应量会下降。土地供应方面,预计 2022 年,宁波市本级住宅用地供应仍采取"两集中"政策。同时,在商品房市场购房预期回升、房企资金监管有所宽松的情况下,预计 2022 年一季度房企的拿地意愿将相对较高。

第二,在需求层面,市场信心有逐步恢复的趋势,但销售承压较大。预计 2022 年,宁波市商品房销售规模将有所下降,主要原因有三点:一是土地供应规模减小,影响商品房供应量;二是短期购房信心仍处在恢复期,整体市场信心仍然不足,完全恢复需要一段时间。

第三，在价格层面，房价总体保持稳定。坚持"房住不炒"，完善房地产市场长效机制依然是未来房地产发展的政策导向，预计在国家"稳"字当头总基调以及宁波市一系列政策措施综合作用下，2022 年宁波市房地产市场总体需求与价格将保持基本稳定。受整体宏观环境和市场活跃度回落的影响，一些销售难度大的楼盘会加大优惠促销力度，抓好销售回款。

四、2022 年宁波房地产发展对策建议

（一）优化调控政策体系，建立房地产市场调控长效机制

保持房地产调控政策的连续性和稳定性，坚持"房住不炒"主基调，因城施策保障市场平稳运行，优化政策目标，完善政策机制。一是优化资金监管并微调金融政策。保持合理的抵押贷款规模和增速，保持合理的开发贷款规模和增速，保持合理的债券融资规模和增速，优化资金监管政策。二是优化土地集中供应政策。增加供地次数，加大土地供应力度。合理安排土地供应节奏和时序，提升精准供地水平，以供需关系为导向，合理把握各县（市、区）土地出让时序和节奏，加大去化率较高和项目不足区域的住宅用地供应量，适当控制去化周期长、商品房明显过剩区域的土地供应量。三是加强商品房项目风险防范。排摸面上房地产项目逾期交付风险、企业资金链风险，定期报送情报警情，滚动摸排出险项目，分类处置和化解房企风险。

（二）完善住房市场和保障体系，加快实施新市民和困难群体安居工程

加快构建高端有市场、低端有保障的住房制度，重点解决新市民、困难群体住房难题。一是进一步完善城镇住房保障体系，因地制宜加大公共租赁住房发展力度，以政府为主提供基本保障，坚持既尽力而为又量力而行，推出共有产权住房，支持新市民购房需求。二是商品房市场支持居民自住及改善性住房消费，强化城市政府主体责任，更好地落实稳地价、稳房价、稳预期的长期调控目标。三是积极发展住房租赁市场，多渠道满足住房困难群众，尤其是产业集聚区工人的基本住房需求。实现供应主体多元、经营服务规范、租赁关系稳定的住房租赁市场体系，基本形成专业化、集约化、规模化的住房租赁发展体系，实现宁波市住房租赁市场健康稳定发展。"十四五"期间着力提升保障房覆盖率，重点解决新市民和困难群体住房问题。

（三）稳定房地产信贷环境，提高市场流动性

建议加强对房地产信贷的动态监测和逆周期调节，为房地产市场提供稳定

的信贷环境。引导金融机构按市场化法治化原则加快开发贷款投放,有效满足市场融资需求。督导商业银行及时有序发放按揭贷款,合理确定按揭贷款利率水平,保证合理充足的流动性,稳定市场预期。

(四)政策赋能智慧社区建设,全面提升居民幸福感获得感

大力推进房地产开发、物业、经纪、估价等企业的规模化、品牌化,构建房地产业和相关产业协调发展的产业体系,以低碳智能为方向,建设一批重点示范项目。提升物业服务质量和水平,规范物业服务标准,实现物业管理和服务的不断升级和创新发展,积极打造省级、市级物业管理示范项目。宁波在智慧社区建设方面属于先行市,已经探索出不少成功经验和有效模式。2021 年 6 月,宁波市首个未来社区——北仑通山未来社区项目正式开工。从"投建管服"一体化全流程服务模式、打造集"智慧＋理想生活"的品质社区、提供完善的配套综合服务、赋予未来社区九大场景"生命动能"出发,将绿色健康住宅理念、智慧社区建设融入房地产项目设计,为建设全域美丽宜居的现代化滨海大都市提供有力支撑。

作者单位:宁波市住建和城市建设局

2021 年宁波数字经济发展情况分析
及 2022 年展望

刘际陆

进入 21 世纪以来,以大数据、人工智能、物联网、云计算等为代表的数字经济风起云涌,美国、德国、英国、韩国、日本等发达国家纷纷把发展数字经济上升至重塑先进生产力和生产关系的国家战略高度加以重视和推动。当前,我国经济正处在转变发展方式、优化经济结构、转换增长动力的攻关期,推动互联网、大数据、人工智能与实体经济深度融合是深化供给侧结构性改革、实现经济高质量发展的着力点。党的十九大以来,习近平总书记就加快发展数字经济发表了一系列重要讲话,对"实施国家大数据战略,构建以数据为关键要素的数字经济,加快建设数字中国"等工作作出重大战略部署。在此背景下,上海、北京、深圳、杭州、广州等城市积极谋划布局发展数字经济,试图抢占未来发展先机。宁波也必须牢牢把握数字引领变革的新征程新机遇,乘势而上、顺势而为、前瞻部署,深入实施数字经济"一号工程",抢占数字经济发展的制高点,打造宁波市数字经济新优势,实现高质量发展。

一、数字经济内涵与规模

近年来,数字经济在全球经济发展中的地位不断提升,数字经济发展受到各界高度关注。国家"十四五"规划纲要将"加快数字化发展 建设数字中国"单独成篇,并首次提出"数字经济核心产业增加值占国内生产总值(GDP)比重"这一新经济指标。目前国际上对数字经济定义、范围尚未达成共识,核算方法尚未有统一的标准。2021 年 6 月 3 日,国家统计局公布《数字经济及其核心产业统计分类（2021）》（以下简称《数字经济分类》），为我国数字经济内涵界定与规模测算提供了统一可比的统计标准、口径和范围。

根据《数字经济分类》界定的数字经济产业范围，数字经济是指以数据资源为关键生产要素、以现代信息网络为重要载体、以信息通信技术的有效使用为效率提升和经济结构优化的重要推动力的一系列经济活动。《数字经济分类》从"数字产业化"和"产业数字化"两方面确定数字经济的基本范围：01 数字产品制造业、02 数字产品服务业、03 数字技术应用业、04 数字要素驱动业、05 数字化效率提升业等五个大类。

（一）数字产业化

"数字产业化"部分，即数字经济核心产业部分，是指为产业数字化发展提供数字技术、产品、服务、基础设施和解决方案，以及完全依赖于数字技术、数据要素的各类经济活动，包括《数字经济分类》中的数字产品制造业、数字产品服务业、数字技术应用业、数字要素驱动业四个产业大类。其中：数字产品制造业，是指提供数字经济发展所需元件、设备、机器人等硬件设备和光纤电缆等通信基础设施；数字产品服务业，是指为数字产品提供流通及维修维护服务；数字技术应用业，是指提供数字经济发展所需的软件产品、信息通信技术服务和信息传输服务；数字要素驱动业，是指为产业数字化发展提供基础设施和解决方案，如信息基础设施建设，还包括已经高度数字化的传统产业，如互联网批发零售、互联网金融、数字内容与媒体等。数字经济核心产业对应于《国民经济行业分类》（GB/T 4754—2017）中的 26 个大类 68 个中类 126 个小类。[①]

从全年统计数据来看，2021 年宁波市数字经济核心产业增加值首次突破千亿元，达到 1001.1 亿元，按可比价同比增长 17.5%，高于全省平均增速 4.2 个百分点。从总量来看，2021 年增加值比 2020 年净增 254 亿元，总量增长 34%，居全省首位。从 GDP 占比来看，数字经济核心产业增加值占 GDP 比重达到 6.9%，比上年同期高出 0.9 个百分点，高出全省平均增幅 0.4 个百分点（全省占比由 10.9% 提升至 11.4%，提高 0.5 个百分点），提升幅度居全省第 2 位，呈现出良好发展势头。龙头企业梯队已经形成。全市规上数字经济企业 1137 家，工业总产值超百亿元企业 4 家，超 50 亿元企业 5 家，超 10 亿元以上企业 44 家，全市拥有电子信息制造业上市企业 12 家，舜宇集团、均胜电子、东方日升入选全国电子信息百强；舜宇集团、东方日升、群辉光电等 12 家企业入选全省电子信息制造业百家重点企业名单。

[①]　详细分类见国家统计局 2021 年《数字经济及其核心产业统计分类（2021）》。

(二)产业数字化

"产业数字化"部分,主要指数字化效率提升业,是指应用数字技术和数据资源为传统产业带来产出增加和效率提升,是数字技术与实体经济的融合。数字化效率提升业涵盖智慧农业、智能制造、智能交通、智慧物流、数字金融、数字商贸、数字社会、数字政府等数字化应用场景,对应《国民经济行业分类》(GB/T 4754—2017)中的 91 个大类 431 个中类 1256 个小类,体现数字技术已经并将进一步与国民经济各行业进行深度渗透和广泛融合。

据中国信息通信研究院发布的《中国数字经济发展与就业白皮书(2021年)》,2020 年,我国数字产业化规模达到 7.5 万亿元,占数字经济比重的 19.1%,产业数字化规模达 31.7 万亿元,占数字经济比重达 80.9%,数字经济内部结构呈"二八"比例分布。因此,根据全国数字产业化和产业数字化比例经验估计,2021 年宁波产业数字化规模约为 4231 亿元。

二、宁波数字经济发展成效与面临的挑战

(一)数字基础设施发展成效与面临挑战

1. 发展成效

(1)网络基础设施建设领跑全国

重点推进宽带网络、5G 网络、物联网等网络基础设施建设。政务外网不断完善,骨干网带宽达 30G,实现市、县(市、区)、乡镇(街道)三级全覆盖。城乡家庭宽带接入能力分别达 1000Mbps、500Mbps。互联网国际专用通道扩容,已建成国际出口通道 11 条,互联网城域出口宽带达 9000Gbps。5G 网络建设提质加速,截至 2021 年 11 月底,三大运营商在宁波建设基站超 1.6 万个。工信部、中国信通院发布的报告显示,2021 年宁波城市 4G/5G 网络质量居全国第 1 名,基本实现市区、县城、重点乡镇 5G 信号连续覆盖,入选中国移动全国十大 5G 网络优秀城市。

(2)高新技术领域基础设施发展迅速

数据资源体系逐步完善,大力推进以"新体系、新智造、新产业、新治理"为重点的数字经济系统建设,焕发强劲发展动力,为推动全市高质量发展蓄力赋能。2021 年,宁波市五大行业产业大脑成功揭榜,数量居全省首位。逐步形成具有宁波特色的"三横五纵"新一代人工智能产业体系,相继引进共建了中科院计算所、宁波人工智能产业研究院、上海交大宁波人工智能研究院等一批高能级人工

智能创新平台。宁波成为全国首批区块链服务网络(BSN)节点城市,上线了首个全国性公证联盟运营链,成立区块链产业园,设立区块链实验室,招引了趣链、复杂美、众享比特等一批全国前 20 强区块链企业。

(3)以算力基础为支撑的"产业大脑"建设成果显著

已基本形成了"城市大脑＋数据中心＋行业云"的城市算力基础设施支撑体系。城市大脑已上线运营,市政务云计算中心运行的设备有 408 台,入驻政务云的单位有 153 个,入驻系统 389 个。数据中心平台加快建设,中国移动浙江(浙东)信息通信产业园、中国移动凌云数据中心等相继落户建成,国家北斗导航位置服务浙江(宁波)数据中心、吉利数据中心等特色产业数据中心建设加快推进,航运大数据中心等公共大数据平台建设初见成效。行业云平台建设成效明显,以中小企业云、物联网家电云、纺织服装云、先进制造云数据协同平台、生意帮协同制造云等为代表的企业云平台取得了积极成果。2021 年,化工产业大脑已实现省、市、县、企业四级贯通,全省已有 22 个化工园区 653 家企业 2000 余个工业APP、10000 余台(套)设备接入产业大脑。

(4)基础设施"共建共享"初见成效

制造、交通运输、港航物流、能源、教育、医疗等领域的数字基础设施逐步完善,已形成了功能完备、覆盖广泛的智能融合基础设施体系。工业互联网标识解析二级节点正式上线应用,标识解析注册量达 700 万个。中心城区已实现100％信号调控联网,将交通设备设施运维管理、信号控制调配优化、交通仿真等业务进行统一的横向整合和深度整合,实现了交通的精细化管理。构建了适应"千万级"集装箱码头智慧化运行的生产作业系统,宁波舟山港成为全国首个实现"5G＋远控龙门吊"规模化投用的港口。

2. 面临的挑战

宁波数字基础设施发展已有较好基础,5G、工业互联网、城市大脑等建设走在全国前列,对经济社会发展的支撑作用成效明显,但仍面临一些问题和挑战。

(1)规划布局相对滞后,配套政策响应较慢

社会各界对数字基础设施认识有待强化,重大科技创新基础设施、超算中心等算力基础设施亟须加快谋划和启动建设,人工智能、区块链、量子科技等新技术基础设施布局才进入起步阶段,相关配套政策初步订立,各单位对政策的解读和落地实施尚需一定的缓冲期,发展较慢。

(2)公共资源配给不足,基础设施落地存在困难

数字基础设施的建设土地供给、用能保障、公共资源开放共享等方面存在明显制约。5G 建设运维成本偏高、5G 基站站址落地难、数据中心用能审批难等困难依然突出。同时,在人才培养、科研体系、市场竞争、金融环境以及创新文化氛

围等方面条件较为薄弱。

（3）数据共享程度不足，支撑产业相对薄弱

宁波数据共享平台正处于建设期，潜在生产力还未真正体现。同时，在人工智能、区块链、量子科技、数字孪生等领域的新技术储备不足，宁波数字经济核心产业等数字基建支撑产业规模偏小，尤其是核心芯片、元器件、基础软件对外依存度高，自主供给能力仍相对较弱。

（二）数字经济核心产业发展成效与面临挑战

2021 年，宁波陆续出台《宁波市数字经济发展"十四五"规划》《宁波市电子信息制造业产业集群"十四五"发展规划》《宁波市加快集成电路产业发展的若干政策》《宁波市软件和信息服务业"十四五"发展规划》《宁波市 5G 产业发展规划（2021—2025 年）》《宁波工业互联网科创高地建设行动方案（2021—2025）》等文件，加快突进宁波数字经济及核心产业发展，力争到 2025 年实现数字经济增加值规模占 GDP 比重 50% 以上。

1. 发展成效

（1）集成电路

集成电路产业链是宁波市正在打造的十大标志性产业链之一，致力于打造国家级特色工艺集成电路产业基地和专用材料产业基地。推进和完善集成电路"一链四区"产业布局，突出鄞州区、北仑区、前湾新区和镇海区特色，重点提升集成电路设计服务、装备研发、特色工艺制造及配套产业竞争力，已基本形成集成电路设计、芯片制造、封测，以及专用材料、设备、后端应用等较为完整的特色工艺集成电路产业链。2021 年，全市集成电路及相关产业（不含集成电路设计）完成工业总产值 419.9 亿元，同比增长 32.1%。全市已有 60 多家重点集成电路企业，在北仑区、鄞州区、前湾新区形成了明显的集聚效应。骨干企业中，康强电子、埃斯科光电、光孚电子荣获中国半导体封测材料最具发展潜力奖，南大光电自主研发的 ArF 光刻胶是国内首款通过产品验证的 ArF 光刻胶产品。

（2）光学电子

稳步推进构建以保税区光学显示、余姚光学成像、江北光学薄膜、鄞州光电芯片、甬江科创大走廊光电材料与器件为主体的"四区一带"产业布局，集中提升光学成像模组、光学传感器、光通信芯片、光学薄膜等领域的研发设计、生产制造和产业配套能力，构建以光学显示、光学成像、光通信为主攻方向，打造具有国际竞争力的光学电子产业基地。2021 年，光学电子规上企业实现工业总产值 697 亿元。舜宇光电作为大陆最大的光学模组公司，于 2020 年进入苹果供应链，打破苹果光学模组供应链由台湾地区大立光一家独占的局面。手机光学镜头、手

机摄像模组产量居全国首位、世界第2位，车载镜头居全球第1位，光学显微镜生产规模居国内前3位。光电膜产业，已形成了百亿元级规模的产业集群，建成了江北区膜幻动力小镇。激智科技的液晶显示背光模组用光学扩散膜产品关键性技术指标达到国际先进水平，打破了国际企业垄断，光学扩散膜出货量全球第1；长阳科技的液晶显示光学反射膜，完成了反射膜领域的进口替代，目前市场占有率位居全球第1。

（3）汽车电子

强化汽车电子"一园引领"，依托前湾智能汽车产业园，聚焦 MCU、ECU、SiC 模块以及汽车控制系统等关键领域，围绕吉利、大众等整车企业，引进一批动力系统、电子系统、转向系统等关键零部件及具有一定技术含量的汽配项目，促进汽车电子相关企业集聚，打造大中小协同发展的汽车电子产业体系和以智能化为特色的新能源汽车电子产业基地。2021年，全市汽车电子产业已形成百亿元级产业规模，在国家高新区、杭州湾新区集聚了一批龙头企业。

（4）软件与信息服务业

工业软件是宁波市重点发展的特色软件领域，面向智能制造关键环节，开发了涵盖研发设计、过程控制、运营管理等领域的工业软件产品以及应用于汽车、智能终端、仪器仪表等行业的嵌入式系统软件，涌现出均胜电子、文谷科技、舜宇智能科技等一批知名企业。新业态新模式持续涌现，人工智能、区块链、工业互联网等新兴产业发展加快，初步形成具有宁波特色的"1＋N"工业互联网平台体系。2020年，宁波软件业务收入1025亿元，同比增长25.2％，比2016年翻一番；其中，规模以上工业相关领域软件企业（含嵌入式软件企业）的软件业务总收入达436.1亿元，实现利润总额94.6亿元。软件从业人员（包括嵌入式系统软件企业相关从业人员）达到14.5万人，其中本科以上软件从业人员67490人。软件业务收入超亿元企业105家，其中上市企业34家，涉及节能环保、控制系统、智慧教育、医疗软件、电子商务、大数据等多个领域。

空间集聚趋势逐渐明显，已有省级以上软件园区/基地15个，其中，高新区软件园入选中国服务外包园区十强、国家火炬计划软件产业基地；宁波电商城海曙园区入选国家级电子商务示范基地；和丰创意广场、鄞州大学生（青年）创业基地入选工信部第一批国家小微企业创业创新示范基地。共有鄞州区、慈溪市、余姚市、镇海区等4个地区被评为省级信息经济特色集聚区，海曙区被评为省软件和信息服务业特色基地，高新区、鄞州区被评为省软件和信息服务业示范基地。

（5）工业互联网

通过全面实施科创策源提升工程、创新空间优化工程、科创赋能融合工程、科创生态保障工程等四大工程，加大推进创新链产业链深度融合创新，实现各要素综合集成、各环节紧密协同的一流创新生态链,努力争创全国一流的工业互联网科创高地。截至 2021 年底,宁波共有高端装备规上企业 3132 家,全市工业互联网关联产业增加值突破 530 亿元,同比增速 16.47%。

(6)5G

在 5G 关键材料、关键器件等产业链核心领域,初步打造了 5G 关键材料—5G 关键器件—5G 应用软件—5G 智能终端产业链。自主开发的滤波器平台实现量产,光纤连接器和适配器占全球产能的近 50%。在 5G 应用软件领域,研发了 5G 消息平台、基于 5G 通信的智能远程控车系统、供水管网在线预警系统等应用软件;在 5G 智能终端领域,开发了 5G 车载终端设备、5G 智能安防机器人等 5G 智能产品。在"5G+工业互联网""5G+智能港航"等重点领域,探索了一批典型应用场景,4 家企业列入 2020 年国家工业互联网试点示范项目,数量居全省第 1,在全国率先打造"5G+工业互联网"宁波模式。其中,爱柯迪汽车零配件数字化工厂、雅戈尔 5G 智能工厂入选"5G+工业互联网"内网改造集成创新应用类项目,捷创技术的"5G+MOM"平台入选平台集成创新应用类项目。

2. 面临的挑战

数字经济核心产业是整个数字经济体系的核心基础,决定了数字经济的发展方向和发展质量。当前宁波市数字经济已取得较大发展,但数字经济核心产业发展仍面临一些挑战。

(1)企业规模和竞争力有待提升,缺乏龙头企业

宁波市拥有电子信息制造业规上企业千余家,但规模偏小、影响力不足等问题存在普遍性,在行业龙头企业数量和竞争力方面,仍有较大的提升空间。软件业务收入虽已突破千亿元大关,但仅占全国总量的 1.26%,在工信部公布的 15 个副省级城市中仅列第 13 位;全国百强仅均胜电子 1 家上榜。缺乏龙头和领军企业,产业带动作用有限。

(2)关键核心技术薄弱,人才储备不足

宁波市在数字经济领域主要是"跟随者",在人才储备、基础研究、产业链等方面面临较大挑战,很大程度上制约了技术创新能力,更多的是利用现有人工智能技术对传统行业产品进行改良。当前,电子信息制造业自主创新能力虽有了明显提升,但关键核心技术依然薄弱,关键零部件、元器件大量依赖进口,整体控制能力较弱。软件企业从事行业应用软件开发较多,对战略性、前瞻性核心技术布局不足,缺乏拥有自主知识产权的核心技术和关键产品。数字经济领域的科研院所较少,不能满足产业快速发展和规模化应用的需求。

(3)产业集聚效应与政策支撑不强

宁波电子信息制造业细分领域众多,覆盖范围很广,但产业过于分散,特色

不鲜明。"5G＋工业互联网"领域的应用案例较为集中,但其他领域的应用场景还需进一步挖掘。同时,各领域之间、各领域内部配套能力较差,对其他产业渗透力、带动性不强。技术、人才、资本等支撑软件和信息服务业发展的高端要素供需矛盾突出,对汇聚高端要素的支撑载体和创新型政策有待优化。

(三)产业数字化部分发展成效与面临挑战

1. 发展成效

(1)产业数字化

第一,数字赋能新农业。加快推进数字技术、农机装备与农业全产业链的深度融合,建设一批数字农业示范园区、数字农业工厂(牧场、渔场)。实施电子商务进农村综合示范工程、"互联网＋"农产品出村进城工程等,建设一批电商专业镇(村),构建完善农产品产供销一体化系统。建设"网上农博"平台,实施特色农产品网上销售计划,加强电子商务宣传培训和指导,推动人工智能、大数据赋能农村实体店,强化农产品线上线下渠道融合发展。

第二,工业数字化应用广泛。推进智能制造关键技术装备、核心支撑软件、工业互联网等系统集成应用,通过"平台＋Apps""上云上平台"等模式实施数字化升级,提高企业的智能制造水平。重点围绕光学电子、汽车电子、LED照明等领域,面向电子产品封装、调理、测试等生产过程的智能化管控迫切需求,开发集成封装、调理和测试功能的智能生产线,开展集成创新,培育一批未来工厂/数字化车间。重点面向智能硬件、家电家居、智能汽车、VR/AR等终端信息产品,以市场典型需求为导向,搭建协同制造平台、行业云平台、产业大数据平台等,建设产业大脑,梳理形成一批关键应用场景。

第三,服务业数字化形式多样。随着大数据、互联网、云计算、人工智能、区块链等数字技术的应用,服务业新业态不断涌现。金融科技创新发展迅速,银行业金融机构在管理、运营和服务中不断应用数字技术提升服务的智能化水平和监管的信息化水平。"甬e保"通过大数据、区块链等技术重塑保险流程,被保险人只需线上授权,就可以将卫生医疗数据共享到商业保险机构,实现就医与理赔同步进行。通过大数据、区块链、人工智能等技术梳理海关"单一窗口"数据信息,整合形成"智慧交易链",让"结算＋融资"服务直达3000家进出口企业。以数字技术改造传统商贸业,推进宁波数字化生鲜交易平台建设,鼓励综合体、商场超市等进行"人、货、场"云化改造,推进江北区老外滩等一批智慧商圈建设。数字会展领域,从场馆管理、展会组织、现场评估标准、政策补助等方面推进会展数字化进程,打造数字会展城市。

（2）公共服务数字化

数字技术在公共服务领域的深度融合和应用全面推进,服务业技术创新、业态创新、模式创新、改革创新进一步强化。宁波地铁打造了国内领先的"5G 智慧地铁"样板;宁波舟山港实现首个 5G 网络切片港口应用;"渔小二"系统已经完成了渔船登记、船网工具指标申请、年审、交易等 17 个事项的整合,涉及渔船全生命周期。同时打通了中国渔政管理指挥系统、浙江政务服务网、渔船检验系统等 7 大系统,实现渔船审批"一件事"办理。国网宁波落地全国首个 5G 智能配电房;宁波广播电视集团推进"5G＋4K＋AI"全媒体智能实验室项目。搭建宁波市公安局精密智控平台,建设宁波城市精细化综合管理协同应用系统,健全智慧城管平台体系。推广"甬上云淘""甬上云校"等创新应用,促进网络教学与课堂教学深度融合,推动线上课程共享和跨校学分互认。

2. 面临的挑战

（1）产业数字化水平有待进一步提高

虽然宁波在产业数字化方面已经取得一定的成绩,但仍然面临一些挑战:一是农业数字化融合深度和广度有待拓展;二是工业数字化进程不均衡,集中体现为大企业数字化进程快、小企业数字化进程慢、劳动密集型和传统行业数字化能力较弱、对数字化变革认知不足;三是服务业数字化还有较大提升空间,探索推动金融、批发和零售业、住宿和餐饮业、会展业等服务业通过数字化实现活力注入和价值提升将是一个长期任务。

（2）公共服务数字化有待持续深化

一是医疗服务数字化内容有待完善,在个人数据保护、AI 与医疗服务融合、智慧医疗专业人才培养和康复后健康管理信息化建设方面还需进一步加强。二是教育服务智能化水平有待提升,"智能＋"教育是智慧化教育的最终阶段,目前宁波教育服务智能化正处于智慧校园建设试点阶段,与实现智慧校园全覆盖的目标还有一定差距。三是宁波智慧化轨道交通体系有待完善,宁波是长三角南翼地区轨道交通枢纽,发展智慧化地铁和城际轨道交通,有助于推动杭州大湾区互联互通。目前宁波智慧轨道交通建设还处在发展阶段,未来地铁、市郊铁路、城际铁路、高速铁路的智慧化和人性化管理和运营还有很大提升空间。

三、宁波数字经济发展形势分析与展望

（一）数字经济将成为宁波经济发展的新动能

近年来,宁波城市经济转型升级调整,传统增长逐渐式微,加之受外部不确

定因素冲击,宁波经济增长动力面临多重挑战,急切需要大力发展新兴产业,打造新的强大增长点,同时也带动传统产业升级和高质量发展。作为新兴产业的关键领域,数字经济及关联产业将加速发展,内在需求也将显著提升,数字经济极可能成为宁波新的主要经济增长点。到 2025 年,宁波市数字经济规模占GDP 比重将达到 50％以上。

(二)数字经济重大平台将成为集聚创新要素的新引擎

《宁波市数字经济发展"十四五"规划》等相关政策的集聚效应将持续释放,互联网与云计算、大数据、人工智能、新一代信息技术、区块链等数字经济和数字技术将成为加快发展的重点。进一步推进鄞州区、北仑区两个省级集成电路产业基地建设,推动鄞州"微电子创新产业园"、"芯港小镇"等重点区域的数字经济产业布局,在全市范围内基本形成数字经济的重大平台基本布局,未来这些重大平台对数字人才、科技、金融的集聚功能和辐射带动能力将显著增强,有望形成一批自主创新数字技术成果,并且数字技术的溢出效应会加快显现,逐步带动传统产业的数字化转型。

(三)关键技术突破和商业应用创新将协同推进

数字变革涉及底层技术、组织平台、操作系统、网络通道、智能终端和商业应用等多个彼此间具有密切关联、配套性、互动性环节。推动互联网高新技术与商贸、时尚、传媒、商业、文化、服务等行业相结合,在互联网应用、软件应用、社交网络、文化娱乐、电子商务等商业应用创新领域已经积累一定优势,但在数字关键技术创新和组织平台建设方面离先进水平还有一定差距。随着相关政策支持力度加大,依托人才教育和国际合作网络优势,宁波数字经济领域的产学研体系建设将不断提高,行业基础和共性关键技术研发、成果产业化、人才培训等工作将取得显著成效,带动数字技术加速创新,新的数字技术将不断出现,推动宁波数字商业应用创新和数字关键技术创新协同发展,促进数字经济更加均衡发展。

(四)城市数字化治理能力将加快提升

城市治理必将更加强化"数字化思维",数字工具和智能工具将成为城市治理的新工具,公共服务、经济发展、社会治理、安全保障、环境治理等的数字化水平将普遍提高,"数字政府""智慧城市"的建设将去虚向实,数字平台将成为多元主体参与城市治理的新通道。广大市民的数字化生活方式将更加丰富多彩,对数字知识的学习理解程度更深,进一步为城市数字化治理创造更好的条件。

(五)数字要素市场化配置机制将更加成熟

数字是生产要素,要加快培育数字要素市场。率先推动市场化配置体制机制建设,特别是在推进政府数据开放共享、提升社会数据资源价值、加强数据资源整合和安全保护等领域力争走在全国前列,数字要素市场运行机制也将更加健全和成熟。

四、推动宁波数字经济发展的建议

(一)加大数字经济的新势力培育

一要打造数字经济高原城市。整合国际国内智慧力量,争取国家支持,举办高层次的城市数字经济国际论坛,探讨、研究、发布数字经济新进展、新趋势。持续举办系列数字经济各类交流研讨决策会议,致力于把宁波打造成在国内外有一定知名度的数字经济高原城市。二要组建宁波数字发展集团。发起成立新型科技平台公司——宁波数字发展集团,按照市委市政府关于推进城市数字变革的总体要求,携手各知名企业与社会各界共同打造数字城市产业生态圈,助推数字化转型和智慧城市建设。三要探索设立城市数字发展基金。充分发挥财政资金撬动、扶持作用,采取"引导基金—母基金—子基金"三层架构模式,引导金融资本、社会资本共同设立城市数字发展基金,重点支持城市数字变革关键领域、重点平台、重大项目以及各类试点示范基地。

(二)加快数字经济的新平台打造

一要加快建设数字经济创新试验区。围绕数据资源整合、共享、开放和运用开展创新探索,形成数据驱动经济发展新形态。争取布局国家数字创新中心、国家技术创新中心,推动国家重大科技基础设施、前沿引领数字技术创新平台企业布局,加快培育数字经济领域高成长创新型企业。二要共建区域数字经济产业合作创新平台。加强与上海、杭州数字经济创新发展试验区的联动,形成杭州湾区数字经济发展的"双核"。围绕数字经济具体行业,着力打造一批具有影响力的人工智能、机器人、区块链、云计算等价值创新园区。三要培育壮大数字平台型企业。大力推动工业互联网平台、数字市场交易平台、供应链服务平台、电子商务平台、社会资讯服务平台、分享经济平台、智慧城市运营平台等实体平台和虚拟平台的发展,完善数字变革"生态群落"。

(三)加大数字经济的新市场培育

一要创造应用场景壮大数字市场。加快推出人工智能、5G、云计算、大数据等数字技术应用场景建设实施计划,加大对 5G 基建项目的支持。加大数字政府、智能网联汽车、智慧交通、智慧医疗、智慧教育、智慧家庭、智慧社区建设,为数字企业创建智能技术深度应用场景,吸引更多人工新技术、新模式在宁波率先应用。二要推动实施"甬企上云"计划。引进和培育综合性和行业性云平台,推进云计算技术的创新发展和融合应用,推动设备联网上云,数据集成上云等深度用云,构建完善的云计算产业链和生态体系,引导和扶持宁波企业上云,为企业和产业数字化提供坚实基础。三要推动企业智能化改造行动。加快建设面向行业、企业的工业互联网平台,推出数字化系统解决方案、工业 App,优先推动汽车、电子、装备制造等优势制造业的数字化转型升级。

(四)不断完善数字基础设施建设

一要加快全面升级网络基础设施。完善通信网络设施,推进 5G 网络深度覆盖和共建共享,实现全大市 5G 信号覆盖和规模商用,增强 5G 网络对智能制造、智能网联汽车、城市管理服务等领域的支撑能力。二要加快科学部署算力基础设施。有序推进"851"架构的宁波城市大脑建设,形成全市一体化智能化公共数据平台;整合优化计算平台资源,建设集智能算力资源、海量数据资源、应用算法资源、设计工具资源于一体的智能化综合信息基础设施,建成全国领先的人工智能应用支撑平台。三要加快超前布局新技术基础设施。开展全域高精度三维城市建模,加强国土空间等数据治理,构建宁波数字孪生管理平台;依托人工智能超算中心建设,聚焦工业互联网、医疗、交通、物流、社会治理等典型领域,推进人机物融合的智能创新综合平台、智能技术创新平台等公共服务平台建设;加快区块链通用技术研发平台建设,加速形成多主体平台化的创新研发生态和产业协同创新体系。四是加快全面建设融合基础设施。加速企业内网升级改造,推进企业高质量建设工业互联网外网;深化"基层四平台"等基础设施数字化建设,优化社会矛盾调处化解数字化应用;加快推进出行、健康、养老、教育、旅游等智慧民生系统数字基础设施建设。

(五)不断优化数字经济发展环境

一要完善数字领域就业促进与扶持政策。鼓励和支持灵活就业、零工经济等新就业形态,将各类新就业形态纳入全市就业优先政策和就业统计检测体系,转变以标准就业为主的就业促进理念,将促进各类数字经济新就业形态发展作为"稳就业"工作的重要手段,将支持就业的各类政策延伸覆盖至新就业形态人员;研究制定符合新就业形态特征的非标准劳动关系体系,使其有别于标准就业,并建立多元化劳动标准制度。二要提升数字素养和数字教育水平。建立合作培训平台,支持高等院校、职业学校和社会化机构等开设数字知识和技能教育课程,建立全国领先的数字教育培训体系;制订全民数字素养和数字伦理培训计划并在教育培训体系中积极落实,鼓励全社会践行科技向善理念,严守科技伦理底线,夯实数字变革的社会认识基础。

参考文献

［1］国家统计局:《数字经济及其核心产业统计分类(2021)》,2021 年。

［2］宁波市人民政府:《宁波市数字经济发展"十四五"规划》,2021 年。

［3］宁波市经信局:《关于印发宁波工业互联网科创高地建设行动方案(2021—2025)的通知》,2021 年。

［4］宁波市发改委等:《宁波市数字基础设施建设"十四五"规划》,2021 年。

［5］宁波市人民政府:《宁波市推进制造业高质量发展实施方案(2020—2022)》,2020 年。

［6］宁波市服务业局:《宁波市现代服务业发展"十四五"规划》,2021 年。

［7］宁波市经信局:《宁波市电子信息制造业产业集群"十四五"发展规划》,2021 年。

［8］宁波市经信局:《宁波市 5G 产业发展规划(2021—2025 年)》,2021 年。

［9］宁波市经信局:《宁波市软件和信息服务业"十四五"发展规划》,2021 年。

［10］宁波市制造业高质量发展办公室:《宁波市数字经济核心产业提质扩量行动计划(2021—2025)》,2021 年。

［11］宁波市工业强市建设办公室:《关于印发〈宁波市制造业企业智能化技术大改造行动计划(2020—2022)〉的通知》,2020 年。

作者单位:浙江万里学院

2021年宁波投资发展情况分析及 2022年展望

余旭东　　赵　斌　　林子琪

　　投资是经济发展的主要推动力。党中央、国务院坚持把扩大有效投资作为应对不确定形势的关键之举,强调"稳投资"是"六稳"工作的重要内容。对城市发展而言,投资从需求和供给两端同时推进经济增长,是促进就业、生产和消费水平提升的有效手段,也是优化经济结构、改善民生、提高城市竞争力的重要途径。宁波加快建设现代化滨海大都市、高质量发展建设共同富裕先行市,把扩大有效投资作为经济行稳致远的关键支撑,以专班开展、综合施策的形式推进投资工作,激发和释放全社会的创造活力和潜力,有力助推各领域现代化进程。为了让"稳投资"更好发挥作用,需要分析总结一年的投资发展状况,识别来年投资发展重点方向,为来年扩大有效投资创造更有利的环境。

一、2021年宁波市投资发展状况

(一)投资发展环境分析

　　2021年是"十四五"开局之年,是宁波乘势而上开启高水平全面建设社会主义现代化国家新征程、奋力当好浙江建设"重要窗口"模范生、加快建设现代化滨海大都市、高质量发展建设共同富裕先行市的奋进之年。进入新发展阶段,宁波投资发展环境不断优化,以国内大循环为主体、国内国际双循环相互促进的新发展格局释放投资新需求,"一带一路""长三角一体化""浙江省'四大'建设""共同富裕先行市""自由贸易试验区"等关键词叠加凝聚投资新动能,要素市场化配置改革、科技革命和产业变革刺激创新投资新活力,被新冠肺炎疫情所耽误的投资热情在新的一年持续激发。同时,在全球疫情走势和经济走势趋于复杂的背景下,全球产业链加快重塑、大宗商品价格上涨、供应链紧张、疫情持续反复以及政府债务风险、房地产泡沫、能源安全等风险对投资发展带来负面影响。尽管新冠肺炎疫情下宁波经济率先复苏,投资总体回暖,但整体增长放缓趋势持续,投资的有效性保障和持续增长保持压力增大。

(二)投资发展总体情况

2021 年,宁波全市投资企稳回升,预设目标基本完成(见表 1)。全年固定资产投资增长 11%,超过预设目标,高于全省和全国平均水平。主要监测指标中,制造业投资增长 27%,高新技术产业投资增长 26.3%,均达到预设目标的 2.5 倍以上,大幅超过全省和全国平均水平;民间投资增长 8.7%,达到预设目标,与全省和全国平均水平相近;交通运输业、生态环保、城市更新和水利设施投资均为负增长。生态环保、城市更新和水利设施投资增长 -13.4%,远低于目标要求,其中水利管理业投资增长 -3.8%,生态保护和环境治理业投资增长 5.8%,而城市更新投资增长 -16.1%,投资明显不足。

表 1　2021 年宁波市国民经济和社会发展计划投资目标完成情况　(单位:%)

监测指标	目标值①	实际值②	浙江省	国家
固定资产投资增幅	8	11	10.8	4.9
制造业投资增幅	10	27	19.8	13.5
高新技术产业投资增幅	10	26.3	20.5	17.1
民间投资增幅	快于面上投资	8.7	8.9	7.0
交通运输业投资增幅	快于面上投资	-2.6	2.4	1.6
生态环保、城市更新和水利设施投资增幅	快于面上投资	-13.4	12	-1.2

分时序投资增长趋势看,实现"开门红"后逐步回落(见图 1)。2021 年 1—6 月份,主要投资指标均达到最高增长,实现一季度"开门红"的状态,下半年增幅基本逐月降低,但多数指标保持正向增长,投资额度稳中有增。主要负增长指标在上半年已经处于负增长状态,其中水利、环境和公共设施管理业投资、基础设

① 数据来自《宁波市人民政府关于下达宁波市 2021 年国民经济和社会发展计划的通知》(甬政发〔2021〕6 号)。
② 实际值数据均来自宁波市统计局、浙江省统计局和国家统计局网站,本章余表同。2018 年起,部分投资统计口径改变,统计年鉴、统计公报以及统计局网站数据均只公布固定资产投资增速数据,额度数据不再公布。

施投资、交通运输业投资依次分别在 4 月、5 月、6 月步入负增长。

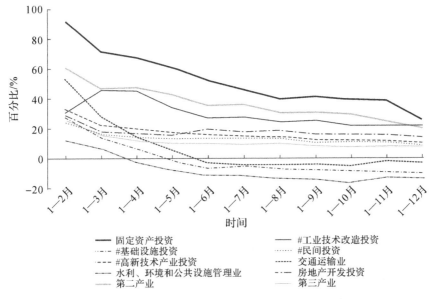

图 1　2021 年宁波市固定资产投资进度

　　分年度投资增长趋势看,安全通过新冠肺炎疫情考验,但影响持续(见表 2)。2020 年,固定资产投资增长从 2019 年的 8.1% 回落到 5.5%,使得 2021 年的投资基数水平较低,因而全年投资增速回升较大,达到 11%,其中工业技术改造投资增长达到 21.7%,高新技术产业投资增长达到 26.3%。基础设施投资下行压力较大,2021 年甚至低于 2020 年水平,全市有 6 个县(市、区)均为负增长,且下滑幅度均超过 17%,镇海区达到了 56.3% 的降幅。

表 2　2019—2021 年宁波市投资增长情况

投资指标	2019 年	2020 年	2021 年
固定资产投资	8.1	5.5	11.0
♯工业技术改造投资	9.0	8.8	21.7
♯基础设施投资	7.5	8.4	−9.9
♯民间投资	6.1	6.5	8.7
♯高新技术产业投资	13.3	20.8	26.3
第一产业	−15.9	405.4	−13.3
第二产业	10.4	10.2	20.6

续表

投资指标	2019 年	2020 年	2021 年
♯工业	10.5	10.0	20.4
第三产业	7.4	3.9	8.1
♯交通邮政仓储业	9.4	9.0	－0.2
♯交通运输业	12.5	8.3	－2.6
♯批发零售业	78.9	－16.0	－23.0
♯住宿餐饮业	－12.4	29.1	－12.1
♯水利、环境和公共设施管理业	0	8.0	－13.4
♯房地产开发投资	7.3	6.8	14.1

分产业投资增长趋势看,第二产业投资增幅一枝独秀。2021 年,第二产业投资增长明显,达到 20.6%,全市实现工业增加值 6297.5 亿元,比上年增长 11.0%,制造业强市优势更加突显。第三产业继续受 2020 年新冠肺炎疫情不利影响,总体投资有所增长,但交通运输业、批发零售业、住宿餐饮业,以及水利、环境和公共设施管理业的投资都呈负增长,特别是批发零售业投资增幅从 2020 年的－16% 进一步下滑到－23%。第一产业投资恰好相反,在 2020 年农业稳产保供的政策刺激下,逆势增长 405.4%,可能导致未来一段时间投资增长数据偏低,2021 年已统计为负增长,且第一产业投资受季节影响较大,春季大幅增长后快速回落。

分区域投资增长趋势看,奉化加快融合,象山投资乏力。海曙区、江北区、镇海区、奉化区、余姚市、慈溪市 6 个县(市、区)固定资产投资增幅高于全市平均水平,其中奉化区投资增幅达 28.9%,居首位(见表 3)。2021 年是奉化"撤市设区"的第 5 年,在"五年奉献一个新奉化"的战略实施下,形成了追赶跨越、倍速前进的良好态势,近 3 年固定资产投资增幅均居宁波前 2,特别是在 XOD、TOD 等创新投融资模式支持下,新城区开发促进房地产投资快速提升,增幅高达 55.2%。象山县固定资产投资呈负增长,居末位,民间投资、房地产开发投资、交通运输业投资、高新技术产业投资等相关指标增幅均排名靠后,投资环境有待优化。

表3　2021年宁波市10个县（市、区）投资增长和排名情况

地区	固定资产投资		房地产开发投资		基础设施投资		浙江省4+1投资指标										
							交通运输业投资		生态环保、城市更新和水利设施投资		高新技术产业投资		民间投资		#项目民间投资	
	增幅/%	排序	增幅/%	排序	增幅/%	排序	增幅/%	排序	增幅/%	排序	增幅/%	排序	增幅/%	排序	增幅/%	排序
宁波市	11.0		14.1		−9.9		−2.6		−13.4		26.3		8.7		3.8	
海曙区	15.4	4	35.8	2	−20.7	7	−85.7	10	−2.8	5	−14.3	10	39.0	1	2.8	6
江北区	17.2	3	13.8	5	29.3	1	109.0	1	3.3	4	25.4	5	22.5	2	47.7	1
北仑区（包括大榭、保税）	5.5	8	−4.6	8	−20.7	7	−23.6	7	33.2	1	25.5	4	−2.1	8	2.9	5
镇海区	22.6	2	−7.7	9	−56.3	10	−0.6	5	16.7	3	78.5	1	−8.1	9	26.3	3
鄞州区（包括高新区）	7.3	7	3.2	6	13.6	3	−17.7	6	32.6	2	1.2	8	1.6	6	0.3	7
奉化区	28.9	1	55.2	1	−17.0	5	13.6	3	−19.6	8	30.8	2	8.3	4	−37.3	10
余姚市	13.1	6	1.5	7	15.7	2	17.5	2	−5.8	7	28.0	3	0.7	7	11.1	4
慈溪市（包括杭州湾）	14.6	5	22.8	4	−17.9	6	11.3	4	−22.0	9	9.5	6	19.6	3	31.6	2
宁海县	1.1	9	28.2	3	−30.4	9	−44.1	8	−36.5	10	4.3	7	5.1	5	−1.1	8
象山县	−7.1	10	−19.1	10	11.2	4	−48.9	9	−4.0	7	−0.1	9	−26.3	10	−31.0	9

（三）投资发展主要成效

1. 产业投资提质增效推动产值创新高

2021年，宁波围绕"246"现代产业集群开展精准招商，工业投资同比增长20.4%，年末全市"246"万千亿级产业集群拥有规模以上工业企业6656家，实现增加值3876.2亿元，同比增长11.6%。在疫情、缺芯、缺箱、台风、成本上升等不利因素影响下，依然取得较好成绩，全市实现工业增加值6297.5亿元，同比增长11.0%。

2. 创新投资扩大促进产业转型升级

投资结构持续优化，不断扩大产业转型和科技创新领域的有效投资。全市高新技术产业投资同比增长26.3%，全年新增高新技术企业817家，总数达到3919家，新增18家国家级制造业单项冠军企业（产品），累计达63家，稳居全国城市首位。规模以上工业企业研发投入同比增长28.1%，其中人工智能产业、数字经济核心产业、新材料产业、高技术制造业、装备制造业增加值分别同比增长21.3%、17.5%、16.6%、16.1%和16.1%。

3.重大项目谋划、储备和建设有序推进

作为"十四五"开局之年,2021 年印发《宁波市重大建设项目"十四五"规划》,梳理谋划形成一批支撑性、引领性重大项目和平台,安排重点建设项目 753 个,总投资约 3.04 万亿元,"十四五"计划投资 1.73 万亿元。全年积极落实省市县长工程,45 个省市县长工程项目落地率 69%,高于年度考核目标 19 个百分点,228 个重大前期项目提前开工 55 个,53 个市领导联系重大招商项目落地开工 17 个。

4.投资管理数字化改革纵深推进

推进企业投资项目审批数字化,以"最多跑一次"改革为抓手,项目谋划、项目推进、项目监管等进一步理顺,投资项目在线审批监管平台 3.0 应用实现全覆盖,一般企业投资项目审批"最多 80 天"和小型项目"最多 45 天"实现率均达100%。海曙投资项目 100%"阶段申报"等创新经验获国家发改委通报推广。

5.民间投资渠道拓宽活力展现

《宁波市推进新型基础设施建设行动方案(2020～2022 年)》逐步落实,规范有序推进 PPP 项目,积极引入社会资本共同推进新基建建设。民间投资主体进一步扩大,各类市场主体数量同比增长 9.35%,达到 120.76 万户,在稳定增长、促进创新、增加就业、改善民生等方面发挥重要作用。民间投资占全部固定资产投资比重达到 58.1%,拉动投资增长 5.2 个百分点,贡献率为 47.1%。①

6.项目蓄能有望补基础设施投资短板

"十四五"关键基础设施项目逐步推进,宁波西枢纽工程、通苏嘉甬铁路、甬舟铁路、一流强港等全市重大通道枢纽项目前期工作加快开展,宁波轨道交通第三轮建设启动,7 号线、8 号线一期工程将在 2022 年全线开工,项目实施补强基础设施投资。

二、投资发展面临的挑战和机遇

2021 年中央经济工作会议指出,我国经济发展面临需求收缩、供给冲击、预期转弱三重压力,要积极扩大有效投资。投资促经济发展的重要性更加突显,责

---

① 《高质量发展踔疾步稳 共同富裕先行市扎实开局——2021 年全市经济运行情况数据解读》,宁波市统计局网站,https://sjnb. ningbo. gov. cn/pubdata-zjhb_newsView. action? newsMain. id=3404493d-b9bd-4ad0-806e-f489dd403bc4。

任更加重大,但投资面临经济下行和转型升级双重压力,以及诸多矛盾叠加、风险隐患增多的严峻挑战。一是市场环境日趋严峻,疫情反复等综合因素影响投资和项目建设供应链,大宗商品上涨和投资预期下降比较明显,投资的有效性保障和持续增长保持压力增大,特别是民间投资"不敢投、不愿投、不能投、不会投"等现象更加突出,保守稳健的发展策略导致扩产升级的动力不足。二是要素约束越来越紧,债务风险控制加强,新预算法实施,终身问责、倒查责任等一系列强力措施推进地方隐性债务治理,政府投资项目资金来源受限;可开发利用的土地资源非常有限,新增建设用地少且比较零星,低效用地盘活不易;能源环境管理更加严格,能耗管理向碳管理转变过程中将带来新的不确定性问题。三是合力推进机制尚不完善,个别重大项目在推进过程中遇到的上层审批控制多、项目资金筹措难、部门统筹协同弱等问题仍然存在,投融资创新应用不多。

同时,在危机中育新机,投资也面临新的发展机遇。一是外资利用更加开放,自贸区宁波片区建设取得了积极进展,投资贸易便利化改革深入推进,外商投资准入清单进一步放开,北仑区纳入跨境贸易投资高水平开放试点,奠定了扩大外资利用的基础。二是公共服务扩投资潜力巨大,以"共同富裕"为目标,医疗、教育、托幼和养老等民生领域的公共服务投资将全方位扩大,带动市场主体的投资积极性。三是新经济新产业创造投资新需求,数字经济、海洋经济、智能制造、工业互联网、智慧交通、氢能、考古文化和旅游等发展基础更加稳固,新型基础设施建设持续推进,产业投资需求大、机会多。四是数字化改革促进投资成效提升,投资的体制机制障碍将通过数字化改革得到突破,投资管理、项目审批等投资相关工作将通过数字化改革得到提效,促进投资成效提升。五是投资模式和经验更加丰富,"XOD＋PPP"复合开发模式、"先租后让"供地模式、基础设施 REITs 融资等创新案例经验丰富,国土空间综合整治列入国家试点,要素市场化配置改革努力推进,投资发展更有保障。

三、优化投资的对策建议

2022 年是"十四五"规划实施和共同富裕先行市建设的关键之年,各类"十四五"规划谋定的项目逐步实施,投资计划落实更有时序,党代会等重大会议如期召开,各级党委基本完成换届过渡,投资工作组织保障更加完备。总体上,要以创新、协调、绿色、开放、共享的新发展理念为导向,以扩大有效投资、优化投资结构、提高投资效益为目标①,积极争取要素市场化改革、国土空间综合整治等政策资源,巩固加强政府投资稳定性和有效性,引导和带动民间投资信心升级,通过有效投资的精准发力,不断提高经济和社会的整体运行效率和高质量发展水平,有力推进现代化滨海大都市建设,为打造共同富裕先行示范市提供强劲动能。

(一)标定目标,凝聚合力,推动投资创新高

中央、省经济工作会议陆续召开,对经济发展形势做了全面研判,为投资发展指明方向。2021 年 12 月 30 日,宁波市委经济工作会议明确了 2022 年全市经济工作的总体思路、目标及重点任务。会议指出,要将扩大投资作为十大经济工作之首,强调要在优化投资结构、加快项目进度、精准配置要素、优化项目推进机制上下功夫,凝聚"大抓投资、抓大投资"的工作合力。2022 年,宁波将大力实施优结构、扩投资"1+5+N"行动,全年固定资产投资力争完成 5000 亿元以上,增长 16.5%②,工业,交通,水利、城市更新和生态环境,高新技术,公共服务等领域投资增长 25%以上,持续优化投资结构,推动有效投资跨越式发展(见表 4)。

表 4 　2022 年宁波市投资发展主要指标

序号	投资行业	增长目标/%
一	建安工程投资	17
二	工业投资	30
三	房地产业投资	6.7
四	民间项目投资	17
五	交通投资	28
六	水利、城市更新和生态环境投资	
	1.水利管理业投资	33
	2.城市更新投资	49
	3.生态保护和环境治理业投资	25
七	高新技术产业投资	30
八	公共服务投资	
	1.教育投资	30
	2.卫生设施投资	30

---

① 《浙江省人民政府办公厅关于印发浙江省扩大有效投资政策二十条的通知》。

② 《宁波市人民政府办公厅关于印发宁波市 2022 年优结构扩投资攻坚行动方案的通知》(甬政办发〔2022〕4 号)。

（二）以人为本，聚焦共同富裕重点投资领域

《宁波高质量发展建设共同富裕先行市行动计划（2021—2025 年）》提出，以改革为驱动力，以项目为抓手，扩大投资规模，推进高质量发展，持续缩小城乡差距、区域差距、收入差距。2022 年，宁波将发挥中国特色社会主义制度优势，集中力量整合投资资源，引导资本向符合人民美好生活需要和高质量发展的领域投资。

第一，投资完善公共服务，促进基本公共服务均等化、普惠化和便捷化。加强"一老一小"、教育医疗、文化体育等社会民生领域建设，积极应对人口老龄化，促进养老和托育设施建设，实施一批基础教育现代化设施建设及提升工程，推进东方理工大学（暂名）、宁波市公共卫生临床中心、宁波公共文化服务中心等一批"十四五"重大项目实施。

第二，投资加快城市全域有机更新，努力提升城市韧性和品质。适度超前开展基础设施投资，分析在新冠肺炎疫情、极端天气以及公共事件等影响下的城市基础设施漏洞，结合"十四五"规划和中长期投资项目，不断完善交通、能源、水利、农业、环保、物流等传统基础设施网络。加强新型城镇化建设投资，提高基础设施城乡一体化水平，加大新型基础设施建设力度，促进传统基础设施数字化改造。稳定房地产开发投资，推进保障性住房建设，促进城中村成片规划、成片改造、成片开发，加快开展未来社区建设。

第三，扩大环境治理、生态保护投资，增进民生福祉。围绕"无废城市"建设和落实碳达峰、碳中和要求，加快补齐生态环保领域短板，以污水处理、固体废物处置、生态环境综合治理为重点，推进洞桥资源循环利用基地建设、工业废气综合治理、清洁能源设施建设、生态海岸带工程等重大项目，提升生态环境治理能力，推动绿色低碳循环发展，建设美丽中国先行示范区。

（三）创新引领，加强产业转型升级投资

紧扣产业升级，围绕"246"万千亿级产业集群建设、"3433"服务业倍增发展行动、"4566"乡村产业振兴行动等市级重大产业发展战略，发挥投资对优化产业结构、促进产业转型升级的撬动和引导作用。稳固推进实施各项产业发展"十四五"规划①，聚

---

① 具体指《宁波市现代服务业发展"十四五"规划》《宁波市乡村产业发展"十四五"规划》《宁波市战略性新兴产业"十四五"规划》《宁波市 5G 产业发展规划（2021—2025 年）》《宁波市关键基础件产业集群发展规划（2021—2025 年）》《宁波市智能家电产业集群发展规划（2021—2025 年）》《宁波市生物医药产业集群发展规划（2021—2025 年）》《宁波市时尚纺织服装产业集群发展规划（2021—2025 年）》《宁波市文体用品产业集群发展规划（2021—2025 年）》《宁波市节能环保产业集群发展规划（2021—2025 年）》《宁波市电子信息制造业产业群"十四五"发展规划》《宁波市新材料产业集群发展规划（2021—2025）》《宁波市高端装备产业集群发展规划（2021—2025 年）》《宁波市绿色石化产业集群发展规划（2021—2025）》《宁波市汽车产业集群发展规划（2021—2025 年）》等。

焦绿色石化、汽车、高端装备、数字经济、生命健康、新材料、现代服务业、现代农业等产业和产业集群高质量发展需要,凝聚产业投资资源要素,加快打造产业发展标志性成果。围绕海洋中心城市建设,投资发展海洋经济"1+4+5"产业体系,打造绿色石化龙头产业,做强港航物流服务业、海洋工程装备业、海洋文化旅游业及现代海洋渔业四大支柱产业,培育海洋新材料、海洋电子信息、海洋生物制品与医药、临海航空航天及海洋新能源五大涉海特色产业。强化建设产业平台提升示范成效,前湾新区、高新区等重点开发园区投资增幅达到 20%,在各县(市、区)中起到明显的增长极作用。推广应用顶尖科学家领衔的"研究院+产业平台"招商新模式,打造产业创新中心、工程研究中心、企业技术中心等国家和省级创新平台,积极推进甬江科创大走廊建设。

（四）解放思想,推进投融资管理改革

第一,融合推进数字化改革和"最多跑一次"管理改革。通过数字化改革打破信息壁垒,实现投融资管理内部协同、上下协同、部门协同,形成各部门、各区市、各企业协同配合的强大工作合力。积极探索创新审批模式,细化负面清单管理,完善建设备案承诺制,加强建设项目的事中、事后管理,科学组织后评价。

第二,建立闭环管理机制,加强投资项目全生命周期管理。完善项目储备机制,增强前期研究支撑力,适度超前谋划一批重大产业、基础设施、新基建、技术创新和高水平公共服务项目,以数字化招商提升产业链招商成效。推进项目实施精细化管理,提升投资运行的预测和研判能力,加快项目落地、开工和投产进度。充分利用信息化技术强化投资项目全时空监测,对前期、审批、建设、变更、监督等方面进行全流程监管,对项目固定资产投资、投资强度、容积率等约束性指标进行全时空评估,完善项目后评价机制。

第三,加强投融资创新模式探索应用。在城建、交通等基础设施领域重点区块联合开发"XOD+PPP""BOT+EPC+政府补助+政府特殊股份"等融资新模式。破除壁垒激活民间资本活力,充分发挥政府投资的引导和带动作用,鼓励引导民间资本进入交通、能源、生态环保、社会事业等传统垄断行业和公共服务领域。推进跨境投融资体制改革创新,支持股权投资基金跨境投资,开展合格境外有限合伙人和合格境内有限合伙人试点。

（五）做好投资发展多维度保障

第一,加强组织领导和工作队伍建设。建立重大项目协调例会制度,完善以市领导联席决策协调机制、市重点办及成员单位服务推进机制、项目责任单位协调落实机制为核心的重大项目三级协调机制,凝聚"大抓投资、抓大投资"的工作合力。完善专班工作机制,以"一项目一专班"推进重大项目落地,以动态监测、月度比赛等形式推进项目建设提速提质。

第二,努力争取政策支持和改革试点。一是开展全域国土空间综合整治,推动成立市场化的全域国土空间综合整治实施主体,开展生态修复、城市更新、乡村土地盘活,统筹推进"城中村"改造和产业功能培育,深化推进产业用地"标准地"改革和"亩均论英雄"改革。二是强化投资要素市场化配置,争取国家支持杭甬双城开展要素市场化配置综合改革试点,梳理土地、劳动力、资本、技术和数据五大要素改革先行事项,健全要素产权和交易制度,构建数字化的投资要素交易市场。

第三,增强投资要素全面保障能力,应保尽保重大项目的资金、能耗、土地等要素需求,巩固投资发展"基本盘"。努力做大资金池,开展专项债券项目储备专项行动,积极争取政府专项债券额度;稳妥推进基础设施领域不动产投资信托基金试点;争取中央预算内投资资金支持。率先探索能耗考核向碳考核过渡,全面落实原料用能抵扣和地方新增可再生能源消费量不纳入能耗总量考核政策,全力争取符合国家要求的重大项目能耗单列。完善土地分类保障机制,运用国土三调成果全面梳理各类空间资源,依托全域土地综合整治,提升低效建设用地再开发利用水平,加大批而未供的闲置土地处置力度,推进应用新型产业用地供地模式,保障年度新增建设用地需求。

参考文献

[1] 许昆林:《投资是供给侧和需求侧两端发力的重要引擎》,《中国经贸导刊》2016 年第 6 期。

[2] 李红强、林倩:《全域国土空间综合整治融资模式创新和对策建议》,《宁波经济(三江论坛)》2021 年第 9 期。

作者单位:宁波市发展规划研究院

2021年宁波人才发展情况分析及2022年展望

李　政　　李苗苗

2021年是"十四五"开局之年,这一年中,宁波全市上下认真学习领会习近平总书记关于人才工作的重要讲话精神,对照总书记要求找突破,比较先进城市经验抓竞合,全面梳理"会议精神对标清单"和"人才工作比较清单",牢固树立"开放揽才、产业聚智"工作理念,扎实推进人才强市建设,系统谋划贯彻落实系列举措。全市人才工作在连续11年获省专项考核优秀的基础上,继续保持高效率、涉足新领域,人才发展情况保持整体向好、局部突破的良好状态。

一、2021年宁波人才发展基本情况

(一)推进人才政策体系全覆盖

2021年,宁波市按照"通则＋专项＋定制"模式,对原有人才政策进行重新梳理,同时针对新形势调整、制定新政策,实现"梯队全覆盖""环节全覆盖""周期全覆盖",为人才工作的持续优化奠定更友好、更高效的区域政策环境。

1.夯实通则政策

深入贯彻落实中央、省市有关人才工作部署精神,出台《宁波市人才发展"十四五"规划》和年度工作要点,明确人才工作"两突破、五倍增、六第一"目标,创新出台人才生态建设"1＋X"系列举措,力促各项人才工作"省内全面争第一,国内全力创一流"。

2.出台专项政策

针对人才引进、培养、评价、激励、流动等环节依然存在的体制机制弊端,创新实施人才安居落户、科研启动经费、职称评审改革、人才自主评价、职业成长奖励、紧缺岗位特设等专项政策,率先出台《金融支持人才创业创新实施意见(试行)》等专项文件,全面完善"引育用留"政策体系。

3.设置定制政策

聚焦城市发展核心目标,针对基础理论研究、前沿科技研发、新型科技应用、生产工程管理等不同领域的人才需求,研究制定专属政策措施。例如对甬江实验室首次实行"两直接""三自主",对自主认定的紧需人才予以"直享政策、直接入库"绿色通道待遇;对中科院宁波材料技术与工程研究所等重要科研机构提供集群化人才新策,打造超常规管评机制。

(二)重大人才集聚平台能级提升

1.全面推动人才驱动型科创基地建设

人才集聚是产业集聚的前提,人才平台是科教平台的内核。2021 年,宁波围绕"世界一流强港""全球先进制造业基地"等核心建设目标,全面开启、提升各级、各类人才聚集平台能级,中国(浙江)自贸试验区宁波片区、国家自主创新示范区、科创大走廊、甬江实验室、浙江创新中心等重大科创平台、基地相继建成启用,服务全市乃至全省人才发展格局初见成效,在多个领域实现量的跃升和质的突破。

2.积极共建区域人才协同发展平台

聚焦"融入长三角""唱好双城记"等重大区域经济融合战略要求,宁波积极共建区域人才协同发展平台,仅在新成立的浙江创新中心一家基地,就集聚全省各地、各类人才企业、科创平台 161 家;与此同时,沪甬、杭甬、甬舟、甬台等人才一体化平台多点布局,沪甬人才合作先锋区建设取得实质性进展,连续举办高端人才交流活动逾百场,服务上海人才 1400 余人次;与丽水联合启动"智汇山海才助共富"人才示范联合行动,与舟山联合印发实施甬舟人才合作发展系列文件,累计互设领军人才工作室 36 家,惠及 1.5 万余名专家,成为跨区域人才工作融合发展先行示范。

3.全面强化科研院所人才蓄水池作用

在甬高校新增一级学科博士学位点 3 个、硕士授权单位 2 个、硕士学位授权点 6 个;高端装备海外工程师协同创新中心正式投用,新建"院士之家·青英荟"等高端人才公寓 3 家,科研院所人才集聚整体优势进一步凸显。截至 2021 年

底,获批博士后工作站 277 家(国家级 53 家)、留学生创业园 13 家(国家级 3
家)、毕业生实践基地近 1000 家(国家级 2 家)、技能大师工作室 115 家(国家级
6 家)。

4.全面提速三大科创高地人才建设

实施高端引才工程,聚焦新材料、工业互联网和关键核心基础件三大科创高
地,进一步开放引才条件,三大科创高地领域项目申报高端引才工程数同比增长
43%;通过首次设立的青年专项及举荐制、认定制进入遴选程序的优秀人才达
427 人;实现更大力度、更广范围海纳全球英才。累计建成高水平产业技术研究
院 1 家、省部级以上重点实验室 38 家,获批国家级"双创"示范基地 4 家,重点培
育产业技术研究院 26 家,集聚各类高端人才近 4000 人。

(三)重点人才队伍规模不断壮大

得益于人才政策和人才平台的支撑,2021 年,流入宁波市的顶尖人才、产业
人才和青年人才规模持续提升。入选两院院士有效候选人、自主培养海外院士
等工作连创佳绩;入选全国杰出专业技术人才人数实现重要突破,海外工程师引
进力度持续加大(21 人),国家级人才培养工程、国家"杰青"、省特级专家等重要
工作指标均处于全省领先位置,新增就业大学生超过 21 万人,新增高技能人才
超过 8 万人,完成技能人才培训超过 42 万人。

截至 2021 年 12 月底,全市共有博士(后)10170 人,硕士 86662 人,高级职
称人才 9.79 万人,高技能人才 63.28 万人。全市共有 334 人被评为国务院特殊
津贴专家,16 人、49 人、349 人分别被评为国家、省、市突出贡献专家;入选市领
军和拔尖人才培养工程 2301 人次,316 人、583 人、1402 人分别入选第一、第二、
第三层次;入选省"151 人才工程"643 人次。

2021 年,宁波市克服疫情影响,连续在线上举办多场"高洽会""留创行"等
引才洽谈会。"高洽会"上,近 900 家单位推出超过 2.5 万个岗位,参会应聘人才
超过 4 万人次,在线应聘人数超过 12 万人。"留创行"上,超过 400 个海外留学
人才项目与 100 多家企事业单位直接对接,达成意向 200 余次。举办"我选宁
波、我才甬现"全国巡回招聘和宣讲活动 104 场,共 2100 家次企事业单位参会,
需求人才 7.5 万余名,共 4.2 万余人次参会对接,达成意向 1 万余人。

(四)人才支撑发展效能持续显现

国以才立,政以才治,业以人兴。"十三五"期间,"3315 计划"人才累计创办
企业 422 家,授权发明专利超过 3900 项,发表 SCI 论文超过 8400 篇,转移转化
科技成果超过 1200 项,开展产学研合作超 1000 项,5 家国家级领军人才创办的
高新企业在主板上市。全市有效发明专利量超过 3 万件,高新技术企业累计超

过 3100 家,创新型初创企业、省级高成长科技型中小企业数量等多项指标均居全省首位。

（五）人才发展环境日益优化

"党管人才"格局不断深化,人才为先的共识有效凝聚。人才工作"最多跑一次"改革持续深化,人才公共信息服务平台、引才用工综合服务平台相继建成运行。以数字化理念打造"甬上人才金港",建设宁波"人才码",系统架构人才数据库。2021 年,相继启用 3 家、累计建成 8 家"宁波人才之家",共为人才提供"一站式"服务 4 万余人次,创设 12 家驻重点城市人才联络服务站;推出最大力度的青年人才补贴租房、购房优先措施,筹集人才住房 5433 套,人才获得感、幸福感进一步增强。

二、当前宁波人才工作面临的主要问题

人才是城市发展的"重中之重"。2021 年,宁波市人才工作延续了"十三五"良好发展态势,但是距离更高的标准和目标而言,仍然存在一些问题和不足:一是人才政策的统筹性问题,主要表现为人才政策的顶层设计与基础条块之间、出台颁布与执行落实之间、综合规划与专项制度之间还有待进一步统筹对接;二是人才平台的融合性问题,主要表现在高能级平台数量相对缺乏、建设周期相对较长、人员设备配备效率相对不足、产业对接相对缓慢;三是人才队伍的结构性问题,主要表现为领军型创新人才、国际化高端化人才、高学历高素质人才、实用型技能人才集聚仍然不足;四是人才作用的延展性问题,主要表现为用人主体活力和市场主体活力均需进一步激发,产业人才供需匹配精准度还不够高,人力资源市场配置能力仍有待提升,数字化改革成果落地见效还需要进一步发力。

三、2022 年宁波人才工作展望

"最好的人才生态,就是要让人才以更低的成本干事、更快的速度干成事、干成在别的地方干不成的事。"宁波市委书记彭佳学在 2021 年全市人才工作会议上的讲话,为宁波市新阶段的人才工作发展指明方向。人才工作的战略指引,就是要通过人才工作生态优化,最大限度地降低引才育才的综合成本,提升人才开发运用的综合收益,为此,要下大力气持续优化人才政策顶层设计,凝心聚力建设好人才平台,坚持"扩总、优增、提质"三措并举,破解"人才结构性矛盾"这一顽

症,使宁波真正成为人才近悦远来、深耕厚植之城。

从人才政策作用发挥来看,就是要由"局部拔高式"政策向"整体夯实型"政策积极转变,推动人才政策实施由政府主导的计划式规制向"党管人才"框架下的跨部门、跨所有制协同提升,更广维度凝聚人才开发合力。从人才平台建设方式来看,就是要由高峰式平台向高原型平台积极转变,推动人才平台建设在聚焦产业未来、突破关键技术的同时,辐射更多中小企业,集聚更多技能人才,量质并举,精准匹配供需两端。从人才集聚模式来看,就是要促成引才育才由资源型引才向生态化聚才积极转变,建设优良的创业创新综合环境、人才协同发展氛围,加速促成"人才工作人才做、人才环境人才创"的"人城共进"良性循环。从人才作用发挥来看,就是要由人才支撑发展向人才引领发展积极转变,对人才队伍充分授权,对人才工作充分放权,发挥人才最大创新能效,催生新发展动能,引领技术革命、产业升级,为宁波经济社会高质量发展"破雾开路""扬帆领航"。

四、2022 年人才工作创新发展的对策建议

2022 年是党的二十大召开之年,是实施"十四五"规划的关键之年,也是人才工作继往开来之年、发展突破之年。人才工作要充分认识人才工作的新机遇与新挑战,以超常规力度、超常规举措全面实施人才强市战略,推动高质量发展进程,持续增强"国际竞争、人才引领、全省带动"综合实力,夯实做强"人才首选、创新策源、产业集聚"战略要地,为建设现代化滨海大都市提供更为强大、更为厚实的人才支撑。

(一)完善人才政策,突破瓶颈制约

突破核心科技"卡脖子"难题,首先需要着力突破影响人才工作效率、阻碍人才作用发挥的制度症结,加快建构"全市面上政策＋部门专项政策＋县(市、区)特色政策"三位一体人才政策体系。为此,一是要加大对县(市、区)的授权力度,要加大放权授权力度,应该下放的权力要及时下放,鼓励各县(市、区)建立符合自身实际的一揽子人才政策,积极向用人主体充分授权,落实市制造业"大优强"培育企业人才举荐认定权,进一步完善人才分类目录体系,形成与区域核心产业发展相结合的特色人才政策。二是要加快部门专项政策的放权进程,要对部门专项政策进行梳理,完善以减负增效为导向的人才考评机制,探索市级重点人才工程市场化评价机制,全面落实"三评"改革,大力破除人才评价的"五唯"倾向,加快建设以创新价值、创新能力、创新贡献为考核准绳的市场化人才评价体系。三是要加强全市面上政策的统筹平衡,既要简政放权、促进效能,又不能一味放

松、恶性竞争,关键在于治理体系的合理设计和信息科技的充分运用,要在做好人才政策顶层设计和运行规制的基础上,积极推进数字化人才服务平台建设,构建整体智治、区域协同的人才服务体系。

(二)做实聚才平台,增强磁吸效应

要坚持以平台聚人、以平台用才,全面系统推进各类人才平台建设,形成人才高峰阵地错落有致、人才集聚路径星火燎原的人才创新平台发展格局,抢占人才集聚竞争高点、用好人才平台动力源泉。一是要坚持推进高能级人才发展平台建设,以点带面引领区域"双创"整体氛围,围绕三大科创高地目标,打造甬江科创区,加快甬江实验室建设,加速形成良好的"双创"生态;二是要加快科研院所蓄才平台建设,全力支持宁波大学"双一流"建设,创新探索人才"引育用留"超常规制度体系,更好发挥科研院所人才"蓄水池"及创新"发动机"的作用。三是要筑强企业引才用才主阵地,持续深化"大优强"企业、专精特新"小巨人"企业、单项冠军企业培育行动,鼓励企业积极吸纳人才,增强团队建设,加大研发投入、提升科创能力,支持企业加强企业研究院、院士工作站、博士后流动站建设,促进"人才链、创新链、产业链"三链融合,助推企事业真正成为科创主力、用才主体。

(三)优化人才结构,提升规模质量

要针对不同层次、不同类型、不同领域的人才"引育留用"等不同环节的工作,深入细致地分析人才面临的各类现实问题,寻找人才与产业、城市共同发展进步,共享发展成果的"共富之道"。为此,需要抓好科技领军人才、优秀青年人才、产业发展人才这三类核心人才群;聚焦"建设世界一流强港"目标集聚高端港航服务人才,聚焦"建设新材料科创高地"目标集聚科技创新人才,聚焦"建设全球先进制造业基地"目标集聚制造业人才,聚焦"建设中国—中东欧国家经贸合作示范区"目标集聚开放合作人才,聚焦"建设共同富裕先行市"目标集聚乡村振兴和社会工作人才。积极实施顶尖人才集聚行动、领军人才倍增行动、本土人才培育行动、新时代企业家培育行动、新时代宁波工匠培育行动、教育卫生人才集聚行动、宣传思想文化人才集聚行动、法治人才集聚行动、高素质党政人才锻造行动,打造支撑宁波市高质量发展、竞争力提升、现代化先行和共同富裕示范的高素质人才队伍。

(四)营造爱才环境、激发人才效能

要以打造"宁波五优、人才无忧"品牌为重点,从小做起为人才,精准聚焦高频需求,做好做细"关键小事";要以组建运营好人才发展集团为抓手,设身处地爱人才,打造人才"悦来之城"。一是要通过普惠共享政策和特色差异政策相结合,实现人才"制度优待",重点产业、重点领域、重点平台、重点群体,要做到专项

立制、精准施策、高效兑现、持续关注;二是要通过创新人才培育与创业团队扶持相结合,实现人才"创业优助",重点是抓住浙江全面推行大学生"创业贷"这一契机,探索打造"人才科创银行",创新推出人才"贷—投—险—保"全程金融服务。三是要通过制度革新、产权激励,提高科研成果转化效率,实现人才"权益优护",建设好"人才之家",落实好各项人才优待政策,保护好知识产权,激发好人才的创业热情。四是要发挥基础教育优势,实现人才"子女优学",要不断加强教育资源供给侧改革,提供更多的优质教育力量,满足人才子女"好上学、上好学"的需求。五是要优化租房、安家、购房等配套补贴措施,帮助人才实现"安居优享",加快建设人才安居专用房,充分争取社会力量建设共有产权住房,加大青年廉租房供给,让人才在宁波成就安居梦想,筑牢创业根基。

参考文献

[1]《一年间,从"在宁波都挺好"到"在宁波真挺好"》,2020 年 4 月 17 日,http://web. nbdj. gov. cn/info_show. asp? ArticleID=152557。

[2]《才涌三江　创新澎湃——新时代宁波市人才工作纪事》,2021 年 12 月 24 日,http://news. cnnb. com. cn/system/2021/12/24/030315704. shtml。

[3]《宁波获评"最佳引才城市"奖》,2020 年 12 月 2 日,http://www. ningbo. gov. cn/art/2020/12/2/art_1229099769_59023417. html。

[4]《2021 中国·宁波海外留学人才云端创业行举行》,2021 年 12 月 1 日,http://news. cnnb. com. cn/system/2021/12/01/030308926. shtml。

[5]《栽下"梧桐"引"金凤",宁波育优人才生态建设国际人才高地》,2021 年 12 月 1 日,http://nb. zjol. com. cn/202112/t20211213_23491871. shtml。

[6]《浙江省人才发展"十四五"规划》,2021 年 7 月 7 日,http://fzggw. zj. gov. cn/art/2021/7/7/art_1229602267_2310440. html。

[7]彭佳学:〈打造世界重要人才中心和创新高地战略支点城市〉,2021 年 12 月 24 日,http://news. cnnb. com. cn/system/2021/12/24/030315991. shtml。

作者单位:宁波大学

2021 年宁波港口与交通发展情况分析及 2022 年展望

林雄斌　牛步青　钟晶晶　窦茜茜　詹双芬

随着后疫情时代的开启以及国内国际双循环相互促进新发展格局的确立,优化和完善城市区域的港口和交通条件,对满足社会经济产业发展新需求、适应新型城镇化发展新阶段、构建互联互通的都市圈新格局及落实交通强国新战略部署具有重要意义。2021 年是"十四五"规划开局之年,也是全面建设社会主义现代化国家新征程的开启之年。城市和区域交通发展会显著影响地区社会经济联系、港城关系、空间互动格局。近年来,国家和省市不断强调多模式交通的融合发展及其对城市和都市圈社会经济发展的引领。在交通强国战略下,宁波市不断优化交通可达性、连接性和贯通性,强调实现交通治理体系现代化及其对社会经济与空间的塑造。因此,梳理 2021 年宁波港口与交通发展情况并提出2022 年展望,对引导交通与城市发展具有重要意义。

一、全球和区域港口与交通发展趋势动态

(一)全球和区域主要港口发展趋势动态

港口作为水陆交通的重要节点和集散枢纽,在交通运输体系中占据重要地位。随着经济全球化不断深入,全球海上货物运输规模持续增长(见图 1)。2020 年初,全球海上货物运输规模达 110.76 亿吨,与 2019 年初相比增长了0.52%。在基础设施和码头工人数量短缺、仓储配套设施不健全以及多式联运网络拥堵等多种因素影响下,面对大规模的货物运输量,加上新冠肺炎疫情的影响,港口的拥堵程度不断加剧。港口转型升级取决于信息化、智能化、数字化、自

动化,以及管理和服务的高效化,这也是衡量现代港口竞争力的关键维度,是引领未来港口可持续转型的新趋势。在后疫情时代,数字化智能港口技术有助于提升港口运营能力,将港口产能、效率、用户便利性和竞争力推上新高度,有效应对港口拥堵、运力下降、运价上升等问题。此外,港口与城市功能、产业发展具有联动效应,随着区域产业结构优化升级,探究港口、产业及城市之间的空间结构与功能演变,促进"港产城"融合成为新趋势。

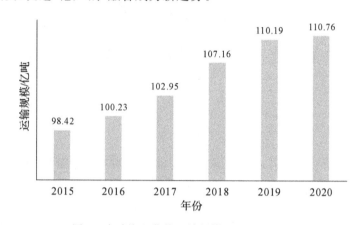

图1　全球海上货物运输规模(2015—2020)

数据来源:前瞻产业研究院《2021年后疫情时代海运行业全景分析报告》。

(二)全球和区域综合交通发展趋势动态

首先,综合交通运输是现代化交通的重要组成部分,是交通运输发展的高级阶段。随着交通与空间的竞合发展,交通逐渐从独立、竞争发展走向融合、协同发展。从全球交通发展历程来看,单一交通独立发展走向综合交通体系成为普遍趋势,所以应不断推动区域协调,培育新型经济增长点。其次,全球城市和区域都在着力运用信息化、数字化技术手段,所以应大力促进交通产业智能化变革,加快实现交通基础设施数字化、网络化及智能化,不断提升综合交通服务质量。再次,新能源交通和低碳绿色出行在全球不断推广,所以应大力促进交通节能减排和资源集约循环利用,以绿色低碳交通促进"碳达峰""碳中和"。最后,现代综合交通枢纽不断朝着立体化、集约化发展,促进城市区域的转型发展。其中,以大容量公交导向发展(TOD)成为国土空间规划热点,所以应不断促进精明增长,提高交通效率,缓解投融资压力。

二、宁波港口与交通发展的政策基础

作为国家交通强国建设试点城市、国家公交都市创建示范城市,宁波市港口和交通不断提质增效,多项工作和指标跃居全国前列。2021年,宁波市深入推进以人为核心的新型城镇化,加快打造现代化滨海大都市,争创社会主义现代化先行市。同时,"十四五"是宁波市全面开启高水平交通强市建设的第一个五年,积极打造基础设施强、运输服务强、创新动能强、治理能力强、支撑带动强的高水平交通强市。在长三角一体化发展上升为国家战略,浙江省积极建设"大湾区大花园大通道大都市区"的背景下,宁波市先后出台和落实《交通强国建设试点工作管理机制》《共同富裕先行市交通行动方案(2021—2025年)》《宁波舟山港总体规划修订工作宁波方案》《关于进一步完善农村公路"路长制"的指导意见》《全市交通重大项目投资"百日攻坚"行动方案》《宁波市交通运输局国家公交都市建设示范城市动态评估工作方案》等政策,聚焦宁波港口和交通发展,以国际门户型综合交通枢纽为引领,加快建设高水平交通强市,打造安全可靠、高效便捷、智慧绿色、适度超前的现代化基础设施体系。

宁波市"十四五"规划纲要提出要"全力建设世界一流强港,构建现代化基础设施体系"。2021年,宁波市常住人口城镇化率超过75%。宁波市深入打造宁波舟山港一体化,加快栎社机场四期、通苏嘉甬铁路、甬舟铁路、沪甬跨海通道等一批重大项目建设,增强公交、轨道、城际铁路等多模式交通衔接与融合,加速形成都市圈"1小时交通圈"。2021年,宁波市交通局数据显示,宁波市综合交通建设计划安排377.1亿元(见表1),其中公路174.1亿元,水运10.8亿元、民用机场44.2亿元、铁路27亿元、轨道交通120亿元、城市公交场站0.96亿元。据宁波市统计局数据,截至2021年底,宁波市交通运输、仓储和邮政业行业增加值为599.6亿元,比上年增长10.4%。总体上,宁波市不断推动交通发展由城市交通转向都市交通、由传统发展转向创新发展、由行业管理转向现代治理,为当好"重要窗口"模范生提供交通支撑。

表1　2021年宁波市综合交通建设投资任务分解

序号	单位	投资任务/万元	序号	单位	投资任务/万元
1	海曙区	18503	3	镇海区	110597
2	江北区	1180	4	北仑区	47746

续表

序号	单位	投资任务/万元	序号	单位	投资任务/万元
5	鄞州区	55505	13	大榭开发区管委会	10000
6	奉化区	170413	14	东钱湖管委会	45560
7	余姚市	130700	15	宁波临空经济示范区管委会	431637
8	慈溪市	91819	16	市轨道交通工程建设指挥部	1200000
9	宁海县	91788	17	市铁路建设办公室	270000
10	象山县	62036	18	宁波舟山港集团	74990
11	市交通运输局	878255		合计	3770729
12	宁波杭州湾新区管委会	80000			

数据来源：宁波市交通局。

三、宁波港口与交通发展的现状分析

（一）宁波舟山港发展的现状分析

随着"一带一路"倡议以及长三角一体化发展等国家战略的深入推进，依托良好的港航及自然资源优势，宁波舟山港逐渐成为国家战略发展中的硬核力量。在疫情影响下，宁波舟山港统筹落实各港区疫情防控措施，采取多种举措，保障物流链的畅通运行，积极推动复工复产，促进社会经济复苏。随着港口交通运输服务水平的不断提高，海洋旅游业和海洋运输业等海洋产业体系蓬勃发展。宁波舟山港作为全球重要的航运节点，依托地区外向型经济，实现了吞吐量和集装箱的快速增长。据宁波市统计局数据，2021 年，宁波舟山港年货物吞吐量首次突破 12 亿吨，达到 12.24 亿吨，同比增长 4.4%，连续 13 年位居全球第 1，其中宁波港域完成吞吐量 6.2 亿吨，增长 3.7%；全港完成集装箱吞吐量首次突破 3000 万标准箱，达到 3108 万标准箱，同比增长 8.2%，继续位居全球第 3，其中宁波港域完成集装箱吞吐量 2937.3 万标箱，增长 8.6%；海铁联运量首次突破 120 万标准箱，增长 19.8%（见表 2）。截至 2021 年底，宁波舟山港航线数量为历史新高，达到 287 条，其中"一带一路"航线达 117 条；海铁联运班列增至 21 条，业务辐射全国 16 个省 61 个地级市。宁波舟山港获得中国质量奖，实现了浙江省中国质量奖零的突破。

表 2　2021 年宁波舟山港港口货物和集装箱吞吐量

月份	货物吞吐量/万吨		集装箱吞吐量/万标箱	
	宁波舟山港	宁波港域	宁波舟山港	宁波港域
1	10502.9	5702.8	288.7	272.1
2	8830.9	4296.5	230.9	215.9
3	9992.1	5299.7	249.3	234.0
4	10509.9	5465.8	271.3	256.0
5	11107.3	5677.8	283.7	267.9
6	11359.7	5544.2	283.2	268.2
7	9451.5	4885.2	261.3	247.5
8	10863.4	5725.2	268.1	252.4
9	9719.8	5025.8	260.7	248.1
10	10460.0	5382.9	275.1	261.2
11	9678.2	4731.0	226.7	214.3
12	9929.8	4603.3	208.9	199.8
合计	102267.3	56957.3	2832.8	2937.4

数据来源:宁波市统计局。

(二)宁波航空交通的现状分析

航空是构建交通强市的重要组成部分。2021 年,宁波机场坚决贯彻落实"六稳"工作和"六保"任务,坚持"做亮客运、做强货运"的发展思路,以实际举措破题开局、超前谋划,着力实现航空主业的提质增效。"十四五"期间,宁波机场将开展新一轮建设,主要包括新建 T3 航站楼,新建二跑道及跑滑系统,新建配套机坪及交通中心,扩建国内及国际货站,配套建设货代、办公及生活设施;空管、油料设施扩建等。2021 年,浙江省民航强省建设领导小组办公室印发了《浙江省民航强省建设 2021 年度工作任务书》。为确保宁波市各项工作任务的落实,宁波市交通局(市港口管理局)印发了《2021 年民航强省建设宁波工作任务书》(甬交强市办〔2021〕9 号),强调在加快推进宁波机场改扩建、打造宁波机场综合交通枢纽、提升航空运输服务能级、培育宁波机场区域航空枢纽、打造宁波机场国际航空货运高地、打造通用航空先行示范等方面实现新的突破。受新冠肺炎疫情的持续影响,全球航空业受到了巨大的冲击,2021 年宁波机场实现旅客吞吐量 946.2 万人,全年起伏较大(见图 2)。展望未来,宁波市将打造全国重要的区域性枢纽机场和大型国际货运机场,加快落实浙江民航强省建设。

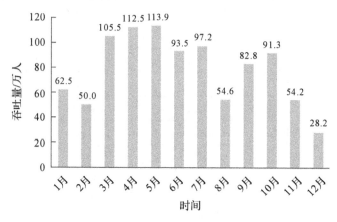

图 2　2021 年宁波市民航客运吞吐量
数据来源:宁波市统计局。

(三)宁波大都市区交通体系的现状分析

都市圈交通是以通勤、商务、休闲等交通目的为主,形成多层次多样化的"1小时交通圈",实现点到点、门到门服务。都市圈交通从区域核心城市、中心城市之间的点线关系向网络化发展,交通一体化格局从核心城市拓展至毗邻城市,由高等级设施对接向分层次综合交通体系转变,实现大都市区交通立体发展。

宁波市处于长三角城市群的南侧,依托优越的地理位置,打造实施"长三角南翼经济中心"重要战略,推进"三大通道、四大枢纽、四港融合"建设,基本建成省域、市域、城区"1小时交通圈"。《宁波高质量发展建设共同富裕先行市行动计划(2021—2025 年)》提出"十四五"期间将重点建成甬金铁路,开工建设通苏嘉甬铁路、甬舟铁路,谋划推进沪甬跨海通道、甬台温福高铁、杭甬城际铁路工程;至 2025 年,铁路总里程达 440 公里,高铁网密度达 168 公里/万平方公里。

宁波都市圈基本形成以公路为骨架,铁路、航空等各种运输方式相互衔接配合的交通发展战略格局。据宁波市统计局数据,截至 2021 年底,宁波市公路总里程为 11523 公里(含高速公路 583.9 公里),全年完成全社会货运量和货物周转量分别为 7.9 亿吨和 4395.1 亿吨公里,分别比上年增长 9.5% 和 5.4%。全年完成全社会客运量 0.7 亿人次,同比下降 4.6%。其中,公路客运量 1427.0万人次,同比下降 41.2%;铁路客运量 4620.5 万人次,同比增长 14.0%;民航客运量 946.3 万人次,同比增长 5.5%。

(四)宁波城乡公共交通的现状分析

宁波市以公交优先为重要发展准则,基本构筑了网络清晰、结构合理、快速便捷、绿色环保的城市交通系统。当前,宁波公共交通形成以轨道交通为骨干、常规公交为主体、出租车为补充、公共自行车为延伸的多模式、一体化的公共交通体系。

"十四五"期间,宁波市将深入推进第三轮轨道交通建设,推进城市轨道交通与铁路、干道、慢行网等一体衔接和多线多点换乘服务体系,轨道交通初步实现成网运营。2021 年,宁波市轨道交通系统累计完成有效投资首次突破 200 亿元,达到 267.36 亿元。截至 2021 年 12 月,宁波市运营 5 条轨道交通线路,分别为 1 号线、2 号线、3 号线、4 号线、5 号线,新增运营里程 27.9 公里,累计运营线路 183 公里,日均客运量 55.24 万人次,全年完成客运量 2.6 亿人次,同比增长 63.1%。其中,高质量建成运营全省首条全自动运行线路 5 号线一期。根据《宁波市城市轨道交通第三期建设规划(2021—2026 年)》,将建设轨道交通 6 号线一期、7 号线、8 号线一期、1 号线西延、4 号线延伸等 5 个项目,总里程约 106.5 公里。在建 2 号线二期后通段、3 号线二期、4 号线东延段、7 号线和 8 号线一期,以及宁波市域铁路象山线。在轨道交通建设和沿线土地开发上,深化实施 TOD 战略,"1+1+N"政策体系初步形成,前殷、五乡李家洋、镇海骆驼桥等区块紧密切合未来社区建设,不断加快 TOD 综合开发与配套建设。

城市快速路建设稳步推进,环城南路西延(薛家路—望童路)、世纪大道快速路跨北外环段、余慈胜陆高架建成通车;新增城市快速路 22 公里,累计总里程达 129 公里。新建成绿道 260 公里,绿道总里程超 1700 公里,全市域"沿山、沿江、沿湖、沿海"的绿道格局初步成形。此外,公共交通常规化与自行车道网络化,基本形成由骨干线、辅助线、支线、特色线等 4 个层级构成的绿色交通体系。截至 2021 年末,全市共有公交运营车辆 9850 标台,运营线路 1212 条;共有公共自行车 4.2 万辆,累计租车 2026.9 万辆次;共有出租车 6111 辆。

宁波市积极推动乡村公路与乡村公交建设,不断助推城乡一体化与乡村振兴。2021 年,交通运输部、财政部、农业农村部、国家乡村振兴局联合印发通知,命名宁波市奉化区等 153 个县(市、区)为"四好农村路"全国示范县,对宁波市等 40 个"四好农村路"建设市域突出单位予以通报表扬。截至 2021 年底,宁波农村公路总里程达到 9891 公里,平原乡镇、4A 以上景区全面通达二级以上公路,山区乡镇、3A 以上景区基本通达三级以上公路,建制村和 100 人以上自然村等级公路通达率、建制村及公路沿线自然村候车亭配建率、农村客运线路公交化运行率、村级农村物流点覆盖率等指标均在全省率先实现 100%。"十四五"期间,宁波将完成农村公路建设投资 147 亿元。

四、宁波港口和交通发展的经验总结

（一）积极做好疫情防控工作

伴随新冠肺炎疫情小规模暴发和季节性回流等问题，全球社会与经济发展逐渐进入后疫情时代。疫情对港口、机场等全球交通影响较大，全球贸易的需求量、贸易政策等均在不断变化，为港口发展带来较多不确定性。宁波舟山港是长江三角洲综合运输网的重要节点，航线众多，与 100 多个国家和地区通航。当前国内疫情形势整体保持平稳，新增病例多以境外输入为主，多地曾出现通过港口输入病例产生的疫情。疫情严重时，各国曾因港口传播病例过多采取封闭港口的措施，带来一系列不良影响，如防疫物资运输困难、港航供应链混乱等，港口成为疫情防控的重点。对此，宁波舟山港积极应对疫情，采取多样化防控方案，保障港口正常运行。

（二）持续发展智慧交通与数字化转型

智慧交通是将云计算、物联网等现代电子信息技术应用于交通运输服务。在交通强国战略的背景下，智慧交通成为行业发展的主攻方向，是打造智慧城市的重要一环。《宁波市智慧城市建设"十四五"规划》提出要发挥宁波舟山港的国际港口优势，"推动服务业数字化转型，发展数字化生产性服务，推进研发设计、现代物流等服务数字化转型"，从而有效提高港口的服务效率，与现代化生产相适应。此外，为建设绿色交通与智慧交通，宁波市提出加快更新绿色交通装备、完善绿色智慧基础设施，同时赋能数字交通服务，助力城市智慧交通建设。

（三）完善和建设多层次的轨道交通网

综合运输体系强化铁路、公路、水路等各种运输方式分工协作、有机结合的交通运输综合体建设。宁波基本形成了以公路为主骨架，铁路、航空等运输方式衔接配合的发展格局，并以港口为依托，充分发挥多式联运优势，构建综合立体交通网络。在"多网融合"背景下，宁波市积极推动城市轨道交通建设与网络化运营，从体制机制、管理机构和线路规划等方面推动城市轨道交通与市域铁路的协同发展，推动多模式交通融合。

五、宁波港口和交通发展的对策建议

（一）港口和交通发展的形势分析

第一，以人为本城市建设对韧性交通提出新要求。韧性城市强调城市应对多种风险和灾害之后，城市基本功能实现快速恢复的能力，尤其是在疫情常态化大环境下，对城市可持续交通提出了新的要求。《交通强国建设纲要》明确提出要建设现代化高质量综合立体交通网，增强系统弹性。作为以人为本城市建设的重要体现，需不断提升宁波综合交通体系的韧性，维持社会经济运行和高质量发展。

第二，全球大港定位对宁波舟山港的港城融合提出新要求。面对全球大港这一定位，如何推进港口功能和城市功能的深度融合，成为港口和城市相互促进、相互补充的重要内容。港城融合本质是不断促进港口、产业和城市的融合与联动发展。在宁波市万千亿级产业集群与产业体系的带动下，宁波舟山港应积极依托港口枢纽优势和辐射效应，在航运、仓储等临港产业，钢铁、新能源、高端装备等依存产业，港口金融、保险等衍生产业，形成较为完善的产业体系，不断强化供应链、产业链、价值链等融合发展。

第三，城市功能升级演化对站城融合提出新要求。作为长三角一体化的重要部分，宁波交通发展显著影响地方和区域的交通可达性和空间功能结构，因此必须推动市域空间治理从城际型互动走向网络型互动。面向市域空间治理体系与治理现代化，港口和交通建设需要增强多层级政府和不同主体的协作，以提升交通投资质量，促进区域协同发展，不断优化站点、枢纽、线路与城市功能的融合发展。

第四，互联互通都市圈构建对"多网融合"提出新要求。干线（高速）铁路、城际铁路、市域铁路、城市地铁等多模式交通服务于不同地理范围，需要不断推动这些轨道系统的"多网融合"，促进跨界交通相互补充与衔接，形成功能联系紧密、社会经济融合的功能区域，实现行政边界管理走向功能边界管理。

（二）港口和交通发展的对策建议

第一，结合疫情常态化及潜在风险灾害，强化"韧性交通"。通过强化补短板，构建安全可靠的交通网络，以更好地应对疫情反复、气候变化、台风洪涝等风险，增强交通安全，强化公共交通供给能力与即时恢复能力，这是宁波港口和交通健康可持续发展的重要方向。宁波构建韧性交通应不断强调基于各种风险的交通管理与应急体系,尤其是基于数字化、信息化和智能化的交通风险评估、识别关键交通设施、保障交通持续供给、提升交通建设标准等,从而实现在各种风险的事前准备、事中抵御、事后响应和恢复等环节提升交通韧性

第二,应对港口与产业链发展,强化"港城融合"。面向高质量发展下的港口和城市"双转型"发展,明确港口功能与城市功能的演变格局、过程和机制,把握港城融合的新要求、新任务和新趋势,不断强化港口辐射功能,完成城市产业链的补链强链固链,促进产业集聚,实现港口和城市能级"双提升"。

第三,结合交通枢纽与国土空间发展,强化"站城融合"。随着(高速)铁路、港口、航空等的快速发展,推进"站城融合",优化城市更新模式与未来社区建设,强化枢纽站点的交通功能与城市居住、商业、休闲、服务等多样化功能的深度融合,不断提升宁波枢纽能级,增强枢纽辐射功能。

第四,结合轨道都市圈建设要求,强化"多网融合"。顺应都市圈从行政边界拓展至功能网络、从分散走向深化融合、从城际双向合作走向网络化合作的发展趋势,优化宁波市都市圈空间治理与区域协调,构建互联互通的都市圈空间,不断促进社会经济增长,优化空间治理能力,实现高质量发展。

参考文献

[1] 宁波市交通局:《关于印发 2021 年全市综合交通建设投资任务的通知》,2021 年。
[2] 宁波市统计局:《国家统计局宁波调查队 2021 年宁波市国民经济和社会发展统计公报》,2022 年。
[3] 浙江省交通运输厅:《宁波舟山港 2021 年度成绩单出炉》,2022 年。
[4] 林雄斌:《大湾区城际公共交通的供给体系与治理机制研究》,北京大学出版社 2021 年版。

作者单位:宁波大学

2021年宁波教育发展情况分析及2022年展望

丁巧丹

一、2021年宁波教育发展情况

据宁波市教育局数据,截至2021年12月底,全市共有高等院校16所,在校学生18.26万人。普通中小学656所,在校学生76万名,其中初中238所,在校学生22.2万名;普通高中84所,在校学生9.9万名;特殊教育学校10所,在校学生1264人。义务教育入学率、巩固率均达到100%,适龄残疾幼儿学前入园率达95.24%;残疾儿童九年义务教育入学率达100%;残疾少年高中段入学率达90.84%,普通高校招生考试报名录取率达95.28%。

据宁波市财政局相关资料,2021年,宁波市教育公共财政拨款279亿元,占财政一般预算支出的10.87%,同比增长3.6%。市本级教育公共预算支出54.9亿元,比上年增长8.5%,其中初中教育1.3亿元,高中教育7.4亿元,高等教育16.7亿元。

(一)基础教育稳步提升

1.学前教育加速补短提升

扩大普惠性幼儿园资源,新增公办幼儿园30所,普惠性在园幼儿占比达到91%以上,二级及以上幼儿园在园幼儿占比达到73%以上。通过开展全市学前教育教研责任共同体评估,选树典型,带动整体提升。江北区、北仑区通过省学前教育普及普惠县评估。

2.义务教育更趋优质均衡

形成"五全"宁波课后服务模式,实现课后服务义务段学校 100% 全覆盖。严格落实免试就近入学政策、公民同招政策和信息公开政策,2021 年累计 17.07 万名小学、初中适龄儿童通过统一招生入学报名。

3.普通高中打造特色多样

落实《宁波市关于深化课改推进普通高中高质量发展行动计划》,制发"1122"学校特色升级工程相关项目建设指导建议,建立直属普通高中高质量发展联席会议制度,研制《市教育局直属普通高中 2020—2021 学年高质量发展任务清单》,切实推进普通高中整体质量提升。优化普通高中经费投入机制,统筹直属普通高中改革发展专项经费,为普通高中教育高质量发展提供经费保障。

(二)中职教育高位提升

2021 年,全市新增 35 个中职专业和 23 个技工专业。启动 6 所省高水平中职学校、19 个省高水平中职学校专业(群)建设工程。推出的学业水平全面测试效果明显:在浙江省"面向人人"比赛中 3 门学科/专业获得全省第 1;在浙江省职业能力大赛中获一等奖 19 项;在全国职业院校技能大赛中共获得 6 金 2 铜 2 银,所有参赛均获奖,金牌数、奖牌数均位列全省第 1。组织参加全国职业院校技能大赛教师教学能力和班主任能力比赛,获 6 金 5 银 3 铜,金牌数、奖牌数均位于全国前列。第 46 届世界技能大赛全国 10 进 5 选拔赛中,4 个项目通过选拔。产教融合成果显著,2021 年成功签约 47 项校企合作项目。

(三)高等教育内涵提升

省部共建农产品质量安全危害因子与风险防控国家重点实验室获科技部发文批准建设,宁波市首个国家重点实验室正式落户宁波大学。新型研究型大学筹建工作取得重大进展,宁波市政府与虞仁荣教育基金会签订合作办学协议。在甬高校已拥有国家级一流本科专业 39 个(新增 22 个),省级一流本科专业 53 个(新增 17 个),其中宁波大学获批 14 个国家一流专业。宁波大学新增 3 个一级学科博士点,宁波工程学院、浙江万里学院获批为硕士学位授权单位,应用型本科高校步入高水平发展阶段。浙江药科职业大学挂牌,开启职业本科办学探索。宁波工程学院杭州湾汽车学院获批教育部首批现代产业学院;宁波工程学院、浙大宁波理工学院、浙江万里学院获批浙江省现代产业学院。宁职院、城市学院、工商职业学院获批国家级职教联盟。推进浙江纺织服装职业技术学院等 7 所高职高专院校完成"双高"校(专业群)建设方案。

2017 年以来,宁波市普通高等教育办学层次持续优化,在校生和研究生规模稳中求进,普通高校生源质量不断提高。其中,研究生规模突破 1 万人大关,本科生规模突破 10 万人大关(见表 1)。2021 年增加的 4931 名在校生总人数中,研究生 1241 人,同比增加 11.9%,本科生 3104 人,同比增加 3.1%,专科生 586 人,同比增加 0.9%。2017—2021 年,全市高校累计培养 22.53 万名全日制毕业生,其中 9.43 万人留甬就业,毕业生本地就业率名列全省第 2。

表 1　2017—2021 年宁波市普通高校在校人数　　(单位:万人)

年份	在校生总数	研究生数	本科生数	专科生数
2017	15.9729	0.9035	9.6892	5.3874
2018	15.9252	0.9466	9.6612	5.3175
2019	16.6085	0.9630	9.7044	5.9411
2020	17.8721	1.0411	9.9896	6.8414
2021	18.3652	1.1652	10.3	6.9

资料来源:宁波市教育局。

(四)教师队伍能力提升

加强高层次人才引进,提高教师人才引进质量和效率。根据宁波市教育局统计,2021 年,宁波公开招聘录用事业编制教师 2032 人,其中研究生学历 332 人,占比 16.34%;直属学校(单位)共新聘 65 人,其中硕士 34 人,占比 52%。宣传选树 500 名"四有"好老师和 70 名"王宽诚育才"教师,评选 50 对 177 名市级校内"好师傅、好徒弟",遴选 38 名市名师参加浙派名师培养项目,4 名骨干教师参与长三角跨省交流研修。2 名幼儿教育工作者(浙江省共 2 名)荣获第十四届宋庆龄幼儿教育奖,33 名教师获评 2021 年省教坛新秀,2 位教师获评市有突出贡献专家,1 位教师获评省"有关计划"人才。遴选 43 名特级教师、名师等作为甬城教育名家培养对象。加大乡村教师队伍建设,遴选确定 200 名乡村骨干教师进行重点培养,促进城乡教育均衡发展。做强"名校长工作室"品牌,推荐参加国家级省级校长培训 66 人,其中国培项目 4 人,长三角名校(园)长培训 3 人,省级培训 59 人。推动市名校(园)长与 138 名中小学(幼儿园)进行师徒结对,助力年轻校(园)长专业成长。师德师风建设稳步推进,开展中小学在职教师有偿补课和违规收受礼品礼金问题专项整治活动,44 位教师受党纪政纪处分。

(五)办学条件全方位提升

2021 年,教育系统 50 个项目全部开工,开工面积 85 万平方米。竣工 36 所中小学(幼儿园),共计新增学位 25780 个,其中幼儿园 27 所,新增学位 9000 个;中小学 9 所,新增学位 16780 个。投入 2 亿元,开展幼师高专宿舍楼三期扩建等

5 个项目;投入专项资金 3000 余万元,对 15 所直属学校进行修缮。

推进教育数字化改革,制定《宁波市智慧教育改革工作方案》,开展数据收集、数据共享与数据服务等 3 大类目标,明确 15 个重点建设项目。宁波教育电子政务平台、"互联网＋义务教育"等 11 个应用场景投入使用。宁波市校外培训机构一站式服务平台(甬信培)入选省教育领域数字化改革创新试点项目,已在全省推广应用。

(六)疫情防控实招实效

全面落实校园防疫常态化举措,强化防疫宣传和日常管理,守好校园安全大门。2021 年,宁波教育系统停课学校共计 309 所,涉及学生 272970 人,停课的大中小学校积极开设网课,网课覆盖率达 100%。

加快新冠疫苗接种进度,截至 2021 年底,全市教育系统内 3—11 周岁疫苗接种率 104.1%,12—17 周岁疫苗接种率 129.4%,18 周岁以上疫苗接种率 113.8%,加强针接种率 181.9%。

二、当前宁波教育发展的主要问题

(一)基础教育城乡差距依然存在

对全市 11 个县(市、区)32338 位家长就"教育满意度"进行问卷调查,回收调查问卷 29349 份,有效问卷 28169 份,有效样本率 87.11%,内容涉及对学校资源环境的满意度、对学校管理的满意度、对教育质量的满意度三个维度。有效样本中,小学生家长占 57%,中学生家长占 53%;公立学校学生家长占 93%,民办学校学生家长占 7%;主城区学校学生家长占 51%,乡镇村学校学生家长占 49%。结果显示,中小学家长对学校教育满意度的均值为 4.38。其中,对学校资源环境的满意度均值为 4.07,对学校管理的满意度均值为 4.80,对学校教育质量的满意度均值为 4.36。通过以上数据可知,参与此次调查的中小学学生家长对学校提供的教育服务满意度较高,达到 87.6%(4.38/5)。同时,在调查中也发现,家长对乡镇初中和乡镇高中的教育质量满意度最低,分别为 4.31 和 4.32。受城镇化、"全面二孩"和户籍政策等因素的叠加影响,城乡之间、区域之间、学校之间出现了新的不平衡,结构性矛盾依然存在。这也能从政府财政支出中得到印证:2021 年,市本级一般公共预算支出预算 54.9 亿元,比上年增长 8.5%,全市增长为 3.6%。

（二）高等教育量少质弱

截至 2021 年底，宁波高校总数增至 16 所，在校生 18.4 万人。其中，宁波大学入选全国"双一流"建设高校，宁波诺丁汉大学稳居国内中外合作大学第一方阵，这些都是宁波高等教育的亮点。然而，在第一轮"双一流"验收中，宁波大学力学专业被列入警示名单，虽成功进入第二轮"双一流"建设名单，但压力倍增。每 10 万人中，受过大学教育的人数，宁波为 17838 人，在 15 个副省级城市中位列最后，和杭州的 29317 人更是差距巨大。宁波在校生数量远低于厦门、青岛、苏州等城市，大学生毕业后留甬工作的仅占 4 成，长期工作及居住人数则更低。宁波人才总量与杭州相差 20 万人以上，高技能人才 35.5 万人，仅为苏州的 62%，高技能人才占技能劳动者比重仅为 26.2%，与苏州的 32.9% 差 6.7 个百分点。这些，将直接制约宁波转变经济发展方式与提高创新驱动能力。

（三）智慧校园建设效率低下

目前，长久以来以学校为主体进行教育信息化建设的模式，出现各自为政、互不兼容的信息孤岛现象。各地区学校建设虽各有特色，但从全市来看，没有连点成线、连线成面，导致学校设备闲置、信息隔绝、各种硬件设施与软件服务未能有效共享。相关研究结果显示，目前学校机房利用率在 35% 左右，若使用云平台方式，可以节约 30%～50% 的建设经费。由于数据不共享而造成的隐形浪费更是无法估量。从系统内部来看，呈现出"重硬件建设、轻软件应用"的粗放型特点，在对象细分、需求调研、精细化管理与教学，以及运用大数据技术进行个性化分析与诊断方面比较薄弱。从外部来看，企业追求以硬件设施一次买断、区域战略合作等方式进行合作，一哄而上抢占市场，很少沉下心来走进教学现场，分析师生潜在需求，研发的软件对教育发展贡献度有待提升，精准度、利用效率上急需进一步提升。

三、2022 年宁波教育发展形势展望

（一）"双减"深入实施和共同富裕

2021 年是"双减"工作元年，政策目标是维护和巩固基础教育领域的教育公平。在现代社会，教育不公平与收入不公平间相互影响，其作用相互叠加，使得社会公平正义的实现更为困难。国家一直在倡导"减负"，而家长却拼命地"增负"，本应面向学生全面发展的基础教育，却陷入"应试教育"的泥淖。当前我国校外培训的作用不仅仅是缘于"补差"，更多的是为了"培优"，越来越多的家长不

惜重金在校外培训机构为学生补课,通过增加教育支出换取教育优势进而巩固经济优势。课外培训需要高额的教育支出,在"剧场效应"的影响下,几乎所有家长都被裹挟其中,中低收入家庭的学生更难以获得公平的教育资源,削弱了政府在教育公平政策中的努力。

因此,未来如何保障校内教学质量、促进教学品质相对均衡,让所有学生享受公平公正受教育的机会,是真正有效落实"双减"政策,实现共同富裕的必由之路,也是摆在相关部门面前的一道必答题。

(二)高等教育和城市竞争

2021年,宁波市地区生产总值达14595亿元,跃居全国第12名,增量达2186亿元,居全国第8名。财政总收入3264亿元,其中一般公共预算收入跃居全国第10,列副省级城市第5。按常住人口计算的人均生产总值从10.4万元增加到15.4万元,按年平均汇率折合达2.4万美元,已达到世界银行最新国别收入分组标准高收入经济体水平的1.8倍左右。宁波舟山港集装箱吞吐量居全球第一,宁波城市经济实力日益增强。

然而,城市的标志远不止庞大的人口规模与经济体量,它还必须拥有世界级的高等教育。近些年,深圳、成都、武汉、杭州等各大城市的抢人大战,越来越彰显高等教育的重要性。对一个城市来说更是如此,宁波发展和繁荣的根基,宁波城市精神与性格的塑造,都需要依赖这里的大学。

未来,宁波要形成"一高多特"教育格局,即举全市之力发展双一流建设大学,市属高校错位发展、各有特色,立足内涵发展,夯实高等教育基础,同时加快外延发展速度,以人才为核心完善政策体系,促进高等教育与地方经济社会协同发展。

(三)智慧校园和信息化建设

智慧教育是对传统教育信息化弊端的突破,更是教育本身在新形势、新环境、新机制下的跨越与发展,也是对支撑教育发展的各个要素与环节的重新配置与调整。李克强总理明确要求利用现代信息技术,发展"互联网＋教育",建设智慧学校,提高办学质量和水平。孙春兰副总理提出推动"互联网＋教育",实现优质教育资源共享和下沉。

在推进智慧校园硬件建设方面,宁波具有较好基础,从硬件设施、软件开发、资源建设、师资配备、应用开展等5大方面和45个指标制定建设数字化校园标准。目前,宁波市数字化校园已有500多所。生机比达到3.5:1,师机比达到1:1,100％学校实现千兆互联,100％学校建有校园网,100％教室配备多媒体,基本实现全市教育信息化基础的高位均衡发展。

未来,在硬件建设比较的基础上,确保每个学校建立信息中心,健全机制体制,相关负责人享受中层待遇;要求 24 个班级以上的学校必须配备 1 名以上专业教师,从形式上的信息化向实质性、内容性的信息化转变。

四、2022 年宁波教育发展对策建议

(一)稳妥推进"双减"改革

2022 年,"双减"工作将进入改革深水区,如何基于平等的学校教育,尽量减少家庭资本对优质稀缺教育资源获得的干预,通过教育公平促进社会公平正义,考验的是政府综合治理水平。

要在综合治理上出实招,坚持政府主导、多方联动,发挥学校主体作用,明确家、校、社会协同责任,关键是处理好两个问题:一是"双减"政策下所要推进的教育公平和学生的全面发展,不是每个学生学业上的平均发展,更不是"削峰填谷"牺牲部分有天赋的学生的发展而实现所谓的教育公平。提高学校课后服务质量,满足学生多样化需求,既不增加学生负担,又能实现学生和学校的多样化发展。二是"双减"政策后在校教师"增负"现象比较突出,如何从制度层面保障教师的权益,也是急需解决的核心问题。通过制定教师加班认定办法和相应的物质保障等手段,充分调动教师的工作积极性,同时减少非教学任务对教师教学教育工作的干扰,充分保障教师专注于教学,营造良好的教育生态。

(二)均衡发展基础教育

深化教育部基础教育课程教材发展中心与宁波市教育局共建"基础教育课程改革示范实验区"改革成果,加强统筹、优化程序,新(改、扩)建 60 所中小学和幼儿园,严控项目建设进度,保障项目质量,让老百姓在家门口上好学。

全面理顺学前教育"以县为主"的管理体制,启动第四轮发展学前教育行动计划,开展市级幼儿园品牌课程创建行动,等级幼儿园比例要达到 98% 以上,二级及以上幼儿园占比应达到 75% 以上,公办幼儿园和普惠性民办园在园幼儿占比保持在 90% 左右,创建 1~2 个全国学前教育普惠县(市、区)。

优化高层次人才子女入学服务,谋划高层次人才子女入学优待政策,助力人才兴市。要进一步推进城乡教育共同体建设,确保 2022 年全市乡村和镇区公办义务教育学校教共体 100% 全覆盖。实施宁波市初中学校全面提升行动计划,创建 1~2 个全国义务教育优质均衡发展县(市、区)。

推进"1122"学校特色升级工程建设,指导学校创建一批学科教室和创新实

验室。研究普通高中科创人才培养办法,探索建立市级学科竞赛平台。推动普通高中教育双向延伸,构建育人共同体,实现整体质量提升。

(三)全面优化高等教育

紧跟国家战略,优化存量,引进增量。积极响应国家"双一流"战略,继续支持宁波大学"双一流"高校巩固优势、加快发展,顺利通过新一轮评估;助力宁波诺丁汉大学高水平中外合作大学建设;加快推进东方理工大学筹建工作,争取列入教育部"十四五"高校设置规划,推动开展研究生联合培养。

优化高教资源布局和学科专业设置,分类指导高校特色发展、错位发展,研究制订新一轮宁波市重点学科、重点专业提升支持计划,为"246"万千亿级产业集群建设和关键核心技术攻坚,提供有力的人才支撑和创新支持。推动宁波职业技术学院升格为职业本科,稳妥推进宁波大学科技学院转设,推进浙江大学宁波"五位一体"校区建设和中国科学院大学宁波材料工程学院建设。

(四)激发师资队伍活力

深化教师考核评价,突出师德师风第一标准,强化立德树人导向,健全完善师德失范行为典型案例通报警示制度。落实中小学校师德师风责任机制,抓实师德师风责任清单管理,构建完善中小学教师师德师风风险防范体系。推进新时代基础教育卓越教师培养,抓实新锐教师夯基启航、名师骨干拔节扬帆、甬城教育名家领军工程,实施第十二届特级教师跨区域带徒活动,建好 53 个宁波市名师工作室,打造 20 个中职教育教学创新团队,抓实 43 个甬城教育名家培养对象实践研修、高端访学和科研扶持。启动百名乡村校长素质提升"领雁工程",加强全市农村中小学校长队伍建设,引领农村基础教育质量提升,有效衔接乡村振兴战略。深化"县管校聘"管理改革,优化区域教师配置,加强骨干教师交流,推进第二轮乡村教师专业发展支持计划,建设 100 个乡村教师专业发展基地学校(名师乡村工作驿站),深化名师骨干带徒,培养 200 名乡村青年骨干教师,缩小城乡教师资源差距。加大从清华大学、北京大学等一流大学引人力度,促进师资队伍高质量可发展。

(五)提升智慧校园效能

要进一步加快推进智慧校园建设,优化数字教育资源供给,深化教育数字化新融合。强化对省"教育魔方"和省市数字社会、数字政府、数字经济、数字党政建设的支撑服务,做好"甬易学"、宁波市"双减"综合服务管理平台、校园安全管理平台等试点项目建设,做好相关项目数据共享和数据回流。加快推进数字新基建 2.0,构建教育数据智能中心,完善教育智治一张图,打造教育数字"工具箱",建设"甬有优学"等 12 个应用场景。巩固公民上学"一件事"、智慧校园建设成效,数智赋能"城乡教育共同体"、家长学校建设。

(六)加大区域、产业合作力度

关注地区特色与禀赋,明确发展重点。围绕宁波重点发展的芯片产业、智能制造、人工智能等新兴产业,联合高校和行业龙头企业,在集成电路等"246"万千亿级产业集群相关领域,建设产教融合人才培养基地。推进与周边城市的交流合作,加强对口支援协作,推动合作项目落实落地。鼓励高校设置"产业导师"岗位,吸引行业企业高端人才到院校任教。加强专业与市级重点产业行业对接,进一步健全专业动态调整机制,提升专业竞争力;提升 5 个产教融合联盟、7 个现代产业学院、实施 40 个双师型教师项目、20 个教学改革项目。探索建立校长、企业家专业化联谊机制。加大产业学院建设,探索中高职院校贯通推进产教融合办法,推进"产城、产教、教城"融合互动,强化"产、学、研、培、用"协同发展。

参考文献

[1] 王健敏:《打造重在内涵发展的基础教育——浙江省基础教育发展报告》,《上海教育科研》2018 年第 1 期。
[2] 吴华:《国家教育公平政策的思路、问题与对策》,《东北师范大学学报》2007 年第 2 期,
[3] 褚宏启:《教育公平与教育效率:教育改革与发展的双重目标》,《教育研究》2008 年第 6 期。
[4] 寇丹:《整体性治理:政府治理的新趋向》,《东北大学学报(社会科学版)》2012 年第 3 期。
[5] 吉莹:《基础教育信息化区域推进现状分析与对策研究——基于江苏省 N 市的调研》,《现代教育技术》2019 年第 29 期。
[6] 董友生:《论农村基础教育信息化存在的问题及对策》,《教育观察》2019 年第 8 期。
[7] 刘复兴:《试论新时代我国基础教育的结构性变革》,《教育研究》2018 年第 39 期。
[8] 潘旦:《人工智能和高等教育的融合发展:变革与引领》,《高等教育研究》2021 年第 2 期。
[9] 黄文治:《小学生学习压力与心理健康的关系研究》,《校园心理》2020 年第 1 期。
[10] 康永久:《公立学校的公共性问题》,《学术研究》2005 年第 9 期。
[11] 高萍:《区域基本公共教育均等化现状、成因及对策:基于全国各省(市、自治区)面板数据的分析》,《宏观经济研究》2013 年第 6 期。
[12] 国务院:《关于深化产教融合的若干意见》,2017 年 12 月 19 日。
[13] 胡坚达:《职业教育校企合作网络公共服务平台构建:以宁波市为例》,《教育研究》2015 年第 6 期。
[14] 别敦荣:《论高等教育内涵式发展》,《中国高教研究》2018 年第 6 期。
[15] 陈露茜:《促进高等教育内涵式发展相关政策述评》,《江苏高教》2014 年第 2 期。
[16] 耿乐乐:《中国基础教育生均经费支出的公平性研究》,《华东师范大学学报(教育科学版)》2022 年第 1 期。

[17]《南京居首、宁波暂居末位，我国副省级城市人口素质简单盘点》，2021 年 12 月 8 日，https://baijiahao.baidu.com/s?id=1718544815383935053&wfr=spider&for=pc。

[18] 苏泽庭：《信息化背景下的智慧教育推进策略研究》，《中国电化教育》2015 年第 2 期。

[19] 董云川：《基础教育"减负"的逻辑困境》，《云南师范大学学报》（哲学社会科学版）2022 年第 1 期。

[20] 省财政厅课题组：《以信息化推进基础教育均衡发展》，《地方财政研究》2019 年第 7 期。

[21] 杨兆山：《"双减"引发的对基础教育的几点思考》，《四川师范大学学报（社会科学版）》2021 年第 11 期。

作者单位：宁波大学

2021年宁波卫生健康发展情况分析及2022年展望

魏玉祺　胡俊俊

一、2021年宁波卫生健康发展情况分析

2021年,宁波市卫生健康工作坚持以建设优质高效整合型医疗卫生服务体系为主线,慎终如始抓好新冠肺炎疫情常态化防控,持续推进"1＋5"卫生健康改革发展攻坚战,加快构建党建统领的卫生健康整体智治体系,为宁波率先实现卫生健康现代化开好局、起好步。

(一)统筹推进疫情防控及公共卫生体系建设

1. 持续抓好新冠肺炎疫情常态化防控

坚持"外防输入,内防反弹"。健全及时发现、快速处置、精准管控、有效救治的常态化防控机制,严格抓好入境来甬人员、国内中高风险地区来甬人员、入境物品相关工作人员等重点地区重点人群健康管理工作,落实疫情信息规范报告和病例、密切接触者等规范管理工作,完善流行病学调查溯源等应急处置机制。进一步健全完善监测预警体系,加强对重点食品、环境和人员的监测工作。坚持"人物并防"。配合做好冷链食品的"全受控、无遗漏"闭环管理工作,稳妥有序推进新冠病毒疫苗接种工作,组织做好重点人群(65岁及以上)流感疫苗接种民生实事项目。努力实现"四个确保一个力争"目标,继续交出防疫"高分报表"。

2. 大力推进卫生应急体系建设

继续完善宁波市公共卫生应急指挥体系,进一步加强部门间联防联控和卫

生应急协作机制建设,建立健全部门间突发公共卫生事件信息通报、应急联动机制。大力推进二级以上医疗机构落实公共卫生应急职能科室,构建完善的市、县两级卫生健康行政部门和医疗卫生单位的卫生应急指挥体系。完善疾病预防控制体系,进一步加强市、县两级的卫生应急队伍建设。加大投入,进一步充实完善市本级紧急医学救援队、突发急性传染病防控队、核酸检测应急队、心理危机干预队等市级卫生应急队伍建设,根据要求配备统一应急服装及个人携行装备,实施规范化的建设与管理,提高卫生应急队伍的专业化水平。全面落实数字疾控平台二期项目。启动建设基于健康医疗大数据的公共卫生管理平台,升级传染病动态监测、慢性病与危险因素监测、免疫规划全流程追溯和决策分析、健康危害因素监测等多业务应用系统。

3. 提升公共卫生防控救治能力

加快启动市公共卫生临床中心的开工建设,正式启用国科大华美医院公卫中心慈溪分中心。指导市县两级定点医院独立感染楼建设,重点改造升级负压病房、负压手术室、负压重症监护病房、标准隔离病区、传染病专用血透室、发热门诊等必要的硬件设施,进一步增加负压救护车配备比例。加强血液应急保障。规范发热门诊(诊室)建设和管理,加强呼吸、感染、重症、急诊等学科建设。加强核酸检测能力建设,提升城市检测基地的最大实战能力储备,落实核酸采样人员、检测人员的岗位练兵,组织开展应急演练,随时做好大规模社区核酸检测准备。持续推进发热哨点诊室规范建设,健全发热病人全周期常态化管理制度。

4. 切实加强重点传染病防控工作

在坚持"动态清零"总方针,加强新冠肺炎疫情防控的同时,继续做好其他急性传染病防控工作。规范实施各项监测任务,加强对登革热等输入性传染病的防控,严防本地传播;加强与教育等部门的联防联控,做好学校等重点场所聚集性疫情防控工作,保障公共卫生安全和社会稳定。扎实开展结核病、艾滋病、病毒性肝炎等重大传染病防控工作。结核病以"降疫情"为主线,重点做好高发乡镇动态抄告预警、高危人群主动发现、散发及聚集性疫情快速处置、疑似病例分子快诊、确诊病例规范化隔离治疗工作。艾滋病以创建示范区为抓手,以遏制性传播为重点,开展 HIV 传播风险评估和感染风险评估,通过流行病学溯源、分子溯源和大数据溯源开展艾滋病精准防控。积极稳步推进消除丙肝公共卫生危害行动。

5. 深入推进爱国卫生运动

巩固扩大国家卫生城市(县城)成果,完善健康城镇评价体系,深入开展健康城市、健康村镇建设,重点推进健康企业、健康家庭等建设活动,加快推动爱国卫生工作从环境卫生治理向全面社会健康管理转变。大力普及健康知识和行为，积极倡导戴口罩、勤洗手、多通风、不扎堆、用公筷等健康文明生活方式。全面深化"厕所革命"，科学实施病媒生物综合防制策略。

（二）整合推进医疗卫生服务高质量发展

1. 加快推进卫生健康数字化改革

启动新基建建设，推进卫生业务网和数据中心建设，升级全民健康信息平台，开展"5G＋医疗健康"应用国家级、省级或市级试点或示范项目建设。推进新应用建设，积极推进惠民、惠医、惠卫、惠政等应用建设，完善全民健康信息平台，启动智慧医院建设，建设公共卫生管理平台，深化市县两级综合监管服务平台应用。加快新业态建设，上线运营市级医疗机构和医共体牵头单位互联网医院，进一步加强互联网医疗服务监管，加快成立健康医疗大数据运营公司，按照"1＋X"产业布局，推进健康医疗大数据生态建设，推进医学人工智能和区块链技术的技术应用。

2. 全力推进医学高峰计划

推动市政府与省卫生健康委全面战略合作，积极创建省级区域医疗中心，引导市级医院更加聚焦疑难重症疾病的临床诊疗及临床研究，进一步提升医学科技创新水平和区域辐射能力。支持各级医疗机构与上海、杭州等长三角地区的知名高校、科研院所及医疗机构开展各种形式的合作交流。稳步推进甬舟卫生健康一体化发展，强化各业务领域的区域协同。谋划推进中心城区北部医学中心建设。指导二级以上公立医院参加全国公立医院绩效考核，提高医疗服务质量和效率。指导市县两级医疗机构健全医疗质量持续改进体系，规范开展各项医院管理工作，加强人员、学科、技术等内涵建设，积极做好浙江省第四周期医院等级评审自查迎检工作。加快国科大宁波生命与健康产业研究院、中医药研究院、公共卫生研究院建设，打造开放共享的高等级平台。高标准完成中国自然人群生物样本库东部中心硬件建设，争取完成 45 万份自然人群生物样本采集和保藏。对 10 个品牌学科实行优胜劣汰，启动第二轮建设。布局建设第四轮市级重点（扶植）学科、市县共建学科。持续支持第一批、第二批市级临床医学研究中心建设。

3. 深入推进县域医共体和城市紧密型医联体建设

启动实施县域医疗卫生服务能力提升工程，坚持市县联动，推进优质医疗资源有序扩容、精准下沉、均衡布局。持续深化县域医共体建设，积极开展城市医联体建设。建立健全各成员单位统一管理、分工协作、双向转诊的体制机制。重点推进医共体（医联体）模式下分级诊疗、现代医院制度、人事岗位管理、人员统筹使用、医保支付方式等集成改革。组织开展医共体(医联体)管理创新优秀案例评选和集中展示活动。加强感染科、儿科、麻醉科、重症医学科等薄弱专科建设,提高住院医师规范化培训质量内涵,依托县域医共体人才培养项目,推进麻醉、感染、重症、儿科等紧缺专业人才以及公卫人才培养。

4. 持续深化"三医联动""六医统筹"集成改革

抓深抓实省级现代医院管理试点和"三医联动""六医统筹"集成改革试点,会同有关部门联动推进医保支付方式改革、医疗服务价格动态调整、药品耗材集中采购和薪酬分配激励机制创新。深化"公立医疗机构经济管理年"活动,强化公立医院综合改革评价和绩效考核机制,科学控制医疗费用不合理增长,门急诊和住院均次费用增幅控制在 5% 以下,医疗服务收入占比达到 32%。

5. 促进基层医疗卫生综合服务能力提升

全面开展优质服务基层行活动,继续实施基层特色专科建设,建立完善的基层医疗卫生机构能力建设评价标准,推动社区医院建设,提升基层医疗机构住院服务能力。以重点人群签约为主,拓展家庭人员整合型签约模式,常住人口签约人数按省定要求完成,重点人群签约率和续签率巩固在 70% 以上。开展基本公共卫生服务提质增效行动,至 2021 年底,全市老年人健康管理率、高血压患者和糖尿病患者规范管理率稳定在 70% 以上,居民电子健康档案建档率、规范管理率稳定在 90% 以上,基本消除重复档案出现,居民健康档案开放率达 65% 以上,全市基本公共卫生服务项目综合达标率保持在 90% 以上。强化基层补偿机制改革应用,推进基层医疗卫生机构绩效考核和基层医保支付方式改革,探索基层医疗卫生机构院长年薪制。实施"两慢病"全周期健康管理。实施村级网底建设三年行动计划,2021 年规范化村卫生室建设达到 75% 以上。

6. 大力推动中医药传承创新发展

贯彻落实全市中医药大会精神,科学编制《宁波市中医药发展"十四五"规划》,完善中医药保障体系,优化中医药发展政策环境,推动中医药强市建设。持续推进中医药传统特色学科、中医药特色街区基地、国家传承创新工程重点中医医院、中医药人才传承教育培养、中医药科研平台等中医药传承创新发展"五大项目"建设。启动全国基层中医药工作先进城市创建,提升基层中医药服务能力。开展第四轮市中医药重点学科建设。实施中医治未病健康工程和康复能力提升工程。推动市级疫病中心建设,发挥中医药疫病防治应急作用。持续开展中医药健康文化"六进"活动,大力推进中医药名医、名药、名科、名院、名街等宣传工作,推动中医药文化传播和民众中医药健康文化素养提升。

7. 努力提升干部人才队伍水平

出台《宁波市卫生健康人才支持计划》，围绕行业人才集聚、中医药人才传承培养和青年技术骨干培养制定宁波市卫生健康行业人才新政策。围绕优势学科和紧缺专业人才需求，启动第二期卫生健康青年技术骨干人才选拔工作，持续跟踪第一期青年技术骨干培养进度，视情开展中期评估。开展直属单位领导班子和领导干部考察，进一步加强干部队伍建设，着力优化各直属单位领导班子年龄结构、专业结构和能力素质结构，发现培养一批优秀年轻干部。持续推进直属单位重点岗位轮岗等工作，进一步规范直属单位中层干部选任等工作并完善相关规定。

（三）系统推进全周期的健康宁波建设

1. 深入开展健康宁波专项行动

有效落实基本公共卫生服务项目，提升公共卫生服务均等化水平。深化慢性病综合防治区建设，继续实施重点人群结直肠癌筛查项目和心脑血管、糖尿病、慢性呼吸系统疾病防治行动。积极开展饮用水水质、空气污染（雾霾）、学生近视等健康影响因素监测，推进全市控烟工作，强化无烟机关等无烟环境建设。加强职业健康工作，实施尘肺病和地方病防治专项行动。推进社会心理服务体系建设，落实严重精神障碍患者管理治疗和救治救助措施。加强食品安全风险监测、营养健康等工作。

2. 提高妇女儿童健康服务能力

探索建立全市妇幼专科联盟。全面落实母婴安全保障五项制度，开展妇儿保星级门诊创建活动，孕产妇和婴儿死亡率巩固在低水平。进一步完善妇幼健康信息一体化平台建设。启动妇幼保健机构绩效考核工作及等级医院复评。做实妇幼公卫服务，提升妇幼健康水平。继续实施城乡妇女免费"两癌"检查、0—3岁儿童发育监测筛查、0—6岁儿童眼保健和视力检查等工作，深化出生缺陷综合防治工作，提高出生人口素质，推进消除艾滋病、梅毒、乙肝母婴传播工作。加强托育机构卫生保健工作，开展家庭养育健康指导项目，推动儿童早期发展服务进农村进社区进家庭。深入开展出生人口性别比综合治理。

3. 提升老年健康服务水平

制订并实施《老年健康促进三年行动计划》，加快构建综合连续、覆盖城乡的老年健康服务体系，每个县（市、区）至少有1家老年医疗机构（老年医院、康复医院或护理院），至少新增1家医疗机构开展康复护理、长期照护、安宁疗护或养老服务，基层医疗卫生机构护理床位占比达到25％以上，二级及以上综合医院和二甲及以上中医医院规范设置老年医学科的比例达到 50% 以上。探索老年失智症防治和防跌倒综合干预机制。推进城市医联体和县域医共体支持下的医养联合体建设,开展医养结合机构服务质量提升行动。切实解决老年人就医中运用智能技术困难,40% 以上的综合性医院、康复医院、护理院和基层医疗卫生机构建设成为老年友善医疗机构。启动第四届"敬老文明号"创建活动,指导创建示范性全国老年友好社区。做好市老龄委日常工作,协同有关部门推进积极应对人口老龄化工作,推动建设老年友好社会。

4. 推进生育友好型社会建设

加强出生人口监测,落实出生人口预警预报制度,构建覆盖全人群、全生命周期的人口监测体系,全员人口信息覆盖率、准确率均达 90% 以上。完善计划生育服务管理,促进生育政策与经济社会政策的配套衔接。加快发展多种形式的婴幼儿照护服务。2021 年,全市新增托育机构 40 家、新增托位 2000 个、设立婴幼儿照护服务站点 150 个,改造升级公共场所母婴设施 200 个。全面落实计划生育奖特扶制度,积极实施计生特殊家庭联系人制度等"三个全覆盖"专项行动,建好"暖心家园",推进"小棉袄暖心行动"品牌化建设。加强母婴设施标准化建设,二级以上医院按标准全面配置母婴室。

(四)整体推进卫生健康各项工作

1. 全面加强系统党的建设

落实落细公立医院党政班子议事决策制度,夯实公立医院党委领导下的院长负责制。建立完善以医院章程为基本准则、党建工作与治理结构全面融合的现代医院治理体系,持续推动公立医院治理体系和治理能力现代化。加大发展高知群体入党的工作力度,健全科室党组织参与重要事项决策制度,大力推广党支部"项目式"工作法。完善县域医共体党建工作机制,提升县域医共体党组织的领导力。推进民营医院党的建设快速发展。开展民营医院党建工作督查,选树一批"双强六好"民营医院党建示范点。紧紧围绕庆祝建党百年华诞,持续开展"无愧新时代最可爱的人"大学习大讨论大践行活动。

2. 深化推进清廉医院建设

贯彻落实《浙江省推进清廉医院建设五年行动计划(2021—2025 年)》的要求,严格落实党风廉政建设责任制,强化"四责协同",一体推进不敢腐不能腐不想腐。完善制度治理,严格执行民主集中制、"三重一大"集体决策、内部审计、利益冲突回避、重点岗位交流等制度。强化监督检查,加强医疗机构综合监管服务平台建设,完善网格化监管体系运行,深化二级巡察,重视巡察检查的结果运用。常态化开展专项整治,围绕外配处方、麻醉药品管理使用等制度执行情况开展专项检查。加强清廉文化建设,重视"清廉医院建设示范点"培育,常态化开展警示教育,纠"四风"、正作风,自觉落实中央八项规定。

3. 精心谋划卫生健康"十四五"规划

编制出台《宁波市卫生健康事业发展"十四五"规划》。编制完成《宁波市区医疗设施专项规划(2021—2035)》和《宁波市医疗卫生服务体系暨医疗机构设置规划(2021—2025 年)》,统筹区域医疗卫生设施资源,促进医疗资源的合理配置和使用。持续推进市疾病预防控制中心迁建、市公共卫生临床中心新建、国科大华美医院北院区综合改造工程(宁波市公共卫生应急医疗救治基地)、国科大华美医院医疗综合大楼建设、市李惠利医院综合科研大楼改扩建、市第一医院异地建设(一期)、市李惠利医院原地改扩建等市级医疗卫生单位建设项目。

4. 切实强化卫生健康法治保障

积极推动《宁波市疫苗接种管理条例》《宁波市爱国卫生条例(修订)》等立法调研工作。启动实施卫生健康"八五"普法。深入开展"证照分离""减证便民"行动。严格落实重大行政决策程序、公平竞争审查制度。完善卫生健康领域标准体系。健全卫生健康行业信用机制。深入推进医疗卫生行业综合监管,健全综合监管协调机制,积极推动部门间共享联动、系统内关联衔接,形成全链条监管闭环。持续开展医疗服务多元化监管和职业卫生监管,利用信息化技术加大非现场执法力度。不断完善联合惩戒制度,建立医疗卫生行业黑名单。推行医师不良执业行为电子记分管理。持续开展民营医疗机构信誉等级评价。

5. 同步推进其他卫生健康工作

深入学习领会习近平总书记重要讲话精神,坚决贯彻落实会议精神指示,奋力推动新时代卫生健康人才高峰建设,全力助推高质量发展建设共同富裕先行市。加强正面宣传和典型宣传,扩大"健康宁波"宣传平台影响力,密切监测网络舆情,及时回应社会关切。根据上级统一部署,积极做好对口地区的帮扶合作,按要求完成乡村振兴、山海协作等工作任务。创新运行模式,推进健康产业发展。深化医学国际交流与合作,强化科研诚信意识。完善保健工作机制。深入推进系统平安宁波建设、安全生产、生物安全、审计工作、对外合作交流、信息网络安全、保密、信访稳定、政务公开、离退休干部等工作。

二、宁波卫生健康事业发展的短板和不足

健康是人民幸福和社会发展的基础,是全国人民对美好生活的共同追求。

党的十八大以来，以习近平同志为核心的党中央，从"五位一体"总体布局、"四个全面"战略布局出发，作出了推进健康中国建设的决策部署。在中央和省委部署下，宁波卫生健康事业发展取得了令人瞩目的成绩，但在高质量发展中仍然存在诸多短板和不足。

（一）发展不平衡不充分

全市卫生资源总量相对不足，配置还不够合理。截至 2020 年底，全市共有医疗机构 4707 个，床位 44447 张，其中市区床位 28283 张。专业卫生人员 93477 名，每千人口专业卫生人员 15.2 名。

经过多年的努力，虽然卫生资源得到了较快发展，但是城乡资源配置仍存在很大差距。优质资源特别是中高级专业技术人才，主要集中于市区及大型医院，农村基层专业技术人员缺口严重，康复、护理资源相对不足。总体来看，卫生资源在城乡之间、区域之间、区域内部之间，依旧存在不均衡的现象。卫生资源多集中在城区，其中优质资源又多集中在大中型医院，城乡之间差距较大，乡镇卫生院及村卫生室等农村医疗机构的卫生资源匮乏，服务能力较低，服务质量不高，还不能满足广大群众的基本医疗服务需求。

（二）投入不充足不全面

截至 2021 年 10 月，全市医疗卫生公共财政预算支出 121.8 亿元，按照第七次人口普查结果全市 940 万人计算，医疗卫生公共财政支出为人均 1296 元。2020 年度全市医疗卫生公共财政预算支出 116.8 亿元，人均医疗卫生公共财政支出为 1242 元。按照国家卫生健康委发布的《2020 年我国卫生健康事业发展统计公报》，2020 年全国卫生总费用预计达 72306.4 亿元，其中政府卫生支出 21998.3 亿元（占 30.4%），社会卫生支出 30252.8 亿元（占 41.8%），个人卫生支出 20055.3 亿元（占 27.7%），2020 年政府卫生支出为人均 1571 元。宁波市在总体卫生经费支出上仍需逐步加大。

近年来，宁波市对卫生事业的投入虽逐年增长（见图 1），但投入仍有不足，尤其是新型医疗设备、设施相对比较欠缺，发展缺乏后劲，群众看病难、看病贵的问题仍不同程度存在。

随着健康宁波战略的实施，婴幼儿照护服务及医疗卫生与养老服务相结合越来越受到社会的重视，需要强化全方位全周期的卫生健康服务，迫切需要不断完善投融资政策，加大投入。

（三）优质专业人才缺乏

2020 年全市卫生事业人才情况统计显示，每千人卫生技术人员 12.96 人，执业医师（含助理）5.20 人，注册护士 5.57 人。高于 2020 年全国平均水平：每

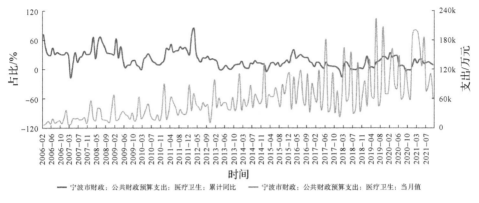

图1　2006—2021年宁波市财政医疗卫生支出情况

千人口执业医师(含助理)2.90人,注册护士3.34人。但全市范围内高水平的医务人员以及专业特色人才相对不足。高端领军人才缺乏,是宁波市医疗卫生事业发展面临的最大困难。与先进城市相比,宁波市优质专科(学科)和临床特色专科优势品牌不突出,领军拔尖的学科人才(团队)稀缺,部分医学新兴学科人才更是"一将难求",尤其是在罕见病诊疗及预防方面。

三、宁波卫生健康事业发展面临的形势和要求

我国进入全面小康以来,人民对于美好生活多元化的健康需求的向往,逐步从看得上病、看得好病向不得病、少得病方向转变,更加关注质的提升,因此需要提升人民就诊体验,满足就诊需求。从"关注'公平可及'"向"'质量效益'提升"转变,为宁波市卫生健康服务体系建设提供了机遇。

(一)健康中国战略与健康宁波建设带来的形势和要求

"十四五"时期,卫生健康事业将迎来重要发展机遇。党的十九届五中全会提出全面推进健康中国建设。新冠肺炎疫情以来,各级党委政府对卫生健康事业的重视程度空前提升。2021年3月6日,习近平总书记在看望参加政协会议的医药卫生界教育界委员时强调,把保障人民健康放在优先发展的战略位置,坚持基本医疗卫生事业的公益性,聚焦影响人民健康的重大疾病和主要问题,加快实施健康中国行动,织牢国家公共卫生防护网,推动公立医院高质量发展,为人

民提供全方位全周期健康服务。① 健康越来越成为人民关心的重大民生福祉问题、社会关注的重点产业投资领域和经济发展的新增长点,卫生健康将拥有更为广阔的发展空间。

宁波市提出推进健康宁波建设的稳步实施方案,必然要求在宁波市卫生健康服务体系建设中树立以疾病为中心向以健康为中心转变的"大卫生大健康"理念。在健康宁波的实施过程中要更加注重卫生健康服务体系的完善,调整结构布局;要更加注重医疗卫生领域的供给侧结构性改革,增加医疗卫生服务有效供给;要更加注重通过提高医疗卫生服务效能,让医疗卫生的发展成果能够更好惠及广大人民群众。这为宁波市推进与完善卫生健康服务体系建设带来了新的机遇。

"十四五"期间,宁波市必须贯彻执行《中华人民共和国基本医疗卫生与健康促进法》,全面高标准落实 24 项健康宁波专项行动,实施长三角一体化、区域协同发展等重大战略,促进城市能级提档升级,对加快推进宁波市卫生健康治理体系和治理能力现代化提出新目标。

(二)疫情对构建现代公共卫生应急管理体系提出新要求

新冠肺炎疫情的暴发与流行是对人类健康和生命安全的严重威胁。"十四五"期间,公共卫生安全形势复杂,卫生健康在发展全局中的基础性地位更加凸显,社会公众的健康意识空前提升,多层次品质化健康需求持续增长,对构建强大的公共卫生体系提出新要求。

(三)当好浙江建设"重要窗口"模范生对卫生健康事业发展提出新使命

"十四五"期间,市委市政府明确了当好浙江建设"重要窗口"模范生、高质量发展建设共同富裕先行市、加快建设现代化滨海大都市的目标要求。宁波市将全面高质量高水平推进健康宁波建设,聚力打造更多具有较高影响力的"窗口经验"和宁波元素,对推动更高质量的卫生健康事业发展提出新使命。

(四)科技革命和数字经济发展为卫生健康事业发展带来新机遇

"十四五"期间,卫生健康领域的科技革命不断突破,生命技术和生物科学不断取得新突破,基因工程、分子诊断、干细胞等重大技术加快应用转化,健康科技创新与数字化转型跨界融合对健康供需模式产生深刻影响,为推动卫生健康高质量发展提供强大动力。

---

① 《习近平看望参加政协会议的医药卫生界教育界委员》,光明网,2021 年 3 月 10 日,https://m.gmw.cn/baijia/2021-03/10/34675754.html。

"十四五"时期,宁波市卫生健康事业发展面临诸多风险挑战。经济发展的不确定性对卫生健康事业发展带来深刻影响,宁波市尚未全面真正形成以健康为中心的卫生健康发展模式。长三角一体化和宁波都市区同城化加速形成,人口深度老龄化、生育政策调整、社会加速转型、疾病谱不断变化,多重疾病负担并存、多重健康影响因素交织挑战的复杂状况将长期存在,多元化卫生健康服务供给压力持续加大。新旧传染病疫情相互叠加,突发公共卫生事件时有发生,公共卫生安全风险防控形势越发严峻。医学"高峰不高"和服务"基层不强","三医联动""六医统筹"不足和"医防""医养康养"融合不够等卫生健康领域发展不平衡不充分问题仍未得到根本解决,补齐发展短板、提升供给质量、深化重点领域关键环节改革还需系统谋划、集成攻坚、持续发力、久久为功。

四、加强宁波卫生健康事业发展的对策展望

宁波卫生健康事业的发展必须建立在优化医疗卫生资源的配置、提高医疗卫生资源的质量上,必须坚持"扩总量、补短板、调结构、促整合、提质量、求创新"的发展思路,明确医院、基层医疗卫生机构、专业公共卫生机构、区域医疗中心及社会办医的功能定位,并改善其布局。强化卫生监督执法疾病预防控制、医疗服务,重视紧急救援、妇幼健康、中医药、精神病防治、职业病防治、康复护理、卫生健康信息化服务体系建设,推动健康教育与健康促进的认知,向构建优质高效的卫生健康服务体系的方向发展。

(一)加强宁波卫生健康事业发展的对策

1. 强化顶层设计,推进健康服务体系建设

推进卫生健康服务体系建设,是加快卫生健康事业可持续发展的重要保障。要在总结医疗卫生健康事业发展成绩,特别是在抗击新冠肺炎疫情防控期间的经验与教训的前提下,分析存在的问题与短板,强化顶层设计,正视差距,科学施策,进一步补短板、强弱项,树立大卫生、大健康、共建共享的理念,推进卫生健康服务体系建设。要强化规划引领,强化财政保障,大力推进补短板项目和工程,加快卫生健康队伍建设,健全与完善体制机制,推进疾病预防控制、医疗服务、紧急救援服务、妇幼健康服务、中医药服务、精神病防治服务、罕见病防治服务、职业病防治服务、康复护理服务、卫生健康信息化服务、健康教育、卫生综合执法监督等体系建设。在新发展理念的引领下,构建覆盖城乡、分工协调、密切协作、高效运行的整合性卫生健康服务体系,使中医药服务体系更具中国特色、

卫生健康服务体系服务能力更加完善、突发公共卫生事件应急救治体系更加有力、全方位全生命周期的健康服务体系更加健全,为卫生健康服务事业高质量发展和人民群众的健康保驾护航。

2. 转变发展观念,创新服务体系建设理念

创新卫生健康服务体系建设理念,是构建与推进卫生健康事业发展的重要引领。党的十九大报告提出"实施健康中国战略","人民健康是民族昌盛和国家富强的重要标志"。必须深刻把握实施健康中国战略在新时代中国特色卫生健康事业发展中的重要意义和作用,坚持人民至上、生命至上、健康至上,将人民健康放在首要位置。依据卫生健康事业发展新思路,在构建与推进卫生健康服务体系建设过程中,全方位推进健康宁波建设,深刻剖析医药卫生体制改革,加快建立现代医院管理制度,深入开展爱国卫生运动,有序推进分级诊疗制度建设,建设服务能力更强的区域性医疗服务中心。不断优化优质资源配置,深入实施"名医、名科、名院"工程,加快重大医疗健康项目建设,促进科技创新,打造高水平人才团队。积极推动区域协调发展,大力提升基本公共卫生服务可及性,关注重点人群健康状况,实施中医药强市战略,积极实施基层服务体系提档升级工程,为推进卫生健康服务体系建设营造良好的氛围。

3. 创新机制体制,优化医疗卫生资源配置

优化卫生资源配置,是提高卫生健康资源整体质量和推进卫生健康事业发展的重要内容。针对宁波市医疗卫生资源总量相较不足、配置不均、优质医疗资源存在缺口等问题,坚持"补短板、强弱项、提质量、促均衡"原则,创新体制机制,用改革、开放、创新的思维来统筹规划全市卫生资源。加强制度建设,完善调控机制,加大资源调整力度,实施医疗卫生优质资源扩容工程,优化卫生资源布局。在科学发展与调控卫生资源总量的前提下,对区域内公立医院的数量、分布、床位规模以及大型设备进行优化配置,重视区域与区域之间、区域内部之间、城市与乡村之间以及医疗卫生机构内部之间卫生资源分布不均衡问题的解决,促进医疗资源向农村基层流动与下沉。加强区域医疗中心和市级、县级三级医院的建设,加快整合县级区域医疗卫生资源,完善乡镇卫生院和社区卫生服务中心建设。大力培养高层次医疗卫生技术人才和短缺人才,建设一支适应新时代卫生健康事业发展的卫生健康人才队伍。通过优化卫生健康资源配置,为卫生健康服务体系建设奠定坚实的基础。

4. 明确机构定位,提升卫生健康服务能力

明确医疗卫生机构功能定位,是发挥卫生健康资源整体效益和推进卫生健康事业发展的关键环节。医疗卫生机构的目标就是为人民提供优质的医疗卫生

服务,为了实现各类医疗机构成效最大化,坚定"以人民健康为本"的宗旨,需要明晰各类医疗卫生机构的功能定位,提升卫生健康服务能力与服务效率,全方位全生命周期为人民健康保驾护航,为人民群众提供优质高效的卫生健康服务,竭力满足人民健康需求。进一步明晰医院、基层医疗卫生机构、专业公共卫生机构效用。重视公立医院在卫生健康服务体系中所发挥的作用,包括其在卫生健康服务供给、急危重症诊疗以及区域医疗中心领头等方面的关键作用。发挥基层医疗卫生机构的服务功能,强化专业公共卫生机构的专业公共卫生服务职能,发挥在疾病控制中的作用。在新时代发展背景下,继续按照坚持预防为主的方针,强化"防控结合、防治结合、平战结合、医防融合"的理念。通过综合举措,全面提升医疗卫生机构在公共卫生服务、重大公共卫生应急处置、医疗卫生、婴幼儿照护、妇幼卫生、重大疾病防治等方面的服务能力,为提高卫生健康资源服务效率和推进卫生健康服务体系建设提供有力的支撑。

(二)加强宁波卫生健康事业发展的展望

回顾 2021 年,宁波市卫生健康事业发展在开局之年,实现了各方面工作的扎实推进;展望 2022 年,宁波卫生健康事业将紧紧围绕"十四五"规划的发展方向,矢志前行。

1. 强化公共卫生平台和现代化卫生服务体系建设

2022 年仍然是疫情防治的关键一年。疫情防治必须坚持预防为主、平战结合,聚焦突发公共卫生事件防控、救治、支撑三大关键领域,改善基础设施,强化医防协同,织紧织密公共卫生防护网。

第一,强化公共卫生应急管理体系建设。改革完善疾病预防控制体系,推进市疾病预防控制中心迁建项目,实施县(市、区)疾控中心达标建设和能力提升工程,打造标准化、专业化和现代化的疾病预防控制体系。强化医防协同,拓展医共体"两员一中心一团队"工作模式,建立医防融合人员通、信息通、资源通。

第二,强化重大疫情救治体系建设。一是加强公共卫生防控医疗救治能力提升。按照三甲传染病专科医院标准,着力建设宁波市公共卫生临床中心。建成床位约 1450 张,传染病专用负压病房床位约 600 张,平战结合床位约 850 张。推进市中医药研究院、名中医馆建设,投用市第一医院方桥院区、普济医院。二是加强院前急救体系建设。着力开展 1 个市级和 1 个县级直属标准化急救站点建设。积极参与全省院前医疗急救 120 云平台建设,实现急救信息"一网管理、一键急救"。组建宁波市航空应急救援医疗队,在市县两级医疗机构培训一定数量的航空救援医护人员。全市城市与乡村地区平均急救反应时间分别少于 11 分钟和 15 分钟,紧急医学救援能力整体接近或达到发达国家平均水平。三是加强采供血服务体系建设。动态调整固定采血点,持续优化献血服务布局。采供血用车数量满足业务需求并定期更新,供血量每 3 吨配置 1 辆。不断推进临床科学合理用血,按当地千人献血率 15% 的比例人数建立团体应急献血名库。构建全市统一的智慧血液管理信息平台,实现全市血液智慧管理和精准调控,全市血采集年增长率达 2%。

第三,强化公共卫生应急支撑保障体系建设。一是健全联防联控、群防群控、精准防控工作机制。强化疫情、舆情、社情"三情"联判联动。动态调整公共卫生应急预案和技术指南,健全大型公共设施紧急转换为医疗卫生设施的应急预案。规范医疗废物收集处置,医疗废物处置在线监管率达 95%。二是强化应急医疗物资储备保障。统筹各级各部门物资保障资源,建成浙东卫生应急综合保障基地,具备区域内应急救援、临床救治、人力调度、物资储备与应急调配等一体化保障功能。三是健全医疗保障救助体系和应急医疗救治费用保障机制。建立平战结合的医疗保障长效机制,健全突发公共卫生事件巨灾保险机制。在突发重大疫情等紧急情况下,医疗机构实行先救治、后收费,确保患者不因费用问题影响就医。

2. 实施"医学高峰"建设,高质量推进优质医疗资源均衡布局

深化"三免三惠"健康行动,以及"三医联动""六医统筹"改革,超常规推进"医学高峰"建设,实现市域内人人享有较高水平危急重症、疑难病症诊疗和专科医疗服务。

第一,强化医院品质提升工程建设。一是强化紧密型城市医联体建设。以全国医联体建设试点城市为契机,主动参与长三角一体化区域优势专科合作,探索甬舟等跨区域组团式发展。二是强化市、县两级医院品质和能级提升建设。积极形成一批特色鲜明、在国内有较大影响力的重点学科(专科),构建市域有高峰、县域有高地的协调发展格局,强化医共体牵头医院的县域龙头和城乡纽带作用。三是强化省级区域医疗中心建设。高标准持续推进临床医学研究中心、医学品牌学科、专科联盟和医学重点学科体系建设。

第二,高标杆持续推进"三免三惠"健康行动,以及"三医联动""六医统筹"集成改革。开展参保城乡居民免费健康体检、重点人群免费流感疫苗接种、重点人群免费重点疾病筛查,实现疾病早发现早干预早治疗,遵循"控总量、腾空间、调结构、保衔接、强监管"的改革路径,系统推进药耗招采、价格调整、医保支付、薪酬制度、综合监管等重点领域和关键环节联动改革。完善公立医疗机构补偿机制,落实医保差别化支付政策,完善总额预算管理下的多元复合式医保支付方式,全面实施住院费用按疾病诊断相关分组(DRG)点数付费。

第三,强化现代医院管理制度建设。建立完善价值导向的现代医院管理绩效评价体系,加快公立医院薪酬制度改革,落实"两个允许",完善激励相容、灵活高效、符合医疗卫生行业特点的人事薪酬制度,力争公立医院人员支出占业务支出的比例达到 45% 左右。

第四,加强罕见病诊疗及预防。推进罕见病早发现早诊断,建立与上级医院分级就诊和双向转诊、远程会诊的工作机制,加强宣教、科普,通过线上线下培训、案例分析提升基层医生对罕见病的认识。建立市级罕见病诊疗中心,着力引进和培育罕见病诊疗专家,推动罕见病患者在"家门口"日常诊疗、康复成为可能。围绕罕见病基础研究、临床诊治、辅助生殖干预、遗传阻断等方面,减少出生缺陷的发生。

3. 将健康融入所有政策,高标准推进健康宁波建设

不断完善健康宁波建设制度体系和工作机制,有效控制居民主要健康影响因素,强化全人群全周期健康服务供给,持续提升人民健康水平。

第一,优化健康宁波推进机制。高水平推进新时代爱国卫生运动,做好青少年心理健康服务。推进全民健身,新建一批体育公园、百姓健身房和村(社)运动场,争创国家体育消费示范城市。

第二,优化影响居民健康重大疾病防治策略。完善"1 + X"慢性病防控体系,持续提升国家慢性病综合防控示范区建设成果。持续深化社会心理服务体系建设,推进环境与健康的调查,全面实施国民营养计划,开展基层食品安全风险监测能力提升三年行动。

第三,优化健康产业发展环境。一是推进社会办医发展。进一步落实社会办医扶持政策,促进优质社会办医扩容。稳步推进电子证照工作,支持医师有序流动和多点执业。二是培育健康服务新业态。不断优化营商环境,培育健康新服务、新业态、新模式,促进在线医疗、休闲健身、康养旅游、康复保健、医学美容等健康新消费,支持新型药品、医疗器械的研发及应用,构建内涵丰富、覆盖全生命周期、特色鲜明、结构优化、布局合理的健康产业体系。

4. 坚持传承创新,高水平推进中医药事业全面提升发展

强化传承精华,守正创新,推动中医药服务体系再优化、能力再提升、特色更明显,实现中医药服务覆盖全人群、全周期。

第一,优化中医药服务体系。加快市中医院国家中医药传承创新工程建设,争创省级区域中医医疗中心。推进综合医院和专科医院(妇幼保健院)中医科规范设置,争创中西结合"旗舰"医院。加强基层医疗机构中医馆星级化建设,深化医疗资源纵向整合,普及基层中医药服务。

第二,发挥中医药独特优势作用。完善综合医院、专科医院中西医会诊制

度,开展中西医临床协作研究。深入实施中医治未病健康工程,规范各级中医医院治未病科建设,加强各级中医医院康复科建设,推动中医康复技术进社区、进家庭、进机构。

第三,推动中医药传承创新发展。全面梳理历代中医药各家学术理论,推动"甬派"中医做大做强。加强各级名中医工作室建设,推动中医药活态传承。推进建设宁波市中医药研究院和宁波市名中医馆,持续开展中医药健康文化"六进"活动,促进中医药文化传播。

5. 筑牢基层基础,高水平提升县域医疗卫生综合服务能力

坚持强基层、补短板、建机制,持续深化县域医共体建设,实现人人就近享有优质高效基本医疗卫生服务。

第一,深化基层医疗卫生综合改革。推进基层医疗卫生服务体系个性化精准型签约服务包,推广"互联网＋家庭医生"签约服务,老年人等 10 类重点人群签约率达 80%。

第二,促进基层医疗卫生能力提升。深入实施"优质服务基层行"活动,推进社区医院建设,加强较大基层医疗机构床位供给和住院服务能力建设,培育发展基层特色专科,加强未来社区医疗服务标准化提档建设。

第三,强化基本公共卫生服务提质增效。健全基本公共卫生服务包,遴选动态调整机制,实现包括外来人口在内的公共卫生服务常态精准化管理,实现服务对象全覆盖,基本公共卫生综合服务达标率达到 95% 以上。

6. 强化数字赋能和创新驱动,高效能实现卫生健康治理体系和治理能力现代化

围绕整体智治,发展新基建、新应用、新业态,加快卫生健康全面数字化改革,打造卫生健康科创新高地和"互联网＋医疗健康"示范市。

第一,强化卫生健康全面数字化改革建设。一是加快启动新基建,夯实数字卫健基础设施。建设基于微服务的新一代全民健康信息平台,迭代升级卫生健康业务网、健康医疗大数据中心,全面推行"健康大脑＋智慧医疗"应用,实现信息安全"联防联控"。二是积极推进新应用,助力数字卫健业务新发展。优化智慧预约、智慧结算等智慧应用,推广扫码无接触就医,建设智慧医院、数字医联体(医共体),统筹建设大数据公共卫生管理平台、医学科研服务平台、县域一体化信息平台,打造一站式掌上卫生健康服务新门户。三是创新发展新业态,构建数字卫健产业新生态。成立健康医疗大数据运营公司,探索健康医疗大数据在健康保险、健康管理、医学转化等领域的产业化发展。

第二,强化卫生健康科创高地建设。加强国际卫生合作交流,参与中医药、

公共卫生等卫生健康领域"一带一路"建设,融入长三角一体化发展,强化医教研产四轮驱动,重点围绕突发公共卫生事件应急处置、生物安全、恶性肿瘤、精准医学、新一代基因测序、医学人工智能、组织工程、慢性病防治、生殖健康等临床和公共卫生重大问题开展创新应用和防治关键技术研究。

　　第三,强化多元协同卫生健康治理体系和治理能力现代化建设。推行基层社区卫生健康治理"四个平台＋网格化管理"模式,实现全域覆盖。持续深化放管服改革,深化"最多跑一次"改革,提升政策服务水平和行政效能。

参考文献

[1] 宁波市卫生健康委:《关于印发 2021 年全市卫生健康工作要点的通知》(甬卫发〔2021〕1号),2021 年。

[2] 宁波市发展改革委、市卫生健康委:《关于印发〈宁波市卫生健康事业发展"十四五"规划〉的通知》,2021 年。

[3] 宁波市发展改革委、市卫生健康委:《关于印发〈宁波市中医药发展"十四五"规划〉的通知》,2021 年。

[4] 宁波市卫生健康委、宁波市财政局:《关于印发加强县域医共体人才培养培训实施方案的通知》(甬卫发〔2020〕53 号),2020 年。

[5] 国家卫生健康委:《2020 年我国卫生健康事业发展统计公报》,2021 年。

[6] 国务院办公厅:《关于推动公立医院高质量发展的意见》(国办发〔2021〕18 号),2021 年。

[7] 国家卫生健康委和国家中医药管理局:《公立医院高质量发展促进行动(2021—2025年)》,2020 年。

[8] 张炜等:《〈上海市新型冠状病毒感染的肺炎中医诊疗方案(试行)〉解读》,《上海中医药杂志》2020 年第 2 期。

[9] 丁晓宇等:《新时代上海卫生健康行业党组织标准化规范化建设研究》,《科学发展》2021年第 1 期。

[10] 孙雍容:《护航医养护一体化签约服务》,《中国卫生》2021 年第 6 期。

[11] 王君等:《从"三因制宜"理论分析杭州地区新冠肺炎的诊疗》,《浙江中医杂志》2021 年第 1 期。

[12] 顾昕等:《浙江 DRG 付费体系建设:国家医保改革战略的"重要窗口"》,《中国医疗保险》2021 年第 6 期。

作者单位:江厦智库(宁波)经济研究院

2021年宁波文化旅游发展情况分析及2022年展望

冉红艳

一、2021年宁波文化旅游发展基本情况

2021年,宁波市文化旅游业高质量发展步伐持续加快,行业发展主要指标较2020年实现稳步增长。截至2021年底,全市接待游客5155.9万人次,实现旅游总收入838.8亿元,分别同比增长8.0%和5.5%。

(一)文旅融合发展载体持续拓展

一是人文景观空间不断开放。围绕"浙东临委驻地"革命史记馆、天一阁·月湖等人文景点,开发爱国文化、藏书文化、修身文化等旅游专线;围绕1项世界遗产和121项省级以上非物质文化遗产(其中国家级25项),推动历史文化遗址、历史文化街区、历史文化建筑和历史文化村落串点成线。二是休闲度假空间不断完善。2021年,新增1家4A级和8家3A级旅游景区。推进旅游业"微改造、精提升",累计完成微精项目560个,完成投资11.37亿元。截至2021年底,累计打造东钱湖旅游度假区等省级以上旅游度假区7家(其中国家级1家),3A级以上旅游景区79家(其中5A级2家,4A级35家),老外滩街区等获评首批国家级旅游休闲街区。三是绿色康养空间不断拓展。开展2021年乡村旅游季活动,推出17条精品旅游线路、27个重点旅游乡镇和100余项特色主题活动及特色产品,推进和培育一批乡村旅游示范区,新增2家市乡村全域旅游示范区,新增25家省等级民宿、3家文化主题民宿、2家非遗民宿。

（二）文旅融合发展业态持续向好

一是全域旅游稳步推进。江北、余姚、慈溪正式获批第二批省级全域旅游示范区，累计 6 个县（市、区）获批省级全域旅游示范区，全市示范区覆盖率达60％。建成 386 个 A 级景区村庄、27 个 A 级景区镇，景区城、镇、村覆盖率分别达到 100％、58％、56％。二是交叉性业态亮点频出。《花木兰》《张人亚》《天路》等优秀剧目在全国各大城市巡演，带动游客争相"打卡"。红色旅游、滨海旅游、乡村旅游以及"顺着运河来看海"、"建筑可阅读"、三江夜游、夜间文旅消费等一批创新型产品和项目，进一步彰显宁波文化的独特魅力。三是创新性业态初露头角。积极发展数字动漫、在线直播、数字阅读、数字影视等新业态。其中，依托国家动漫游戏原创产业基地和全市超 70 家动漫游戏企业，推动动漫游戏产业稳步发展，2021 年原创动漫时间超 1 万分钟，位居浙江第 2、全国第 9。

（三）文化旅游产业发展稳中有进

一是文旅消费产业持续提振。国家文化和旅游消费试点城市建设稳步推进，初步形成主题旅游线路、文化集市、AR 互动体验为载体的消费新格局。江北老外滩入选国家首批夜间文化和旅游消费集聚区，海曙南塘老街、宁波文化广场入选浙江省首批夜间文化和旅游消费集聚区，鼓楼沿历史文化街区等 12 个区块被认定为首批市级夜间文旅消费集聚区。二是产业平台建设扎实推进。国家文化与金融合作示范区建设加快推进，搭建文旅企业"风险池"在线融资平台和"我要贷"线上专窗，其中"风险池"5 家合作银行为 68 家文旅企业提供 2.79 亿元融资支持，"我要贷"帮助 99 家文旅企业获得金融机构融资支持 1.25 亿元。三是非遗产业持续强化。天一阁古籍修复技艺、象山竹根雕、红帮裁缝技艺等入选第五批国家非物质文化遗产，入榜数量居全省前列，推进非遗展、非遗小镇建设，新增市级非遗项目 55 个。

（四）文化旅游治理体系加快完善

一是行政审批服务不断优化。统筹推进"证照分离"和"无证明"事项改革，推进无接触审批，探索旅行社变更、注销等事项"智能秒办"和"无感智办"。2021年共办理政务服务事项 1577 项，全流程网办率达 100％；共办理无证明事项 222件，为群众减少提供证明材料近 2500 件。二是市场监管力度持续加强。建立健全全市文广旅游安全专委会工作机制，探索旅游业态安全监管方式，深化文旅市场疫情管控，推进全国信用体系建设示范城市创建，实现行政许可和行政处罚"双公示"3 个 100％，奉化区被文旅部列为文旅市场信用经济发展 14 个试点地区之一。三是文明旅游建设持续推进。持续推进文旅行业落实文明典范城市创建任务，深化文明用餐行动，天一阁·月湖景区获评首批国家级文明旅游示范单位。

（五）文旅行业改革力度持续加大

一是数字化改革加快推进。编制《宁波市文旅数字化改革规划》，"宁波市文旅数据仓协同建设"项目入选浙江省数字化改革试点名单，"文化云宁波站"为全省数字化改革提供"宁波经验"。谋划推进"文旅信用通""安心艺培""享旅游""未来乡村"等一批多跨应用场景。二是依法治理改革取得突破。出台《宁波市文广旅游局重大行政决策程序实施办法》《宁波市文广旅游局公平竞争审查工作规范》等制度文件。《宁波市非物质文化遗产保护条例》通过市政府、市人大常委会审议，完成《宁波市大运河世界文化遗产保护条例》立法调研报告。完成 2 个案件的法治审核和 212 件合同的合法性审查。三是文旅融合机制不断健全。文旅服务融合、业态融合等加快推进，成功打造"海丝古港 微笑宁波""顺着运河来看海"等旅游品牌。2021 年长三角城市群（26 个城市）品牌影响力综合指数宁波位居第 6；获评 2021 年度中国城市国际传播论坛文化旅游美誉度领军城市。

二、宁波文化旅游发展面临的主要问题

（一）文旅供给侧结构有待进一步优化

作为计划单列市和副省级城市，2021 年宁波 GDP 居全国第 12 位，位居全国"新一线"城市行列。但长期以来，无论是书藏古今的藏书文化、港通天下的港口文化、拥有 8000 年历史的河姆渡文化，其影响力都难以与城市综合实力相匹配。而北京的长城、西安的兵马俑、南京的秦淮河、杭州的西湖，构成了广大公众对它们作为历史文化名城的品牌认知，宁波则缺少这样的标志性文化地标。譬如宁波名气最大的天一阁·月湖景区，虽然是国家 5A 级景区，但景观太少，而且藏书文化面向的是小众市场，与国内具有影响力的文化地标相比，还存在较大差距。

（二）文旅产业地位有待进一步提升

虽然宁波是全国文旅融合示范区，但总体来看，全市"文化＋旅游"业态不够丰富，多数景点的旅游开发仅限于对资源的简单利用，文化旅游产品的内涵挖掘深度不够，许多景点给予游客的文化体验不足，游客只看到景点，但感受不到文化，景点吸引力受到影响。如宁波的"三江夜游"，虽然能够让游客将三江口绚丽多彩的夜景尽收眼底，却难以体现宁波运河文化的魅力。而对比西安、杭州、南京等地旅游产品，都是用典型、形象、通俗、有趣的形式去展现文化，实现城市文化与旅游产品的完美结合，如大唐不夜城、印象西湖、秦淮夜游等产品，都是将城市文化深度挖掘出来之后再结合景区实体形成旅游内容，并成为具有较大影响力的文化产品。

（三）文旅品牌影响力有待进一步提高

早在2016年，宁波就已入选"东亚文化之都"，但其文旅品牌在国际的吸引力和影响力仍比较低。一方面，宁波高质量、高级别的旅游产品相对较少，旅游资源分散，站在全市高度或某一主题形象下的资源开发较少，世界级的旅游资源和旅游产品几乎没有，难以形成宁波城市文旅的整体形象和品牌特色，无法对国际旅游市场形成吸引力。另一方面，由于长三角地区上海、杭州等地的虹吸效应，宁波在国际航线以及国际大型会展、体育赛事、文化交流活动方面数量偏少，如2016—2020年宁波国际品牌体育赛事年承办总数仅16次，远少于天津、杭州、厦门等同类城市，甚至不及上海、深圳一年的承办量，间接导致了国际社会对宁波缺乏深入了解，进一步影响了宁波文旅品牌在国际上的传播。

三、2022年宁波文化旅游形势展望

2022年是"十四五"规划、全面建设社会主义现代化国家新征程的深入推进之年，也是宁波推进"六大变革"，打造"六个之都"的开启之年。展望2022年，全市文化旅游行业将面临新形势新要求。

（一）疫情防控常态化，文旅产业重塑迫切性更加凸显

全球新冠肺炎疫情打破了原有基于导游模式和旅行社模式的旅游体系。预约控流、限量错峰、加强防疫、非确诊不关停是国内对旅游业疫情防控的基本要求。后疫情时代，整个旅游消费规模、消费结构和消费行为将进一步发生变化，旅游更加趋向于大自然、大健康、微休闲；旅游市场偏好呈现新特征，移动互联、定制化更突出，本地休闲和近程旅游、散客出行和自助旅游、家庭休闲和文化体验成为越来越明显的趋势，自驾旅游、研学旅行、避暑康养、民宿＋、专列游等新需求将进一步释放。这些新趋势新需求使得文旅行业致力于打造多层次、满足用户需求的产品服务体系，创新线上线下结合的商业和盈利模式，为消费者推荐优质旅游资源，提供高性价比的出行解决方案，加快产业重塑步伐。

（二）科技赋能加速化，文旅创新发展内生动力更加凸显

以5G、大数据、云计算、人工智能、物联网、区块链等数字化技术为主要特征的新一轮科技革命和产业变革加速演进，科技与文化旅游融合发展的态势更加明显，科技已经成为文化和旅游创新发展的重要驱动力量。新技术将逐步渗透到产业链各个层面和环节，进一步加快文旅行业发展模式变革和发展空间拓展，带动文旅产品内容形态、平台运作、商业模式、产业生态等全方位革命。为此，必

须充分认识到科技在文化和旅游创新中的关键作用,通过数字化手段切实改变传统文化和旅游方式,拓宽文化和旅游应用场景,创造发展新的价值点和增长点。

(三)高质量发展常态化,文旅深度融合趋势更加凸显

高质量发展是当前及今后一段时期文化旅游融合发展的主旋律和核心诉求。文旅行业高质量发展的关键是能否持续提升全行业的服务与经营水平,提升文旅产品的附加价值和体验感,确保文旅项目和产品的精品化。这就使得文旅行业发展要摆脱传统投资拉动模式和重资产经营模式,推动文化和旅游深度融合,进一步保护和开发传统文化以及挖掘各地区的特色文化,以 IP 内容、品牌为驱动力,丰富和完善文化旅游产品的内涵和价值,打造具有更强体验性、更具互动性的全产业链。

四、2022 年宁波文化旅游发展的对策建议

(一)加快提高现代公共文化服务水平

一是大力提升公共文化服务效能。推进"天一书房"和"一人一艺"新空间等新型公共文化空间建设。落实文化馆总分馆制,推进图书馆总分馆制建设;充分挖掘宁波图书馆建筑空间景观价值,打造城市旅游文化新地标;鼓励"图书馆＋"等多业态融合发展,推动公共文化服务智慧化,加快基本公共文化服务标准更新。二是加大文艺精品创作力度。开展舞剧《东方大港》、越剧《王安石治鄞》、甬剧《柔石桥》、交响诗《港通天下》、姚剧现代戏《乡村新事》、平调《方孝孺》等创作展演,加大宁波交响乐团品牌建设。三是深化"一人一艺"全民艺术普及工程创新发展。实施"一人一艺"全民艺术普及工程发展规划,推进"一人一艺"云平台改造升级,推动乡镇(街道)文化站开展艺术普及工作,发挥全民艺术普及示范推广中心的示范作用,办好浙江省全民艺术普及工作现场会,推广宁波经验。

(二)提升文化遗产保护传承利用水平

一是统筹推进文物保护利用。加强文化遗产保护,持续开展大运河(宁波段)日常监测管理,开展"海丝"史迹点本体保护和环境整治工程,推进联合申遗工作。二是提升文博公共服务水平。推进天一阁博物院南馆、河海博物馆等项目前期工作,推进望京门城墙遗址博物馆开馆、塘河文化陈列馆布展。启动宁波博物馆基本陈列改陈工作,改造提升庆安会馆(安澜会馆)、白云庄陈列,推进全市 46 家乡村博物馆建设,鼓励和规范非国有博物馆持续健康发展。三是加强非遗保护传承和创新发展。推进第六批国家级非物质文化遗产代表性传承人和浙

江省第六批非物质文化遗产代表性项目名录申报。提升国家级海洋渔文化(象山)生态保护区建设绩效,推动海曙区、奉化区争创省级文化传承生态保护区。建设宁波非遗生活馆,打造全省非遗生活馆样板。持续打造"阿拉非遗汇""温故""小宁讲非遗"等品牌,争取非遗研学基地达 10 家。

(三)加快构建现代文化旅游产业体系

一是加快发展数字内容产业。加强数字内容 IP 开发转化,推动国家动漫基地升级,推动游戏产业健康发展,以文创港为核心打造具有全国影响力的数字文化产业新兴集聚区。加快数字传媒、数字影视、数字音乐、数字出版、文化智造等产业发展,促进优秀文化资源数字化,推进沉浸式视频(AR/VR)、云转播等应用,打造"云上文化"品牌。二是提升文旅产业主体能级。落实龙头文化企业"凤凰"引培计划,大力发展文化产业总部经济,引进培育一批全国综合百强、行业十强企业。加快实施骨干文化企业单项冠军和"小巨人"计划,探索设立"宁波文化企业 30 强"发布制度,鼓励企业建设国家文化和科技融合示范基地。推动中小微企业向"专、精、特、新"方向发展。鼓励大型文化企业通过协同生产、平台开放、资源共享等方式,支持上下游小微企业发展。三是深化重大文旅项目和品牌建设。实施海洋旅游、乡村旅游、红色旅游提升计划,重点打造东海最美海岸线和四明山唐诗之路精品线。加强重大项目谋划招引,探索建立从投资建设、管理服务、业态提升到市场运营等推进机制。深入实施旅游业"微改造、精提升"工程,打造一批"微精"精品。深化翠屏山"一城两园"和东海岸"一港三基地"旅游产品布局,推进森林温泉和松兰山创建国家级旅游度假区,推进象山影视城、前童古镇、慈城古县城创建 5A 级旅游景区,推进奉化滨海、杭州湾、半边山设立省级旅游度假区。加快培育工业旅游、中医药文化养生旅游、采摘旅游和旅游购物等融合业态。

(四)建立健全文化旅游深度融合体系

一是积极争创国家文化和旅游消费示范城市,加强文旅消费惠民措施,推进"宁波人游宁波"系列活动。丰富文旅消费活动,提升海丝之路文旅博览会、中国开渔节、中国徐霞客开游节等重大节庆活动能级。优化文旅消费供给,通过创意转化、科技提升和市场运作,打造具有宁波特色的文旅消费产品和服务。拓展文旅消费渠道,鼓励建设书店综合体、体验型街区等业态载体,以自贸区建设为抓手探索文化产品免税业务。创新文旅消费业态,促进夜间文旅消费,发展夜间演艺、城市灯光秀、特色风情街、非遗文创集市等业态,争创国家级夜间文旅消费集聚区。二是放大文化金融示范效应。通过推动金融机构有序增设文化金融专营机构、加大文旅金融产品服务创新支持力度、组织优秀文旅金融团队评选等多种手段,持续推动文化金融服务体系建设。开展文旅企业信用评价创新试点。融合全域旅游、文物综合保险等功能,构建文化与金融合作产品服务创新保险体系。三是打造文旅融合品牌。推动"顺着运河来看海"品牌升级,围绕"国家历史文化名城"和"滨海旅游名城"定位,深度挖掘文旅资源,提升宁波文旅辨识度,助力打造"中国大运河出海口"金名片。结合新时代旅游特点,突破创新推广模式,以"自由行·微旅游·慢生活"为主题,培育宁波十大文旅电商平台,引领千家企业参与,销售万款微度假产品。

(五)加大文旅行业体制机制改革力度

一是深化文旅行业数字化改革。聚焦省市数字文化系统建设,加快梳理完善文旅行业需求清单、场景应用清单、改革清单"三张清单",谋划推进一批"小切口、大场景"的多跨场景应用,打造全省全市示范领先、可复制推广的应用成果。二是提升行政审批服务效率。落实政务服务备案事项全省标准化规范梳理试点。推进数字化审批,推广"智能秒办""无感智办",推进"证照电子化"和"无证明(证件)"应用。深化"证照分离"改革,承接经营性互联网文化经营单位设立、演出经纪机构设立等省级委托下放事项实行告知承诺审批,落实市场准入负面清单、公平竞争政策和自贸区复制推广事项。三是深化文旅市场规范建设。推动建立以信用监管为基础、以数字化监管为手段、以重点监管为补充的新型市场监管机制。推动文化市场综合执法监管业务全链条数字化,提升文化市场整体智治水平。深化文旅举报投诉机制建设,逐步实现举报投诉一体化融合处理、一张网平台处置。推进旅游纠纷诉源治理,探索旅游投诉分流治理机制,最大限度将矛盾纠纷解决在基层、化解在萌芽。创新推进旅游纠纷调解和仲裁衔接试点工作,力争为全国提供可复制推广的经验做法。探索创新监管方式,对文化广电旅游市场新产业、新业态、新模式等实行审慎包容监管,分类实行相应的监管规则和标准。

作者单位:宁波财经学院

2021年宁波社会保障发展情况分析及2022年展望

王山慧

一、2021年宁波社会保障发展情况

社会保障业具有社会运行"稳定器"、收入分配"调节器"以及人民群众"安全网"的作用,能够促进社会公平,优化资源配置。2021年,随着全面深化改革的推进,宁波社会保障业取得了长足发展,社保覆盖面不断扩大,社保待遇标准不断提高,社会就业、养老服务和社会救助服务不断优化,为宁波经济社会的持续快速健康发展创造了良好条件,为建设共同富裕先行市夯实了基础。

(一)社会保险水平不断提升

宁波市坚持以人民为中心,将社会保险作为民生保障的重要抓手,不断加大工作统筹力度,持续增强群众获得感、幸福感和安全感。深入实施社保扩面计划,深化全民参保登记,分类施策开展扩面工作,近5年全市企业职工养老保险、工伤保险、失业保险参保人数稳步上升(见图1至图3),2021年分别达511.2万人次、443.2万人次和333.5万人次,比上年末分别净增23.8万人次、27.6万人次、15.1万人次。全市户籍人员养老保险参保率达99.23%,连续2年稳定在99%以上。积极推进社保制度改革,全面落实完成企业职工基本养老保险省级统筹,顺利完成社保信息系统"省集中"工作,确保社保改革的顺利实施。不断完善职工基本养老保险基金预警机制,在省统筹制度下探索划转资本充实社保基金、多渠道筹集充实社保风险资金的制度机制。

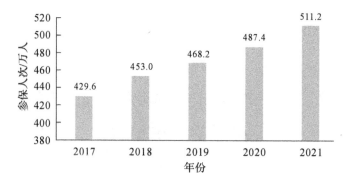

图 1　2017—2021 年宁波市基本养老保险参保人次

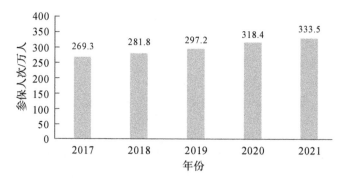

图 2　2017—2021 年宁波市失业保险参保人次

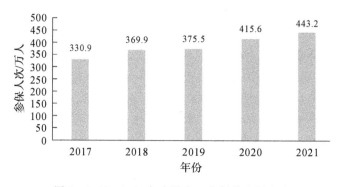

图 3　2017—2021 年宁波市工伤保险参保人次

（二）社会就业持续稳定扩大

2021 年，宁波市大力实施促进就业和创业带动就业工程，主动适应新产业、新业态、新模式，多措并举解决就业问题，就业形势总体稳定。加强就业品牌打造,持续深化"甬上乐业"品牌,完善就业失业动态监测系统,建立市县信息共享机制,不断提高就业形势监测覆盖面和研判分析精准性,就业水平不断提升。2021 年,全市城镇新增就业 34.42 万人,同比增长 64.29%;就业登记人数 507.4 万人,同比增长 5.64%;发放创业担保贷款 6.34 亿元,扶持创业实体 2100 余家;城镇登记失业率 2.31%,继续保持低位。建设上线宁波市人力资源综合服务平台,建好灵活用工市场,举办 1900 余场线上线下招聘会和余缺调剂会,服务企业 9.4 万余家次。实施就业困难人员和离校未就业高校毕业生精准帮扶,高质量组织"春风行动""就业援助月"等活动,实现离校未就业毕业生 100% 就业、零就业家庭动态归零,全市重点群体帮扶达 24 万人次,居全省第 1。

(三)社会救助体系不断完善

深入推进社会救助工作改革创新,坚持补短板强弱项、树标杆上水平,持续完善保基本、兜底线制度,基本形成"资源统筹、部门联动、社会参与、平台支撑、数据共享"的大救助体系。积极推进社会补助同城同标,统一全市特困供养人员基本生活标准,最低生活保障标准,以及孤儿、困境儿童基本生活保障标准,其中低保标准每月 1005 元,在全省标准统一的地市中位居首位;机构孤儿、散居孤儿和困境儿童基本生活保障标准分别为每人每月 2580 元、2064 元、2064 元,保障标准全省最高。建立健全孤残、困境、留守儿童关爱体系,落实儿童抚育、康复、教育等各类保障措施。完善残疾人基本生活保障和服务体系,精准落实残疾人两项补贴制度。积极推进社会救助数字化改革,加快"幸福清单"标准化发放、"幸福码"延伸服务、"助联体建设"等试点,在全省率先完成县级"智慧救助服务联合体"线上全覆盖,实现社会救助"一站式"服务。

(四)养老服务量质齐升

宁波市积极推进养老服务体系建设,连续 13 年将养老服务列入政府民生实事工程,初步形成以居家为基础、社区为依托、机构为支撑、医养相结合的多层次养老服务体系,养老服务主要工作位居全省前列,老年人安全感、幸福感日益增强。2021 年,全市新建 24 个乡镇(街道)示范型居家养老服务中心、10 个 5A 级居家养老服务中心,试点建设家庭养老床位 500 张,新增养老机构床位 1620 张,每万名老年人拥有社会养老床位 56 张。全面落实一系列惠老政策,80 岁以上高龄老年人每人每月可领取 50—800 元的高龄津贴;在全省率先建立居家养老服务补贴制度,惠及 23 万人次老年人;建立老年人意外伤害保险制度,为 39.45 万名居家老年人提供风险保障。

二、当前宁波社会保障发展存在的问题

随着国际格局的不断变化,外部形势错综复杂,新冠肺炎疫情影响广泛深远,宁波与全球经济深度融合,产业链、供应链安全以及制造业、外贸等行业领域平稳发展面临严峻挑战,人口老龄化、人均预期寿命提升、受教育年限增加、劳动力结构变化等趋势不断加深,深刻影响着整体就业形势巩固以及社保制度、社会救助体系以及养老服务的可持续发展。

(一)社保基金运行风险监管有待加强

人口年龄结构是影响社会保障可持续发展最重要的因素和变量,不同的人口年龄结构,意味着不同的社会保障负担水平和制度抚养系数。虽然当前宁波各项社会保障制度运行平稳,社保基金收支状况良好,基金支付能力居全国前列,但受人口老龄化影响,宁波社保基金的可持续运行将面临较大的风险和挑战。按照当前中度人口老龄化社会的国际标准线(60 岁及以上年龄人口占比超 20%或 65 岁及以上年龄人口占比超 14%),至 2020 年底,全市 60 周岁及以上户籍老人 160.88 万,占户籍总人口 26.21%,宁波已经迈入中度老龄化社会。近年来,宁波养老、医疗等社保基金的收入和支出规模都在持续上涨,但两者的差额逐渐变小,随着老龄化的加重,社保基金的支出将进一步加大,对社会保障基金的可持续运行产生较大的影响。

(二)新兴业态社会保障有待提升

随着网络平台的广泛应用和人工智能时代的到来,当前宁波市劳动力市场结构正在发生深刻变化,出现了越来越多的"平台型就业""自雇佣就业""多重劳动关系"等新型就业形态和模式,这些新业态和新模式对传统基于劳动关系的社会保险参保和缴费政策带来新的挑战。当前,宁波从事新兴业态的劳动者越来越多,但针对新业态和新模式的社会保障政策尚处于真空地带,无论是法律文件,还是政府规章,都严重落后于实践。如何顺应互联网经济时代劳动力市场结构性变化和就业形式多样化的发展趋势,积极创新和完善社会保险参保和缴费政策,是宁波社会保障发展亟待解决的难题。

(三)社会救助系统性有待强化

随着社会格局加速变迁,社会诉求更加多样,社会矛盾风险易发,城市化持续推进加速了人口流动,户籍界限进一步打破,未来宁波基本民生保障覆盖面将扩大到常住人口和低收入群体,精准救助、分类施救、托底保障的要求进一步加

大,这对社会救助系统性提出了一定的要求。此外,随着国家实施积极的人口政策,为老为小为残等基本公共服务需求不断增大,对老人、儿童和残疾人等特殊群体福利服务要求更高,社会救助系统供给投入不足和需求与日俱增矛盾更为集中。

(四)养老服务基础设施有待完善

宁波市人口老龄化形势严峻,总体呈现基数大、增速快、高龄化等特征。截至 2020 年底,全市 80 岁及以上高龄老人 22.25 万人,占老年人总数的 3.6%。未来随着高龄老人、空巢老人、失能半失能老人不断增加,抚养压力将持续增大,单靠政府和福利机构已经难以满足社会成员的多样化养老需求。目前,宁波每百名老人平均拥有养老床位数量相对较少,护理床位比例也不高,随着失智、失能、高龄、孤寡老人的增加,护理床位缺口很大。街道(社区)养老服务场地不足,智能化服务水平有待提升,医养结合功能有待加强,服务覆盖区域和服务人群有限,与养老专业水平相匹配的设施设备不足,一些基层养老站点设施简陋,社区养老的依托地位亟待夯实。

三、2022 年宁波社会保障发展展望

2022 年是"十四五"时期承上启下的关键一年,也是共同富裕先行市建设的发力之年,宁波要继续加强社会保障工作,以满足人民群众不断增长的对美好生活需求为导向,注重加强普惠性、基础性、兜底性民生建设,解决人民群众最关心最直接最现实的利益问题,不断增进人民福祉,增强社会活力,使改革发展成果更多更公平惠及全体人民。

(一)健全社保基金运行机制

一是加强社保基金征收。人口老龄化程度的持续上升对社保基金产生较大压力,当前社保制度的改革方向是"低费率、宽费基、严征管",2022 年宁波要持续加大社保基金覆盖力度,依法规范基金征缴,强化各地的主体责任,夯实缴费基数,实现应征尽征。二是扩大社会保障基金筹资和投资渠道。健全和完善筹资机制,积极落实国有资本收益、土地出让收入划转社会保障资金的政策规定,明确政府在社会保障基金筹资中的责任,形成规范稳定的多渠道筹措机制;积极拓展基金投资渠道和增值空间,有序开展基本养老保险基金委托投资运营工作。三是加强社保基金风险管控。配合协调划拨国有资本充实社保基金,提高基金支撑能力,全面加强社保基金风险防控,形成政策、经办、信息、监督"四位一体"

的风险防控体系,进一步压实地方政府对社保基金安全的主体责任。

(二)深化积极就业政策体系

就业是最大的民生,随着疫情防控的常态化,2022 年就业形势更加严峻,宁波亟须围绕当前就业发展变化,强化形势分析研判,积极有效应对疫情导致的负面影响,做好稳就业。一是强化企业就业支持。支持企业稳定岗位,鼓励市场主体吸纳就业,加强用工服务保障,实施裁员和缺工重点企业清单管理制度,帮助企业减负稳岗;针对企业等市场主体受疫情影响较大的实际,为企业提供阶段性政策,要对不裁员、少裁员的企业继续实施普惠性失业保险稳岗返还政策。二是强化就业环境营造。顺应新业态快速发展趋势,大力支持灵活就业;进一步消除户籍、地域、身份、性别等影响平等就业的制度障碍,推动城乡劳动者在就业地同等享受就业服务和政策。三是强化就业预警监测。深入研究技术进步、人口结构变化等对就业的影响,加强重点地区、重点行业、重点企业岗位动态监测,及时分析预测就业市场变化;健全就业形势定期会商研判机制,落实就业领域重大突发事件应急处置预案,有效防范规模性失业风险。

(三)强化精准社会救助网络

"十四五"期间,宁波要全面建设共同富裕先行市,如何保证共同富裕道路上不让一人掉队,成为社会救助工作面临的一个重大课题。面对新形势、新目标、新任务,宁波社会救助工作将由政策捆绑、"断崖式"救助向有温度、有坡度救助转变,需要强化大救助信息平台技术支撑,建立精准识贫机制和主动发现机制,健全五级社会救助网络,突出社会救助的系统性、精准性、时效性。一是完善综合性社会救助政策体系。加大统筹力度,完善"1+8+X"大救助机制,健全以基本生活救助为主体、专项救助为支撑、急难救助为辅助、社会力量参与为补充的社会救助新格局;建立健全分层分类梯度救助体系。二是加快提升智慧救助水平。加强大救助平台技术支撑,加快社会救助信息互联互通,强化经济状况核对职能,大力推行线上线下联动核对、精准核对、大数据分析、点对点推送,实现救助服务"码上办";建立健全精准识贫机制和主动发现机制,建立多维度贫困评估指标体系,对贫困家庭境况和需求开展科学调查和综合评估;健全五级联动网络,落实省内异地申请,实现全域通办。三是加强社会救助领域的社会工作。加大政府向社会组织购买服务力度,建立政府救助和慈善救助的有效衔接机制,引导公益慈善力量开展多样化的社会救助。

(四)加强养老基础设施建设

一是加强养老服务设施布局。科学合理布局县(市、区)、乡镇(街道)、村(社区)三级养老服务设施,推进"十分钟养老服务圈"建设;结合宁波养老服务机构建设规划,建设多功能的养老服务机构,重点加强养护型和医养结合型养老机构建设,加快推进"养老小镇"等建设规划落地。二是强化养老服务机构完善功能。大力推进区域性养老服务中心建设,着力打造"枢纽式养老服务综合体",充分发挥区域照护服务管理、资源整合、信息平台等功能;支持有条件的街道成立老年用餐配送中心,试点就餐统一配送、家政服务一键通等服务;鼓励建设集机构和居家于一体的"小微型机构",让老年人在"家门口养老院"享受养老服务。三是加强养老服务设施建设标准执行。新建小区按照宁波"每百户居民 15～20 平方米建筑面积标准",将居家养老服务用房列入城市社区配套;支持老小区通过腾退、置换、租赁、回购等方式落实服务用房,鼓励利用布局调整后闲置的学校、办公服务设施等公共资源改造或建设居家养老服务设施。

四、2022 年宁波社会保障发展对策分析

(一)推动社会保险"应保尽保"

进一步推动社保扩面工作,争取基本养老保险参保人数达到 615 万人以上。积极深化社会保险制度改革,确保各项社会保险待遇稳固可靠,经办管理服务高效便捷,打通社保服务"最后一公里"。落实推进非本市户籍灵活就业人员参加企业职工基本养老保险,健全征缴体制机制,加大宣传力度,提高经办服务能力,促进区域内民营企业、小微企业、灵活就业人员(含新业态从业人员)参保,进一步提升人民群众获得感。开展大数据、智慧监管应用,提升社会保险基金数字化监管能力,加强社会保险基金监管,确保社会保险基金安全完整,坚决守住群众的"养老钱""保命钱"。

(二)推动社会就业"优先优质"

就业是民生之本,宁波要推进共同富裕先行市,必须坚持就业优先和积极就业政策,持续推动中低收入群体充分就业高质量就业。着力打造"甬上乐业"2.0版,统筹集中力量做好就业工作。通过挖掘内需、加大投资、稳定外贸等方式不断扩大就业岗位供给,切实增强经济发展拉动就业增长的能力。扎实推进东西部协作工作,深化"十省百城千县"省际劳务协作,助力乡村振兴。大力实施就业服务质量提升工程,深化"四有"创业服务品牌,促进创业带动就业。开展就业援助月、春风行动等活动,确保零就业家庭动态清零。

(三)推动社会救助"应助尽助"

要强化政策制定,修订《宁波市最低生活保障办法》,放低低保边缘对象认定

标准,有效扩大社会救助覆盖面。继续推进救助"一件事"联办,进一步打破部门间数据壁垒。充分运用困难群众涉税数据共享成果,提升救助精准性。依托大额医疗费用支出预警机制,及时发现潜在的救助对象,实现主动发现、快速响应、主动救助。持续归集各部门救助结果数据,形成具有宁波特色、更加完善的幸福清单。推进建设"助联体"线下实体,汇聚各方面帮扶力量,落实帮扶项目。推广使用全国统一的儿童"关爱码",推进孤儿救助资格认定和事实无人抚养儿童认定"跨省通办"。

（四）推动养老服务"普及普惠"

推动老年人家庭适老化改造由"兜底型"向"适度普惠型"转变,支持有需要的老年人家庭开展适老化改造。完善基本养老服务清单标准,探索实行"重阳分"制度。加强康养体系建设,推进医疗机构、养老机构和家庭有序转接,能力评估、专业服务和照护政策衔接配套的康养体系建设,探索建设集展示、体验、租赁、销售于一体的康复辅具服务平台。打造"专业化"养老服务队伍,鼓励职业院校特别是中职(技校)开设养老服务专业,支持市卫生职院等院校培养养老服务专业人才。推进智慧养老建设,积极推进"甬易养"二期建设,打造线上线下融合的智慧养老服务体系,开展智能化设施设备应用培训,引导帮助老年人融入信息化社会,创新"子女网上下单、老人体验服务"等消费模式。

作者单位:浙大宁波理工学院

2021 年宁波市科技创新发展情况分析及 2022 年展望

张国成

一、2021 年宁波科技创新发展情况分析

2021 年,宁波科技创新取得突破性进展,主要科技创新指标迈上新台阶,为全市高质量发展提供了坚强有力的科技支撑。国家科技成果转移转化示范区建设顺利通过科技部评估验收并获评"优秀",全市科技创新工作获市县党政领导科技进步目标责任制考核优秀单位,荣获全省首批"科技创新鼎",连续三年获省政府"科技新政"督查激励。

(一)战略科技力量培育实现新突破

发布《宁波市科技创新"十四五"规划》,出台新材料、工业互联网、关键核心基础件三大领域科创高地建设行动方案,三大领域目前已集聚近百家高水平研发机构,覆盖 70%以上的市级重大科技项目。国家自主创新示范区建设成效明显,成立总规模 50 亿元的宁波国家自主创新示范区科技成果转化基金。宁波高新区全国排名由 2020 年的第 19 位提升至第 15 位,创历史最高水平。甬江实验室获批新材料浙江省实验室,材料与微纳器件、材料分析与检测 2 个平台启动建设,7 个高层次创新团队签约入驻。宁波大学获批宁波市首个省部共建农产品质量安全危害因子与风险防控国家重点实验室,全市新增省级重点实验室 3 家。产业技术研究院建设稳步推进,实施产业技术研究院分级分类管理,谋划建设数字孪生研究院,新增省级新型研发机构 6 家,吉利汽车、工业互联网研究院 2 家单位获批首批省技术创新中心。开展院企"双百"常态化对接活动 213 场,转化

科技成果 760 项。

(二)关键核心技术攻关涌现新成果

围绕十大标志性产业链,建立关键核心技术攻关"三色图"模式,在集成电路、工业互联网、先进材料、高端装备、生命健康等关键领域,部署重大科技攻关"揭榜挂帅"项目 113 项,发布 121 项重点自主创新产品,有效助力中国空间站"天和"核心舱、神舟十二号飞船等国家重大科技工程。荣获国家科学技术奖 9 项,江丰电子以第一完成单位获国家技术发明二等奖,为全省唯一由民营企业牵头的获奖项目;获省科学技术奖 50 项,较上年增长 31.6%,其中一等奖 7 项,获奖数量和奖励级别均为历年最好成绩。全年完成高新技术产业增加值 2861.47 亿元,居全省第 1,同比增长 12.6%;高新技术产业投资同比增长 26.3%,高于工业投资 5.9 个百分点。强化创新链产业链深度融合,出台《推进创新链产业链深度融合改革实施方案》。制定《宁波市企业创新联合体建设指导意见》,在新能源汽车、绿色石化等细分领域开展首批 5 家试点。

(三)企业技术创新能力得到新提升

实施"十四五"科技企业"双倍增"计划,加快构建完善"科技型中小企业—高新技术企业—创新型领军企业"的科技企业梯队。全年市级备案科技型中小企业 3832 家,培育国家科技型中小企业 3729 家,再创新高。新认定高新技术企业数 889 家,总量突破 3900 家,入选全省百强高新技术企业 25 家,列入年度省创新型领军企业培育库 11 家,为全省最多。遴选支持科创板拟上市企业 18 家,累计 36 家,全市 14 家 A 股新上市企业中有 13 家为高新技术企业,占比达 92.9%。引导企业不断加大研发投入,全年规上工业企业研发费用达 503.0 亿元,同比增长 30.8%。企业研发费用加计扣除和高新技术企业所得税优惠政策为超过 7000 家企业减免所得税 126.64 亿元,同比增长 18.3%。企业创新载体建设不断加强,全市培育市级以上众创空间 91 家、科技企业孵化器 32 家,建成企业研究院、研发中心、工程(技术)中心等企业研发机构 4000 家。

(四)科技人才引进培育积蓄新动能

国际科技合作成果丰硕,获批中国—中东欧国家创新合作研究中心,举办第一届中国—中东欧国家青年科技人才论坛。首次入围"外籍人才眼中最具吸引力的中国城市"十强,列第 7 位,居计划单列市之首,获得全省唯一的国际科技合作奖。深度参与长三角创新共同体建设,参与组建长三角国家科技成果转移转化示范区联盟,杭甬两地外国高端人才互认获省科技厅批复同意。举办第十届全国创新创业大赛(宁波赛区)、第六届中国(宁波)创新挑战赛,全国赛优秀企业获奖率达 93%。大力引育高层次创新人才,优化整合科技人才引进和培育政策,发挥顶尖人才科技项目引领作用,引进全职院士 4 名,累计 12 名,入选省领军型创新创业团队 9 个,为全省最多。

(五)科技支撑共同富裕展现新作为

推进科技助力"双碳"目标,发布《碳达峰碳中和科技创新行动方案》,启动实施绿色低碳科技创新行动。支持江北、宁海成功创建以绿色低碳为主题的省级可持续发展创新示范区。推进科技创新赋能生命健康,在高端医疗器械、新冠病毒检测试剂及疫苗等领域突破一批关键技术(产品),"1.5T 无液氦超导磁体系统"成为全市首个国际首台(套)产品,"经导管三尖瓣置换技术"等填补国内空白,"新冠病毒德尔塔变异株疫苗"进入临床前安全性评价。推进科技创新赋能现代农业,加强科技特派员制度建设,部署实施以现代种业等为重点的农业科技重大项目,微萌种业入选全国 70 家农作物种业阵型企业,青蟹种苗销售额首破1000 万元,"甬优"系列水稻推广面积超 600 万亩。开展科技支援协作,深化拓展与凉山、丽水的科技交流合作,发挥科技项目带动脱贫致富作用,推动浙东白鹅新品种在凉山州进行适应性试验并实现增收。

(六)科技体制机制改革取得新进展

推进科技领域数字化改革,加快推进"科技大脑"、网上技术市场等建设,"推进科技管理数字化改革,切实减轻宁波科研人员负担"被列为科技部拟入选科技体制改革案例库典型案例,江北区"新产品研发项目全生命周期一件事集成服务改革试点"列入全省科技创新"揭榜挂帅"应用场景建设先行试点项目,高新区"新材云创"平台获宁波市首批数字化改革"最佳应用",国内首个有色合金新材料数字化研发平台建成投用。深化科技成果"三权"改革,落实国家关于科技成果评价机制、改革完善财政科研经费管理等的新要求,印发《宁波市科技发展专项资金管理办法》,修订《宁波市科学技术奖励办法》,优化科研项目指南形成机制,建立以创新、质量和贡献为导向的评价体系,在市软科学等科研项目中推进科研经费使用"包干制"改革,激发科研人员积极性。

二、宁波科技创新存在的问题及形势分析

从当前我国科技创新内外部环境以及宁波推进高质量发展建设共同富裕先行市对创新的支撑引领需求看,全市科技创新面临的任务和挑战依然艰巨。

(一)科技创新面临的内外部环境依然复杂

全球经济复苏还不稳固,新冠肺炎疫情的不确定性影响新一轮科技革命和

产业转型走向,数字变革进入加速期,世界经济持续低迷,全球产业链供应链面临重塑,国际格局变化给科技创新带来的不确定因素明显增多,西方国家对我国的技术封锁、脱钩态势短期难以改变。

（二）高质量发展对科技创新提出了紧迫需求

按照中央经济工作会议"科技政策要扎实落地"、省委经济工作会议"科技政策要增强创新动能"以及市委经济工作会议"科技创新要培优补短"的要求,保持经济稳进提质、打赢疫情防控攻坚战、实现"碳达峰、碳中和"、推进高质量发展建设共同富裕先行市、打造创新之都等重大任务,都需要科技提供更加强有力的支撑。

（三）全市科技创新总体实力水平仍有待加强

与先进城市相比,宁波仍存在创新投入不高、创新策源能力不强、企业研发能力不够、具备把握新技术和新变革的创新主体不多、高质量科技成果供给不足等现实短板,高新技术产业增加值占规上工业增加值的比重(58.8%)低于深圳、杭州、青岛等,增速低于全省平均水平 1.4 个百分点。战略性新兴产业占规上工业比重为 27.9%,比上年同期下降 2 个百分点。引领型创新企业、国家级科技创新平台缺乏,原创性科技成果不多,新引进的产业技术研究院仍在建设阶段,离整体作用发挥还有较大差距。

三、2022 年宁波推进科技创新的对策举措

2022 年是实施"十四五"规划、打造"重要窗口"和高质量发展建设共同富裕先行市的深化之年,宁波将聚焦建强高能级创新策源平台、推进原创性重大科技攻关、全面实施新时代人才强市战略、营造开放式协同创新生态等部署,聚力科技创新大进步,做强赶超跨越新引擎。

（一）布局建设重大创新平台,增强创新策源能力

1. 推进甬江两岸科创区建设

构建以甬江两岸为主轴的城市创新引领带,完善科研基础设施等创新服务供给,构建高能级科创集群;加快甬江科创大走廊研究院集聚区研发总部集聚,增强宁波国家高新区辐射引领能力,支持"一区多园"扩容提质,构建分层推进、协同创新、联动发展格局,推动余姚、慈溪等争创省级高新园区。

2. 建立完善市实验室体系

加快推进甬江实验室建设,建立甬江实验室建设发展支持体系,加快推动高

层次人才引聘和创新资源集聚;加快布局基础研发平台和分析测试平台,启动极端条件材料综合研究装置建设;优化调整市级重点实验室,围绕学科发展前沿、产业关键技术,布局一批市级学科重点实验室和市级企业重点实验室,积极创建省级重点实验室。

3. 推进产业技术研究院提质增效

加强研究院绩效评价,优化整合市级产业技术研究院,推进分级分类管理;加强研究院建设经费、场地、服务等保障,深化人才集聚、项目研发、成果转化、企业孵化等领域体制机制改革,实质性推进数字孪生研究院建设,积极争创省级新型研发机构。

(二)组织重大科技任务攻关,打造硬核科技成果

1. 实施三大攻关计划

聚焦三大科创高地、十条标志性产业链以及未来产业发展,立体式、一体化组织实施"前沿引领技术攻关""产业链关键核心技术攻关""重大场景应用攻关"三大计划,部署重大科技攻关项目 100 项以上,支持高水平科研院所、领军企业申报承担国家、省级重大科技专项。

2. 创新攻关组织模式

在集成电路、新材料等领域,探索建立市、县两级联动机制,共同支持企业开展关键核心技术攻关;持续推进企业创新联合体建设,围绕光学电子、磁性材料等标志性产业链布局,着力攻克一批产业链关键共性技术。

3. 强化科技成果转化

征集发布重点自主创新产品推荐目录,推动关键技术和创新产品国产替代;部署以需求为导向的场景应用研发,在产业园区建设、民生服务等领域开展场景应用攻关试点;发挥科技创新对产业基础高级化、产业链现代化的支撑引领,促进高新技术产业发展壮大,力争高新技术产业增加值占规上工业增加值比重突破 60%。

(三)提升企业技术创新能力,推动产学研深度融合创新

1. 加速培育科技企业梯队

壮大科技型中小企业队伍,提升众创空间、科技企业孵化器创新孵化能力,孵化一批创新性高、成长潜力大的中小企业;大力培育高新技术企业,提升规上工业企业认定高新技术企业比例,争取高新技术企业总量突破 5000 家;推动高新技术企业做大做强,新增省级创新型领军企业 2 家。

2. 构建以企业为主体的技术创新体系

研究制定宁波市技术创新中心实施意见,依托行业龙头企业,打造一批标杆性市级技术创新中心;加强与科技部、省科技厅对接,推动吉利汽车、工业互联网研究院争创省级技术创新中心,争创省级技术创新中心 1～2 家,力争国家级技术创新中心取得实质性进展。

3. 引导企业加大研发投入

修订企业研发投入后补助政策,重点面向企业 R&D 投入增量部分及首次填报并有 R&D 产出的企业,发挥财政资金杠杆作用,撬动企业加大研发投入;引导企业联合上下游企业、产学研等力量组建企业研究院、研发中心、工程(技术)中心等研发机构,推动龙头骨干企业打造以大数据、云计算、人工智能等为支撑的专业化众创空间,提升企业研发创新水平。

(四)强化科技合作及人才引育,积极参与创新共同体建设

1. 深化区域科技合作

积极融入长三角科技创新共同体,深度链接上海、杭州、南京等先进城市创新资源,加强人才交流、项目合作、成果对接;完善技术转移服务体系,壮大专业化技术经纪人队伍;打造宁波科技大市场 3.0 版,完善科研仪器设施共享机制,实现与长三角、省级平台对接;积极组织创新创业大赛、创新挑战赛等重大活动,进一步提升活动能级和影响力;健全院企双向对接融合机制,举办"百日百场"活动 200 场以上。加强与凉山州、丽水市的科技扶贫与对口协作,精准推广一批先进适用技术。

2. 拓展国际科技合作

实质性运行中国—中东欧国家创新合作研究中心,发起组建智库联盟,编制创新生态数字地图,构建市场化协同创新网络;加强国际科技合作平台建设,鼓励和支持国际科技合作基地、引智基地、海外创新孵化中心和外国专家工作站建设。

3. 加快培育人才队伍

实施新一轮科技人才政策,优化整合科技人才引进和培育政策,创新"人才＋项目＋载体"国际科技合作新模式;加大青年科技人才支持,设立青年科技人才培育项目,支持其领衔开展基础应用研究;提高海外工程师资助标准,放开对外资企业的限制;突出科技奖励的激励和导向作用,组织评选百名科技创新人才。

（五）强化高水平科技供给，支撑共同富裕先行市建设

1. 实施绿色低碳科技创新行动

聚焦能源、工业、交通等重点领域，实施低碳、零碳、负碳技术攻关项目 10 项左右，力争在可再生能源、高效储能、工业流程再造等领域突破一批关键核心技术，加快先进适用技术推广应用；加强"双碳"科普宣传，谋划举办"双碳"科技论坛，营造"双碳"科技创新氛围。

2. 实施农业科技供给能力提升行动

聚焦现代农业生物技术、食品安全与营养健康等领域，部署农业科技重大项目 15 项左右，新增省级以上农业新品种 20 个；加强农业科技创新载体建设，积极培育市级星创天地，争创省级重点农业企业研究院、省级农业科技示范园区；推动科技特派员全领域、全产业链覆盖，提高农业科技服务绩效。

3. 实施科技创新赋能健康宁波行动

实施生命健康重大项目 20 项，争取在高端医疗器械、新冠病毒检测试剂及疫苗等领域取得新突破；围绕重点优势学科，推动科研攻关、成果转化和人才培养，提高临床医疗技术水平，构建"医研企"交流沟通工作机制，新建市级临床医学研究中心 3 家。

（六）深化科技体制改革，提高创新体系效能

1. 完善科技创新政策法规

研究制定深化科技体制改革行动方案，建立完善保障重点领域高水平科技自立自强的制度体系；完善创新调查监测制度，健全科技创新发展多元指标体系，强化创新型城市建设评价分析，建立覆盖重点产业、骨干企业的指标跟踪、研判机制。

2. 完善全生命周期科技金融体系

推动天使投资引导基金扩容提升，研究设立市天使投资引导基金管理公司，健全"跟投＋子基金"的投资方式；完善科技信贷风险代偿机制，引导银行设立实体化服务科技创新的专营机构，带动更多社会资本投向科技创新领域；扶持科技型企业发展壮大，新培育科创板拟上市储备企业 15 家以上。

3. 推进科技领域数字化改革

以数字化改革为总抓手，建设完善"科技大脑"，构建科技决策智能化支撑体系，推进高新区"新材云创"新材料科创大脑、江北区新产品研发"一件事"等标志性应用场景建设。

4.加强科研诚信制度建设

建立科研诚信事项调查实施机制,做好科研诚信信息管理系统建设,实现科研诚信管理规范化、系统化、实时化;深入实施项目评审、人才评价、机构评估"科技三评"改革,继续推动科技评价"破四唯"改革事项落地,科学评价人才创新活动。

作者单位:宁波市科技信息与发展战略研究院

2021 年宁波纺织服装产业发展情况分析及 2022 年展望

刘云华

　　纺织业服装业一直是宁波最具特色的传统优势产业之一，拥有众多服装名牌，如雅戈尔、太平鸟、罗蒙、杉杉等，这些品牌在全国占有举足轻重的地位。在中国服装协会发布的"2021 年服装行业百强企业"名单中，雅戈尔集团在"营业收入百强榜""利润总额百强榜"两个榜单中均居榜首。在"营业收入百强榜"中，宁波企业表现抢眼，前五强中宁波占三强，除居榜首的雅戈尔外，杉杉居第 4 位，太平鸟排第 5 位。截至 2021 年底，宁波拥有规上服装企业 800 多家，时尚服装纺织产业产值超 1300 亿元，增加值 256.7 亿元，同比增长 9.7%。宁波市将纺织服装特色产业作为地方的一张"名片"，一直予以充分扶持。

一、2020 年以来宁波纺织服装产业运行情况

　　近年来，宁波一大批纺织服装企业顺应新时代发展，积极发展电子商务，部分优秀品牌电商业务领跑国内同行。2019 年春季中国纺织工业联合会调研总结认为：宁波纺织创业体现集约化、精益化、平台化和特色化发展，整体发展水平位居全国前列，在中国纺织工业中地位不断巩固，已经具备了率先建立世界级先进纺织工业和产生世界级先进纺织企业的条件。2020 年，全球经济遭遇新冠肺炎疫情严重冲击，市场需求骤然大幅下降，国内外经济与政治形势更加错综复杂，宁波纺织服装产业遭遇新的发展瓶颈。以 2011—2020 年数据分析为基础，宁波纺织服装行业发展呈现以下特点。

(一)企业数量递减,销售增速放缓

根据宁波市统计局数据,2020 年,宁波市规上纺织服装企业共 812 家,占宁波市全部规上企业的 10%,较 2019 年的 819 家减少 7 家,规上企业数连续下降;企业从业人员 182939 人,同比减少 4.58%,占宁波市全部规上企业人数的 12.6%。近 10 年宁波市规上纺织服装企业基本情况如表 1 所示。

表 1　2011—2020 年宁波市规上纺织服装行业基本情况

年份	企业/家	纺织业/家	纺织服装、服饰业/家	化学纤维制造业/家	行业平均人数/人	纺织业/人	纺织服装、服饰业/人	化学纤维制造业/人	企业平均人数/人	资产总计/亿元	负债总计/亿元
2020	812	253	502	57	182939	48207	127008	7724	225	1264.20	699.34
2019	819	257	501	61	190041	50989	131778	7274	232	1223.22	676.50
2018	870	262	549	59	203484	53655	141407	8422	234	1289.27	711.83
2017	906	273	566	67	228832	61370	158492	8970	253	1299.49	707.56
2016	917	282	572	63	232354	58249	164520	9585	253	1223.48	683.41
2015	905	287	548	70	232296	60912	162182	9202	257	1213.14	699.92
2014	934	288	575	71	244274	62573	170712	10989	272	1169.14	710.41
2013	934	288	575	71	253997	67087	174759	12151	262	1145.36	702.21
2012	933	661	204	68	290176	196931	75475	17770	311	1136.56	721.49
2011	931	661	203	67	301969	207942	76366	17661	324	1110.10	700.70

注:数据来自宁波市统计局。

2020 年,宁波规上纺织服装行业工业销售产值实现 1147.36 亿元,同比增长 4.94,增速较上一年回落约 1 个百分点,纺织业实现工业销售值 350.9 亿,同比下降 0.74%,如图 1 所示。

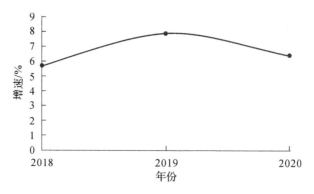

图 1　2018—2020 年宁波规上纺织服装产业工业总产值增长趋势
注:数据来自宁波市统计局。

由表 1 和图 1 可知,2011—2020 年,宁波纺织服装企业的总数总体呈现递减趋势,企业的从业人数也减少明显。总体而言,10 年间,宁波纺织服装产业增速放缓。其中,与服装业相比,纺织业的企业数量减少程度相对较大,纺织业发展形势转服装业更为严峻,尤其集中在化学纤维制造行业。

(二)海外市场形势严峻,出口压力加大

宁波 80% 以上的纺织服装企业,以外贸加工起家,但 2020 年以来受新冠肺炎疫情和中美贸易战影响,海外市场受到很大冲击。据海关统计,2020 年 1—12 月,全国纺织服装出口总额 2 715.7 亿美元,同比下降 1.85%。其中服装全年累计出口额为 1 513.7 亿美元,同比下降 3.96%。2020 年,宁波规上纺织服装出口交货值 320.32 亿元,较上年同期下降 4.65%。2019 年,全市服装及衣着附件出口 537.6 亿元,同比下降 1.3%。

海外贸易受到影响的主要原因有贸易保护主义抬头、中美贸易摩擦加剧及全球市场竞争日益激烈等,国际市场需求低迷,中国纺织服装出口额明显下降。

(三)内销持续增长,增速回落

由于出口风险加剧和利润空间降低,越来越多的出口型企业开始转做内销。与发达国家相比,中国消费市场本身就存在着巨大的消费潜力,人均纤维消费量仍有巨大的增长空间,并且随着国内消费观念的改变和消费水平的提升,国民对纺织服装品的需求越来越大。外在的压力与内在的驱动力,促使外销企业陆续转型,开始探索内销市场,内销产值持续增长。由 2016—2020 年宁波规上纺织服装细分行业内销产值对比可知,各产业 5 年来保持连续上升,其中纺织服装服饰业内销比重增长较快,从 49.73% 上升到 61.56%,见表 2。

表 2　2016—2020 年宁波规上纺织服装细分行业内销产值比较

行　业	2020 年		2019 年		2018 年		2017 年		2016 年	
	内销产值/亿元	内销占销售产值比例/%	内销产值/亿元	内销占销售产值比例/%	内销产值/亿元	内销占销售产值比例/%	内销产值/亿元	内销占销售产值比例/%	内销产值/亿元	内销占销售产值比例/%
纺织业	285.77	81.44	280.35	79.46	272.36	79.38	295.89	79.23	270.45	77.23
纺织服装、服饰业	393.73	61.56	322.13	56.1	330.14	54.55	330	50.34	321.83	49.73
化学纤维制造业	147.53	94.06	133.87	92.08	155.69	93.08	129.1	92.64	130.96	89.14
合计	827.03	72.08	736.35	68.66	758.19	67.97	754.98	64.62	723.24	63.21

二、宁波纺织服装业现状问题分析

(一)经营成本上升,企业利润下滑

根据宁波市统计局数据,对近年宁波纺织服装产业定量运行分析,发现宁波纺织服装产业营业收入和营业成本同时增长,且营业成本增长幅度高于营业收入。成本上升快于收入增长的原因主要有以下三方面。

第一,人工成本持续上升。人工成本上升主要有以下两个原因:一是近年来中国"三农"政策普遍落地,农村劳动力更多地选择就地就业,外出务工人员明显减少,导致企业用工荒;二是物价持续快速上涨,房屋及生活必需品等价格飞涨,企业支付人工成本大幅提高,劳动力成本上升直接影响产品价格优势和企业竞争力。

第二,环保投入成本上升。根据联合国 2019 年的统计数据,服装行业的总碳排放量超过了所有国际航班和海运的排放量总和,占据全球碳排放量的8%~10%,成为仅次于石油产业的第二大污染产业。在环保政策的压力下,纺织服装企业必须投入大量资金对生产线进行环保升级。智能化改造、节能减排、技术升级等使企业运行成本大幅度增加。

第三,原材料价格上升。纺织服装业所需原材料价格不断上升,国家政策调整、能源价格变动、市场供需变化、中美贸易摩擦等所带来的影响等,也使纺织业经营成本上升。

(二)产业集群不完善,中小企业成长困难

产业集群是指企业、供应商、相关产业厂商、金融机构等组成的群体。它们之间不是简单的地理位置的集中,更是一种分工合作链接,存在相互竞争与合作关系,只有达到真正的专业细分,才能形成真正意义上的产业集群生态系统。

第一,宁波原有产业集群以大型企业带动为特色。《宁波市时尚纺织服装产业集群发展规划(2019—2025 年)》对时尚纺织服装产业的空间布局及做大做强五大领域进行了重点规划,主要基于原有宁波市各县(市、区)纺织服装产业的发展状况,重点围绕鄞州区、奉化区的西装、衬衫产业园,象山县、北仑区的针织产业园等,打造海曙、鄞州、奉化三个核心产业圈,辐射象山、北仑、镇海、余姚、慈溪等,形成特色产业聚集区。在核心与特色产业圈中,主要以大型企业为引领,带动其他中小企业。

第二,宁波大型企业纷纷转移造成辐射作用减弱。由于用工成本的增加和

外延式发展的需要,雅戈尔、博洋、申洲、狮丹奴等龙头企业纷纷将制造基地转移到中西部地区和东南亚地区,代表性龙头企业对本地的辐射引领效应大幅度减弱。

第三,宁波中小企业各方面培育条件不充足。虽然宁波纺织服装产业经过多年发展培育了一批中国驰名商标和浙江省著名商标,但宁波中小企业之间的分工还未做到进一步的专业化细分,难以形成密不可分的网络关系,相互之间的扶持与依存关系也较薄弱。众多中小型纺织服装企业面临资金实力有限、研发投入不足、设计创意薄弱等诸多问题,转型升级面临严峻困难,造成宁波纺织服装大中小企业梯队结构不合理和产业集群不完整。

(三)专业人才缺乏,企业发展后劲不足

宁波纺织服装产业集群虽有龙头企业引领,有众多中小型企业支撑,但相当数量的纺织服装企业还是难以在人才市场上找到智力支持,其中最重要的一个原因就是专业人才匮乏。

第一,专业人才,特别是复合型人才和跨界人才供给不足。企业发展所需的设计人员、工程技术人员、管理人员存在"引进难、留住难"的问题,而宁波当地专业院校所培养和培训的专业人才数量有限,且校企合作长期不够深入,复合型人才和跨界人才更是紧缺。另据宁波本地纺织服装专业院校统计,相关专业毕业生留甬率及就业专业对口率也一直处于较低水平。

第二,高级设计人才和高端研发人才紧缺。纺织服装产业创新和产品创新的根本保障是设计和研发人才。宁波紧邻上海和杭州,尽管纺织服装产业基础雄厚,在劳动力成本低廉年代具备较强比较优势,但在产业转型升级的发展新时期,上海和杭州对纺织服装产业高端研发和设计人才的强大吸聚力,使得宁波企业很难吸引到高端管理、运营、设计等专业人才。而对于大量中小纺织服装企业,高端人才缺乏现象更为严重,尤其在产品设计、技术开发等方面缺乏创新能力,难以满足客户需求,很难具备市场竞争优势,从而严重影响企业后续发展。

第三,纺织服装产业从业人员学历层次相对较低。据宁波市统计局不完全统计,宁波纺织服装产业外来务工人员约占90%,其中初高中学历占多数,企业员工整体文化程度不高,影响了企业的后续发展动力。

三、2022年宁波纺织服装产业发展形势分析与预测

(一)国外环境分析

从国际发展大势看,新冠肺炎疫情周期性往复的局面或将延续,各国经济恢

复进程出现分化,主权债务风险、地缘政治冲突等不确定不稳定因素交织叠加,导致产业链多环节受阻,各国贸易保护主义倾向加剧,世界经济复苏动能趋缓。国际货币基金组织(IMF)预测,2022 年全球经济增速将由 2021 年的 5.9% 放缓至 4.9%,世界贸易组织(WTO)预计 2022 年全球货物贸易增速将由 2021 年的 10.8% 回落至 4.7%。

(二)国内环境分析

2022 年是党的二十大召开之年,以国内大循环为主体、国内国际双循环相互促进的新发展格局将加快构筑,经济长期持续稳定向好的基本面不会改变。全国纺织制造业产能利用率呈现稳步提升,国家统计局数据显示,2021 年第二季度,纺织业和化纤业产能利用分别为 80.9% 和 85.3%;2021 年上半年,纺织业和化纤业产能利用率分别为 79.7% 和 86.1%,均高于同期全国工业 77.9% 的发展水平,较 2020 年同期分别提高 9.4 个和 9 个百分点。2021 年上半年,全国规模以上纺织工业增加值同比增长 9.6%,以 2019 年上半年为基期计算(下同),两年平均增长 1.1%。预计 2022 年纺织行业总体运行稳健,纺织行业景气度提升,纺织制造业回暖,海外订单回流,纺织业利润由负转正,逐步走出亏损困境。

(三)自身环境分析

宁波市工业经济呈现高位起步、逐步趋稳的运行势态,总体表现出较强的弹性和韧性。但是受全球供应链紧张、国际抗疫形势分化等复杂形势的影响,部分产业链供应链运行不畅。宁波纺织服装行业经受住了这一严峻挑战,各企业抢抓产业调整重要机遇,迎难而上,加快整新旧动能转换,积极推进产业链现代化水平提升,以数字化改革为引领,以创新为动力,不断进行模式创新,强化创意设计,深化品牌建设,拓展销售渠道,驱动数字技术与实体经济的深度融合。

四、2022 年推进宁波纺织服装产业发展的对策举措

(一)强化人才队伍建设,优化创新人才结构

第一,加强高层次人才培养。科学构建纺织服装专业人才培养、引进和管理体系是优化人才机构和强化人才队伍建设的重要保障。深化校企合作和产教融合,密切衔接教育链与产业链,建立健全人才资源库及相关激励政策,为各级各类人才提供良好的成长和发展空间,对各类人才结构进行优化培育,校企共同培养紧贴企业和产业需求的高层次人才。

第二，积极引培国际化人才。充分利用宁波当地时尚教育院校国际化办学优势，密切校企合作，下大气力培养本土国际化创意设计人才。同时，加大海外人才引进力度，积极引进产业领军人才、品牌运作人才、高端设计人才和创新团队。

第三，着力培养职业技能型人才。围绕产业集群发展需要，调整优化中职学校、高校的学科专业布局，打造产教对接紧密、服务能力突出的专业学科体系。人才优先发展，推进产教融合，深化校企人才培育合作，引导集群领军企业与中职学校、高校共建实习实训基地，联合职业院校探索组建以产业链为纽带的职业教育集团，形成特色学院、特色专业，打造产教结合、以教促产、以产养教的支撑产业集群发展的产教融合局面。

（二）培育新零售营销模式，打造新业态品牌

第一，积极培育商业新模式。在当前传统行业转型升级的时代大背景下，纺织服装产业的新零售模式日益凸显。这种新的商业模式是促进宁波纺织服装产业转型升级、推进产业现代化建设的一条重要途径。加快建设电子商务平台，积极创建多功能云平台，开拓各类营销合作渠道，加快线上线下消费融合发展。

第二，大力发展新业态。做好传统工业流水线生产与当代个性化需求定制协同发展，满足不同消费需求。积极开发高品质、智能化新产品，不断提升产品附加值。新业态下宁波纺织服装的品牌建设，应借鉴成功品牌的宝贵经验，深度挖掘互联网时代的新型商业模式。

第三，构建时尚产业发展体系。构建以增品种、创品牌、提品质为核心，以时尚创意为特色、以设备智能化为基础的时尚纺织服装产业发展体系。实现宁波纺织服装行业高质量、稳增速，产业创新能力显著提升，品牌影响力进一步扩大，产业布局持续优化，产业结构更趋合理，社会主体作用明显，产业发展后劲强大，促进宁波纺织服装产业跻身世界级先进制造业集群行列。以增品种、提品质、创品牌的"三品"战略为重点，进一步提高创意设计、品牌建设、营销等环节在产业价值链中的话语权。进一步优化产业结构，充实产业集群社会主体，完善产业新生态，加快形成宁波市时尚纺织服装新的经济增长点。

（三）参与国际产能合作，推进产业数智化转型

第一，积极参与国际产能合作。近年来，纺织服装行业发展环境正在发生深刻变化。纺织服装企业"走出去"，积极参与国际产能合作，服务"一带一路"建设，是传统产业过剩产能输出的有益选择。百隆东方、申洲集团等宁波纺织服装企业目前正在越南、柬埔寨等国家设厂，致力输出剩余产能的同时，不断开拓产业新发展契机。

第二,促进工业化和信息化深度结合。推动纺织服装产业生产制造向智能化、个性化转变,产品供给向品牌化、高端化转变,是解决劳动力成本上升,实现产业集群服务能力提升、品牌转型升级的有效途径。尽快推进产业数智化转型,将制造业与大数据、云平台、互联网等技术结合,使工业化和信息化深度结合。

第三,引入国际先进设备。引入辅助机器人和智能化机床等设备,改进并优化生产过程,实现装备制造智能化,有效减少人为因素对生产的干扰,提高产品质量和生产效率,降低劳动强度,提高优等品率。

(四)培育研发力量,加大数字经济规模

第一,推进数字化转型。强化分行业、分企业规模精准施策,启动实施新一轮规上企业数字化改造三年全覆盖行动。推进大优强企业从制造环节数字化向研发、设计、管理、供应链等全环节全业务链数字化转型。推进单项冠军企业、专精特新企业的数字化车间全覆盖。

第二,加快培育数字经济。聚焦数字化管理、数字化服装加工生产、数字化打板技术、电子信息材料等四大数字制造业和互联网及软件信息服务、数字产品及互联网批零服务、数字内容服务、新型数字基础设施等数字服务业,加强数字经济发展工作推进机制建设。

第三,推进数字经济系统迭代升级。加快建设完善产业数据仓,迭代升级制造强市大平台和数字经济综合应用门户,贯通省、市、县三级产业数据,提升数字资源配置效率。围绕数字经济系统,聚焦"产业大脑＋未来工厂"核心架构,加快化工产业大脑等现有工业领域产业大脑建设,积极探索供应链金融在模具等行业试点,谋划建设新材料等细分行业产业大脑。

(五)优化管理模式,提升企业创新服务能力

第一,优化企业人才培育机制。针对上规模民企等行业龙头纺织企业需求,制订和落实高层次产业人才引进培育计划,鼓励建设基于市场导向的企业研究院,优化企业人才引进、培育与发展机制,坚持引领导向与需求导向相结合,最大限度地发挥创新人才效能。

第二,迭代企业服务体系。按照"政府指导、市场化运营"思路,建设宁波企业综合服务大平台,深化企业码宁波专区应用,实现省、市、县、镇四级企业服务工作联动。突出基础性综合服务属性和专业化公共服务要求,制定企业服务工作考核办法,推动实现企业服务的智能化、闭环化、精准化、集成化。

第三,支持企业与机构的合作。引导上规模纺织民企率先制订高水平的企业人才发展计划,支持纺织民企与相关行业服务机构合作,系统开展中长期的人力资源提升项目。围绕产业集群发展需要,调整优化中职学校、高校的学科专业布局,打造产教对接紧密、服务能力突出的专业学科体系。

参考文献

[1]《全国服装行业百强榜发布 9 家甬企上榜,雅戈尔集团占据两个榜首》,宁波日报,2022 年 8 月 19 日,http://nbjt.cnnb.com.cn/home.shtml。

[2] 夏春玲、魏明、刘霞玲等:《2010/2021 宁波纺织服装产业发展报告》,东华大学出版社 2021 年版。

[3] 李一、王晓蓬、屈萍:《浙江省时尚产业产教融合的问题及对策研究》,《丝绸》2021 年第 1 期。

[4] 朱磊、刘雅惠:《新零售下纺织服装企业智慧供应链构建》,《中国经贸导刊》2019 年第 3 期。

[5] 仵志浩:《供给侧结构性改革背景下宁波纺织服装产业创新体系构建研究》,《山东纺织经济》2020 年 6 期。

[6] 朱伟明、周丽洁:《互联网＋浙江传统纺织服装专业市场转型升级研究》,《丝绸》2018 年第 4 期。

[7] 仵志浩:《供给侧结构性改革背景下宁波纺织服装产业创新体系构建研究》,《山东纺织经济.2020 年第 6 期。

作者单位:宁波大学

2021 年宁波国土资源利用现状分析及 2022 年展望

黄建来　朱秋晔　曹　晨

　　国土资源利用是指人类通过一定的行为,以土地为劳动对象或手段,利用土地的特性来满足其自身需要的过程。人类利用土地来满足自身需要,一方面是指利用土地创造物质财富,以满足人类生产和生活的需要;另一方面是指改善生态环境,以满足人类生存的需要。

　　宁波市国土资源呈现"五山一水四分田"的格局,人多地少。多年来,宁波市节约集约用地水平在全省名列前茅,但也存在农业内部结构调整占用耕地、生产布局较分散、土地利用率不高、局部地区对土地资源重用轻养造成部分土地生态失调等问题。在国家实行最严格耕地保护制度和生态文明建设的政策背景下,宁波面临经济社会发展不断加快、城市化水平不断提高、人均耕地面积不断减少的形势,为提高国土资源保护保障水平,对宁波国土资源利用现状开展分析评价具有重要意义。

一、宁波市国土资源利用现状分析

(一)自然资源利用现状分析

1. 耕地

　　根据宁波市第三次全国国土调查(以下简称三调)成果,宁波市耕地面积 145521.56 公顷(218.28 万亩)。其中,水田面积 107934.32 公顷(161.90 万亩),占 74.17%;旱地面积 37587.24 公顷(56.38 万亩),占 25.83%。慈溪市、余姚市和宁海县耕地面积较多,占全市耕地的 56.60%。各地区具体情况详见图 1。

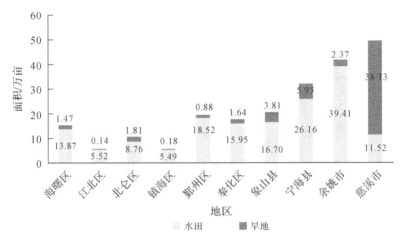

图 1　宁波市各地区耕地资源分布

根据所处自然分区,宁波市作物熟制分为一年两熟和一年三熟,余姚、慈溪地区为一年两熟,其他地区为一年三熟。其中,位于一年三熟制地区的耕地 84562.97 公顷(126.84 万亩),占耕地总面积的 58.11%;位于一年两熟制地区的耕地 60958.59 公顷(91.44 万亩),占 41.89%。

位于 2° 以下(含 2°)坡度的耕地 122723.12 公顷(184.08 万亩),占全市耕地总面积的 84.33%;位于 2°~6°(含 6°)坡度的耕地 9178.88 公顷(13.77 万亩),占 6.31%;位于 6°~15°(含 15°)坡度的耕地 7473.29 公顷(11.21 万亩),占 5.14%;位于 15°~25°(含 25°)坡度的耕地 5589.04 公顷(8.38 万亩),占 3.84%;位于 25° 以上坡度的耕地 557.23 公顷(0.84 万亩),占 0.38%。

2. 园地

全市共有园地 66705.06 公顷(100.06 万亩)。其中,果园 50019.41 公顷(75.03 万亩),占 74.98%;茶园 9629.89 公顷(14.44 万亩),占 14.44%;其他园地 7055.76 公顷(10.58 万亩),占 10.58%。园地主要分布在慈溪市、宁海县、余姚市和象山县,占全市园地的 70.84%。各地区具体情况详见图 2。

3. 林地

全市共有林地 411669.75 公顷(617.50 万亩)。其中,乔木林地 273287.66 公顷(409.93 万亩),占 66.38%;竹林地 88584.70 公顷(132.88 万亩),占 21.52%;灌木林地 4360.65 公顷(6.54 万亩),占 1.06%;其他林地 45436.74 公

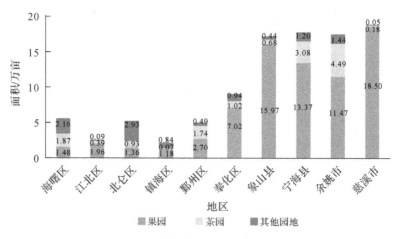

图 2　宁波市各地区园地资源分布

顷（68.16 万亩），占 11.04％。宁海县、奉化区、象山县和余姚市林地面积较大，占全市林地的 74.76％。各地区具体情况详见图 3。

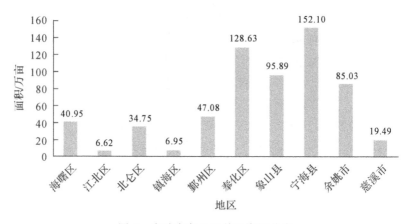

图 3　宁波市各地区林地资源分布

4. 草地

全市共有草地 11142.42 公顷（16.71 万亩），均为其他草地，无天然牧草地和人工牧草地。草地主要分布在慈溪市、余姚市、象山县、宁海县、镇海区和北仑区，占全市草地的 93.69％。各地区具体情况详见图 4。

5. 湿地

全市共有湿地 51734.49 公顷（77.60 万亩）。湿地是三调新增的一级地类，包括 7 个二级地类。其中，沿海滩涂 51023.86 公顷（76.54 万亩），占 98.63％；

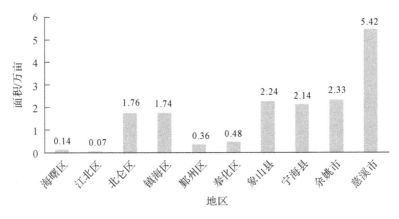

图 4　宁波市各地区草地资源分布

内陆滩涂 710.22 公顷（1.07 万亩），占 1.37%；沼泽地 0.41 公顷（0.0006 万亩）。湿地主要分布在象山县、慈溪市和宁海县，占全市湿地的 88.70%。各地区具体情况详见图 5。

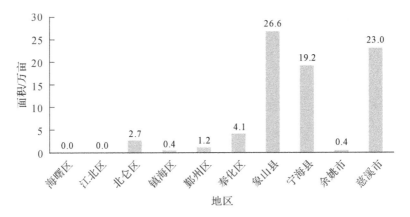

图 5　宁波市各地区湿地资源分布

6.城镇村及工矿用地

全市共有城镇村及工矿用地 171397.50 公顷（257.10 万亩）。其中，城市用地 49344.20 公顷（74.02 万亩），占 28.79%；建制镇用地 44455.78 公顷（66.68 万亩），占 25.94%；村庄用地 70879.41 公顷（106.32 万亩），占 41.35%；采矿用地 3652.76 公顷（5.48 万亩），占 2.13%；风景名胜及特殊用地 3065.35 公顷（4.60 万亩），占 1.79%。各地区具体情况详见图 6。

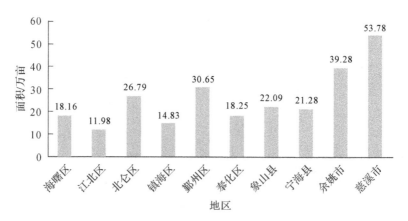

图 6　宁波市各地区城镇村及工矿用地分布

7. 交通运输用地

交通运输用地 30632.96 公顷（45.95 万亩）。其中，铁路用地 947.84 公顷（1.42 万亩），占 3.09%；轨道交通用地 296.82 公顷（0.45 万亩），占 0.97%；公路用地 16717.74 公顷（25.08 万亩），占 54.58%；农村道路 10278.79 公顷（15.42 万亩），占 33.55%；机场用地 501.62 公顷（0.75 万亩），占 1.64%；港口码头用地 1828.92 公顷（2.74 万亩），占 5.97%；管道运输用地 61.23 公顷（0.09 万亩），占 0.20%。各地区具体情况详见图 7。

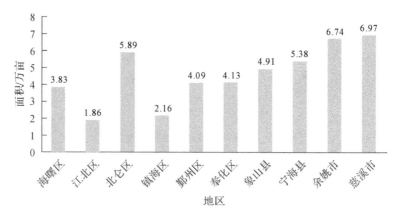

图 7　宁波市各地区交通运输用地分布

8. 水域及水利设施用地

水域及水利设施用地 86259.08 公顷（129.39 万亩）。其中，河流水面 31223.35 公顷（46.84 万亩），占 36.20%；湖泊水面 2249.86 公顷（3.37 万亩），

占 2.61%；水库水面 11967.57 公顷（17.95 万亩），占 13.87%；坑塘水面 32788.40 公顷（49.18 万亩），占 38.01%；沟渠 3938.25 公顷（5.91 万亩），占 4.57%；水工建筑用地 4091.65 公顷（6.14 万亩），占 4.74%。宁海县、余姚市、慈溪市和象山县水域面积较大，占全市水域的 72.31%。各地区具体情况详见图 8。

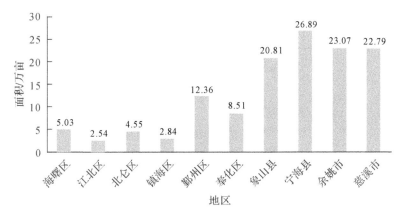

图 8　宁波市各地区水域及水利设施用地分布

（二）专项用地分析

1. 耕地专项分析

全市耕地共有 12.2 万个图斑，单宗地块小于 3 亩的有 3.0 万个，占比 24.9%；3～15 亩的有 5.0 万个，占比 40.7%；15～50 亩的有 3.2 万个，占比 26.5%；50～100 亩的有 0.7 万个，占比 5.6%；100～1000 亩的有 0.3 万个，占比 2.2%；1000 亩以上的有 11 个，占比 0.009%。

2. 建设用地分析

宁波市建设用地集中在城市、建制镇和村庄，三者面积占比分别为 25.20%、22.70% 和 36.19%。全市国土空间开发强度 19.97%，居全省第 3 位，位列嘉兴、舟山之后。各地区具体情况详见图 9。

2011—2019 年，宁波市单位建设用地 GDP[①] 由 3.63 亿元/平方公里提高到 6.47 亿元/平方公里，提高了 78.2%，年均提高 9.8%。单位建设用地 GDP 曲

---

① 单位建设用地 GDP=当年全市 GDP 总量/建设用地总面积×100%，其中建设用地不含水库水面和批而未建土地；GDP 数据取自统计年鉴；2018 年数据采用《2018 年浙江省自然资源公报》中数值。

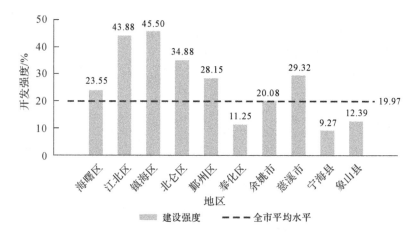

图 9　宁波市全域国土空间开发强度

线与全市 GDP 曲线保持同步增长趋势,具体情况详见图 10。

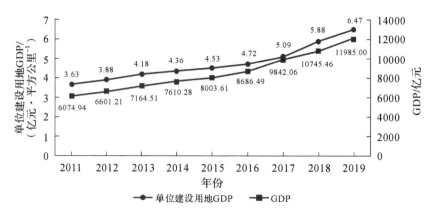

图 10　2011—2019 年宁波市单位建设用地 GDP 和 GDP 总量

3. 未利用地分析

全市未利用地中以沿海滩涂、河流水面和其他草地面积居多,分别为 76.54 万亩、46.84 万亩和 16.71 万亩(各地类具体情况详见图 11)。从地区来看,沿海滩涂集中分布于象山县、宁海县和慈溪市,河流水面较多分布于余姚市,其他草地较多分布于慈溪市。各地具体情况详见图 12。

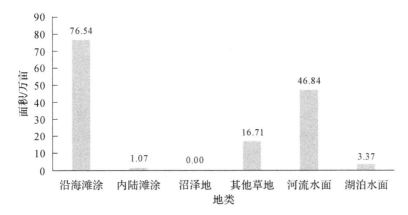

图11　宁波市未利用地资源地类分布情况

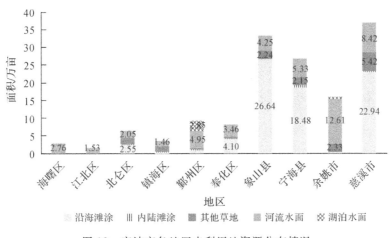

图12　宁波市各地区未利用地资源分布情况

（三）自然资源变化综合比对分析

1. 耕地变化

（1）变化情况

宁波市三调耕地总面积为218.28万亩，与二调相比耕地净减少115.89万亩，下降比例为34.68%。耕地主要是流向了林地和园地，分别占耕地流出总面积的31.6%、30.1%。流入耕地的地类主要为二调中的"水域及水利设施用地"，其中主要涉及沿海滩涂和河流水面，分别占流入水域及水利设施用地面积的51.1%和19.9%。

二调以来，在非农建设占用耕地严格落实占补平衡的情况下，耕地减少主要是由于农业结构调整。二调及历年变更调查中的耕地,种植结构调整后,由原种植粮食、蔬菜等农作物,变为种植果树、茶树、林木等,根据三调技术规则,对于此类情况,按照种植现状调查地类,并标注恢复属性。

(2)变化因素

耕地使用权人作为农业生产结构调整的主要参与者和实践者,他们的目标是实现自身利益最大化,当他们认为产业结构调整可以获得更多的利益时,必然会进行产业结构调整,具体主要建立在农业科技水平、农业装备水平提高和交通发达的基础之上。

第一,农业科技水平显著提高。农业科技水平的进步对耕地种植结构的调整起着关键作用。化肥农药的施用、农业机械的普及、灌溉技术的提高都会从一定水平上提高粮食单产和农作物产出率,从而缓解耕地的生产压力,在一定程度上放宽了耕地占用的门槛。近年来,随着农业科技水平的发展,全市农业产值有了很大提高,同时土地利用经济效益是农民自发选择土地经营方式的重要原因,从图13中可以看出,单位面积土地用于种植茶树、水果树等的效益远高于粮食生产效益,使得大量耕地转向果业、林业等用途。2009—2019年,耕地种植粮食作物的亩产值处于平稳的动态变化,而种植茶树、水果树等果业、林业的亩产值要远远高于粮食作物并且逐年递增,10年间增长量为0.51万元/亩。

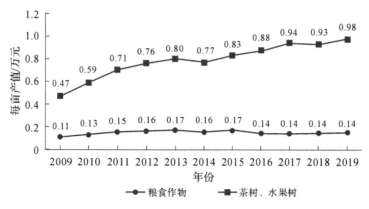

图13 2009—2019年宁波市土地利用经济效益

第二,农业装备水平提升。农业装备水平对耕地种植结构调整也起着重要的驱动作用。为了提高土地生产力,保证农业的稳定发展,宁波市采取了一系列措施,使农业技术装备水平显著提高。2019年,宁波市每万亩耕地投入耕作机械总动力为1155千瓦,比2009年增加了361千瓦;每万亩耕地化肥施用量10年间增加了198吨。农业装备水平的提升在一定程度上增加了粮食单产量,但也为耕地非农化提供了可能。

第三,交通发展。交通的发展和耕地面积变化之间存在相互影响的关系。一方面,交通条件改善,可以为农产品的运输提供便捷的条件,促进当地农民对原先不便利用的耕地做进一步开发利用,提高了当地的区位优势;另一方面,交通的发展又会占用一定数量的耕地。

2. 建设用地变化

(1)变化情况

二调到三调期间,全市建设用地逐年增加,增量共计 60.76 万亩,年均增加约 6.1 万亩。其中城镇村及工矿用地增加了 52.80 万亩,交通运输用地(不含农村道路)增加了 4.54 万亩,水工建筑增加了 3.42 万亩。二调以来,用地保障主要保障了工业用地、住宅用地、道路以及公共基础设施建设用地的需求。

(2)影响因素

建设用地的变化是多种因素共同作用的结果,有自然因素也有人为因素。人口快速增长、工业化进程加快、基础设施建设不断加强、社会经济水平逐步提高等人为因素的变化对城市建设用地结构和规模的发展变化起着决定性作用。

第一,经济发展。国内外相关研究成果表明,地区生产总值、产业结构以及居民生活水平等表现经济发展状况的指标都会对城市建设用地规模产生重要的影响。地区生产总值增长,就会催生更多的企业,从而增加就业机会,带动工资水平往较好的方向发展,相应提高对物质生活水平的追求,城市的人口会随之不断增多,城市基础设施建设不断增强。一个城市或地区的地区生产总值越高,城市发展规模就越大,城市功能也会随之不断增强,对生产要素的吸引力也会变大,从而就会对当地城市建设用地规模的发展产生比较大的促进作用。

第二,人口增长。人口作为主要的人文因素之一,对城市建设用地的变化产生着重要的影响。一个地区的人口规模扩大或者城镇人口增多都会导致该地区城市建设用地的需求增加,如住房面积、医院规模、学校数量、道路面积等建设用地就会相应增加。

第三,城市化水平。城镇化是宁波市经济可持续发展的主要引擎,对经济结构成功转型、实现可持续发展有着重要意义。随着城镇化率不断提高,农村富余劳动力和人口转移到城市,这将带来投资的大幅增长和消费的快速增加,并给城市发展提供多层次的人力资源。

第四,固定资产投资。固定资产投资总额增加,说明城市经济发展水平的潜力在不断增强,不管是固定资产投资的力度加大,还是城市规模的扩大,都会相应地为这个城市创造出更多的就业机会,人民的收入水平有了保障,就会对城市建设中不同类型的用地需求产生刺激作用。

二、宁波市国土资源利用存在的问题

（一）资源利用上空间离散问题突出

1. 耕地不规整问题突出

全市耕地共有 12.2 万个图斑，平均每个地块 17.85 亩，单宗地块小于 3 亩的 3.0 万个，面积 4.09 万亩；3～15 亩的 5.0 万个，面积 38.61 万亩。耕地碎片化导致很难实施规模化生产，粮食种植效益无法在短期内提升，农民种粮意愿调整难度大。

2. 工业用地集聚度不高

工业用地的破碎间接造成了农业、城镇空间的破碎。现状工业用地面积小于 3 亩的图斑数量占到总数的 26%，面积小于 100 亩的图斑数量占 92%，现状用地规模超过 100 亩的图斑数量不足 10%。

宁波市工业用地平均图斑面积中，北仑区、镇海区、江北区平均图斑面积大且图斑数量占比低，而余姚市、慈溪市平均图斑面积小但图斑数量占比高。各地区情况详见图 14。

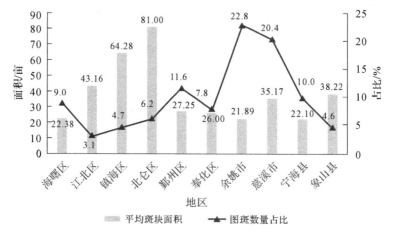

图 14 宁波市各地区工业用地图斑平均面积

（二）产出低效有待提升

土地利用粗放低效，全市现状工业用地容积率不足 0.8，土地集约利用有很大提升空间。供而未用工业用地，存量低效用地指标盘活空间大。据三调数据，全市单位用地工业增加值 10.52 亿元/平方公里,低于深圳、上海、广州等城市,其中规上单位用地工业增加值在全省排第 3 位,低于杭州、温州。全市规上企业亩均税收(7.22 亿元/平方公里)是用地 3 亩以上规下企业(0.93 亿元/平方公里)的 7.76 倍。

(三)资源错配有待统筹

工业用地集聚度不高,空间分布低效。近 60% 的工业用地位于现状省级以上园区之外,近 33% 的工业用地位于开发区整合范围外。位于城镇开发边界外的工业企业 20170 家,占总量的 28.6%,大部分为规下企业。城镇开发边界内、规划工业区块外存在工业企业 26892 家,受城市空间拓展、旧城改造影响,企业需腾挪入区。全市占工业用地总规模 66% 的规下企业仅贡献了全市 24% 左右的工业增加值,土地投入和效益产出不成正比。

三、2022 年宁波市国土资源利用展望与对策

(一)聚焦耕地连片,落实粮食安全和耕地改良

第一,全面加强耕地数量质量保护。全面落实最严格的耕地保护制度,在保护和改善生态环境的前提下,积极挖潜宜耕后备资源,补充优质耕地,落实耕地占补平衡指标。

第二,加快推进高标准农田建设。全面落实"藏粮于地、藏粮于技"战略,加快推进高标准农田建设,推进耕地质量提升。

第三,大力开展"千亩方、万亩方"永久基本农田示范区建设。在已划定的永久基本农田基础上,开展集中连片、沟渠平整通畅、耕作层质量优良的造地项目,稳步提高永久基本农田质量。

第四,积极实施"旱地改水田"工程。全面落实"占优补优,占水田补水田"政策,加快"旱地改水田"耕地质量提升建设,将旱地改造成优质水田。

第五,促进优质耕地集中连片。根据区域水资源、地形地貌和资源禀赋,优先将粮食生产功能区、高标准农田和标准农田范围内地块工整、基础肥力高、粮食生产能力强的耕地划入永久基本农田示范区;将集中连片、地势平坦、水利与水土保持设施良好、粮食生产能力较强的耕地划入永久基本农田集中区;将坡度小于 15°,与已划定永久基本农田集中连片,耕地质量较高,有良好水利和水土保持设施的其他优质耕地划入永久基本农田储备区;将区位适宜,具备永久基本农田补划潜力的耕地划入永久基本农田整备区;其余质量较差耕地划入一般农地区。

（二）聚焦工业集聚，落实制造业高质量发展

第一，稳定发展，明确整治目标。一是框定总量。根据新一轮国土空间总体规划和工业集聚区专项规划，合理确定 2035 年全市工业用地总量，基本维持在现状工业用地规模水平。二是开展"两集中一融合"。确保 90% 以上工业用地在城镇开发边界内，80% 以上工业用地在规划工业区块内，规划工业区块外允许保留一部分城市融合型、生态友好型、乡村一、二、三产融合型的零星工业用地，按规划工业用地总量的 20% 预留。

第二，加强管理，开展园区整合提升。优化全域工业空间布局，按照市级平台、县（市、区）重点平台、县（市、区）一般平台的梯度结构，规划形成开发区（园区）内市级平台、县（市、区）重点平台和开发区（园区）外县（市、区）一般平台。

第三，产业重整，优化产业空间布局。全市形成"一带三区多园"的工业空间格局。"一带"指北部滨海工业带。以前湾新区、慈溪滨海经济开发区、宁波石化经济技术开发区、宁波经济技术开发区、大樾开发区等为载体，打造全市北部工业布局的结构性廊道，打造世界级先进制造业基地。"三区"指三片工业集中发展区。一是北部余姚慈溪工业集中发展区，联动前湾，以余姚工业园、余姚经济开发区、慈溪高新区等为载体，预留战略性新兴产业发展空间，引导制造业集约发展。二是中心城周边工业集中发展区，以绕城高速周边经济开发区、都市工业园等为载体，承接中心城区新兴产业孵化及先进生产制造功能，增补制造创新平台，引导制造业转型创新发展。三是南湾生态工业集中发展区，以浙江宁波南部滨海经济开发区、浙台（象山石浦）经贸合作区为核心载体，打造南湾生态绿色制造高地。"多园"指建立全市"开发区（园区）、工业社区（小微企业园）"的园区发展体系。

第四，空间重构，划定规划工业区块。参照深圳、广州、佛山、东莞等地做法，划定工业区块控制线，规划工业区块（工业控制线）位于城镇开发边界集中建设区范围内，区块内以工业用地为主，以及用于支持工业发展的物流仓储用地、发展备用地及相关配套用地等。

（三）开展全域国土空间综合整治

第一，坚持"全市一盘棋，规划一张图"的城乡统筹理念。围绕"群众满意、耕地改良、粮食增产、防灾减灾能力增强和生态环境改善"的目标，强化顶层设计，遵循整体智治，突出以人为本，通过全域规划、系统整治、城乡融合、数字赋能，系统性重构全域空间，创新性提高空间治理水平，持续推进国土空间格局优化、产业集约高效绿色低碳发展，缩小城乡区域差距，维护粮食和生态安全，为宁波市加快实现高质量发展蓝图提供强力支撑。

第二,系统推进全域国土空间综合整治任务。以 2035 年远景目标纲要以及国土空间总体规划为引领,以高质量发展,建设共同富裕先行市为主题,以农用地提质增量、建设用地集聚增效、生态环境保护修复为重点抓手,在"十四五"期间,通过全域国土空间综合整治示范片区建设,实现零星耕地集中连片、零星村庄向中心村集中、零星工业用地向园区集聚,国土空间布局更加合理、生态保护更加系统、资源配置更加高效、城乡建设更有品质、人民群众幸福感持续提升。

(四)实施自然资源和规划全域变化监测

围绕自然资源"两统一"职责和自然资源调查监测"六统一"原则,充分发挥自然资源和规划变化监测基础性作用,利用空天地海全方位监测、智能识别及空间探测等技术手段,实现变化快速识别、核查和预警,及时掌握宁波市各类自然资源的类型、面积、范围、分布和变化情况。从历史、现状、管理和规划四个角度分析掌握宁波市自然资源和规划实施状态,客观评价自然资源基本状况和开发利用程度,满足自然资源保护、修复和利用等需要,助力宁波市自然资源和规划治理体系和治理能力现代化。

参考文献

[1] 晏芬:《论土地资源的可持续利用问题》,《商品与质量·消费视点》2013 年第 8 期。
[2] 欧名豪:《土地利用管理》,中国农业出版社 2002 年版。
[3] 霍振东:《农村土地资源利用问题探讨》,《现代农业科技》2011 年第 17 期。

作者单位:黄建来,宁波市自然资源和规划局;朱秋晔,宁波市测绘和遥感技术研究院;曹晨,宁波市测绘和遥感技术研究院

2021年宁波战略性新兴产业发展情况分析及2022年展望

李佩佳

一、2021年宁波战略性新兴产业发展情况

2021年,面对国际国内多重挑战,宁波统筹抓好疫情防控和经济发展,认真贯彻落实国家创新驱动战略,加快顶层设计,厚植创新动能,推动要素集聚,依托市县两级及产业工作团队,以"产业创新生态打造、体制机制改革攻坚"为着力点,全面推进战略性新兴产业扩量提质,不断取得突破。

(一)产业整体规模平稳增长

2021年,全市战略性新兴产业实现规上工业总产值6231.8亿元,同比增长24.3%,高于规上工业平均水平2.5个百分点;实现规上工业增加值1358.0亿元,同比增长14.5%,高于工业平均水平2.6个百分点。战略性新兴产业总值稳步迈上新台阶,占全市经济比重继续上升,继续成为支撑宁波经济增长的重要引擎。其中新一代信息技术、新材料、高端装备制造业等3个新兴产业产值增速超过30%,战略性新兴产业发力优势明显,后劲十足。

(二)重点领域发展成效明显

2021年,全市战略性新兴产业聚焦新一代信息技术、新材料和高端装备制造等"3"大优势型产业,加快培育发展航空航天、医疗健康、新能源、节能环保、科创服务等"5"大成长型产业,布局"1"批前瞻型未来产业,加快构建"351"新型产

业体系。从细分产业规模分析①,新材料、高端装备制造业、新一代信息技术产业 2021 年规上工业产值和增加值分别占全市战略性新兴产业总量的 79.4% 和 75.7%,占比分别比"十三五"末高出 3.4 个和 4.2 个百分点,成为宁波战略性新兴产业的重要支柱。另外,在碳达峰、碳中和背景下,节能环保产业迎来新机遇,2021 年,节能环保产业产值和增加值增速分别为 19.7% 和 13.7%,成为带动全市战略性新兴产业快速发展的新动能。受市场需求刺激拉动,数字创意产业发展形势持续向好,2021 年,数字创意产业产值和增加值增速分别为 57.2% 和 41.0%。

(三)产业技术持续突破创新

2021 年,宁波共获国家科技进步奖 8 项,包括由江丰电子作为第一完成单位的超高纯铝钛铜钽金属溅射靶材制备技术及应用项目。获省科学技术奖 50 项,牵头完成一等奖项目 4 项,英国诺丁汉大学获得全省唯一的国际科学技术合作奖,实现零的突破。东方电缆、健信核磁等企业的 70 个产品入选 2021 年度高端装备制造业重点领域首台(套)名单。此外,宁波企业研发制造的全国首台太空显微实验仪(永新光学)、微晶偏光 3D 显示技术(维真显示)、高端大尺寸陶瓷密封环(伏尔肯)等创新成果也纷纷应用于"天和"核心舱、神舟十二号飞船等国家重大科技工程。

(四)企业主体实力不断提升

2021 年,宁波市大力培育以千亿级龙头企业、单项冠军企业、专精特新"小巨人"企业等组成的战略性新兴产业企业梯队,企业主体实力不断提升。2021 年,宁波共有 127 家企业入围第三批专精特新"小巨人"企业名单,累计 182 家,成功超越深圳,位列非直辖市第一位;舜宇光学、锦浪科技等 18 家企业入选第六批国家级制造业单项冠军企业,入选总量共达 63 个,连续 4 年居全国第 1;累计培育市级制造业单项冠军企业 384 家,其中 110 家企业主导产品市场占有率居全球第 1,占比 28.6%;262 家企业市场占有率居全国第 1,占比 68.2%。上市公司突破 120 家,A 股上市公司 107 家,在全国城市排名中位列第 7,对宁波经济社会的贡献日益突出。

(五)平台建设持续深入

2021 年,宁波继续大力实施"栽树工程",积极发挥北京航空航天大学、西北工业大学、哈尔滨工业大学等 71 家产业技术研究院的平台作用,扎实推进宁波大学省部共建国家重点实验室,挂牌成立甬江实验室(新材料浙江省实验室),启

---

① 细分产业规模数据为 2021 年 1—11 月的数据。

动建设企业创新联合体,对宁波高端人才集聚和制造业高质量发展起到了强大的支撑作用。2021年,北航宁波创新研究院等 8 家单位入选 2021 年浙江省工程研究中心,宁波高新区工业互联网创新型产业集群获批 2021 年度创新型产业集群试点(培育)名单,一系列重大创新平台的布局建设进一步夯实了宁波科创实力。

(六)新兴动能不断加速成长

宁波加快产业智能化、绿色化、服务化等先进制造模式转型,新业态、新模式不断涌现。2021年,宁波成功入围数字经济新一线城市,位列全国第 15 位,超20 个项目入围国家工业互联网、大数据等试点示范和优秀案例,14 个数字化改革场景纳入省级先行示范项目,拥有 8 家浙江省级未来工厂(含试点、培育)以及16 家宁波市级未来工厂,2 家企业获评工信部企业上云典型案例,博汇化工、方太厨具、舜宇光电、爱柯迪成功入围 2021 年浙江省"未来工厂"试点企业名单。成功入选综合类"国家服务型制造示范城市"榜单,宁波海曙区翠柏三市里数创产业创新发展区等 6 个现代服务业创新发展区入围首批省级创建名单,拥有国家级服务型制造示范企业 10 家,省级新一代信息技术与制造业融合发展试点示范企业 30 家,省级服务型制造示范企业 44 家。

(七)产业发展环境持续优化

宁波以"最多跑一次"改革为牵引,加快数字化转型,扎实推进"放管服"改革,政府职能进一步转变,营商环境进一步优化,市场活力进一步激发,人民满意度进一步提升。2021年,在国家发改委公布的营商环境评价指标前 20 位的标杆城市中,宁波共有 11 个评价指标跻身全国 20 强,其中纳税服务居全国第 1。在全国工商联发布的《2021 年万家民营企业评价营商环境报告》中,宁波居全国第 5,继续位居全国各大城市第一方阵。在《中国法治发展报告 No.19(2021)》中,宁波市政府透明度指数挺进全国前 5,其中江北区、慈溪市在中国政府透明度指数评估县(市、区)政府中分列第 1 位、第 4 位。在《2020 年度中小企业发展环境评估报告》中,宁波的中小企业发展环境跻身全国前 10。宁波片区工业社区集成服务模式案例入选 2020—2021 年度中国自由贸易试验区制度创新十佳案例,成为浙江省唯一入选案例。

二、当前宁波战略性新兴产业发展存在的主要问题

与先进城市相比,宁波新兴产业发展还有不小差距。一是支撑带动作用相

对不足。增加值占规上工业增加值比重低于杭州、合肥等城市。二是产业能级偏低。宁波多数新兴产业企业提供的产品,缺乏核心技术,处于产业链中低端环节,附加值较低,高端材料部件及软件等产品和服务有效供给不足。三是科创资源相对薄弱。高校、国家实验室等高能级创新资源相对缺乏,企业创新联合体等平台自主创新能力有待提升,高技能人才储备匮乏。四是产学研合作深度和广度不够。产业协同创新体系建设尚处于初级阶段,科研院所在产业创新体系的价值没有充分发挥,产学研协同融合度不够。

三、2022年宁波战略性新兴产业发展形势展望

当前,宁波市战略性新兴产业取得了明显成效,但发展仍面临较多挑战。

(一)复杂多变国际环境形成新挑战

当前,世界经济增长持续放缓,长期处于国际金融危机后的深度调整阶段,与此同时,全球新冠肺炎疫情仍在不断暴发,为战略性新兴产业发展带来诸多挑战。一是全球产业合作格局重构,国际分工体系全面调整,发达国家与新兴国家间的国际竞争逐渐由错位竞争转向正面竞争。二是主要发达地区均极度重视战略性新兴产业发展,需要直面国际和区域竞争,在此背景下,发达国家为维护现存的产业链优势,必然会加大对技术转移、跨国投资等方面规则性措施的调整力度。三是战略性新兴产业治理体系尚不完善,在互联网平台企业的垄断认定、基因编辑等新型生物技术带来的伦理挑战、个人数据的隐私保护等方面,缺乏统一的认定规则。

(二)跨界融合形成产业发展新模式

2022年,战略性新兴产业融合发展趋势将进一步加强。一是信息技术将进一步发挥基础支撑作用,大数据、云计算、人工智能等向更多应用领域拓展。二是生物技术、能源技术、材料技术等多学科之间将更广泛地渗透、交叉、融合,进而引发新的技术革命和产业革命。三是战略性新兴产业之间、战略性新兴产业与传统产业之间的融合将成为发展的主流,不同学科、不同行业之间的融合互补性持续增强,行业之间的界限将变得不再明确,在大幅提升整体效率的同时将提升产业的整体竞争力。

(三)绿色发展重要性进一步凸显

2022年,随着全球气候变暖、资源能源紧张,以及新能源、节能环保等技术的不断进步,战略性新兴产业将更加注重绿色、健康、安全、可持续发展。这不仅

是产业发展需要,更是全社会持续发展和健康生存的必然选择。越来越多的国家,包括发达国家和发展中国家,开始重视绿色、健康、安全等可持续问题。所以,能耗低、资源需求量少、更加高效、用地少的战略性新兴产业更能满足社会发展需要。

(四)部分行业已成为国内外竞争新焦点

"十四五"时期,国内外各发达地区纷纷通过制定战略规划,引领战略性新兴产业发展方向。通过对全国 30 个省(区、市)发布的"十四五"规划情况的梳理分析,战略性新兴产业门类出现较多的是:生物医药(25 次)、新一代信息技术(23 次)、高端装备(23 次)、新材料(21 次)、节能环保(18 次)、新能源汽车(18 次)。结合宁波重点产业布局,战略性新兴产业发展形势研判详见表 1。

表 1 重点战略性新兴产业发展形势研判

重点产业	发展形势研判
信息技术	1. 信息技术产业热点技术逐渐走向成熟应用期 2. 信息技术为促进产业融合提供经济增长动力 3. 信息技术结合传统制造业创新生产方式
节能环保	1. 节能环保产业将进入前所未有的战略机遇期 2. 节能环保产业价格机制和金融市场将进一步完善 3. 技术创新将进一步引领节能环保产业变革
生物医药	1. 基因治疗浪潮来袭,产业发展需抢占先机 2. 资本市场越发活跃,创新产品将集中暴发
清洁能源	1. 清洁能源产业正加速迈入追求国际合作与经济效益新阶段 2. 自主化、智能化将成为清洁能源产业主要技术方向 3. 未来清洁能源发电上网价格将面临深度调整
高端装备制造	1. 智能制造引领高端装备制造业发展方向 2. 高端装备采用新材料比重上升 3. 高端装备领域将成为对外合作的重点
新材料	1. 绿色化、高端化成为未来发展的主要方向 2. 开拓军民两用产品市场将成为产业发展趋势 3. 多学科交叉在新材料创新中的作用进一步凸显 4. 国内市场未来增长空间不断扩大
航空航天	1. 处于争取国家战略落地实施的重大战略机遇期 2. 全球制造市场规模持续扩张,国内外市场竞争激烈 3. 航空航天制造技术变革加速汇集,相关战略性新兴产业发展势头迅猛
海洋产业	1. "海洋强国"成为国家战略,内外开放合作推动海洋产业向好发展 2. 海洋产业呈现长期稳定增长趋势,但随产业结构调整增速波动大 3. 海洋工程装备、海洋生物医药等战略性新兴海洋产业成为发展的战略重点

四、2022 年推进宁波战略性新兴产业发展的对策建议

2022 年,宁波应积极引导企业增加基础研究和应用研究投入,集中资源推动重点领域关键核心技术突破,最大限度利用好国内国外两个市场空间,持续夯实科技创新基础,提升战新产业辐射带动能力,着力构建国际一流的创新创业基础设施,继续做好有利于集聚技术、资本、人才、数据等创新要素的软环境建设。

(一)持续夯实科技创新基础

第一,增强原始和源头创新能力。围绕战略性新兴产业前沿基础研究,强化共性关键技术攻关,增强战略性新兴产业发展技术创新供给;依托名校院所,以应用研究牵引基础研究,围绕战略性新兴产业领域开展前沿技术、颠覆性技术攻关,积极争取承接国家、省重点研发计划和重大专项。

第二,加强关键核心技术攻关。聚焦集成电路、芯片等领域的关键核心技术及国产替代进口需求,依托宁波国家自主创新示范区、甬江科创大走廊、前湾新区等重大创新平台建设,加强基础研究前瞻布局;编制创新链"三色图",设立研制专项,优先保障技术攻关重大工程项目组织实施;建立分层分级关键核心技术科技攻关计划清单,实行"里程碑"式考核、"项目经理人"制管理等创新机制,严格把控项目产出质量。

(二)聚焦重点产业突破发展

第一,增强新一代信息技术赋能发展动力。以数字化转型需求为核心驱动,推进新一代信息技术与实体经济深度融合,聚焦 5G 核心器件、终端产品和应用场景等领域,打造稳定且具有竞争力的产业链;加快工业互联网平台、软件及智能设备等领域技术突破和融合创新,推动工业互联网赋能各行业各领域,形成互为场景、互为基础、互为生态的协同应用体系。

第二,推动新材料产业高端化。顺应新材料高性能化、多功能化、绿色化发展趋势,瞄准重大工程、重大装备、重大项目需求,发展新型金属功能材料、稀土功能材料、新型膜材料、高品质合成橡胶,前瞻布局石墨烯新材料、先进高分子材料、海洋工程材料和前沿新材料等未来产业,提升产业化应用水平。

第三,提升高端装备产业实力。面向高端制造、海洋经济等重点行业发展需求,加强高端装备集成系统及关键部件设计、制造及应用等先进适用技术研发,大力发展新能源汽车、海洋工程装备、轨道交通装备、智能机器人等先进功能装备产业,实现产业整体实力明显增强,打造有影响力的高端装备产业高地。

第四,前瞻布局潜力赛道。抢抓国内外焦点未来产业发展战略机遇期,围绕低碳、健康、空天等主要方向,前瞻布局一批未来产业,抢占潜力赛道;加快生物医药、医疗器械和健康服务等相关产业发展,推动医疗健康产业化规模化;大力发展智能电网、可再生能源和储能,培育氢能等产业,构建清洁低碳、安全智能的现代能源体系;结合宁波争取全国首个商业航天发射场项目落地布局和加快全国通航产业示范区建设,培育空天信息应用、空天运营、空天装备制造和航天育种等领域产业发展优势。

(三)提升创新平台辐射能力

第一,打造高端开放创新平台。围绕新一代信息技术、新材料、高端装备制造等重点领域优势行业转型升级的重大共性需求,在龙头企业牵头下,协同产业链上下游企业和科研院所联合组建制造业创新中心、企业创新联合体;支持企业建设国家级企业技术中心、浙江省工程研究中心等创新载体平台以及新型研发机构,进一步夯实产业技术支撑。

第二,推进三大科创高地建设。以国家自主创新示范区建设为引领,从解决"卡脖子"问题入手,大力推动新材料、工业互联网、关键核心基础件三大科创高地建设;加快甬江科创大走廊研究院集聚,谋划创建数字孪生研究院;深入实施产业技术研究院创新能力提升工程,优化研究院治理体系,推动研究院从"重集聚"向"强带动"转变,打造一批新型研发机构样板,全面增强创新策源能力。

第三,建设加强新型创新机构。实施新一轮研究院精准引进计划,紧盯重点城市、重点机构、重点企业,编制资源对接清单,加快合作共建项目落地,构建体系完善、支撑有力的产业研究院梯队,实施分层分级管理;建设市场化、产业化导向的新型研发机构,建立新型科研项目管理模式和研发组织形式。

(四)做大做强新兴产业企业

第一,加快培育骨干企业。全面摸清宁波市现有战略性新兴企业情况,依托"'大优强'、制造业单项冠军、专精特新'小巨人'"等优质企业培育梯队,根据企业和产品特点,精准实施战略性新兴企业培育计划;引导企业做专做精,聚焦重点细分领域,立足核心业务和关键技术,强化研发创新投入,培育一批制造业单项冠军企业和"专精特新"小巨人企业。

第二,培育优质创新型领军企业。完善高新技术企业培育提升机制,推进实施产学研关键技术联合攻关,加强研发平台建设和高端人才引育,打造创新型初创企业、科技型中小企业、高新技术企业的科技型企业成长梯队,促进优质创新型领军企业数量和质量双提升。

第三,提升企业创新能力。围绕企业成长特点和生命周期,推动企业积极创建企业技术中心、产业创新中心、工程研究中心、重点实验室、院士专家工作站等各类研发创新载体;鼓励企业争取各级科技专项,加快实现"从 0 到 1"的技术创新突破。

(五)推进应用场景开放共享

第一,实施企业智能化改造。建设 100 家以上智能化工厂、智能化车间、智能化生产线,聚焦发展柔性制造、云制造、共享制造等新制造模式;推进工业互联网应用,支持大型龙头企业建设企业专网。

第二,加快智能港口建设。探索 5G 技术在宁波舟山港远程桥吊、远程轮吊、无人驾驶智能卡车、远程视频监控、集装箱堆场定位、搬运机器人、智能引航、智能调度、智能卸载等场景的应用。

第三,有序推动智能驾驶。支持自动驾驶技术与车联网技术协调研发,促进 5G 技术在新型车载计算平台上的应用,满足未来共享汽车、远程操作、自动和辅助驾驶等强连接要求;在前湾新区,依托吉利汽车产业园打造集技术研发、道路测试、示范运行、赛事举办等于一体的智能网联汽车试验示范基地,开展自动驾驶、自动编队行驶、远程驾驶测试、客运、货运试运行。

第四,加快智慧城市建设。统筹开展 5G、物联网、大数据等新一代信息技术在社会治理、城市服务和经济发展等各领域的试点示范和应用推广,加快培育形成典型示范案例。

(六)增强人才队伍造血能力

第一,强化高层次人才引进。深化实施甬江引才工程,实行更加开放更加有效的人才遴选机制,创新"鲲鹏行动"专项,实行青年人才和海外人才举荐制、认定制,更大力度、更加精准引进高层次人才和团队。

第二,搭建新兴产业人才引育平台。持续打响人才工作品牌。创新活动形式、丰富活动内容,高质量举办宁波人才日、中国浙江·宁波人才科技周等重大人才活动,进一步打响"与宁波·共成长"人才工作品牌,打造近悦远来的青年友好城,提升宁波在人才群体中的知晓度、美誉度,吸引更多人才来甬创业创新。

第三,加强人才服务平台建设。全域建设人才创新创业服务综合体,更大力度集成高端特色的创业创新资源、优质便捷的生活服务资源,为人才发展提供全周期全方位的系统化服务保障;加大对人才基本公共服务的政府供给力度,提升人才服务联盟、驻重点城市人才联络服务站效能,选优配强助创专员、法务专员、财务专员等在线专线服务队伍。

(七)打造世界一流营商环境

第一,探索采购新模式。编制创新产品推荐目录,对目录中的产品优先予以政府采购;推动城市治理、公共安全、市政服务等各类应用场景的开放,通过购买服务等方式,引导本地企业参与智慧停车、智慧社区等建设。

第二,扩大新兴产业领域民间投资。鼓励民间资本投资 5G 基建、大数据中心、人工智能、工业互联网等新型基础设施领域;落实以负面清单为主的产业准入制度,建立新兴产业民间资本投资项目库,创新政企合作模式,扩大民间投资。

第三,优化各类要素保障。做好新兴产业基础设施、产业平台、重大项目布局与国土空间规划衔接,对符合条件的新兴产业项目优先保障土地、能耗、排放等指标。

作者单位:宁波市发展规划研究院

2021 年宁波机场发展情况分析及 2022 年展望

王　伟　　胡继刚　　董宜霖　　孔维宁　　崔　虹

一、2021 年宁波机场发展现状

（一）生产规模增长受限，客货特点逐步凸显

1. 客运业务逐步回升，疫情缺口难以填补

2021 年，宁波机场实现旅客吞吐量 946.25 万人次，同比增长 5.47%，较 2019 年同比减少 23.80%，在全国机场排名第 32 位。其中，国内航线实现旅客吞吐量 941.76 万人次，同比增长 6.84%；国际航线（含地区）受全球新冠肺炎疫情影响，仅实现旅客吞吐量 4.49 万人次，同比下降 71.45%。2021 年，航班起降 7.77 万架次，同比增长 3.09%，较 2019 年同比减少 13 个百分点。全年累计执行航点 88 个，航线 116 条（见表 1）。

表 1　2021 年宁波机场航点、航线完成情况

指标名称	本年新增	新增具体情况	年度累计执行总量
通航点数量	10 个	巴中、岳阳、安顺、榆林、拉萨、忻州、天府、凯里、伊宁、阜阳	88 个
♯国内	10 个	同上	85 个
♯国际	0 个	无	1 个
♯地区	0 个	无	2 个

续表

指标名称	本年新增	新增具体情况	年度累计执行总量
航线数量	10 条	宁波—巴中、宁波—岳阳、宁波—安顺、宁波—榆林—西宁、宁波—重庆—拉萨、宁波—忻州—哈尔滨、宁波—成都天府、宁波—铜仁—凯里、宁波—兰州—伊宁、宁波—阜阳	116 条
♯国内	10 条	同上	113 条
♯国际	0 条	无	1 条
♯地区	0 条	无	2 条

2．货运业务承压前行，国际航线变数较大

2021 年，宁波机场实现货邮吞吐量 11.27 万吨，同比下降约 5％，较 2019 年同比增长 6.22％。其中全货机实现货量 5.83 万吨，同比增长 0.5％；腹舱因受客运流量影响仅实现货量 5.44 万吨，同比下降 11.1％。上半年，因疫情趋于稳定，宁波机场积极开辟新航线、增加顺丰班机，稳定执飞货运航线 6 条，开通俄罗斯阿祖尔航空宁波—巴黎、泰国越捷航空普吉—宁波—曼谷等客改货航线 5 条。但随着下半年疫情反复、极端天气等影响，客改货航线及法兰克福航线暂停取消，货邮吞吐量增幅减缓。

3．初步形成差异化发展格局，持续拓展国际货运市场

一是客运网络持续提升，低成本航线载运占比高。近几年，宁波机场航线网络在覆盖省会、计划单列市、热门旅游城市基础上，逐步向各省份二、三线城市拓展，近 5 年低成本航空旅客吞吐量占比逐年提高（见图 1），形成在同量级机场中的差异化特点。二是国际货运发展迅速，全货机国际航线拓展快。近 5 年，宁波机场不断开拓国际货运航线，其中全货机载运量表现优异，自 2018 年以来占国际货邮吞吐量比例逐年提升（见图 2）。

（二）基建投资稳步推进，硬件环境实现升级

2021 年，宁波机场累计完成投资 6445.85 万元，完成全年计划的 85％（见表 2）。

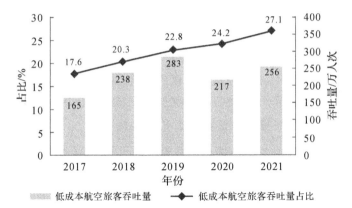

图 1　2017—2021 年宁波机场低成本航空旅客吞吐量及占比

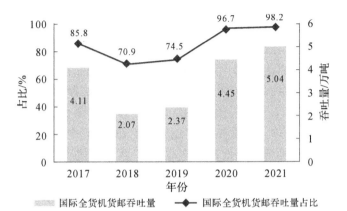

图 2　2017—2021 年宁波机场国际全货机货邮吞吐量及占比

表 2　2021 年宁波机场基础建设完成投资情况　　　　　　　（单位：%）

项目名称	本年完成率
三期扩建工程	125.56
跑滑系统优化工程	133.45
1 号航站楼改造工程	40.78
四期扩建工程	27.60
货代业务用房工程	3.87
新建二级监管库	0.00
其他基建项目	0.81
合计	85

1. 重大项目有序推进,三期工程圆满收官

宁波机场三期扩建工程实现保质保量全面清零。其中,2 号航站楼、交通中心工程获 2020—2021 年度中国建设工程鲁班奖(国家优质工程);2 号航站楼工程获得"中国安装之星"、中国建筑装饰奖等国家级专项优质工程奖。

2. 新建项目有序推进,部分项目有效压缩

本年新建项目中,1 号航站楼工艺流程改造工程 2021 年完成施工图设计审图、消防论证、民航华东监管局行业审查意见批复、总包施工、监理招标;跑滑优化工程完成 A4 道面大修、地基处理、顺闪灯和滑行道灯具更新等;货代业务用房工程完成建设规划许可证办理、管线迁移、施工图审计及审图、施工监理单位招标及现场三通一平等工作;特种车辆修理车间建设工程完成项目施工监理单位招标及现场三通一平等工作。

同时,考虑到疫情波动和客流量减少导致宁波机场整体效益较差,尽可能压缩了部分建设项目,因此 2021 年投资完成率并未达到年度投资计划。其中,非必要的其他基建项目完成率 0.81%;1 号航站楼改造工程完成率 40.78%;货代业务用房工程完成率 3.87%。此外,由于宁波市正在谋划建设一个集航空、高铁、轨道、公交等于一体空铁零换乘综合交通枢纽,研究在宁波机场建设宁波西综合交通枢纽方案,机场总规重新调整,四期扩建工程进度延后,2021 年完成率仅为 27.60%。

(三)疫情防控主动作为,复工复产逆势而上

宁波机场 2021 年累计完成测温航班 7.85 万架次,测温旅客 946.25 万人次,移送发热旅客 191 余人,移交处置重点地区来甬旅客 4.2 万人次,坚守抗疫空中门户。同时在保证疫情防控"失误零容忍,疫情零扩散"前提下,积极推进全方位复工复产。客运方面积极协调航司保持千瓦级航点不断航,并主动对接"客运复航",全年新增 10 个通航城市,年旅客吞吐量恢复率与航班恢复率分别居全国 40 个千万级机场第 7 位与第 5 位,均居华东地区第 2 位。货运方面精准实施"以客补货",先后开通至巴黎、曼谷、胡志明、雅加达和布达佩斯的"客改货"航线。

(四)安全运营持续平稳,服务品质能级提升

在安全方面,宁波机场 2021 年重点在一体化工作体系建设、安全管理程序规范、安全整治活动等方面发力,在 2021 年度"平安民航"建设考核中,获华东地区一类机场第 3 名荣誉,下属翔鹰公司获货运考核第 3 名,下属航空服务公司获航食考核第 2 名,考核成绩取得历史性突破。在服务方面,宁波机场积极贯彻落实民航局"坚持真情服务底线"要求和"一二三三四"工作总体思路,切实践行民航局"机场服务设施提升专项行动"精神,不断建立健全服务管理体系,细化完善运行服务流程,持续推出 21 项特色防疫服务,实现 2021 年国内航班旅客满意度平均值 4.73,较 2020 年上升 0.02 分;同时实现有效投诉 0 起,投诉回复率达100%。同时,宁波机场阳光服务品牌在"全国巾帼文明岗""全国工人先锋号"基础上,又荣获"全国青年文明号"称号,实现全国级荣誉大满贯。

二、2021 年宁波机场发展存在的问题和挑战

(一)疫情影响呈常态化,主业恢复任重道远

根据国际民航组织最新报告,在疫情反复波动的影响下,全球 2021 年航空旅客运输总量较 2019 年下降了 49%,相比 2020 年回升了 11 个百分点。据全国民航工作会议,中国民航完成旅客运输总量 4.4 亿人次,较 2020 年提高5.5%,恢复至 2019 年的 66.8%;货邮运输量 732 万吨,较 2021 年同比增长8.2%,恢复至 2019 年的 97.2%。

每次散点式疫情的暴发,都会造成机场旅客吞吐量"断崖式"下跌,同时地区、国际旅客吞吐量自疫情暴发下跌后尚未呈现复苏态势。国际疫情的加剧加上国内疫情的小范围反复,对宁波机场航空主业的发展冲击严重。

(二)硬件压力暂时缓解,长远发展难以满足

宁波机场三期扩建工程虽然大幅提升了机场保障能力,但长远看仍无法满足发展需要。一是撇去疫情影响因素,2 号航站楼的启用呈现"投运即饱和"状态,无法满足旅客吞吐量进一步增长需求;二是跑滑系统不完善,跑道承载力无法满足 B777、B747 等大型全货机满载起飞,一定程度上影响航空公司运力投放积极性,限制货源组织与营销。

(三)非航业务发展滞后,价值挖掘有待提升

宁波机场非航业务的增速明显低于航空主业增速,近 3 年年均增速仅为5%。当前非航业务结构相对单一,主要以飞机地面业务、商业租赁、航空食品、货运等传统非航业务为主。其中,飞机地面业务收入占比高达 31%,而具备深度价值挖掘潜力的商业租赁业务、货运业务、广告业务、配餐业务合计占比不足45%。同时临空经济业务尚未涉及,亟须填补空白。

三、2022 年宁波机场发展研判及展望

（一）2022 年宏观发展环境研判

1. 政策环境持续发力，民航发展迎来机遇

第一，在国家宏观政策层面，高质量发展成为主旋律，双循环发展成为新格局。我国经济已由高速增长阶段迈向高质量发展阶段，处于转变发展方式、优化经济结构、转换增长动力的重要时期。我国将通过深化改革、扩大开放等提升经济发展的自主性、可持续性和韧性；同时，以国内循环为基础，将市场向国外延伸，通过更深度参与国际经贸治理体系改革促进投资与贸易规则完善，实现国家竞争力整体提升，最终形成以国内大循环为主体、国内国际双循环相互促进的新发展格局。2022 年针对民航发展，发改委也出台了暂停航空运输企业预交增值税一年、鼓励地方政府支持机场做好疫情防控、加大对民航基础建设资金支持力度等扶持政策，为机场疫后恢复提供了有力的支持。

第二，在从民航政策层面，民航强国建设进入关键时期，四型机场建设指明发展要求。根据《新时代民航强国建设行动纲要》要求，"十四五"期间是我国"建成多领域的民航强国"的关键时期。"四型机场"的提出就是对机场从规划、设计、施工到运营全方面优化的具体要求，要建设符合新时代民航高质量发展要求，满足人民群众美好出行需求的现代化机场，将"平安、绿色、智慧、人文"理念全面融入机场发展。

第三，在地方政策层面，城市发展促进机场发展，机场发展反哺城市发展。宁波当前大力建设"246"万千亿产业集群，积极争创"一带一路"国家级发展平台、高标准建设"17＋1"经贸合作示范区，奋力打造全国一流综合运输服务示范城市、国家级临空经济示范区等，都将给机场发展带来新的支撑和机遇。同时，宁波机场也应当主动作为，提升航空运输保障能力，助力宁波实现产业转型升级和对外开放；建成多式联运综合交通示范点，支撑宁波综合交通枢纽建设；加速航空客货运发展，增强临空经济示范区航空物流产业核心驱动力。此外，民航强省战略、长三角机场群建设等都将给宁波机场发展持续注入活力、带来挑战。

2. 后疫情时代全面到来，机场打开全新格局

新冠肺炎疫情以来，我国民航市场格局发生了前所未有的变化；后疫情时代，机场发展将打开全新格局，主要体现在四个方面。一是国内市场将成为发展关键，国际市场拓展重点转移。扩大国内航空需求将成为运力投放重心，国际航

空市场将向东北亚及东南亚、"一带一路"沿线国家拓展。二是航空货运或将成新增长点,货运供给格局发生变化。我国将逐渐形成以专业化航空货运机场为核心、以轴辐式货运航线网络为特点的新兴供给模式。三是将从商务为主转向休闲为主,大众化航空成新增长点。四是非航业务或将成为机场创新创收重点。机场亟须打破现有全面依赖机场流量创收的业务结构,依托非航业务积极进行市场拓展和模式创新,提升抗风险能力。

(二)2022 年宁波机场发展展望

1. 2022 年主要生产运输指标预测

第一,客运方面。2022 年,宁波机场客运预计确保实现旅客吞吐量 1080 万人次;预计实现航班起降架次 8.71 万架次;预计新增 1 个国内航点。同时将根据疫情情况,适时恢复地区、国际航班。上述展望主要基于以下两方面考虑:一是受民航局限制外航时刻置换、限制繁忙航路相关航班的增加和调整等政策影响,宁波机场日均 18 个起降时刻无法充分使用,夏季临时性调减航班较多导致客流量恢复受到一定限制;二是国际疫情预计将导致 2022 年出入境航班仍无法全面恢复,旅客吞吐量恢复存在较大不确定性。

第二,货运方面。2022 年,宁波机场预计完成货邮吞吐量 10.8 万吨。这一展望主要基于以下原因:宁波机场跑滑优化施工于 2021 年 11 月开始施工,工期约为 1 年,导致广州航线取消;中货航法兰克因疫情原因,2022 年暂无恢复计划;同时地方政府要求省内各口岸机场原则上不新增国际客改货货运航线。此外,客机航班量持续低位,腹舱货量受航班量影响,预计 2022 年仍在低位徘徊。但是宁波机场仍将积极开拓货运市场,努力开通新的货运航班,预计全年实现国内货运吞吐量 7 万吨,国际货邮吞吐量 3.8 万吨。

2. 2022 年机场发展的方向及建议

第一,推进客货业务恢复发展。客运业务方面,全力恢复机场客运生产水平,争取国内旅客吞吐量超过 2019 年同期。根据市场需求适时调整优化航线网络;协调航空公司促进航班执行率提升;加强客源市场营销,促进客座率提升;积极开展宣传推广,提升机场影响力。货运业务方面,尽量减少机场跑滑优化施工、疫情原则上不增加国际客改货货运航线、腹舱货量难以明显增长带来的影响,对标国内航空货运枢纽机场,开展服务品类精细化研究,制定多样、灵活、高效的多场景服务保障方案,在标准化处理流程基础上探索个性化服务环节,夯实货运发展基础,构建货运生态发展。

第二,打造"干支结合"优质航线网络。准确把握两次换季契机,用足用好现有时刻资源,全力协调局方及航空公司争取时刻增量。重点增加重庆、深圳等航线航班密度,并新增 2 个以上新航点。在甬京快线基础上,争取再打造 1～2 条快线。积极争取市政府对国际(地区)航线恢复的支持,结合疫情形势,逐步有序恢复国际(地区)航线。深化与东航、春秋、长龙等航空公司合作,推出空铁、空地等多式联运产品,持续吸引周边客源出行。

第三,建设"精准高效"航空货运平台。落实省委省政府"打造航空货运高地"要求,以新货运区投运为契机,通过信息化手段,推动货运保障能力持续升级。在全力保持现有全货机航线稳定运营的基础上,探索开辟东南亚经宁波中转欧美的洲际货运航线。以扩充亚洲短途货运航班为着力点,积极接洽货运航司以及包机企业储备运力资源,争取通过客改货航班或临时包机形式运载跨境电商以及地方特色产品货物。

第四,推动基础设施建设升级。全力推进四期扩建工程,新建第二跑道跑滑系统、3 号国际国内航站楼、配套机坪及交通中心与站前交通系统、跑道联络滑行道及配套工作区,扩建国内国际货站、空管、油料设施等。积极推动优化改造工程,优化机场跑滑系统,改造 1 号航站楼工艺流程,建设三期货运区货代业务用房和特种车辆修理车间,力争 2022 年底基本完工。

第五,构建非航板块化发展新格局。对于候机楼商业、物流等流量型非航业务,依托流量资源,放大流量价值,主要在商业业态丰富、功能布局规划、物流资源整合、增值业务开发等方面发力。对广告等资源型非航业务,以资源优化为核心,积极争取场外资源,扩大收入规模。对航空配餐等混合型非航业务,需减少资源依赖,扩宽市场空间,积极发展地面业务。以此提升非航资源经营能力,构建主业与非航"双主业"并重的发展格局。

第六,争当同级四型机场建设标杆。全力打造以"人文机场"为特色,以"智慧机场"为串联纽带,以"平安机场"为发展底线,以"绿色机场"为基本要求的四型机场发展体系。全面提升航班正常性,全面提升服务品质,全面建设品牌文化。搭建一体畅联的"实用"设施平台,推进机场数据协同共享,在 2022 年重点打造 RFID 行李全流程跟踪系统(一期)、旅客流量及热度智能分析、智慧飞行区(一期)等 8 项应用。完善安全管理体系,搭建应急保障体系,确保安全生产平稳有序。推行绿色建筑和绿色施工,持续加强能源精细化管理,确保机场低碳高效、环境友好。

作者单位:宁波机场集团有限公司

2021年宁波能源低碳发展情况分析
及2022年展望

林子琪　赵　斌　余旭东

全球能源低碳转型背景下,能源高质量发展和应对气候变化成为当下最火热的话题。2020年9月22日,习近平主席在第七十五届联合国大会一般性辩论上的讲话中提出"3060""双碳"目标[①],2020年中央经济工作会议将碳达峰碳中和工作列为2021年八大重点任务之一。宁波作为全国第一批国家低碳城市试点,在2021年积极贯彻党中央、国务院和省委省政府关于能源低碳发展的决策部署,动员全市上下扛起新发展阶段历史使命,加快经济社会全面低碳转型。2022年,是碳达峰谋篇布局启动的关键之年,宁波将进一步提高整治站位,高标准推进碳达峰碳中和工作,充分展现服务大局的使命担当。

一、2021年宁波能源低碳发展情况

(一)全市能源消费和碳排放情况

1.能耗和碳排放总量

作为长三角南翼经济中心,宁波是华东地区重要的先进制造业基地和上海国际航运中心的重要组成部分。在宁波市迈入"万亿俱乐部"的同时,全市能源消费和碳排放总量也呈上升趋势(见图1)。2020年,全市能耗和碳排放总量分

[①] 《习近平在第七十五届联合国大会一般性辩论上的讲话》,新华网,2020暖被9月22日,https://baijiahao.baidu.com/s? id=1678546728556033497&wfr=spider&for=pc。

别约 4560 万吨标煤和 10000 多万吨二氧化碳,占全省比重的 18% 和 22% 左右,均居全省第 1。在国内外暴发新冠肺炎疫情影响下,全市能耗和碳排放总量较 2019 年略有下降,但总体上升趋势未能改变,较 2015 年分别增长 19.2%、14.4%,较 2010 年分别增长 45% 和 37.4%,能耗增幅大于碳排放。

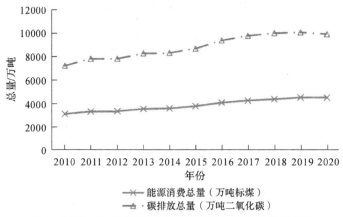

图 1 2010—2020 年宁波市能源消费和碳排放总量变化

2.能耗和碳排放强度

2010 年以来,宁波不断加大力度推进节能减排工作,发展循环经济,践行绿色发展,产业结构加快转型升级,能源结构不断优化,用能效率加速提升,全市能耗强度、碳排放强度和单位能耗碳排放强度保持逐年下降(见图 2)。2020 年,全市能耗强度、碳排放强度和单位能源碳排放量分别为 0.37 吨标煤/万元、0.81 吨二氧化碳/万元和 2.20 吨二氧化碳/吨标煤,较 2010 年分别下降 38.5%、42% 和 5.3%。

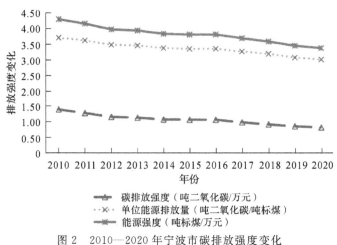

图 2 2010—2020 年宁波市碳排放强度变化

3. 碳排放结构

宁波市二氧化碳排放主要集中在能源、工业、交通、建筑、居民生活、农业六大领域。从供应侧看,2020 年,全市能源领域排放最多,占比高达 67.30%;其次为工业领域,占比 22.90%(见图 3)。从消费侧看,工业领域排放最多,占比高达 70.40%。能源和工业领域的碳减排,分别是宁波市供应侧和消费侧的减排关键(见图 4)。①

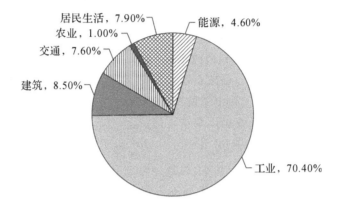

图 3　2020 年宁波市供应侧碳排放结构

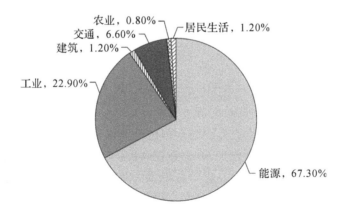

图 4　2020 年宁波市消费测碳排放结构

---

①　消费侧为 5 个终端部门(不含能源)化石燃料燃烧直接排放,以及 6 个部门电力、热力消费导致的间接排放。供应侧为 6 个部门化石能源燃烧产生的直接排放,以及净调入电力导致的间接排放。

（二）能源低碳发展基础不断夯实

1. 加强政策制度保障

自宁波列入国家低碳试点城市以来，市委市政府高度重视，不断加强政策制度保障，推动全市低碳发展。2021 年，在贯彻落实国家和省"双碳"目标和工作要求下，编制《宁波市碳达峰实施方案》和《宁波市完整准确全面贯彻新发展理念做好碳达峰碳中和工作实施意见》等顶层设计文件，按照统筹经济发展、能源安全、碳排放、居民生活四个维度，实施"省级统筹、三级联动、条块结合、协同高效的体系化推进"的要求，结合宁波的能源发展实际，谋划形成"1＋N＋X"政策体系。同时，不断完善重点领域专项政策，先后印发《宁波市循环经济发展"十四五"规划》《宁波市开展低（零）碳试点建设实施方案》《宁波市绿色建筑创建行动实施计划（2021—2025）》《宁波市绿色社区建设行动方案》等重点领域专项政策文件，为有序推进"双碳"工作提供政策支撑。

2. 建立完善低碳工作机制

将碳达峰碳中和工作作为 2021 年全市低碳工作的重心，成立以市委书记、市长为双组长的碳达峰碳中和工作领导小组，下设领导小组办公室。成立"双碳"专班和能源、工业、建筑、交通、农业和碳汇、居民等 6 个工作组，10 个县（市、区）均已成立碳达峰碳中和工作领导小组，建立"市级统筹、条抓块统"的工作推进机制。同时，推动"双碳"专班出台相关工作计划文件，明确各地各部门工作任务和时间进度要求。

3. 加强低碳能力建设

加强企业碳排放排查，对全市 165 家重点企业进行 2020 年度温室气体排放报告核查，按实际供电（热）量对配额进行最终核定，指导企业积极参与全国碳市场交易，首批推动 23 家发电企业参与全国碳排放权交易。强化重点行业新建项目碳评，对钢铁、火电、建材、化工、石化等九大重点行业新建项目的碳排放强度，及对区域碳达峰影响进行评价。提升金融助力低碳发展水平，中国人民银行宁波市支行等七部门联合出台《关于金融支持绿色低碳发展的指导意见》，在全国率先启动了绿色信贷、绿色建筑性能保险和绿色建筑认证闭环融合的改革创新试点，绿色信贷余额同比增长 38.1％。

4. 改革成效亮点显著

电力市场化改革取得突破，国网宁波供电公司完成全省首笔绿电交易和 4 类负荷响应专项试点，首创的绿电交易模式获得国家发改委高度评价，并在 2020 年 9 月推广至全国。全年推动普通直接交易电量 199.19 亿千瓦时，共减少用户电费支出 5.76 亿元,推动绿电交易成交电量 5500 万千瓦时。积极推进低(零)碳示范,余姚市入选全省首批低碳示范县,江北区和宁海县成功入选省级可持续发展创新示范区,宁海县成功入选省级林业碳汇先行基地创建名单,宁波石化经济技术开发区成为全国首批 7 个碳排放评价试点产业园区之一。

(三)重点领域低碳发展成效

1.能源领域

围绕"双碳"目标,统筹能源保障供应,抓好节能降耗,大力推进能源结构的清洁化。电源结构不断优化,2021 年,煤电装机占比降至 2020 年的 66.3%,天然气、风电、光伏和水电等清洁能源装机占比持续提高到近 33.7%。大力发展可再生能源和新能源,先后印发两项政策加强对光伏和氢能发展的支持力度,可再生能源装机规模占电力装机比例提高到 20%,超额完成全年预定目标,第一个海上风电场并网发电,新增风电装机 25.4 万千瓦,居全省第 2 位。光伏延续快速增长势头,新增装机 69 万千瓦。与国电投战略合作开展省级氢能示范区谋划取得新进展。强化能源保供与能耗"双控",加强煤电油气供需状况动态监测,及时协调电煤、天然气供应,编制电力需求侧管理清单,有序推进用电分级响应。完成 2021 年能耗要素信息库建设,从源头上遏制"两高"项目盲目发展,完成市级节能审查 37 项,统筹节能技改和淘汰落后项目,腾让能耗指标 56.7 万吨标准煤,为新上优质项目提供能源要素保障。

2.工业领域

加快推进企业绿色化改造,2021 年全年实施 41 个工业循环经济、工业节水和资源综合利用重点项目,节能 6.9 万吨标准煤,节水 2884.3 万吨。推动国家绿色制造示范区创建,建立星级绿色工厂和绿色园区评价标准,实行分层分级绿色工厂和绿色园区创建,打造国家级绿色工厂 22 家,新增国家级绿色设计产品 32 个、绿色供应链管理企业 3 家。有序淘汰落后产能,出台新一轮制造业"腾笼换鸟、凤凰涅槃"攻坚行动方案,完成 1290 家高耗低效企业整治并销号,腾出用能 55.9 万吨标准煤、用地 1.37 万亩,分别占全省总数 26.4% 和 17.7%。聚焦高碳行业,依法关停退出能耗、环保、安全、技术达不到标准和生产不合格产品或淘汰类产能,已淘汰落后产能涉及企业 278 家。

3.建筑领域

坚持以政策、规范和标准为指导,大力推进节能建筑、绿色建筑和可再生能源在建筑中的利用。大力发展绿色建筑,在全省率先印发《绿色建筑创建行动实施计划(2021—2025 年)》,组织新建民用建筑节能审查项目 250 个,全部达到绿色建筑一星级及以上标准,装配式建筑占新开工建筑比重达 35%。推进既有建筑节能改造,持续开展民用建筑能效提升三年行动计划,完成既有公共建筑节能改造 40 万平方米,超额完成 30 万平方米改造任务。加大可再生能源建筑应用,全市新建民用建筑屋顶光伏装机容量超过 1.35 万千瓦,空气源热泵、太阳能热水等其他可再生能源应用面积超 460 万平方米,可再生能源替代常规建筑能源比例达到 8%。

4.交通领域

加快全国性综合交通枢纽城市和国家公交都市示范城市建设,创建国家绿色出行城市,大力推动低碳交通体系建设。优化调整交通运输结构,持续提高大宗货物铁路水路货运比重,水路总周转量超过 3400 亿吨公里,居全省首位。出台并落实第五轮海铁联运扶持政策,集装箱海铁联运业务量突破 120 万标箱,海铁联运量跃居全国第 2 位。大力推广新能源车,2021 年,全市累计申报免税的新能源汽车达 4.47 万辆,同比增长 216.76%,占全部申报车辆的 13.74%,新增(更新)公交车辆实现 100% 新能源化。积极推进绿色港航建设,全年建成 8 套岸电设施,五类专业性码头岸电设施覆盖率超 86%,岸电使用超 1.3 万艘次,用电量同比增长 35.9%。大力发展绿色出行,两轮出行成为市民首选低碳出行方式,仅"哈啰"两轮出行所服务用户年累计骑行减排就超过 2016 吨。出台电动车充电桩奖励补贴细则,全市充电桩超过 8100 个。

5.农业与居民生活领域

加快推进生态循环农业发展,促进农业废弃物资源化、能源化利用,农业机械化加快向全程全面高质高效转型升级,农作物耕种收综合机械化率达 81.1%,水稻耕种收综合机械化率 90.6%,均居全省第 1,全市秸秆机械化回收综合利用取得显著成绩,成为全市一大亮点。加快淘汰重污染高耗能农机,全面清退变型拖拉机,累计淘汰帆张网、木质等渔船 88 艘。大力普及推广低碳生活方式,开展"全国低碳日""文明餐桌""绿色出行"等形式多样的绿色低碳生活教育、宣传和创建活动,营造绿色生活新时尚。

二、宁波能源低碳发展过程中存在的问题

(一)统筹经济发展和能耗强度目标难度较大

中央经济工作会议提出要推进能耗双控向碳排放总量和强度双控转变,但由于目前尚未建立碳排放核算体系,预计近几年能耗强度仍是衡量碳达峰碳中和工作推进情况的重要指标。宁波市临港型产业集聚,重化工业规模大、平均能

耗强度高,尽管近年来持续推进节能降耗工作,石化等重点领域能效已达到国内先进水平,2021 年宁波市又通过"两高"清理、内部挖潜、节能审查等多种举措,实现前三季度单位 GDP 能耗强度下降幅度居全省第 2。但综合考虑已批在建项目和目前掌握的重大工业项目投资计划,在扣除新增原料用能、国家单列能耗以后,"十四五"时期能耗总量缺口仍有 472 万吨标煤,完成能源消费总量、强度约束性目标面临较大压力。

(三)能源电力保供压力较大

为落实煤炭消费总量控制和大气污染防治要求,宁波市近 10 年未新建大型火力发电的电源项目,但全市最高用电负荷持续增长,虽光伏发电装机发展迅猛,但受制于可再生能源的稳定性,全市用电高峰时段供需紧平衡问题突出。2021 年,全市最高用电负荷再攀新高,达到 1736 万千瓦时。在国内外能源价格上涨,电煤、天然气资源紧张,外来电减供,电力需求增长快等多重因素影响下,宁波市 9 月底启动有序用电方案。相关数据显示,2022 年全省电力供应紧平衡,预计迎峰度冬(夏)高峰期间全省电力缺口在 600 万千瓦时左右,如遇极端天气,最高缺口将达 1000 万千瓦时。宁波市作为省内用电大市,2022 年全市将面临较大的电力保供压力。

(三)统调电力是电力碳减排的关键

宁波市是全省最大的电力生产基地,电源装机容量占全省 1/5,煤电装机容量占全省的 30%以上,其中,省统调电力装机容量占到全市的 80%,煤电发电机组占全市煤电 93%。统调电力是宁波市碳排放的主要贡献源,贡献率超过 45%。而同时,统调电力也是全省电力供应的"压舱石",在新型电力系统建设过程中发挥着系统调峰和兜底保供的重要作用。2021 年,全省电力供应紧张,宁波市统调电力发电量同比增长 30%以上,增发电量 200 多亿千瓦时,全市电力供应由 2020 年的净输入 54 亿千瓦时,再次转为净输出约 34 亿千瓦时,为全省生产生活电力保供、经济稳定发展、电网安全运行做出了巨大贡献。2021 年,在省电网统一调度指挥下,宁波市统调电力发电增长带动电力供应的直接碳排放量增加 1400 多万吨,给宁波市电力热力供应领域在确保电力热力供应稳定下,推进领域有效碳减排增加了压力,也提出了一个建立科学的碳排放双控制度和考核管理机制的重大课题。

(四)能源低碳转型金融扶持力度不足

能源低碳转型需要持续、大规模的资金投入支持。但新能源技术项目伴随着市场性和技术性风险,导致项目融资困难的问题普遍存在,尤其是中小企业难以获得有效的资金支持,很多新型的能源低碳项目遭遇政策热、融资冷。近年来,宁波市大力发展绿色金融,但尚未形成统一、成熟、规范的贷款标准,在绿色信贷基础上,发展绿色债券、绿色基金、绿色租赁等产品上创新不足,缺少符合运用新技术、新业态、新模式的能源低碳项目特点的金融产品和服务,更缺少绿色金融专业人才和激励机制。在绿色低碳转型发展的大趋势下,宁波市的绿色金融有巨大的发展空间。

三、2022 年宁波能源低碳发展形势展望与对策

2022 年,是宁波市碳达峰谋篇布局启动之年,紧紧围绕党中央、国务院和主要领导的工作要求和指示,完整准确全面贯彻新发展理念,坚持系统观念,处理好发展和减排、整体和局部、短期和中长期、政府和市场的关系,以科技创新和制度创新为动力,以产业结构转型、能源结构调整为主要路径,全面推进经济社会发展绿色低碳转型,加快形成节约资源和保护环境的产业结构、生产方式、生活方式、空间格局,确保 2030 年前实现碳达峰。

(一)加快能源绿色低碳转型

按照"控煤、增气、强非化、增外输"的要求,坚持能源安全底线,大力推动可再生能源替代,构建清洁低碳安全高效的能源体系。严格控制新上煤电项目,推动新改扩建项目煤炭减量或等量替代,推进燃煤机组能效提升和深度调峰改造。实施"风光倍增",开展"光伏+"十大工程,积极创建省级氢能示范城市。构建新型电力系统,推动源网荷储协同发展和多能互补,推进电源侧、电网侧、用户侧新型储能示范项目建设。全面启动高碳行业重点企业节能降碳技术改造,推广先进通用节能降碳技术产品,淘汰整治高耗低效产能、散弱乱企业。深入推进电力市场化改革。

(二)构建绿色低碳工业体系

以打造制造业高质量发展先行城市为目标,聚焦产业结构调整和用能结构优化,加快工业绿色低碳转型。大力发展新材料、电子信息、新能源汽车、节能环保等新兴产业,谋划培育区块链、第三代半导体等未来产业,推动产业结构调整升级。推进钢铁、建材、石化、纺织等高碳行业绿色低碳转型,遏制"两高"项目盲目发展,严格按照省控制目标实施项目准入,加强存量项目分类改造提升,推动在建项目能效水平提高。深入实施新一轮制造业"腾笼换鸟、凤凰涅槃"攻坚行动,深化"亩均论英雄"改革,加强高耗低效企业整治。开展重点行业企业绿色化诊断,推动企业开展绿色化改造,继续加大绿色工厂、绿色园区、绿色供应链、绿

色设计产品建设力度。

（三）提升建筑领域绿色低碳水平

将绿色低碳理念贯穿建筑全生命周期管理，降低建筑能耗，优化建筑用能结构。严格落实各项绿色建筑政策标准，全面启动超低能耗建筑、（近）零能耗建筑试点，推动绿色建筑高星级示范工程建设。将高星级绿色建筑、超低能耗建筑、零能耗建筑、高替代率可再生能源应用等纳入绿色建筑专项规划指标。大力发展装配式建筑，支持装配式建筑产业基地建设，稳步提高各类装配式结构体系集成化水平。强化可再生能源在建筑领域的应用，推广光伏、光热、空气源等技术，优先利用建筑余热废热，扩大新建建筑光伏一体化应用。推动低碳城乡建设，倡导绿色低碳规划设计理念，推进城市绿道和海绵城市建设，推动城市生态修复。

（四）深化交通绿色低碳转型

构建低碳清洁高效安全的绿色交通运输体系，确保交通运输领域碳排放增长保持在合理区间。调整优化交通运输结构，大力发展海铁联运，推广应用智慧物流云平台，重点突出集装箱和大宗货物运输"公转铁、公转水"，加快推进金甬、苏嘉甬（沪嘉甬）铁路建设。提高运输组织效率，引导公路货运大型化、厢式化和专业化发展，多渠道推广发行货车ETC。大力倡导绿色低碳出行，优先发展以轨道交通为骨干、地面公交为基础的城市公共交通服务网络，完善以"步行＋公交""自行车＋公交"出行为主的绿色交通体系，完成国家绿色出行城市创建验收。实施公共领域车辆新能源行动，加快公共交通、出租车等营运车辆装备升级，引导提升社会车辆新能源比例。

（五）推进循环经济

抓住资源利用源头，大力发展循环经济，全面提高资源利用效率，充分发挥减少资源消耗和降碳的协同作用。按照"一园一策"原则部署启动全市制造业类省级以上园区循环化改造，加快统一园区循环化改造评价验收标准。加强大宗固废综合利用，推动一般工业固废的申报登记制度，逐步将一般工业固废产生、利用、处置情况纳入排污许可管理。推进秸秆高值化利用。完善废旧物资回收网络，推动"搭把手"智慧一体化再生资源回收系统建设扩面升级。深化生活垃圾分类和再生资源回收"两网融合"，重点推动废弃电器电子产品、退役动力电池、报废汽车等废旧物资循环利用。

（六）推进绿色低碳科技创新

发挥科技创新在能源低碳发展中的支撑引领作用，强化低碳、零碳、负碳技术攻关，聚焦化石能源、可再生能源、氢能、储能、工业流程再造、碳捕集利用与封存（CCUS）、生态碳汇等重点领域实施重大技术专项。强化绿色科技创新平台建设,加快推进市级绿色低碳创新载体、省级科技创新平台建设,推动行业龙头企业牵头组建市级绿色低碳技术创新中心。依托甬江引才工程等重大引才引智工程,重点面向氢能、储能、生物合成、CCUS 等绿色低碳技术领域引进一批高层次人才。强化主体培育,以区域绿色低碳循环发展为主体,积极创建升级可持续发展创新示范区,实施科技企业"双倍增"行动。

(七)推动农业减排增汇

坚持系统观念,推进山水林田湖草沙一体化保护和修复,提高生态系统质量和稳定性,提升生态系统碳汇增量。挖掘农业减排潜力,加快推进老旧农机和帆张网、木质渔船清理淘汰,提升农业废弃物资源化利用水平。增强农业增汇能力,推进增汇型农业技术的研发和推广应用,打造高标准农田建设示范点,加强农作物秸秆综合利用技术集成与示范推广。提升林业、海洋固碳能力,全面推行林长制,实施省新增百万亩国土绿化行动和千万亩森林质量精准提升工程,实施生态系统保护修复重大工程,推进海洋"蓝碳"生态系统调查评估试点工作。

(八)推进绿色低碳生活

在保障高水平全面建设社会主义现代化和满足人民群众对美好生活的需要基础上,增强全民节约意识、环保意识、生态意识,倡导简约适度、绿色低碳、文明健康的生活方式,把绿色理念转化为全体人民的自觉行动。营造绿色低碳生活新风尚,开展绿色低碳教育行动、绿色低碳宣传行动和绿色低碳展览展示活动。加强居民生活领域数字应用开发,增强居民对生活用能碳排放信息感知度,引导居民主动践行绿色低碳生活行动。扩大绿色产品服务新供给,推行绿色产品认证、"品字标"品牌认证,完善绿色产品的检测评价能力,开展"能效领跑者""水效领跑者"活动,引导企业生产和居民采购绿色产品。

(九)强化政策制度保障

进一步完善"1＋N＋X"政策体系,加快印发碳达峰碳中和系列实施方案,编制节能降碳增效、循环经济协同等专项政策文件。全面落实碳排放统计核算制度,根据国家、省统一部署要求,落实完善碳排放统计核算方案,积极探索碳排放核算在区县(市)层面应用,健全完善全市碳排放统计核算体系。加大财政税收支持力度,研究制定碳达峰碳中和财政支持政策,探索新一轮绿色发展财政奖补机制。构建完善绿色金融体系,建立绿色信息共享机制和绿色金融监测评价体系,有序推动共建碳账户,引导金融机构加强产品创新,支持开展碳排放权、用能权等环境权益抵质押贷款,提高绿色信贷占比和融资支持精准度,鼓励发行绿色公司债券、绿色资产支持证券,支持绿色产业企业挂牌上市。

参考文献

[1] 刘美萍:《碳中和路径下低碳社会构建问题研究》,《资源再生》2021 年第 11 期。

[2]《中共中央 国务院关于完整准确全面贯彻新发展理念做好碳达峰碳中和工作的意见》,中国政府网,2021 年 10 月 24 日,http://www.gov.cn/zhengce/2021－10/24/content_5644613.htm。

[3]《中共浙江省委浙江省人民政府关于完整准确全面贯彻新发展理念做好碳达峰碳中和工作的实施意见》,杭州日报官网,2022 年 2 月 17 日,http://news.cnnb.com.cn/system/2022/02/17/030330435.shtml。

作者单位:宁波市发展规划研究院

专 题 篇

2021 年海曙区经济社会发展情况报告

陈　超

一、2021 年海曙区经济社会发展基本情况

2021 年是实施"十四五"规划、开启全面建设社会主义现代化国家新征程的开局之年,全区认真贯彻省、市、区各项决策部署,统筹推进疫情防控和经济社会发展,扎实做好"六稳""六保"工作,持续推进"活商、强工、重农",经济运行回升向好,质量效益持续改善,社会事业健康发展,民生福祉保障有力。

（一）经济运行稳中有进

经济总量不断攀升,全年实现地区生产总值 1400.6 亿元,同比增长 9.2％,人均地区生产总值达到高收入经济体水平,成功跻身全国百强区。完成一般公共预算收入 129.7 亿元,增长 12.0％。全年完成固定资产投资同比增长 15.4％,其中工业投资同比增长 2.5％。全年实现社会消费品零售总额 844.1 亿元,同比增长 7.4％。

（二）产业转型加快

制造业提质发展,战略性新兴产业、高新技术产业、装备制造业增加值分别同比增长 6.6％、11.2％和 13.3％,获评全国产业集群区域品牌试点区、全国消费品工业"三品"战略示范区。服务业主导地位持续巩固,占地区生产总值的比重达到 68.3％,商贸业、金融业规模保持全市前列,3 个商业综合体建成投用,5 家企业成功上市,成功创建省夜间经济、数字生活新服务样板区。农业经济稳步提升,"三区六园"建设持续推进,水稻大田种植数字农业国家试点积极开展,成

功创建省级现代农业园区 1 个,获评全国农村一、二、三产业融合发展试点区。

(三)创新动能不断增强

一是创新平台实现由集聚到壮大。翠柏里创新街区启动建设,五大产业技术研究院创新赋能作用明显,新建创新平台 34 个,孵化创新企业 37 家,入围"科创中国"省级试点区。二是创新主体实现由量变到质变。高新技术企业数量、全社会研发投入占比实现翻番,国家科学技术奖、省创新型领军企业等领域取得零的突破,建成市级重点实验室 10 个,各类应用型研究机构达到 36 个。三是创新人才实现由招引到吸引。"汇海"人才政策体系持续升级,国家级和省级领军人才达 38 人,获评省人才工作考核优秀区。

(四)开放合作深入推进

外向型经济发展新政出台实施,全省首个国际贸易发展联盟组建运营,服装、汽车零部件产业入选国家外贸转型升级基地,获评省外贸十强区。招商选资成效明显,成功引进亿元以上项目 238 个,68 家总部企业相继落户,累计完成大市外内资 715 亿元、浙商回归资金 365 亿元,实际利用外资 12 亿美元。国家级临空经济示范区正式获批,基地航空公司达 2 家,机场吞吐量突破千万人次。区域合作不断深化,与上海长宁区建立合作交流关系,产业发展、人才科技、公共服务等领域协作全面铺开。

(五)全域融合体系基本形成

一是城乡形态不断优化。以"东优化、中聚合、西提升"为方向,奉化江西岸开发系统谋划,姚江南岸基础设施陆续导入,机场三期等建成投用,累计新开工重大项目 225 个,竣工投用 162 个,征迁 400 万平方米,完成固定资产投资近 1500 亿元。二是城市更新深入推进。宁波府城隍庙重修开放,望京门遗址公园建成投用,中医药特色街区等项目改造陆续破题见效,改造老旧小区 119 个共 685 万平方米。三是美丽城镇、美丽乡村、美丽庭院一体打造。全域完成小城镇环境综合整治,所有行政村村级集体经济年收入均突破 100 万元,经营性收入均突破 15 万元。基础设施加快完善。四是路网体系不断健全。98 条道路建成投用,15 条道路完成整治,80 条公交线路优化调整,新增停车位 5 万余个,获评省"四好农村路"示范区。五是水电气网建设一体推进。100 余个水利工程、5 个变电工程竣工投用,5G 网络布设全市领先,农村饮用水达标提标实现全覆盖,获评省海绵城市建设示范区。六是"亩均论英雄""标准地"改革持续推进。批而未供和闲置土地处置扎实开展,获评省国土资源节约集约模范区。七是环境面貌更加优美。精细管理持续深化,"三改一拆""五水共治""垃圾分类"等系列专项行动接续开展,重点区域、重点路段精细化管理水平不断提升,获评省生活垃圾分类、农村公厕改造优秀区,成功捧得大禹鼎,助力宁波高分摘得全国文明城市"六连冠"。八是生态治理彰显成效。全力打赢污染防治攻坚战,中央和省生态环保督察、长江经济带修复整改落实扎实推进,生物多样性体验基地启动打造,省控以上断面水质优良率达 100%,人均公园绿地面积达 14.3 平方米,创成省生态文明建设示范区,获评美丽浙江建设工作优秀区。

(六)民生社会事业不断进步

一是实施就业优先战略。新增就业 11.2 万人,获评省首批无欠薪示范区。二是社会保障更加有力,户籍人口基本养老保险参保率达 99.4%,医疗保险参保率达 99.9%,多层次医疗保障制度体系基本形成,困难群众养老保险、医疗保险资助参保实现全覆盖,45 家定点医疗机构实现跨省异地就医直接结算,100 万平方米保障性住房投入使用。全省首个退役军人优抚管理系统上线运行,获评省军民融合创新示范区。养老服务供给能力不断增强,"院居融合"模式全面推广,19 个示范型居家养老服务中心建成投用。三是帮扶体系不断健全。助推贵州省贞丰县脱贫摘帽,劳务协作就业帮扶、茶叶共富项目入选脱贫攻坚典型案例,与四川省喜德县建立东西部协作关系,"物质+服务"社会救助改革入选全国试点,获评全国残疾人工作先进集体。四是教育发展优质均衡。新建校(园)27所,组建 7 大教育集团,获评全国"未来学校"、省艺术教育实验区。五是医疗品质持续提升。区中医医院迁建等项目投用,新建区级综合性医院,新增医疗床位1500 余张,高山巡回医疗、紧密型医联体建设广受好评,基本公共卫生服务项目评价居全省第一,获评省健康促进区。六是文体事业不断繁荣。天一阁·月湖国家 5A 级旅游景区成功创建,区档案馆新馆建成启用,全媒体中心高效运行,"一带一路"中国宁波国际攀岩大师赛等活动顺利举办,"曙说"品牌获得全省基层理论宣讲先进,创成省公共文化服务体系示范区、农村文化礼堂建设先进区。七是平安和谐不断夯实。疫情防控慎终如始,严格落实常态化、精准防控举措,全市首创公安、卫健合署流调溯源模式,切实筑牢枢纽型中心城区抗疫防线。八是社区治理持续创新。社区政务居务"统分沉"改革获评全国优秀案例,创成省社区治理和服务创新实验区,邻里会入选首届中国城市治理创新奖。九是平安建设成效明显。扫黑除恶专项斗争综合绩效居全市前列,刑事发案数、安全生产事故起数、死亡人数逐年下降,317 件信访积案有效化解,国家级智慧矫正中心成功创建,捧得省首批"一星平安金鼎"。

二、海曙区经济社会发展过程中存在的问题

2021年,海曙区经济运行呈现好于预期、快于全市的良好发展态势,但依然面临不少困难和问题。

(一)产业能级有待提高

第一,传统产业比重大,新兴产业比重小。服务业主要依靠批发零售业、金融业和房地产业,新兴服务业比重不高,特别是生产性服务业发展不快,知识密集型服务业比例偏低。工业仍以传统制造业为主,高端产业体量小,竞争力不足。

第二,产业层次还不高,创新能力还不强。低小散企业多,规上工业企业比较少。全市服务业细分行业十强企业中,道路运输、仓储、律所、咨询等行业没有海曙企业,人力资源、互联网、软件信息等行业也比较少。

第三,产业平台比较少,集聚效应不够大。主要的产业发展平台中,望春工业园目前土地集约利用效率还不够高,电商园和月湖金汇小镇产业融合、联动发展趋势还不明显。在商务楼宇方面,总体较为陈旧,配套落后,高端楼宇相对不足,与周边新兴商务区相比差距较大,对知名企业和龙头企业的吸引力下降,影响服务业发展后劲。

(二)空间布局有待优化

第一,西片功能布局不合理。西片乡镇城镇建设以乡镇模式为主,空间配置不尽合理,集聚效益不明显,与中心城区缺乏统筹,许多重大区域功能及基础设施较难衔接。同时,劳动密集型、资源消耗型的低附加值产业较多,部分乡镇工业仍分散在自然村中,工业集聚区空间分布较散,没有形成联动发展、差异化发展的产业格局。

第二,中心城区复兴亟待破题。随着东部新城、南部新城等新城新区的快速崛起,中心城区的行政、商务、金融功能快速转移,面临功能弱化、产业滞后、空间老化等困境。同时,大量国际贸易、货运代理、商务服务、信息技术等行业的优质企业搬离。

第三,要素制约压力较大。中心城区及高桥、古林、集士港等部分乡镇(街道)和园区土地指标受限,用于产业的用地指标无法满足产业发展需求。同时高桥、古林、集士港等乡镇拆迁成本较高,还存在地块红线退让、容积率低、基础设施不完善等问题,以及改(扩)建面临成本高、规划限制多等难题,受土地性质跟

容积率限制,难以进行开发,空间布局较小,建筑面积难以满足发展需求。政府性项目资金需求大幅增加,财政收支矛盾突出。

(三)发展环境有待提升

第一,城乡形象不够优。在推进"三改一拆"、"五水共治"、小城镇环境综合整治等专项行动上,污水管网建管不平衡、农村生活污水处理不充分、治理全覆盖困难等问题比较突出。在老小区面貌上,垃圾分类、拥堵治理、绿化提升等常态长效机制有待加快推进。四明山区域生态保护要求越来越严格,环境整治和保护压力渐增。

第二,基础设施短板多。交通路网方面,布局东重西轻,路网密度低。电力设施方面,西片区主网电源点不足,存在线路"脏、乱"搭挂现象。通信设施方面,部分乡村通信服务能力不足,基础设施覆盖面和可靠性不高。水利设施方面,一些重点水利工程还在建设之中,平原防洪排涝体系尚未完全构筑。

第三,城市管理不平衡。对照"全域景区化"目标和"干净、整洁、有序、安全"的标准,生活垃圾分类等工作还处于面上整治阶段,制度化、规范化、标准化的长效机制有待完善;在执法上,存在着执法辅助力量配置不平衡、管理方式不统一、硬件设施保障不足、合力有待提升等问题。

(四)社会民生有待改善

第一,教育发展矛盾突出。从公共教育供给看,全区适龄儿童学位供给压力加剧,辖区部分学校接纳能力有限,入学问题逐渐凸显。从资源配置现状看,近郊与山区的教育资源分配不平衡现象比较突出,如城区幼儿园中优质园占比76.0%,而西片优质园占比仅42.5%。从教师队伍建设看,西片区教师缺编现象较为严重,全区骨干以上教师西片区占比不足33.3%。

第二,医疗资源配置不均。全区卫计资源总量和发展质量偏低,直属医疗机构小而散,卫生资源配置水平和医学科技含量处于全市平均水平以下,供需矛盾仍较为突出。基层医疗机构的服务能力和效率相对较弱,优质专科发展相对缓慢,急诊、儿科、精神卫生和乡村医生等专业人员数量和服务能力短板急需补齐。

第三,养老服务压力渐大。机构养老基础较薄弱,百名老人拥有养老床位数不足3.5张,低于省市平均水平。西片镇(乡)公办养老机构硬件设施相对陈旧,中心城区居家养老服务配套设施明显不足,部分小区存在无建设场地或场地面积较小的问题。

三、2022年海曙区经济社会发展的展望与建议

(一)聚焦提质增效,构建高质量产业发展体系

第一,做强服务经济。加快服务业结构调整,大力促进生产性服务业发展,重点发展现代金融、港航服务、商务会展、现代物流、航空贸易等业态,打造设计产业园、人力资源产业园、顺丰华东创新产业总部基地等平台。积极培育消费新增长点,持续提升天一商圈能级,规划建设"三江汇海"城市新消费地标,更新开放东渡路高品质步行街,南塘老街争创国家级商业步行街。

第二,做大数创智造。加快推动先进制造业量质齐升,实施"新工网"行动计划,深化"5G+工业互联网"工程,支持 supOS 操作系统赋能应用,打造省工业互联网小镇和工业互联网特色区。实施制造业"双三十"头部企业梯队培育行动计划,聚焦"专精特新"企业和单项冠军企业。推进产业链现代化,重点打造时尚服装、工业互联网等标志性产业链,培育以龙头企业为引领、关键核心技术为支撑的产业链。制定产业链"强基"需求计划,集聚专注于核心基础零部件(元器件)、关键基础材料、先进基础工艺和基础软件等细分领域企业,促进整机与关键材料、核心零部件等同步研制,实现产业技术、软件支撑、配套工艺等同步升级。

第三,做优都市农业。深入实施乡村振兴示范引领行动计划,聚力推进"五乡五最",加快建设未来农场,率先打造现代都市农业示范区。开展"科技强农、机械强农"专项行动,提档升级稻米、茶叶、贝母等传统优势产业,推广"稻下经济""林下经济"等特色种养模式。

(二)聚焦项目攻坚,夯实更为稳固的增长基础

第一,开发重点区块。统筹推进城市更新、新城开发和山区优化,持续加快城市西进、产业西拓步伐。坚持"留改拆"并举,连片开发秀水、广仁、永寿等历史文化街区,实施孝闻、月湖、新芝等片区改造提升。沿奉化江西岸,全速推进宁波西综合枢纽前期工作,启动安置房建设,加快产业整合腾挪,完成丁家湾、三市里地块供地。沿姚江南岸,推动五江口滨水活力区、高桥西地铁小镇建设,启动望江、芦港等区域开发。打造四明山大花园,加快建设四明山环线公路和 S309 荷梁线。

第二,突出招引大项目和行业龙头企业。坚持把招大引强、招引行业龙头企业作为招商引资工作重点,按照产业链延伸、扩张的重点和补缺方向,瞄准世界500 强、国内 500 强、民营 500 强企业以及央企、省属国有企业、知名民企、上市

公司和高新技术企业开展招商。重点实施产业链配套企业引进,出台产业链招商指导意见,编制产业链招商目录,建立产业链招商项目库。

第三,优化招商引资方式。创新基金招商、目录招商模式,大力推进产业招商。围绕生物医药、新材料、电子信息、绿色食品深加工等主导产业和新兴产业,大力实施产业招商、定向招商、精准招商。充分发挥"商人信商、商家互信"的特点,切实做好"借商宣传、以商招商"。发挥企业信息专业性强、市场把握准、人脉资源广的优势,切实增强招商实效。积极加强与有关国家级行业协会、重点地区行业协会、商会的联系,通过委托招商、奖励引资人等方式,鼓励行业协会、商会特别是国家级行业协会参与招商引资工作。

(三)聚焦改革创新,建设更大优势的开放高地

第一,构建良好创新生态。深入实施硬科技创新行动计划,大力提升产业技术研究院集聚辐射功能,推动宁波工业互联网研究院争创国家技术创新中心,加快宁波智能技术研究院中试基地建设,促进上海交大宁波人工智能研究院产业化项目落地,深化宁波市智能制造技术研究院省级制造业创新中心建设。加快打造翠柏里创新街区,探索"总部+研究院"模式。积极开展"人才汇海"四大工程,实施"高水平工程师队伍建设十五条"专项举措。

第二,推动数字应用。以数字化改革为契机,健全公共数据管理、项目管理、安全管理制度,构建数据资源体系,推动制度重塑、流程再造、基础提升,实现多主体高效协同。加快重大应用建设贯通,打造数字防汛、畅行南站等特色场景应用,推广"非现场非接触执法+信用联合惩戒"执法模式。探索打造数字孪生城市,布局下一代互联网、领先的算力及新技术基础设施。

第三,打造一流营商环境。以制度创新、服务提质为重点,打响更便捷、更贴心、更公平的营商环境品牌。千方百计惠企助企,落实减税降费政策,强化区域政策集成创新。加大金融支持实体力度,实施"凤凰行动"计划2.0版。提升政务服务效率,启动便民利企"一件事"集成改革,加快建设智能预审政务平台、政务服务"智感通"。不断激发开放活力,放大综合交通枢纽优势,全面融入长三角一体化和杭甬"双城记",全力保障通苏嘉甬、甬台温福高铁等项目建设,实现户口迁移等业务事项"跨省通办"。接续实施外贸实力效益工程,探索制度型开放新模式,投用宁波国际邮件互换中心,突出发展跨境电商、数字贸易、服务贸易等新业态新模式。

(四)聚焦全域提升,打造更具品位的城乡风貌

第一,高品质推进城市管理。深入实施城市有机更新行动计划,实现中心城区老旧小区改造全覆盖。常态化推进全国文明典范城市创建,开展城乡环境整治提升百日攻坚行动,打造海丝古港·千年运河文化轴等精品线路。

第二,高标准造好生态治理。持续打好污染防治攻坚战,常态化做好中央、省生态环保督察等问题整改,深入实施危险废物专项治理,重点整治挥发性有机物、扬尘污染、秸秆焚烧等问题。深化全域治水攻坚,持续规范"千吨万人"饮用水水源保护区建设,全域创建"污水零直排区",争创国家生态文明建设示范区和省"无废城市"。全面实施"双碳"行动,不断深化绿色低碳产业体系建设,健全生态产品价值实现机制,加快抽水蓄能电站项目前期工作,推进全域屋顶分布式光伏开发省级试点。

第三,高水平打造美丽乡村。持续深化"千万工程",深入实施美丽村庄宜居家园建设行动计划,综合应用梳理式改造、全村拆建、迁址移民等模式,争创省美丽乡村和大花园示范区。全力改善农村人居环境,统筹推进美丽田园、美丽河湖、美丽农屋建设。不断增强农村发展活力,加快启动农村集体经济巩固提升计划,持续深化集体产权制度改革,探索农村资产盘活模式。

(五)聚焦全民共享,提供更加优质的公共服务

第一,优先发展教育事业。全力打造"甬有优学"基础教育先行试验区,开工建设海曙中学等 4 所校(园),建成新芝小学迁建等 10 所校(园),不断深化"名校＋"集团化办学模式,进一步促进优质资源共建共享。建设浙东未来教育研究院,探索优质教师定向培养模式,实施"未来学校"校长培养、教师培养计划。落实《中华人民共和国家庭教育促进法》,构建家庭学校社会协同共育体系,促进青少年健康成长。持续推进"双减"工作,进一步做优课后服务,实现校内提质增效、校外规范管理。

第二,全面发展健康事业。围绕城乡均衡发展,加快在临空经济示范区、姚江新城等重点区块布局高端医疗机构,引导优质医疗卫生资源向农村流动,推动镇(乡)卫生院能级提升。推进医疗健康集团核心医院建设,完善专科医疗资源服务,加快普济医院、市疾病预防控制中心等重大项目建设,谋划建设区人民医院。推进老年医院、康复医院等机构建设,加强妇幼卫生资源配置,推进康养小镇建设。

第三,繁荣发展文体事业。培育践行社会主义核心价值观,实施"十大文明好习惯"养成行动。推动宝奎巷宋韵美学文化体验区建设,谋划"大西坝—西塘河—望京门"文化带,争创省公共文化现代化先行区和省全域旅游示范区。做好鄞江千年古城复兴省级试点,加快文化创意、休闲服务等业态发展。布局区体育中心等重大项目,争创省体育现代化区。

(六)聚焦普惠保障,优化社会保障体系

第一,构建多层次社会保障体系。全面落实全民参保计划,健全多层次社会保障体系。落实基本养老保险全国统筹和渐进式延迟法定退休年龄制度,发展多层次、多支柱养老保险体系。健全医保基金监管制度,提供公平适度的多层次医疗保障,进一步做好参保扩面工作。深化医保支付方式改革,完善异地就医结算机制。健全城乡居民、灵活就业人员、外来务工人员社保制度,实现以社保卡为载体的"一卡通"服务管理模式。以全国社会救助改革创新试点为契机,构建大社会救助体系,统筹完善社会救助、社会福利等制度,探索"物质＋服务"求助工作模式,引导专业化力量参与社会救助。加强双拥工作,建立健全退役军人服务保障体系。优化残疾人保障和服务制度,促进残疾人社会融合,坚持男女平等基本国策,保障妇女儿童合法权益,完善农村留守儿童、妇女、老人关爱服务体系。增强生育政策包容性,提高优生优育服务水平,发展普惠托育服务体系,降低生育、养育、教育成本。

第二,完善多渠道住房保障网络。坚持"房住不炒"原则,落实房地产市场健康发展长效机制,完善多层次住房供应体系。实现城镇中低收入家庭应保尽保,解决流动人口、新就业无房职工的阶段性住房保障问题。深化公租房小区引入第三方专业化管理,强化保障性住房小区管理良性运行。实施住房保障全过程"阳光分配",进一步落实公开机制。统一城乡户口登记和调整户口迁移制度,将进城落户农业转移人口全部纳入城镇住房保障体系。

第三,打造高质量养老服务体系。落实积极应对人口老龄化国家战略,促进人口长期均衡发展。完善养老服务供给结构,发展普惠型养老服务和互助性养老,建成以居家为基础、社区为依托、机构为补充、医养相结合的多层次服务体系。提升养老服务品质,搭建"养老服务综合信息平台",加快区中心福利院等建设,打造区级为老服务综合体,完善老旧小区和家庭适老化改造。推动养老事业和养老产业协同发展,加强失能失智老年人照护支持,发展银发经济,探索"时间银行"为载体的以老养老服务模式,深化智慧养老、康养联合体等新业态新模式。

作者单位:宁波市海曙区社科联

2021年江北区经济社会发展情况报告

顾向科　童　力

2021年,江北区在上级党委政府的正确领导下,围绕全方位打造"创智之城·和美江北",统筹抓好稳增长、促改革、调结构、惠民生、防风险各项工作,区域经济稳健增长,社会事业和谐发展,超预期完成各项指标,实现"十四五"良好开局(见表1)。

表1　2021年江北区主要经济社会指标完成情况

指标	计划目标	实际情况	完成计划目标情况
地区生产总值	增长7.2%	增长10.1%	完成
规上工业增加值	增长9%	增长17.6%	完成
限上商品销售额	增长15%	增长31.3%	完成
自营货物进出口总额	保份额,保增长	占全国份额1.85‰,增长22.1%	完成
研究与试验发展经费支出占生产总值比重	增长3.5%	增长3.5%	完成
一般公共预算收入	增长7.0%	增长20.6%	完成
城镇居民人均可支配收入	稳步增长	基本与经济增长同步	完成
农村居民人均可支配收入			完成

2021年,江北区成功入选省级可持续发展创新示范区、首批省级现代服务业创新发展区、首批省级夜间经济样板城市。区域创新指数、数字经济发展综合评价指数均位居全市第1。全区地区生产总值829.4亿元,同比增长10.1%,增速全市第1。一般公共预算收入达到101.6亿元,同比增长20.6%,增幅全市第

2.规上工业增加值达到 193 亿元,同比增长 17.6%,增速全市第 1。县级政府透明度指数排名全国第 1。通过全国学前教育普及普惠区创建省级评估。获评省级全域旅游示范区、法治浙江建设示范区。慎终如始抓实抓好常态化疫情防控,坚决守牢安全生产底线,经受住台风"烟花""灿都"考验,圆满完成"平安护航建党百年"任务。

一、2021 年江北区经济社会发展基本情况

(一)三驾马车协同推进,综合经济稳健运行

第一,有效投资增长有力。全社会固定资产投资同比增长 17.2%,排名全市第 3 位。投资结构不断优化,房地产开发、工业投资、基础设施 3 大支撑分别同比增长 13.8%、18.9%、29.3%。重大项目支撑有力,累计破解 22 个项目 55 个"卡壳"问题,实现 37 个重点项目开工建设、26 个重点项目完竣工,101 个区重大项目全年完成投资 204 亿元,完成年度计划的 105%,其中 31 个市重点工程项目完成投资 89.5 亿元,投资完成率达 150%。

第二,消费市场复苏稳健。全区社会消费品零售总额实现 415.8 亿元,同比增长 10.8%;网络消费、汽车消费等重点领域分别同比增长 12%、15%;限上住宿业、餐饮业等生活消费分别同比增长 16%、24%。商圈建设量质齐升,老外滩入选首批国家级夜间文化和旅游消费聚集区名单,泛老外滩商圈获评首批省级示范智慧街区,万象城开业运营,1872 花园坊、江畔社区等 4 个点位获评市级"15 分钟便民圈(特色街区)",19 个农贸市场完成改造提升。新型消费模式闯出新路,入选全市直播经济集聚区核心区,打造全市首个直播经济综合服务平台,相继落户宁波(前洋)直播中心、宁波抖音电商直播基地等平台,助推跨境电商进出口、网络零售额分别同比增长 15%、21.9%,带动线上线下销售额 250 亿元。消费潜能积极释放,入选首批省级夜间经济样板城市名单,启动三大"夜坐标"建设,成功举办"舌尖上的相遇""江北吃货节"等促消费活动,获评省级实施消费新政、促消费工作成效明显的县(市、区)。

第三,内外贸易齐头并进。全区限上商品销售额同比增长 31.3%,批发业、零售业分别同比增长 32.1%、19.6%,金属材料、化工材料等大宗商品销售行业增势强劲。全区自营货物进出口总额实现 723.7 亿元,占全国比重提升至 1.85‰,同比增长 22.1%,其中出口额、进口额分别同比增长 9.2%、59.3%,出口 50 强、进口 25 强等重点企业对出口、进口贡献率分别达 55.2%、91%,对"一带一路"沿线国家、美国、欧盟等重点市场进出口分别同比增长 17.5%、32.3%、

24.1%,汽车零部件行业成功创建国家级外贸转型升级基地,实现零的突破。招商引资取得成效,全年招引大项目、好项目 25 个,实到大市外内资 237.3 亿元、浙商回归资金 137.3 亿元、实际利用外资 2.2 亿美元,均超额完成年度计划,完成率排名进入全市前三。开放合作互利共赢,宁波中东欧人文交流示范基地、塞尔维亚工商会宁波代表处揭牌,中东欧青创中心获评宁波中国—中东欧国家经贸合作示范区示范基地。

(二)三次产业协调发展,转型升级蹄疾步稳

第一,都市工业发展强劲。全年规上工业增加值同比增长 17.6%,高新技术产业、战略性新兴产业、装备制造产业等三大产业增加值分别同比增长 18.1%、26.2%、29.9%,增幅位居全市第 1、第 2、第 1。企业梯队强筋壮骨,金田集团荣获"2021 年浙江省人民政府质量奖",首次跻身全省民营企业 10 强,恒帅股份成为江北第 10 家上市企业,东力传动、宁波水表入选国家级制造业单项冠军,康赛妮入选国家级服务型制造示范企业,新增 8 家国家级专精特新"小巨人"企业,爱柯迪入选省"未来工厂"试点企业名单,省级数字化车间/智能工厂累计达到 7 家。企业投资蓄势发力,金田铜业年产 5 万吨高强高导铜合金棒线及年产 8 万吨热轧铜带等项目竣工试产,金力永磁、正力药品等 11 个新供地项目开工建设。产业空间效益提升,全面推进制造业全域产业治理,创新实施工业用地"二次开发",万科、亚虎等增容调绿项目新增建筑面积 30 万平方米;累计整治 61 家"高耗低效"企业,腾出低效工业用地空间 500 余亩。

第二,现代服务业表现抢眼。服务业发展综合评价首次跻身全省前十,制定出台港航服务、科技服务、高端专业服务等专项政策支撑产业发展。1—11 月全区服务业 6 大主导产业实现营业收入 3423 亿元,同比增长 37.6%。港航服务业增势迅猛,高规格举办港航服务业发展大会,实现营业收入 431 亿元,同比增长 98%,北岸国际港航创新发展区入围省首批现代服务业创新发展区名单。金融保险业稳定发展,落户光大证券浙江分公司、广发银行信用卡中心等金融机构,人民币存款余额、人民币贷款余额、保费收入分别同比增长 14.9%、14.8%、13.4%。商务服务业等其他主导产业牵引有力,骨干企业字节跳动保持高位增长,人力资源板块形成百亿产业集群。房地产市场稳健发展,姚江新城等板块楼盘成为人居热点,实现商品房销售面积 150.9 万平方米,同比增长 13%。楼宇经济加快培育,全年新投用 6 幢共计 11 万平方米商务楼宇,全区税收产出"亿元楼"达到 8 幢。

第三,新兴领域活力迸发。数字经济发展综合评价指数居全市首位,产业数字化指数跃升至全省第 5 位。全年规上数字经济核心产业(制造业)实现增加值 62.1 亿元,1—11 月互联网及软件信息服务业实现营业收入 10.8 亿元,分别同比增长 12.2%、6%。江北区软件信息产业园开园运营,前洋 26 创业园等 4 个产业园通过省级小微企业园认定。"5G＋工业互联网"产业链创新发展,宁波市工业物联网特色产业园荣获国家小微企业"双创"示范基地,爱柯迪、捷创技术 5G 项目入选国家级试点示范。光学膜材料产业链聚势发展,光电功能膜材料创新中心入选省级中心名单,长阳科技获评国家企业技术中心。战略性新兴产业迸发活力,企业数量首次破百,浙江前洋经济开发区和宁波文创港分别入选省级"两业"融合"双创"示范试点,柯力传感等 3 家企业入选省级"两业"融合试点,入围企业数量全市最多。

第四,农文旅融合发展。国家级农业现代化示范区创建加快推进,全区预计实现农林牧渔业总产值 13.2 亿元,建成高标准农田 4.5 万亩,预计完成粮食播种面积 4.3 万亩,累计生猪出栏 1.5 万头,成功打造江北区牛奶省级农业全产业链和慈城年糕市级农业全产业链。有效承接粮食收储职能下放,粮食生产工作保障有力。成功创建省级全域旅游示范区,老外滩获评首批国家旅游休闲街区,达人村通过省级 4A 级旅游景区景观质量评价,一批精品民宿和果蔬采摘基地建成投用,樱花节、杨梅节等活动打响"江北农好"品牌。

(三)重点区块开发提速,城乡面貌新颜展露

第一,区块开发破难推进。深入实施"147"专项行动,七大指挥部谋划实施项目 215 个。文创港客厅项目满铺运营,核心区出让地块全部完成拆除、空域限高全部获批,上海交大教育集团宁波实验学校布局落地,中兴大桥两侧地块、滨江水岸、启动地块一期酒店等项目建设持续推进,启动地块一期酒店部分实现结顶。姚江新城编制概念性城市规划和产业规划,邵家渡村等 4 个城中村征拆 100% 完成签约,220kV 洪塘变电站迁建工程实质性推进,奥体北侧等地块具备出让条件。慈城古县城以实施省级千年古城复兴计划为抓手,系统完善旅游综合配套,民权路、骢马河、迎春路三大商业街区逐步成型,抱珠楼图书馆、甲第世家改造、蛟头公园等项目完工,古城风韵加快复现带动游客量快速攀升。老外滩深化国家级步行街创建,景观、交通、智慧、业态四大专项规划加快落地,夜游灯光改造工程精彩亮相中国—中东欧博览会,推出全国首个沉浸式演艺新空间,白沙历史文化街区基本完成征拆工作。交通路网日趋完善,西洪大桥主桥成功合龙,姚江大桥拓宽工程、梅鹤路(环城北路—文开路)、长阳路(金山路—广元路)维修改造工程等项目开工建设,大庆北路、环城北路拓宽改造工程等项目完工。

第二,城市更新提质增效。实施"精特亮"创建项目,姚江历史文化长廊、灵山慈水休闲生态带等 4 条精品线路,以及慈城骢马河、老外滩步行街等 4 个特色街区建设统筹推进,20 个亮点工程项目完成投资 29 亿元。"征拆提效"攻坚加码,孔浦大通巷地块等 17 个计划项目完成签约,其中 16 个项目签约率达

100%，全区累计完成签约面积 77.4 万平方米；孔浦文创港丰群地块等 10 个遗留项目完成清零清场，带动全年累计出让土地 18 宗 1102 亩。"三改一拆"深化推进，累计完成"三改"209.6 万平方米，其中城中村改造 15.6 万平方米，危旧房改造 2.6 万平方米，拆除违法建筑 98.9 万平方米、拆后利用率达 89.98%，获评第四批省"无违建区"。居住品质持续改善，天鑫等 4 个社区入选省未来社区名单，桃源社区等 28 个老旧小区完成改造提升。城市精细化管理水平提升，承办全市垃圾分类、燃气安全、排水管网系统治理行业现场会，建成首个区级可回收物分拣中心，道路清爽、公厕提质、垃圾收运一体化等专项行动深入开展，城乡面貌实现"四化"协同提升。

第二，生态建设持续发力。环境质量日趋改善，全面启动国家生态文明建设示范区创建，高标准推进生态环境问题"举一反三"大排查大整改，全域"无废城市"、省级"污水零直排区"建设迈向纵深，空气质量优良率达 93.3%，市控以上断面水质优良率保持 100%。聚焦"看不见的美丽工程"，全国首推城市排水管网综合保险，全市率先开展地下管网三年提升行动，下沉式再生水厂（一期）等项目加快实施，累计完成北外环以南城区管网检测修复 165.9 公里。水美江北提标呈现，江北大河整治工程（二期）、一横河及宅前张河整治工程竣工，清水环通工程、下梁闸工程等水利项目加快实施，孔浦闸站获得中国水利工程优质（大禹）奖，庄桥街道成为省级"水美乡镇"。美丽建设扎实推进，提前完成美丽城镇建设三年行动，庄桥街道和洪塘街道入选新时代美丽城镇建设省级样板，慈城公有村成为省特色精品村，成功创建 5 个美丽乡村精品村，全年累计完成绿道建设 15 公里，苏湖彩云路绿道获评第三届"宁波最美绿道"。

（四）改革创新双向发力，发展动能蓄势壮大

第一，创新驱动深化实施。创新体系日臻完善，开展科技创新"163"攻坚行动，制定出台加快区域创新发展实施意见，区域创新指数稳居全省第 13 位、跃居全市首位，入选省级可持续发展创新示范区。创新群体日益壮大，实施新一轮科技企业"双倍增"行动计划，高新技术企业总数突破 200 家，入库国家科技型中小企业 173 家。创新载体提能发展，大连理工大学精细化工国家重点实验室宁波分中心揭牌，国电投氢能研究院氢能乘用车服务博鳌亚洲论坛和北京冬奥会，省级众创空间新增数量全市最多，市级以上研发机构数超过百家。创新研发更具活力，编制区域技术难题"三色图"清单 150 项。人才引育精准发力，迭代实施"北岸智谷"系列人才政策，全市率先发布数字经济和港航服务业引才专项，累计引进各类人才 20380 人，国家和省市重点引才计划入选数创历年新高。

第二，重大改革迈向纵深。高质量发展共同富裕先行标兵建设压茬推进，揭牌成立区委社会建设委员会，区域基础教育优质均衡发展入选共同富裕建设首批市级试点。数字化改革"一号工程"在大场景中找到小切口,浙里企业新产品研发服务应用列入全省数字化改革重大应用"一本账",基层治理工作绩效评价等 7 个项目列入全省数字赋能社会治理现代化场景应用揭榜认领项目,"乐业江北""乐学江北"等 5 个应用上线"浙里办"。重点领域改革亮点涌现,慈城镇名列省级小城市培育试点考核第一梯队,膜幻动力小镇成为全市唯一省级命名特色小镇且考核优秀,片区组团共富机制、村级集体资产"一张图"监管等领域创新出彩,"大综合一体化"行政执法改革全面铺开,国有公司实体化转型加快推进。

第三,营商环境持续改善。县级政府透明度指数连续 4 年排名全国前三,"全周期"联办服务"一件事"等创新机制让企业群众办事更加便捷高效,在全省工业大县(市、区)营商环境排名中居第 4 位。全面打造"三服务"2.0 版,区级企业服务经理人累计走访企业 2100 余家次,累计受理并解决困难问题 334 件,举办各类企业家沙龙活动 51 场。政策供给因势而动,调整优化"1+X"经济政策,成立全区首支产业引导基金,挂牌江北区金融普惠中心,累计有 134 项政策在"甬易办"平台一键兑现。投资环境持续创优,高分通过工程建设项目招投标服务标准化国家级试点终期考核,一般企业投资项目 100% 实现从赋码到竣工验收审批用时"最多 80 天",推动企业投资低风险小型项目审批"最多 15 个工作日"改革。信用江北建设呈现亮点,承办全市诚信示范街道建设工作现场会,全市首创信用修复告知制度,洪塘成为全市首个诚信示范街道试点。高标准实施对口支援和山海协作,挂牌宁波市对口地区名特优农产品直销中心,上线"江越协作平台",累计总投资超 30 亿元的 11 个产业项目与越西签约,全领域跨省通办服务成为典型经验。

(五)公共服务共建共享,共同富裕真实可感

第一,社会保障日臻完善。稳岗就业扎实开展,精准落实重点群体就业帮扶措施,完善创业带动就业链式服务体系,承办宁波市首届技能大赛,城镇新增就业 2.5 万人,失业人员和就业困难人员再就业率均为全市第一,城镇登记失业率保持在 3.5% 以下,实现"零就业"家庭动态消除。社保服务扩面提级,以第三代社保卡发行为契机落地应用 130 项,推进 15 家定点医疗机构开通异地就医直接结算服务,全区户籍人口养老保险、基本医疗保险参保率全市领先,实现残疾人、低保人员等群体应保尽保。养老服务增优供给,首创特殊老人 24 小时远程智慧守护关怀场景,率先在全市开展老年人防跌倒干预项目,试运行省级养老人才培育场景试点应用,慈湖人家社区成功创建全国示范性老年友好型社区。社会救助创优服务,构建"爱在江北"救助服务网络,社会力量救助机制列入"幸福码"延伸服务省级试点。住房保障多元发展,全年城镇住房保障受益覆盖率约 40.7%,新建、改建类租赁住房 2925 套,盘活 2904 套,孔浦安置房(一期、二期)

项目加快建设。8个民生实事项目建设完工。

第二，社会事业提质发展。打造"优学江北"品牌，在省教育现代化水平监测中位居全省第一等级、全市第一，全国学前教育普及普惠区创建通过省级评估，全市率先构建以区为主的学前教育管理体制，江北外国语学校二期、江北外国语艺术学校二期工程开工建设，宁波上海世界外国语学校、江北中学二期建成投用；稳妥落实教育"双减"政策，义务段学校课后服务实现全覆盖。深化"健康江北"建设，高标准落实疫情常态化防控各项措施，市第九医院公卫楼改建项目完工，慈城卫生院迁建工程加快实施，医共体建设扎实推进，姚江、孔浦社区卫生服务中心通过"优质服务基层行"推荐标准省级评审。实施全面"三孩"政策，新改建具备省级地方标准的母婴室30个，每千人拥有婴幼儿照护服务机构托位数达到2.5个。文体事业蓬勃发展，慈城古县城列入省文旅金名片、首批大花园"耀眼明珠"名单，加快姚江新区体育公园等一批体育设施建设，举办中东欧美食与"诗画浙江·百县千碗"人文交流、全国桥牌A类俱乐部联赛等活动赛事，江北区体育健儿在全国残运会斩获5金4银2铜，获评全国群众体育先进单位。

第三，社会治理推陈出新。基层治理争创智治示范，入选全省社会治理十佳区（县、市），全市率先建成全域治理运行中心，甬江街道通过省级城乡社区治理和服务创新实验区中期评估。法治江北建设走在前列，获评法治浙江建设示范区，成立全国首家地市级调解学院，"老王解惑"调解工作室获评省级金牌人民调解工作室。安全生产健全防控机制，构建"1＋10"安委会体系架构，以开展安全生产三年行动计划为契机，深入推进"遏重大"攻坚战、安全隐患大排查大整治等专项行动，创新推行消防车道"非接触"执法，实现乡镇（街道）中心避灾安置场所规范化建设全覆盖，未发生较大以上生产安全和食药安全事故。平安江北建设不断深化，健全平安建设分析预警机制，持续推进全域"三必看三必查"社会治安专项治理，扫黑除恶形成常态化，严厉打击治理电信网络新型违法犯罪，推出全市首个24小时"反诈防损热线"，实现省"平安区"创建十六连冠，夺得全省首批星级平安金鼎。

二、江北区经济社会发展过程中存在的问题

在肯定成绩的同时，我们也清醒地认识到2021年经济社会发展计划执行中还存在不少短板弱项和提升空间。当前，新冠肺炎疫情正在深刻改变全球政治与经济秩序，外部发展环境充满不确定性，国内经济发展面临需求收缩、供给冲击、预期转弱三重压力。对标高质量发展建设共同富裕先行标兵新要求，区域经

济内生动能和城市发展活力相对不足,产业调结构、城市提能级面临艰巨任务,以投资拉动、创新驱动的融合型增长方式欠缺优质项目支撑和高端要素赋能,教育、医疗、养老、文化等领域的公共服务供给难以有效满足人的全生命周期多层次多样化需求,环境保护和绿色发展任重道远,这些都需要在新一年工作中坚持问题导向和需求导向,精准施策、补短强弱,努力让更多改革发展成果惠及群众。

三、2022 年江北区经济社会发展的展望与建议

2022 年是党的二十大召开之年,也是新一届政府工作的开局之年,做好全年经济社会发展工作意义重大。全区上下将坚决贯彻落实中央、省、市各项决策部署和经济工作会议精神,以区第十次党代会提出的"五个争创"统揽各项事业发展,坚持系统思维,保持战略定力,统筹疫情防控和经济社会发展,统筹发展和安全,激发澎湃转型活力,提升全域品质能级,在新起点上全面建设现代化滨海大都市创智和美城区。

2022 年江北区国民经济和社会发展主要预期目标:地区生产总值增长 7%以上,一般公共预算收入增长 7%,全社会研发投入强度达到 3.5%以上,规上工业增加值、固定资产投资、实际利用外资、减污降碳工作完成市下达任务,城乡居民人均可支配收入增幅与经济发展基本同步。在高质量前提下,坚持稳字当头、稳中求进,高水平推动区域经济质的稳步提升和量的合理增长。

为实现上述目标,我们将按照区委区政府确定的经济社会发展总体思路和要求,集中力量抓好以下工作。

(一)做强实体实业,打造都市经济高地

第一,构建高能级产业平台。主动融入"一带一路"倡议及长三角一体化发展等重大战略,实施平台赋能行动,高质量落实省级"两业"融合、"双创"示范和"万亩千亿"平台等试点任务,膜幻动力、前洋 E 商"双子星"对标打造省级特色小镇 2.0 版,引领提高浙江前洋经济开发区和江北高新园区两大省级平台的产业扎根能力和链式集群优势,全力促成宁波中意投资促进中心等开放平台落地。以发展楼宇经济、总部经济为抓手,推动现代服务业基本单元建设,全年实现存量楼宇整规提升和新增楼宇"二次招商"20 万平方米以上,支撑全省高能级服务业创新发展区建设。按照未来工业社区理念,加快推进新兴产业育成区开发各项前期工作。

第二,培育标志性产业集群。提速构建都市工业"3+2"产业集群,聚力发展数字经济,立足产业全生命周期视角,持续推动新一代信息技术与实体经济深度

融合,实施80项数字化、智能化和自动化技术改造项目,开工建设向隆机械汽车等速驱动轴总成生产线等项目,竣工投产长阳科技二期高端光学深加工薄膜等20个项目,新增5个以上市级及以上数字化车间/智能工厂项目。接续打造"5G＋工业互联网"和光学膜材料两大标志性产业链,推动省级光电功能膜材料创新中心建设。推动"两业"融合发展,引导企业运用新技术、新业态、新模式改造传统制造业和服务业,以"硬件＋软件＋平台"集成系统建设为核心,新增市级以上"两业"融合示范企业5家。加快建设现代服务业"2＋2＋3"产业集群,高水平打造港航服务业"一中心两基地",提高省级北岸国际港航创新发展区对外辐射能力,鼓励骨干企业向综合服务商转型,全区海运运力达到240万载重吨。培育发展大直播产业,进一步推进"直播＋文娱""直播＋跨境"等特色直播基地建设,组建直播经济产业联盟,集聚头部直播企业和主播团队,做大做强直播电商品牌企业,打造全国一流的宁波直播经济集聚区;深化泛老外滩金融保险创新港建设,加大力度招引各类金融机构。集中资源引育产业链"链主"企业,支持企业开展"上规、上市、上云、上榜"行动,大力培育单项冠军"专精特新"企业,深化实施新一轮"凤凰行动"江北计划,新增市级以上单项冠军企业3家、上市企业2家。

第三,建设创新型企业梯队。优化创新资源布局,深度融入甬江科创大走廊发展战略,深入推进北岸滨水创新带和点状创新单元建设,继续实施科技创新"163"行动,加快建设省级可持续发展创新示范区。释放"栽树工程"能量,实施"十院百企"赋能行动,建设大连理工大学宁波软件园,与宁波大学、宁波工程学院等高校构建更加紧密型校地、校企合作关系。加快培育创新主体,实施高新技术企业倍增计划、科技型中小企业成长计划,新增130家以上科技型中小企业,高新技术企业总数超过250家。开展关键技术攻坚,迭代编制区域技术难题"三色图"和靶向攻关清单。实施知识产权增量提质工程,鼓励企业储备和申报一批聚焦细分领域前沿尖端、具有核心竞争力的高价值专利,年度授权发明专利500件。创优人才发展环境,开展生态聚才行动,出台产才融合人才新政,推动浙江创新中心北岸中心挂牌运营,力争新引育市级以上人才项目20个,全区人才资源总量达到15万人。

(二)聚焦塑能提级,建设拥江未来之城

第一,高点定位打造明星区块。坚持把扩大有效投资作为稳增长的第一要务,迭代实施"1586"专项行动。宁波文创港加快启动组团二、三地块,滨江水岸项目建设,争取组团一、四地块挂牌出让。姚江新城融入市级姚江两岸联动开发战略,结合国土空间规划落地,深化城市总体设计研究,推动跨江通道、主干道路、安置房建设及洪塘220kV变迁建等工作,争取成熟地块导入重大城市触媒项目。慈城古县城以创建国家5A级旅游景区和打造省级千年古城复兴标杆为抓手,进一步优化"东旅游、西生活"空间布局,完善综合配套,打造精品游线,年接待游客达350万人次。老外滩完成景观交通、智慧街区、夜游灯光等改造工程,推动重要节点物业功能优化和业态置换,加快老外滩6♯地块、人民广场与地下通道工程等项目建设,联动实施白沙历史文化街区开发。结合新型城市化梯度推进节奏,启动庄桥火车站周边等15个重点区块开发方案研究,推动重大前期项目生成转化,适度超前开展基础设施和各类新基建投资,积极争取地方政府专项债券。加码实施"项目争速"攻坚行动,区级以上重点项目年度投资完成率达到80%以上。

第二,高质引领实施城市更新。编制完成《江北区国土空间总体规划》,争取更多用地指标和发展空间。继续实施"征拆提效"攻坚行动,稳妥推进康桥路东侧等成片土地征收开发,统筹抓好轨道8号线等征拆新项目实施,加快压赛堰老货运北站南侧地块、大庆新村地块等项目清零清场。深化"精特亮"创建,谋划打造一批具有鲜明江北辨识度的精品线路、特色街区、亮点工程,形成融合自然之美、人文之美、环境之美的和美江北。构筑内联外畅交通网络,开工建设云飞路二期(广元路—邵渡路)、下白沙路(归源路—宁波大学南门)等工程,争取市里实质性启动邵家渡过江通道及接线工程、青云桥及接线工程等项目,建成通车西洪大桥,竣工丽江西路延伸段(洪塘西路—洪塘中路)、洪塘西路(北外环路—丽江西路)等工程。改善城乡人居环境,按照"三化九场景"标准,推动大闸、云鹭湾、湾头三个存量社区落地未来社区场景,做深天鑫未来社区开发建设前期,全面完成老旧小区改造三年行动计划,加快重点片区城中村改造。推动城市精细化管理,深化"大综合一体化"行政执法改革,巩固扩大"无违建区"创建成果,开展各类垃圾分类示范创建活动,实施公民文明素养提升工程,高标准建设现代文明典范城区。

第三,高效统筹促进城乡一体。推进城乡融合发展体制机制改革创新,更加完善城乡协同发展的规划布局、要素配置、产业发展、基础设施、公共服务、生态保护体系。全面落实乡村振兴战略,持续开展"千村示范、万村整治"工程,以乡村片区组团集成改革为牵引,联动打造甬江北郊片区、庄桥老街片区、洪塘慈江片区、慈城云湖片区和姚江农业公园片区五大乡村共富单元,培育外漕、慈江2个未来乡村,创建一批新时代美丽乡村达标村和特色精品村。推动农文旅融合发展,创新"绿水青山就是金山银山"转化机制和生态价值实现路径,提高田园北郊、艺创鞍山、北山步道和精品民宿消费热度,进一步缩小城乡居民收入倍差。加快发展现代农业,在坚决遏制耕地"非农化"和严格管控"非粮化"前提下,优化农业产业布局,进一步打响"江北农好"品牌,确保全年粮食播种面积稳定,实现生猪出栏2万头、存栏1.7万头目标任务,全面完成省下达的年度粮食收储计划。

第四,高标协同建设全域美丽。以国家生态文明建设示范区创建推动生态江北建设,构建中央生态环境保护督察反馈问题、长江经济带生态环境问题等举一反三、标本兼治的责任链条和工作闭环,提高生态环境系统治理能力。制定"碳达峰碳中和"江北行动方案及六大领域专项计划,多策并举促进节能降耗,严格管控高耗能高排放项目,稳妥实施电力市场化交易工作,大力推进光伏等绿色能源发展,积极倡导简约适度、绿色低碳生活方式。联动打好"碧水蓝天净土清废"攻坚战,开工建设小西坝泵站、洋市中心河河道整治等工程,持续推进清水环通、北外环以北公共排水设施监测修复二期等工程,通水试运行下沉式再生水厂及配套管网,继续实施地下管网三年提升行动,争创市级工业园区"污水零直排区",确保市控以上断面水质优良率 100%;加大建筑工程、餐饮油烟和露天焚烧等大气面源污染治理力度,稳步降低细颗粒物(PM2.5)浓度,提高空气质量优良天数比例;完善土壤环境分类分级管理机制,累计新增国土绿化面积 688 亩;实施固废源头减量行动,深化全域"无废城区"建设。构建绿色产业生态,持续开展制造业全域治理行动,深化"亩均论英雄"改革,加大力度推进"低散乱"整治淘汰,开工建设江北新兴产业创新中心等小微产业园。

(三)突出改革引领,优化投资营商环境

第一,抓深整体智治数字化改革。对标对表省市改革全景图,按照"大场景、小切口"思路,迭代梳理五大综合应用领域"三张清单",结合"一件事"集成改革向纵深推进,谋划生成一批管用、有用、实用的多跨场景应用。实施数字化改革争先行动,推动新产品研发全周期政务集成服务"一件事"改革、教师全生命周期管理"一件事"改革等省级试点落地跑道应用,争取更多"揭榜挂帅"项目和示范应用场景,同步研究生成一批制度和理论成果。全面落实数字化改革"1512"体系重大场景的贯通应用,迭代升级全域治理中心功能应用,高水平打造集常态运行与应急管理于一体的"一网统管、整体智治"平台。

第二,抓实重点领域系统化改革。聚焦高质量发展建设共同富裕先行标兵的关键环节和短板弱项,在经济社会发展各个领域谋划落地相关改革措施,实施"扩中""提低"行动,激扬改革动力,增进发展活力。深化要素市场化配置改革,完善"亩均论英雄"评价体系,推动工业集聚区"二次开发"成为土地节约集约利用改革示范。创新国有资产监管方式,瞄准实体化转型、专业化整合方向,推动国有企业加快向具备现代企业制度市场主体转变。深化慈城省级小城市培育试点和市级卫星城改革,编制完成千年古城复兴综合规划,打造大运河国家文化公园和浙东唐诗之路亮丽节点。

第三,抓细营商环境便利化改革。打造"三服务"2.0 版,完善区领导联系重点企业(项目)和企业服务经理人制度,全方位营造"有事报到、无事不扰"政务服务环境。进一步深化商事制度和"证照分离"改革,放管结合提升市场主体开办便利度。优化项目审批流程,探索"极简审批"工作机制,跟进批后监管,提高审批质效。动态调整"1+X"政策体系,完善"甬易办"江北分平台,帮助企业争取各类补助专项,及时兑现各级减负降本资金。继续实施融资畅通工程,稳妥运行区域产业发展引导基金,创新发展"科技金融政银合作""信用报告评估贷款""银税互动"等产品和服务,多渠道缓解中小企业融资难题。推动信用江北建设,深入构建以信用为基础的新型监管机制,推广洪塘全市首个诚信示范街道创建成果,全领域建立企业信用修复告知制度,营造知信用信守信社会环境。

(四)畅通内外循环,推动开放高地建设

第一,拓展外贸市场。坚持进出口并举、内外贸联动,构筑开放型经济新高地,争取自营货物进出口总额保份额、保增长,占全国比重提升至 1.85‰。继续实施外贸"123"行动,抓住区域全面经济伙伴关系协定(RCEP)生效实施契机,拓展出口市场,巩固提升汽车零部件对外出口规模,启动创建个人护理用品国家级外贸转型升级基地,大力发展综合服务平台、联合国采购等外贸新业态,加快构建服务贸易和数字贸易产业链,继续扩大"一带一路"沿线国家的出口份额,鼓励企业发展多样化跨境电商新模式,支持优势企业布局建设海外仓服务网络,探索建立海外智慧物流平台;加强外贸出口企业"订单+清单"管理和市场采购企业监测,扩大信保覆盖面,提高外贸风险防范能力;通过线上线下展会、电商直播等渠道,提升国内市场份额。承接进博会溢出效应,扩大生产性和生活性优质商品进口份额,推动有色金属、钢材、能源等大宗物资进口企业向供应链平台转型。

第二,推动招大引强。持续实施"招商提质"专项行动,坚持招商引资"一把手"工程,落实平台拢商、以商引商、产业链聚商、驻地招商等工作制度,紧扣港航及高端专业服务业、新材料、产业互联网、智能制造、大直播经济等主导产业方向,以行业龙头、上市公司、产业链关键环节企业为重点,探索细分领域招商专班机制,切实提高项目招引的履约率、落地率和达产率。全年力争招引大项目、好项目 25 个以上,港航服务业和直播经济项目均为 30 个以上,科技服务业和软件信息企业均为 10 家以上,分别实现大市外内资、浙商回归资金、实际利用外资 130 亿元、90 亿元、2.16 亿美元。

第三,激活消费潜力。打造精致消费商圈,推动老外滩、湾头、万达、慈城新城四大核心商圈向"商旅文娱体"功能复合的融合型消费空间迭代升级,完成老外滩国家级步行街创建,提高"不夜老外滩""慈城国潮文创历史街区""乡村休闲达人村街区"三大夜坐标消费热度,促成苏湖等重大区块布局落地自带流量、外域辐射的主题型商业设施项目。挖掘新型消费潜力,促进新技术与消费深度融合,加强数字生活新服务场景运用,推动线上线下融合发展。健全便民消费网络,巩固农贸市场改造提升成效,打造 5 个示范型"一刻钟便民生活圈",鼓励大型连锁生鲜企业拓展网点和"菜篮子"基地建设直营专卖店。积极繁荣消费市场,组织举办各类促消费活动,力争限上社会消费品零售总额突破 300 亿元。

(五)立足均衡优质,增进共同富裕供给

第一,兜牢民生底线。深入实施"乐业江北"计划,精准抓好未就业高校毕业生、退役军人、残疾人等重点群体就业帮扶,以产教深度融合、异地劳务协作、对口地区劳务输出等途径服务和保障援岗稳企,支持灵活就业和新就业形态发展,新增城镇就业 1.5 万人,城镇登记失业率继续控制在 3.5%以下。推动社保提质扩面,优化"社银合作"便民服务,探索落地"社保＋商保"新型社会保障模式,确保全区户籍人口养老参保率达到 98%,户籍人口医疗保险参保率稳定在 99%以上。精准实施社会救助,推进区慈善基地、街道(镇)社会工作站和社区"幸福邻里"居民会客厅建设,构建"社区＋社会组织＋爱心企业＋慈善组织＋社会工作"多跨联动的社会救助场景,打造"爱在江北"助联体和"温暖江北"慈共体品牌。增加养老服务供给,开工建设慈孝乐园二期项目,谋划新建公益养老机构,加快街道(镇)枢纽型社区养老服务综合体全覆盖,按需扩大老年人家庭适老化改造范围,实现每万名老年人口拥有持证养老护理员数达到 22 人以上,积极应对人口老龄化。完善住房保障体系,支持发展长租房市场,开工建设应嘉丽园南侧、北侧地块和慈城胡坑基、孔浦三期等安置房和出租房项目,竣工交付孔浦安置房一期、二期项目。保质保量完成各项民生实事工程。

第二,创优公共服务。提升"优学江北"品牌,构建"全龄层"优质教育体系,迎接全国学前教育普及普惠区国家级评估,深化中小学教育共同体建设,促进城乡教育内涵式发展;建成投用江北区中心学校、宁大附属学校二期、应家配套学校、惠贞高级中学等项目,开工建设慈城新城九年一贯制学校、新普迪学校,新增幼儿园 3 所、学位 990 个。深化健康江北建设,常态化落实疫情防控各项措施,启动国家健康促进区创建工程,提升核酸检测能力,做实宁波市第九医院三乙创建基础和重点学科建设,加强长三角区域合作,提升县域医共体发展水平;加快推进卫生健康领域重大基础设施建设,基本完工慈城卫生院迁建工程。落实"三孩"生育政策,完善优孕优生优育等政策和服务配套,每千人拥有 3 岁以下婴幼儿托位数达到 3.2 个。繁荣发展文体事业,进一步丰富和拓展宁波文创港、宁波音乐港、外滩时尚港"三港"承载能力,高标准建设城乡一体"15 分钟品质文化生活圈""15 分钟健身圈",深入开展全民阅读工程,鼓励社会力量开办博物馆、艺术馆、非遗馆和举办文体活动赛事,提高城乡群众获取文体资源、参与赛事活动的便利度。

第三,促进全域智治。高水平推进"县乡一体、条抓块统"县域整体智治改革

省级试点,进一步厘清"事项下放、权力配置、力量下沉、责任落实"四大边界,继续推动全域集成行政执法等领域整体智治创新突破,精准赋能基层治理能力和治理体系现代化建设。高标准落实"首问负责、即问即办""基层吹哨、部门报到"等工作制度,健全社情民意疏通机制,切实做到民有所呼、政有所应。织密"大安全"网络,更加健全安全生产、食品药械安全、应急管理和防灾减灾工作体系和责任链条,构建风险管控与隐患治理双重预防机制,高质高效完成安全生产三年行动计划,标本兼治开展安全生产专项整治,完成 30 个住宅小区消防设施整治,提升区域本质安全水平。构建"大平安"格局,全面落实重大决策社会风险评估,高水平完善社会治安防控体系,扎实推进扫黑除恶专项斗争长效常治,保持打击电信网络诈骗等各类违法犯罪高压态势,切实维护人民群众生命财产安全。

2022 年,江北区经济和社会发展各项工作责任重大、使命光荣、任务艰巨。我们将坚持以习近平新时代中国特色社会主义思想为指导,坚持系统观念,加强统筹协调,紧密多跨联动,创造性贯彻落实好上级各项决策部署,锚定重点难点,补齐短板弱项,打造示范样板,全方位提升人民群众的获得感、幸福感、安全感,以优异成绩迎接党的二十大胜利召开。

作者单位:宁波市江北区人民政府办公室

2021 年镇海区经济社会发展情况报告

余利军

对镇海来说,2021 年注定是一个被历史铭记的特殊年份,既有惊心动魄的风云突变,更有豪情万丈的砥砺前行。2021 年 12 月 6 日,镇海发现 1 例新冠肺炎确诊病例。这是镇海自新中国成立以来遭遇的传播速度最快、感染范围最广、防控难度最大的重大突发公共卫生事件。在大战大考中,镇海区组织动员 4.9 万名党员干部、医护人员、公安警力、志愿者投身一线抗疫,高标准落实疫情防控"六大机制",6 天时间实现社区清零,12 天时间实现集中隔离点清零,守住了医护人员"零感染"、区内疫情"零输出"、确诊病例"零死亡"的底线,受到了国务院和省市领导的高度肯定,交出了彰显"镇海力量"、体现"镇海效率"、展现"镇海担当"的优异答卷,确保疫情防控和经济社会发展"双胜利"。

一、2021 年镇海区经济社会发展基本情况

2021 年,镇海区坚决贯彻落实习近平总书记重要讲话精神和党中央决策部署,一手抓疫情防控、一手抓经济社会发展,集中精力落实"六稳""六保"任务,全年地区生产总值达 1252.4 亿元,同比增长 7%。完成一般公共预算收入 89.9 亿元,同比增长 6.4%;完成规上工业增加值 713.5 亿元,同比增长 9.6%。

(一)全力以赴谋发展、争进位

规上工业总产值突破 3000 亿元,同比增长 33.7%,规上工业企业利润总额同比增长 62.3%。生产性服务业同比增长 25%以上。完成固定资产投资 337.9 亿元,同比增长 22.6%,增速居全市第 2。144 个重点项目完成投资 310 亿元,中石化镇海基地一期项目建成投产。深入实施智能化改造"125"工程,数

字车间、智能工厂、"5G＋工业互联网"试点项目数量均居省市前列。新增国家单项冠军企业 3 家,国家级专精特新"小巨人"企业 19 家,增量居全市第 1。启动低效区块改造 10 个,完成地块清零 31 个,盘活存量建设用地 972 亩,消化"批而未供"土地 4694 亩。新建和提升改造高标准农田 5600 亩,粮功区"非粮化"整治率居全市第 1。本外币存贷款余额创历史新高,新增上市公司 3 家。

（二）多措并举强创新、增动能

甫江实验室成功揭牌,成为第 5 个省实验室,A 区主体项目开工建设。新型研究型大学顺利签约,东方理工高研院启动运营。集成电路产业园纳入宁波市集成电路产业"一链四区"基地,核心区块启动拆迁,半导体产业基金顺利成立。中石化宁波新材料研究院一期项目开工建设,天津大学浙江研究院正式运营。规上工业企业研发费用 41.7 亿元,同比增长 40.5％,增速居全市第 2,技术交易额 29.9 亿元,同比增长 36.2％,国家企业技术中心实现零的突破。"人才金港"建设纵深推进,新增省级博士后工作站 5 个,市级院士工作站 2 个。区技工学校筹备建设,青年人才社区建成投用。

（三）统筹推进提品质、优环境

谋划实施城市品质提升"1618"行动,"精特亮"创建项目投入 224.6 亿元,"烟雨江南"风情线获评全市最美精品线,开元广场获评全市最靓特色街区,招宝山街道、九龙湖镇获评省、市美丽城镇样板。完成"三改一拆"201 万平方米,改造老旧小区 82.9 万平方米,开工建设安置房 548 套,全力开展九龙湖开元别墅违建整治、沿甫江砂场环境整治。整治废气异味企业 40 家,整改问题 164 个。在全市率先实现镇街空气质量监测标准站全覆盖,空气优良率居全市前列。开展"无废城市"建设,建成"无废城市细胞"50 个。生活垃圾分类合格率 95％,城乡垃圾无害化处理率 100％,获评省农村生活垃圾分类处理工作优胜区。淘汰落后产能项目 25 个,腾出用能空间 9.15 万吨标煤。基本完成北区污水处理厂三期扩建。

（四）坚定不移推改革、促开放

全面推进数字化改革,打造社会治理综合指挥平台、化工产业大脑 2 项省级"揭榜挂帅"项目。推进区属国企混合所有制改革,成立城市有机更新公司。深化综合执法改革,开展 15 个领域 488 个事项联合执法。深化农村集体产权制度改革,行政村集体经济总收入、经营性收入分别同比增长 15.4％、7.6％。健全招商工作新机制,全年实际利用外资 2.18 亿美元,居全市第 3。浙商回归资金 160.9 亿元,引进市外内资 201.4 亿元,完成进度分获全市第 1、第 2。进出口总额达 621.9 亿元,同比增长 18.2％,创历史新高。签订《镇海—金阳年度东西部协作框架协议》,落实帮扶资金 6200 万元。

(五)千方百计稳保障、惠民生

全年民生支出 77.4 亿元,占一般公共预算支出的 80.6%,列全国"幸福百强区"第 15 位。城镇登记失业率 2.33%,户籍人口养老保险保障和医疗保险参保率分别达 99.79%、99.88%。加快推进中小学、幼儿园建设,建成投用区中心学校箭湖校区、崇正书院,稳妥有序做好"双减"工作。加快人民医院三乙创建步伐,启动中医院三乙创建,加快危化医疗急救中心扩建等项目建设。推进康养联合体建设,完成 154 户困难老年人家庭适老化项目改造。高标准常态化推进文明典范城区建设,获评"中国好人"2 名、"浙江好人"3 名。全面完成 5 项民生实事工程,加快推进因方案变更、土地挂牌延期及安全生产集中整治等因素影响进度的 3 项民生实事工程。

(六)竭尽全力抓治理、保平安

启动"152"体系向基层治理"141"体系全面转接,"基层治理四平台"品牌成为全市"十佳实践范例"。深入开展"八五普法"活动,行政诉讼败诉率同比下降38%。推进业委会标准化建设,省级"红色物业"项目占全市 71%。深化"平安镇海"建设。平安护航建党百年大庆,有效打击治理电信网络新型违法犯罪。全力防御"烟花""灿都"台风,成功抵御甬江历史最高潮位。海塘安澜列入省级十大示范工程。各类生产安全事故起数、死亡人数持续下降。入选"中国放心食品百佳县市"。

二、镇海区经济社会发展过程中存在的问题

(一)产业结构还需进一步优化

虽然制造业保持了较好发展态势,但战略性新兴产业、数字经济核心产业增加值占比还比较低,分别仅为 14%、3%左右。服务业发展层次不高,仍以大宗商品贸易、传统物流等低附加值产业为主,科技服务、软件信息等产业虽然发展迅速,但总量还比较小,如软件信息增幅达 162%,但总量仅为 10.7 亿元。产业技术研究院等平台创新引领和辐射作用尚未完全显现,成果转移转化成效还不明显,产学研融合还需深化。绿色石化产业链偏短,非石化高端制造业发展不足,服务业特别是楼宇经济发展滞后,产业结构调整和提质增效压力较大。

(二)绿色低碳发展水平还需进一步提高

根据区域情况和产业布局特点,破解经济发展和生态环境保护之间的矛盾、

推进产业绿色转型仍存在较大压力。区环境容量的有限性与经济总量的扩张性矛盾较为尖锐,空间布局有待优化。生态文明体制改革的整体性仍有待增强,镇街生态文明建设的主体责任有待加强,全民参与的社会行动体系和齐抓共管的环境管理格局尚未全面形成。监管力量与任务不匹配的问题仍较突出,生态环境监测、监管和治理手段的智能化水平有待提高。企业治污的主体责任意识有待提高,全社会自觉践行绿色生产、绿色生活的意识尚不牢固,公众对生态环境的参与度有待提升。

(三)城市品质提升工作还需进一步加强

城市规划管控、建管衔接、公共配套方面还有不少问题,建设用地空间分布零散,城镇、产业、乡村空间交错拼贴,呈现空间碎片化。门户节点、景观轴线、核心板块等建设不够快,缺乏集中体现镇海特色的对外城市形象展示窗口。城中村拆迁、未来社区建设、"精特亮"创建还需加速,精品线路串珠成链还不多,城乡接合部、两路两侧、背街小巷环境存在盲区。城市公园建设数量不足、功能不全,城市绿道布局分散、缺乏配套,与群众休闲密切相关的社区公园等建设滞后。公共文化设施配套、文化产业发展、文化资源转化利用等方面,与建设新时代文化高地还有差距,文化软实力与经济硬实力不匹配。

(四)全域治理改革还需进一步深化

网格党建没能充分发挥应有优势,有的存在"两张皮"现象,区、镇(街道)、村(社区)、网格四级协同作战还不够有力,面对重大突发情况时快速反应机制还不健全,部分网格对力量分配不够科学,网格员任务量大、负担过重与人手有限成为突出矛盾,日常数据更新不够及时。面对新的发展形势、社会结构和区域格局的变化,个别单位对抓党建带全局仍旧认识不足,在推进重点任务、中心工作以及破解疑难问题时,未能形成有效合力。村社干部整体能力素质与党建统领整体智治的目标要求还有一定差距,有的工作比较粗放,有的存在路径依赖,面对复杂局面时思路不清办法不多。

(五)社会民生还需进一步改善

对共同富裕本质上是重大集成改革的认识还不深刻,在如何缩小两大差距、推动公共服务优质共享、解决群众急难愁盼问题、全面提高群众文明程度等方面,深入调研、系统谋划还不够,还需找准突破口、切入点,精准发力。对照共同富裕 7 大领域 51 个指标体系,单位 GDP 能耗、单位 GDP 碳排放、高技术制造业增加值占比、R&D 经费支出占比等指标完成存在较大难度。一些指标虽从总量上衡量尚可,但按照常住人口平均来看,差距比较大,如每千人口拥有 3 岁以下婴幼儿托位数、每千人口拥有执业医师数、人均文化娱乐消费支出占比等。同时,随着全域城市化快速推进,人口加速集聚,交通、健康、教育、文化、养老等公共服务供给,与居民对美好生活向往相比依然存在较大缺口。

三、2022 年镇海区经济发展的展望与建议

要坚持稳中求进工作总基调,聚焦聚力高质量发展、竞争力提升、现代化先行,加快打造世界级绿色石化产业基地、新材料科创策源地、宜居宜业宜学福地,推进共同富裕先行区建设,奋力建设现代化滨海大都市科创强区、品质之城。

(一)聚焦产业转型升级,加快打造先进制造业集聚区

坚持把制造业作为现代化先行的战略重点,加快制造业数字化、绿色化、服务化转型,向产业链价值链高端攀升。

第一,要壮大先进产业集群。高标准建设绿色石化产业拓展区,推进中石化镇海基地项目建设,建成具有全球影响力和竞争力的世界级绿色石化产业基地。全面推进集成电路产业园建设,打造集成电路设计、制造、专用材料等产业集聚区。加快提升紧固件、轴承、液压马达等传统优势产业和先进装备制造、智能家电家居等新兴产业,超前布局培育先进前沿材料、芯片制造、第三代半导体等未来产业。

第二,要强化企业数字赋能。深入实施数字经济"一号工程"2.0 版,高水平推进省级新智造区域试点,推动数字化与产业化双向深度融合。构建"产业大脑＋未来工厂"双引擎推进模式,赋能企业数字化设计、智能化生产、绿色化制造、智慧化管理、安全化管控,引领制造业全方位转型。实施智能化改造"125"工程,推进数字化车间、智能工厂建设,完成重点行业数字化改造。大力发展新青年经济等新业态,加快直播电商、平台电商经济健康发展。

第三,要推动"两业"深度融合。加快发展科技服务、港航物流、检测认证、商品贸易等重点领域生产性服务业,培育服务衍生制造、供应链管理、总集成总承包等新业态,壮大生产性服务业规模。提升发展生活性服务业,优化商业布局,探索打造居住区、商业区、文旅体功能区融合发展、协同共进的城市现代商圈,推进数字贸易全产业链布局。

(二)聚焦科技创新驱动,加快打造长三角重要科创策源地

始终把创新放在发展的核心地位,从依靠资源要素投入向创新驱动转变,锻造以创新为内核的发展主动能。

第一,要建设高能级创新平台。对标宁波建设世界重要人才中心和创新高

地战略支点城市要求,全力推进甬江科创大走廊镇海片建设,支持甬江实验室建设,推动"世界一流、理工科特色"的新型研究型大学初具规模。围绕新材料、智能制造、集成电路、电子化学品等重点领域,加快集聚一批产业技术研究院、创新中心,建立健全引进、培育、建设、发展的闭环管理机制。

第二,要强化产业技术创新。实施新一轮科技型企业倍增计划,构建创新型领军企业、高新技术企业、科技型中小企业发展梯队。推进关键核心技术协同创新,实施技术攻关重大专项,支持企业建设国家级工程技术中心、研发中心、产学研合作联盟、创新联合体,促进产学研深度融合,加速产业链上下游融通。打响"科技金桥"品牌,建设科技成果产业化平台,提高科技成果转化效能。

第三,要打造创新人才高地。坚持高端引领,探索组建人才科创发展集团,着力引育战略科学家、"卡脖子"技术攻关人才、基础研究人才。聚焦产业导向,实施卓越工程师培育行动,大力引进"雄镇英才"重点产业"双创"人才和团队。推进新时代工匠培育工程,建设一支知识型、技能型、创新型产业工人队伍。打造青年人才金港,实施"青英""青创""青苗""青雁"四大行动。

(三)聚焦绿色发展理念,加快打造生态文明建设先行示范区

践行"绿水青山就是金山银山"理念,以国家生态文明建设示范区为新起点,更加自觉推进绿色发展、循环发展、低碳发展,更好满足人民群众对优美生态环境的需求。

第一,要推进绿色低碳发展。做好碳达峰碳中和工作,推进绿色建造行动等一批标志性工程,推动节能减排、减污降碳协同增效。聚焦工业和能源两大领域,引导支持企业加快节能低碳改造,全面推进清洁生产。大力发展循环经济,完善石化区公共配套,新建配套动力中心,推动多能互补和能源资源阶梯级利用。大力发展可再生能源,建设屋顶光伏项目,谋划氢能产业项目,推动新兴技术与绿色低碳产业深度融合。

第二,要深化环境综合治理。以全域建设"无废城市"为抓手,持续打好蓝天、碧水、净土、清废污染防治攻坚战。推进清新空气行动,强化 PM2.5 和臭氧协同治理,持续削减氮氧化物和挥发性有机物等主要污染物,深化扬尘综合整治。建设"污水零直排区"2.0 版,农村生活污水进网纳管全覆盖,全面消除 V 类断面。强化土壤污染综合防控,提升生活垃圾分类质效,推进固体废物源头减量和资源化利用。

第三,要构建闭环监管体系。强化用最严格制度、最严密法治保护生态环境的法治观念,严格执行"三线一单"生态环境分区管控要求,优化空间保护开发格局。建设"生态环境一张图",集成数字化应用场景,实现源头管控、过程监管、结果核查、应用督察全过程闭环管理,提升环境突发事件快速反应和应急处置能力。

（四）聚焦城乡融合发展，加快打造现代化滨海大都市重要核心区

全面实施"1618"专项行动，推进全域统筹、全景塑形、全面提质、全民共享，让城市功能更完善、特色更鲜明、品位更高端，整体面貌焕然一新。

第一，要系统优化国土空间格局。深化全域国土空间综合整治，统筹布局生产、生活和生态空间及重大基础设施、公共服务设施。整合片区功能优势，庄市、骆驼、贵驷片区打造科产城融合区，九龙湖、澥浦片区打造活力田园区，石化开发区、临俞片区和物流枢纽港片区打造绿色产业区。

第二，要加快城市有机更新。坚持城乡风貌整治提升与功能完善、治理优化一体推进，加快建设一批城市风貌样板区、县域风貌样板区。加快推进甬江北岸、新城产城融合区、生态田园文化廊等重点区块的开发建设，打造箭港湖南岸等城市新地标。构建面向未来、系统完善的基础设施和城市运行"一网统管"系统，统筹地下空间综合开发利用，提高城市精细化管理水平。

第三，要推进乡村全面振兴。落实"双强"行动，抓好"两进两回"，培育壮大农业生产经营主体，创新发展高效生态农业，打造南岚湾现代农业示范园。深化"千万工程"，落实新时代美丽乡村建设"十大行动"，积极推进农村集聚发展，打造一批特色精品村、精品线，塑造都市乡村新风貌。集成推进农村土地制度、经营制度、集体产权制度等改革，探索发展壮大村级集体经济的有效途径，走出农村富美、农民富裕的新路子。

（五）聚焦共建共治共享，加快打造全域治理现代化样板区

加强应对社会风险的机制和能力建设，不断提升治理现代化水平，确保城市更安全、社会更安定、群众更安心。

第一，要强化党建引领。根据网格划分、党员人数变化和工作需要，及时调整网格党组织设置，提高网格党组织与基层治理网格契合度。进一步理顺网格和业委会、楼道党组织之间的关系，构建"村社、小区、网格、楼道"四级组织网络。深化基层"大部制"建设，优化机构职能体系和资源力量配置，构建党建统领、扁平管理、人员统筹和协同高效的运行机制。

第二，要强化精细管理。在原有网格划分的基础上，原则上按照50～100个住户作为一个管理单元划分"微网格"，做到横向到边、纵向到底，无空白区域，不交叉重叠，确保网格全覆盖。探索建立"网格＋速调"的小矛盾小纠纷就地调处模式，强化基层网格排查和快速处置能力。

第三，要强化多元共治。深入实施"一社一品"，建设一批城乡社区居民会客厅，推动社区服务模式向邻里化、亲情化转变。全面推进省级"智慧社区"试点建设，打造"1＋1＋4"一体化社区"智治"系统。实施社会组织培优赋能工程，优化

公益创投、微民生大服务机制,引导和鼓励社会组织有序参与基层治理。

第四,要强化数字赋能。加强资源统筹和数据集成,推进"一体化"数字驾驶舱建设,实现区社会治理智治云图、镇(街道)智治平台、村(社区)智管家、网格手机终端数字化平台四级贯通。继续迭代升级"基层治理四平台",强化视联网三级贯通指挥,建立高效灵敏的"平战转换"机制。

(六)聚焦民生福祉,加快打造人民幸福美好家园

坚持全民共富、全面共富、渐进共富、共享共富,健全为民办实事长效机制,让共同富裕看得见、摸得着、真实可感。

第一,要大力推进就业增收。围绕"扩中""提低",深化收入分配制度改革,实施居民收入十年倍增计划,激励创业致富、勤劳致富。深入实施"镇享乐业"计划,健全覆盖城乡的公共就业服务网,推动实现更加充分、更高质量就业。完善扶持发展中等收入群体的政策体系和工作机制,让更多普通劳动者通过自身努力跨入中等收入群体行列。

第二,要办好人民满意教育。优化教育资源布局,推进中小学教育项目建设,深化区域教育集团化,实施"校校精品"工程,坚决落实"双减"政策,打造"宜学、优学、品学、乐学"基础教育名区。

第三,要深化健康镇海建设。推进"三医联动、六医统筹"改革,优化医疗卫生资源配置和功能升级,建设高端国际医疗服务中心。健全三级公共卫生工作体系,完善疾病预防控制体系,加强全人群、全周期健康管理。推动疫情防控预警体系、指挥体系、应急体系、保障体系、统计体系整体重塑、系统优化。

第四,要丰富养老服务供给。推动养老事业和养老产业协同发展,构建以政府为主导、居家社区机构相协调、医养康养相结合、制度创新为保障的基本养老服务体系,完善嵌入式养老服务网络,推广"公建民营"养老服务机构发展模式,着力提升养老服务水平。

作者单位:宁波市镇海区社科联

2021年北仑区经济社会发展情况报告

董晓明　安续续

一、2021年北仑区经济社会发展基本情况

面对反复的新冠肺炎疫情和严峻复杂的国内外经济形势,全区上下坚持以习近平新时代中国特色社会主义思想为指导,认真贯彻中央、省、市各项决策部署,在区委区政府的正确领导下,在区人大和区政协的监督支持下,坚持稳中求进工作总基调,统筹疫情防控和经济社会发展,聚焦抓好"六稳""六保"任务落实,咬定目标、奋勇争先,经济运行呈现平稳增长、稳中有进的良好态势。

(一)发展指标在积极作为中日益趋稳

从指标目标上看,主要经济社会发展目标任务完成较好,区九届人大六次会议确定的13项指标计划中,9项指标完成预期目标(见表1)。其中,区本级实现地区生产总值1705.3亿元,同比增长6.5%;规上工业增加值、服务业增加值分别同比增长8.4%、6.3%,总体实现了为"十四五"开好局、起好步的目标。

表1　2021年北仑区主要经济社会指标完成情况

序号	指标	计划目标	实际情况		完成计划目标情况
			总量/亿元	增速	
1	地区生产总值	增长7.5%	1705.3	6.5%	未完成
2	规上工业增加值	增长7.5%	743.6	8.4%	完成

续表

序号	指标	计划目标	实际情况		完成计划目标情况
			总量/亿元	增速	
3	服务业增加值	增长 8%	769.4	6.3%	未完成
4	一般公共预算收入	增长 6%	255.0	24.7%	完成
5	固定资产投资额	增长速度高于经济增速	325.5	4.5%	未完成
6	外贸进出口额	确保全国占比份额	2000	5.2‰	完成
7	实际利用外资	完成市任务	9.2	61.2%	完成
8	社会消费品零售总额	增长 7% 左右	321.7	15.5%	完成
9	居民人均可支配收入	稳步增长	68123	8.5%	完成
10	新增城镇就业人数	10000	36539	—	完成
11	城镇登记失业率	3.5% 以内		2.35%	完成
12	单位生产总值能耗	下降 2%	—	下降 1.0%	未完成
13	主要污染物减排量	完成市定目标	化学需氧量、氨氮、挥发性有机物、氮氧化物分别削减 180、12、238、210 吨		完成

需要说明的是,有 4 项指标没有完成目标任务。地区生产总值、服务业增加值主要受新冠肺炎疫情和宏观经济形势影响,限上商品销售额、建筑业总产值、商品房销售面积等支撑性指标增长未达预期。固定资产投资主要受房地产投资、基础设施投资下降影响,工业投资全年则保持了 29.5% 的增幅。单位生产总值能耗未能完成目标任务,主要原因是一季度企业大多受留工优工政策支持照常生产,而 2020 年同期因疫情原因能耗总量较低,加上 2020 年下半年以来一批临港产业项目投产,导致能耗增加。

(二)发展质量在强链创新中加快跃升

第一,制造实力稳步增强。优势产业支撑明显,全区"246"产业实现增加值 932.2 亿元,占规上工业增加值的 85.8%,战略性新兴产业增加值、高新技术产业增加值分别同比增长 16.7%、10%,均高于面上增幅。全年新增国家级单项冠军企业 5 家、专精特新"小巨人"企业 14 家,入选市级"大优强"企业名单 14 家。数字建设赋能产业升级,模具、文具产业大脑列入省首批"揭榜挂帅"项目,创元信息入选工信部 2021 年新一代信息技术与制造业融合发展试点示范名单,新增国家级"两化"融合贯标企业 1 家,全年规上数字经济制造业核心产业增加值同比增长 29.4%。

第二,三产支撑阔步提升。深入推进国家首批"两业"融合试点区建设,二、三产融合日趋紧密,全区生产性服务业占比 30%,东方电缆、贝发集团分别入选国家、省级"两业"融合试点,成功举办长三角国家级"两业"融合试点交流会。持续发展首店经济、网红直播、特色街区等消费新业态,消费活力进一步释放,全年社会消费品零售额、餐饮业营业额分别同比增长 15.5%、99.3%。

第三,创新动能逐步聚集。聚焦汽车及关键零部件、高端装备、功能新材料三大科创高地,出台关键核心技术项目实施方案,深化产研合作,加快创新平台建设,宁波中科新材料创制中心、宁波(北仑)中科海西产业技术创新中心、北仑智能技术产业应用中心等平台建设取得新进展。强化融通创新、青年"双创",深入推进全国"双创"示范基地建设,"青创甬动、聚力北仑"活动入选全国"双创"活动周重点活动。全年新增高新技术企业 58 家,国家科技型中小企业 288 家,规上工业企业研发投入同比增长 30%,引进科技成果转化项目 45 项,完成技术交易额 26 亿元。

(三)发展后劲在聚优引强中不断积蓄

第一,平台建设集聚发展新优势。宁波经济技术开发区入选全省首批高能级战略平台,芯港小镇入选全省第七批特色小镇创建名单。灵峰现代产业园、集成电路"万亩千亿"新产业平台、临港经济示范区等平台先进制造业聚合发展。灵峰现代产业园落地产业项目 13 个,总投资 42.7 亿元。集成电路"万亩千亿"新产业平台引进项目 6 个,全年完成投资 32 亿元,实现产值 57 亿元。

第二,项目投资助推发展新动力。中芯、台塑、金发等 7 个省重点建设项目顺利完成年度投资任务,维凯项目、申洲先进制造系列项目等省市县长工程项目开工。旭升高性能铝合金、松花江路安置项目等首批 17 个全省共同富裕项目顺利推进。浙江 LNG(三期)前期、国能 55.3MW 光伏发电、亚浆节能技改等一批低碳项目顺利推进。全年完成工业投资 159.4 亿元,同比增长 29.5%。加快推进"腾笼换鸟"和低效空间能级提升,信泰机械、谷泰食品等地块完成腾退,为后续项目发展提供新空间。

第三,招商引资促进发展新增量。创新招商格局,促成极氪电动汽车、中铝铝拓网、荣芯半导体等 35 个重大项目签约,投资总额近 1400 亿元。与申洲集团、敏实集团等企业达成新项目引进落地意向。全年实际利用外资 9.2 亿美元,国内招商引资实到资金、浙商回归实到资金均超 400 亿元,居全市前列。

(四)发展环境在改革开放中更趋优化

第一,高质量推动自贸区建设。充分发挥自贸区体制政策优势,促进发展环境新飞跃,5 个国家级改革试点示范落地,20 项成果入选省"十大标志性成果",7 项制度创新成果入选省级 30 最佳案例,贸易投资、金融服务便利化水平显著提升。深入实施"一带一路"倡议及长三角一体化发展等国家战略,商贸"双循环"发展态势良好,全年实现外贸进出口总额 2000 亿元,同比增长 18.6%,总量位居全省前列。

第二,高标准推进数字化改革。按照 152 体系架构,加快构建市智慧公共数据北仑分平台,拆解重大任务 539 项,梳理核心业务 195 项,构建具有北仑辨识度的智治门户。做强"浙政钉"北仑工作台和"浙里办"北仑频道,上线"青年安居"、"e 乡北仑"、"两业"融合、"撬装加油监管"等一批特色应用场景,逐步构建高效协同、惠企便民的智治运行体系。

第三,高起点推进营商环境提质。纵深推进"最多跑一次"改革,常态化运行一般项目投资审批"最多 80 天",试点完成全省首个低风险小型项目"最多 15 个工作日"审批。以"数据跑"替代"企业跑",实现企业投资项目网上申报、在线审批、数据回传 3 个 100%。落实"标准地+承诺制"改革,完成工业用地"标准地"出让 21 宗,共计 1398 亩。加大产业扶持,全年兑现扶持资金 11 亿元。创新融资模式,推出"科技租赁""租金+股权"等产品,全年民营企业贷款、普惠小微企业贷款、制造业贷款分别同比增长 22.7%、37%、19.2%。

(五)发展面貌在统筹建设中持续改善

第一,城市品质进一步提升。秉持港产城文融合发展理念,全力推进凤凰城、滨江新城、梅山湾新城建设,凤环巢、金融中心、滨江商贸中心、创智科学城、梅山蓝色海湾等一批配套项目高效推进,通山社区作为规划新建类未来社区在全市率先开工。推进快速通道建设,象山湾疏港高速、六横公路大桥工程北仑段、329 国道北仑富春江路至陈华段改建工程(一期)、黄山路西延、太河路北延、招宝山大桥连接线等工程有序推进。精心谋划全域造景,重点打造太河路精品线、秀美山川精品线、红色传承精品线等"精品线"。

第二,乡村振兴进一步实施。围绕农业增效、农村增绿、农民增收,积极培育农业龙头企业、示范性家庭农场、农创客,全面促进乡村振兴,农林牧渔业总产值同比增长 3.4%。推进粮食生产功能区"非粮化"整治,开展高标准农田建设、生猪增产保供工作。推进乡村振兴示范带、中心村建设,九峰探梅登高线获评省乡村旅游精品线路。开展河道水质、面源污染、生活垃圾分类、农村公厕等整治,提升农村人居环境。率先实现农村集体"三资"数字系统村社全覆盖,助力低收入农户帮促扩面。持续云和山海协作、凉山美姑结对帮扶,北仑支援汪清黑木耳产业经验做法入选第二届"全球减贫案例"榜单。

第三,生态环境进一步改善。成功创建全国"绿水青山就是金山银山"实践创新基地,全区空气质量优良率达 96.6%,较上年提升 3.8 个百分点,连续 3 年荣获全省治水"大禹鼎"银鼎,受污染耕地安全利用率、污染地块安全利用率持续保持 100%,连续 4 年获"美丽浙江"建设考核优秀。深化"四边三化""两路两侧"综合整治,实现对乱搭乱建、乱堆乱放等问题处置到位率 100%,公路沿线路域环境得以持续优化,X820 大昆线获评省级绿化美化精品路线。全面落实"撤桶并点""定时定点投放",实现城乡分类收集覆盖率 100%、无害化处置率 100%,持续推进老旧小区改造、雨污水管道改造、智慧停车项目建设,人居环境日益美化。

（六）发展成果在共富共享中深入惠及

第一,民生建设全面推进。民生实事按计划节点有序推进,老年人健康保障工程、小港中心学校扩容、小山幼儿园、戚家山菜场等 5 个 2021 年项目和 4 个历年项目完工;区医疗中心等 6 个 2021 年项目均开工建设,其他历年续建项目进展总体顺利。

第二,社会保障全面覆盖。持续完善就业体系,全年新增城镇就业人数 36539 人,登记失业率 2.35%。全面落实保险惠民,户籍人员参加各类养老保险人数达 34.8 万人,参保率 99.2%,基本医保参保人数达 65.84 万人,参保率 99.92%。开展困难群众帮扶工作,共实施救助 67300 人次,开展医疗救助 6.7 万人次。创新智慧养老模式,提供上门服务 6.59 万人次,落实婴幼儿照护,新增托位 350 个,扩大家庭医生服务覆盖面,重点人群在签率 72.3%。

第三,城市治理全面强化。抓紧抓实疫情防控,全年完成核酸检测 223.4 万人次、新冠疫苗接种 180 万针剂。部署"平安护航建党百年"专项行动,持续开展安全生产综合治理三年行动,深入实施遏制重特大事故攻坚战,推进危化、工贸重点领域安全提升,连续 13 年获评省平安区。深化食品药品安全监管,实现检测不合格食药品闭环管理率 100%。加强粮油供应保障,力促粮食保供稳价。

二、北仑区经济社会发展过程中存在的问题

总体来看,2021 年全区经济和社会发展取得了一定的成绩。但是,当前新冠肺炎疫情的影响持续显现,经济持续稳定增长的支撑还不牢固,土地、能源等要素资源制约明显,下阶段全区经济运行仍面临较大困难和压力。港产城文融合水平有待进一步提升,城市品质和民生水平改善有更多的期盼和诉求。这些都需要在下阶段着重关注并努力加以提升。

三、2022 年北仑新经济社会发展的展望与建议

2022 年是党的二十大召开之年,是新一届政府履职的开局之年,也是北仑全区功能区整合提升之年,做好全年经济和社会发展工作至关重要。综合考虑国内外经济形势,根据区第九次党代会精神和"十四五"规划,本着既客观务实、又积极有为的态度,建议 2022 年全区经济社会发展的主要预期目标见表 2。

表 2　2022 年北仑区主要经济和社会发展指标计划目标

序号	指标名称	计划目标
1	地区生产总值	增长 7.5％左右
2	规上工业增加值	增长 8％
3	服务业增加值	增长 7.5％
4	一般公共预算收入	与经济增长基本同步
5	固定资产投资额	与经济增长基本同步
6	外贸进出口额	保持全国份额
7	实际利用外资	12 亿美元
8	社会消费品零售总额	增长 7.5％
9	居民人均可支配收入	与经济增长基本同步
10	新增城镇就业人数	2.5 万人
11	城镇登记失业率	3.5％以内
12	单位生产总值能耗	完成市任务
13	主要污染物减排量	完成市任务

对照 2022 年各大指标任务,我们要围绕"锻造硬核力量、打造一流强区,建设现代化滨海大都市高能门户"的总体目标,按照"稳字当头、稳中求进"要求,推动经济社会实现"质"的稳步提升和"量"的合理增长,重点围绕稳增长、提质量、促改革、惠民生等领域,着力抓好以下几项工作。

(一)聚力高能平台,构建发展新格局

第一,全力推进高能级平台建设。以省级高能级战略平台建设为牵引,重点推进灵峰现代产业园、芯港小镇、临港经济示范区、梅山先进制造产业园、大树高

端新材料产业园、中东欧国际经贸产业园等产业新平台建设,聚焦绿色石化、汽车及关键零部件、高端装备等优势产业集群,立足产业基础再造和产业链提升,实施精准招商,进一步完善产业链体系,强化上下游对接、国内外衔接、产学研融合。

第二,全流程服务推进重大项目。围绕项目招引、前期审批、项目建设、投产达产、政策落地等,形成对重大项目、重点企业全周期闭环式服务机制,进一步提升项目落地效率和政策渗透率。围绕 2022 年重点工程项目计划,以专班化工作机制,花力气破解一批制约项目推进的症结问题,加快海尔施 IVD 产业园、德业高端光伏逆变器等重大项目进度,加速投资和产能释放。

第三,全域推进空间治理提升。破除"空间束缚"的惯性思维,进一步突出亩均产出效益,引导区内重点龙头企业"垂直提升",支持企业在上下游"链式"延伸、"两业"融合、总部经济中提升附加值。深入推进"腾笼换鸟、凤凰涅槃"攻坚,以"亩均论英雄"推进低效地改造,科学谋划低效腾退空间产业布局,推进 M0 用地、二三产业混合用地、地下空间开发利用、分层出让等用地管理及政策创新。

(二)聚力产业优化,激发经济新效能

第一,强化主体培育。实施新一轮工业企业"龙腾"工程,持续发挥"大优强"企业、单项冠军企业的引领作用,支持专精特新"小巨人"、首台套、科创企业发展,引导企业聚焦细分领域做大做强。借力功能区整合,加强区域间产业联动互融,加速石化、汽车等产业链互动。深入推进国家级"两业"融合试点区建设,着力发展港航服务、金融保险、内外贸易等生产性服务业,支撑石化、汽车、先进装备、集成电路等先进制造业提升升级。

第二,强化创新引领。全面推进全国"双创"示范基地建设,促进科技与产业、科技与人才、人才与城市融通创新。深化企业与中科系等强院强所合作,加强人才互聘、技术共用及成果共享,实现科技资源优化配置。聚焦传统优势产业以及汽车及关键零部件、高端装备、功能新材料等三大科创高地,加强关键核心技术攻关。鼓励区内龙头企业、专精特新"小巨人"企业、单项冠军企业建立企业研究院、工程技术中心、实验室等,带动区域制造创新发展。加速产业数字化、数字产业化,继续推进一批数字车间、未来工厂和智慧工程建设,以数字驱动做精做强优势产业。

第三,强化服务保障。系统梳理研究新一轮产业扶持政策,精准支持企业发展。加大企业帮扶,聚焦企业发展中实际困难和需求,在用地、资金、用工等方面切实解决企业实际困难,更好满足企业发展需求。

(三)聚力改革突破,增强开放新活力

第一,推进制度机制创新。牢牢把握浙江自贸区宁波片区建设机遇,聚焦智能制造、港航服务、油气贸易等重点领域,争取油品贸易资质、地下洞库产权制度改革等方面政策落地放权。深化国际贸易便利化改革,叠加原有政策优势,提升通关效率,加快对外开放对外贸易步伐。

第二,推进数字化改革创新。加强系统门户集成,构建具有北仑特色的一体化智能化公共数据平台。坚持需求牵引、问题导向,建设一批实用管用的应用场景,重点推进自贸区重点区块数字孪生、"两业"融合智能服务、"数字公交"、"集卡管家"管理服务一件事等特色场景应用,提升政府智治能力,为企业和群众提供服务新模式,努力打造具有北仑辨识度的改革样本,争创省市数字化改革更多典型案例。

第三,推进营商环境优化创新。持续深化"最多跑一次"改革,不断简化审批流程,解决数据共享、中介服务、窗口建设等方面的问题,总结提炼我区企业投资"最多 80 天"、低风险小型项目"最多 15 个工作日"审批提速经验,争取在更大范围推广扩面。借力"甬易办",推进更多政策线上申报、审核和兑付,方便企业群众快捷办理。

(四)聚力城乡融合,打造人居新品质

第一,添城乡"靓色"。强化港产城文融合,围绕现代化国际港城、青年理想之城建设,加快建设凤凰城核心区块、自贸综合服务中心、青年创业创新大厦等项目建设,全面提升银泰、富邦、博地等核心商圈功能和形象,打造通山未来社区示范样板,结合 TOD 理念推进轻轨沿线城市功能、人居环境与景致的更新融合。加快建设美丽乡村,加快推进乡村振兴,结合"四好农村路"建设和"精品线"打造,培育特色产业,发展乡村旅游,提升农村人居环境。

第二,亮文明"底色"。高标准、常态化推进文明典范城市建设,推进"最干净城市"三年行动,持续推进"三改一拆""四边三化""两路两侧",进一步巩固非现场执法治超模式。强化垃圾分类源头管控收运处置,纵深推进"无废城市"建设。实施城乡风貌提升行动,稳妥推进大碶高田王片区城市有机更新地块、大碶烟墩片区城市有机更新地块、新碶新大路片区城市有机更新地块、新碶嵩山路南片区城市有机更新地块等地块国有土地征收工作,有序推进老旧小区改造、城中村改造、农房改造,争创省级美丽城镇、宜居示范村。

第三,增生态"绿色"。实施"双碳"行动,以减污降碳协同增效为总抓手,加快石化、钢铁、电力等高碳行业节能减碳改造,加快推进传统产业绿色转型,谋划氢能、LNG 清洁能源产业发展,支持新能源企业产业发展,推广运用新能源车船。巩固"绿水青山就是金山银山"创建成果,深入打好"蓝天、碧水、净土"保卫战,持续改善空气质量,加强细颗粒物和臭氧协同控制,强化工业废气、柴油车尾气治理。稳步提升河道水质,持续推进"美丽河湖""污水零直排"行动,推动船舶

岸电系统发展和应用,巩固提升近岸海域水质。深化土壤污染防治,巩固"清废净土"成果,创建省级"无废城市"。

(五)聚力共同富裕,提升民享新高度

第一,推进社会保障增质。围绕"扩中"" 提低",坚持稳岗扩岗和就业帮扶,统筹做好各类人群就业工作。落实社保全覆盖,确保"应保尽保"。推进"智慧医保",扩大异地就医医保范围,发挥大病保险、医疗救助兜底保障作用,确保医疗救助落实率和困难群众资助参保率"双 100％"。完善全生命周期服务体系,推进婴幼儿托育服务提质扩面,提升居家养老品质,实施老年人健康促进工程。加大住房租赁试点力度,健全住房保障体系。

第二,推进民生事业增效。细分群众出行需求,推行公交出行"微式服务",探索开通"社区巴士""定制公交"等特色线。围绕共同富裕,抓好科教文卫等民生设施建设,推进区文化中心、人亚中学、区医疗中心等一批文体项目、学校、医院建设,提高人民群众享受社会公共服务水平。积极推进 2022 年新入选的十大民生实事项目,加快推进历年续建项目进度。打造港口文化金名片,开展迎亚运系列赛事,不断丰富群众精神文化生活。

第三,推进平安北仑增色。坚持常态化疫情防控不放松,持续推进全人群新冠疫苗接种工作,筑牢防疫屏障。纵深推进安全生产综合治理提升行动,统筹提升自然灾害化解能力。完善大平安风险闭环管控机制,维护社会稳定,保障人民安宁。加强食品药品安全监管,落实粮食安全责任制度,确保人民群众吃得安全。

作者单位:董晓明,宁波市北仑区社科联;安续续,宁波市北仑区发展和改革局

2021 年鄞州区经济社会发展情况报告

屠应超　　杜运潮　　惠河源

一、2021 年鄞州区经济社会发展基本情况

根据地区生产总值统一核算结果,全年全区生产总值 2500.3 亿元,同比增长 7.0%,两年平均增长 4.7%。区本级生产总值 2166.1 亿元,同比增长 6.7%,两年平均增长 4.3%。分产业看,第一产业增加值 28.7 亿元,同比增长 2.8%;第二产业增加值 567.1 亿元,同比增长 8.7%;第三产业增加值 1570.3 亿元,同比增长 6.0%;三次产业两年平均分别增长 2.6%、4.0% 和 4.5%,三次产业结构为 1.3∶26.2∶72.5。

(一)农业生产保持稳定,畜牧业持续较快增长

2021 年,全区农林牧渔业增加值同比增长 2.9%,两年平均增长 2.9%。区本级农林牧渔业增加值同比增长 3.2%,两年平均增长 3.1%。从行业看,畜牧业快速增长,产值增速达到 42.3%,农业(种植业)、渔业、农林牧渔服务业产值分别同比增长 3.5%、5.0% 和 8.7%,林业产值同比下降 8.6%。从产量看,全年粮食产量 8.6 万吨,同比增长 0.7%;经济作物中,蔬菜及食用菌、瓜果类产量分别增长同比 4.5% 和 2.7%。猪肉产量同比增长 56.0%,水产品产量同比增长 5.2%。

(二)工业生产较快发展,新兴产业增速领先

2021 年,全区规模以上工业增加值同比增长 15.1%,两年平均增长 9.1%。

区本级规模以上工业增加值同比增长 13.8%,高于全市平均水平 1.9 个百分点,两年平均增长 8.1%。从行业看,重点行业引领增长,前五大行业中金属制品业、通用设备制造业、计算机通信和其他电子设备制造业增加值分别同比增长 19.6%、29.8% 和 25.4%,汽车制造业增加值同比增长 12.8%。从产业看,战略性新兴产业增加值同比增长 23.2%,高于区本级规模以上工业增加值增幅 9.4 个百分点,数字经济核心产业、装备制造业、高技术产业增加值分别同比增长 19.1%、18.1% 和 17.2%,且两年平均均实现两位数增长。

(三)服务业稳健发展,重点行业支撑有力

2021 年,全区服务业增加值同比增长 6.0%,两年平均增长 4.8%。区本级服务业增加值同比增长 6.0%,两年平均增长 4.5%。从生产领域看,部分行业增长较快,交通运输仓储和邮政业、信息传输软件和信息技术服务业较快增长,同比增速分别为 17.9% 和 11.7%;金融业贡献突出,增加值同比增长 7.3%,对 GDP 增长贡献率为 20.2%,金融机构人民币存、贷款分别同比增长 16.3% 和 11.1%;批发业增加值同比增长 7.1%,商品销售额同比增长 25.6%。

(四)财政收入平稳增长,民生保障不断加强

2021 年,全区财政总收入 494.4 亿元,同比增长 8.3%,一般公共预算收入 294.2 亿元,同比增长 7.6%。区属财政总收入 392.8 亿元,一般公共预算收入 231.9 亿元,分别同比增长 7.5% 和 7.3%。一般公共预算收入中,税收收入同比增长 10.5%,其中增值税、企业所得税、个人所得税分别同比增长 -1.5%、17.4% 和 17.3%。一般公共预算支出 183.4 亿元,同比增长 10.2%,住房保障、社会保障和就业、卫生健康等领域支出增长加快,同比增速分别为 36.9%、19.5% 和 14.2%,教育、文化旅游体育与传媒、城乡社区、农林水等支出同比增幅均超过 10%,民生保障持续加强。

(五)居民收入持续提高,城乡差距逐年缩小

2021 年,全体居民人均可支配收入 73646 元,同比增长 9.8%,高于全市平均水平 0.7 个百分点,两年平均增长 7.8%。其中城镇常住居民人均可支配收入 80797 元,首次突破 8 万元,增长 9.4%,农村居民人均可支配收入 47093 元,同比增长 10.0%,两项收入总量均位居全市第 1,增速均位居全市第 3,且分别高于全市平均水平 0.8 和 0.3 个百分点,两年平均分别增长 7.4% 和 8.6%。城乡居民收入比为 1.72∶1,比上年缩小 0.01,自 2018 年以来连续 4 年逐年缩小。

(六)社会保障夯实有力,社会事业均衡发展

户籍人口养老保险参保率达 99.4%,再创历史新高。医疗保险参保总人数达 104.1 万人,户籍人口医保参保率达 99.5%,商业补充医疗保险"天一甬宁

保"参保 20 余万人,医疗救助政策落实率达 100％。发放各类就业失业补贴近 3 亿元,城镇新增就业 4.65 万人,城镇登记失业率 2.06％。月最低生活保障标准提高至 1005 元,发放各类社会救助资金 6480 余万元。教育惠民扩面提效,义务教育阶段学科类培训机构压减率、课后服务覆盖率均达到 100％,初中普高率提升到 60％左右。完成钟公庙二中等 12 所校园建设,开工建设首南四小等 4 所学校。养老服务模式创新,打造"鄞龄智慧养老"平台,试点建设家庭养老床位 130 张,新建示范型居家养老服务中心 2 个,开展生活困难老人家庭适老化改造 464 户,新(改)建标准化老年食堂 10 个。

二、鄞州区经济社会发展过程中存在的问题

(一)"规划之困"日益凸显

由于各个规划编制职能部门的出发点、关注点各有侧重,各项规划编制的依据、规范、标准和空间基底不尽相同,加之缺乏有效的沟通衔接机制,导致部分规划内容存在重叠甚至冲突的情况,在镇村发展实际中时常出现建设扩张诉求与生态红线管控、粮食安全保障之间的矛盾。在之前的规划制定中,没有充分考虑到地方及周边实际情况,对跨行政区域的联动规划、联动发展考虑得不够深入,对重大建设项目周边隙地、村庄相邻区域边角用地谋划得不够细致,对乡村建筑形态与田园风貌、自然景观的整体融合把控得不够到位。

(二)"产业之困"亟待破解

鄞州现代农业产业体系较为薄弱,农产品品牌影响力和市场竞争力不足。在坚决遏制耕地"非粮化""非农化"要求下,部分农户对粮食种植收益以及补贴问题存在担忧,以经济作物为主要产业的经营大户转型压力倍增,急需探索特色农业产业发展新模式。之前的土地二级市场管理机制不够全面,缺少亩均增加值、亩均税收等约束性指标,导致一些企业出现慢投产、不投产现象,甚至随意对土地进行分割转租,形成了"用地低效闲置、产业难以集聚"现象。同时受新增工业土地供给指标限制,无法满足本土企业发展需求,造成企业向土地资源更加丰富、价格更加实惠的区域外迁。各地各村对文旅产业发展的功能定位不够清晰,相关业态培育缺乏系统谋划,特色品牌不够鲜明,同质化问题较为突出。在产业发展过程中,缺乏市场化、专业化运营,"吃、住、行、游、购、娱"链式供应不足,后期产出与前期投入不相匹配。

(三)"体制之困"愈发突出

在机构设置上,全区涉及乡村发展建设的专项领导小组繁多冗杂,亟须进一步优化整合。在责任落实上,由于权责交叉重叠、边界不清,往往出现"齐抓共管"的领域成了"谁都不管"的盲区,造成行政资源浪费。部门与部门之间的横向联动不够,各个部门习惯于独立运作,资源平台共享不足,存在重复建设、信息不畅等多重分割问题。部门与镇村之间的纵向贯通不够,有时会产生政出多门、相互掣肘的现象,增加很多"无用功""重复功"。保障城乡统筹规划、产业融合发展、要素合理流动、资源均衡配置、公共服务均等的政策体系不够完善,相关的配套政策不够具体有力,"谁来协调、谁来解决""怎么推动、怎么落地"等实质性问题需要进一步研究明确。

(四)"资源之困"愈演愈烈

农村土地存在"无序分布、碎片开发"现象。在城市化进程中,城市向农村换取建设用地指标,由于缺乏科学谋划,致使农村出现无序分布的永久基本农田,阻碍农村土地整体式开发。在全域国土空间综合整治中,缺少足够的启动空间,导致在空间腾挪中"拆东墙补西墙"情况仍然存在,土地碎片化利用问题依旧突出。发展资金存在"多样性不足、精准性不高"现象。部分乡村在产业、环境、制度等方面较为薄弱,投资回报率和回报周期难以对社会资本形成吸引力,以至乡村发展主要依托涉农财政资金,资金支撑体系不够健全。而在涉农财政资金保障项目推进时,往往会因为政策体系分散,导致资金使用的精准性和指向性不够高,资金使用绩效有待进一步增强。人才资源存在"引不进、留不住"现象。乡村产业发展基础相对薄弱,创业创新环境氛围不够浓厚,对优秀人才而言缺乏职业发展前景和施展才能舞台。乡村基础设施不够完善,消费业态较为滞后,公共服务尤其是医疗和教育存在短板,乡村生产生活的吸引力需要持续提升。

(五)"制约之困"愈发明显

一是稳增长的形势较为严峻。支柱产业大而不强,新兴产业培育还需加快,部分行业受疫情影响波动较大,实体经济生产经营困难较多,需求端恢复不及预期,经济发展的内生动能有待进一步挖潜。二是要素制约较为凸显。空间资源低效利用、资源错配的情况依然存在,投资规模大、产业关联度高、带动能力强的优质项目还需进一步加大引进储备力度。三是城乡统筹仍需加强。推动城乡一体化、区域协调发展的体制机制有待进一步完善,部分镇村基础设施欠账较多,全域综合整治的任务艰巨。四是民生任务依然繁重。社会保障体系需进一步健全,教育、医疗、文体、养老服务等民生资源供给还存在薄弱环节,共同富裕和整体智治任重道远。

三、2022 年鄞州区经济社会发展的展望与建议

(一)聚焦科创赋能,激发经济发展新活力

深化"热带雨林式"创新生态建设,有效承接国家创新发展战略和重大项目,力促关键核心技术攻关取得突破,全力争夺"科技创新鼎"。加速打造雁阵梯队,形成"创新型初创企业—高新技术培育库企业—高新技术企业—创新型领军企业"的发展格局,精准挖掘潜在高新技术企业并纳入培育库。提速集聚优质人才。创新人才工作模式,开展"人才工作跨越提升年"行动,升级实施"万有鄞力"引才工程。构建更加开放包容的人才政策体系,推出"人才新政 3.0 版",谋划出台"154""343"等重点产业人才专项政策。

(二)聚焦产业增效,实现转型升级新突破

提升智能制造水平,支持和引导重点企业加快技术改造、结构升级。推动区内产业链协同发展,推进产业链主体培育和上下游共同体建设,争取创建产业链共同体企业 2 家。稳步推动工业投资,争取日月重工、拓普电子等项目加速启动落地。实施新一轮"腾笼换鸟、凤凰涅槃"攻坚行动,建成小微企业园 2 家以上,改造提升村镇工业集聚点 21 个,培育省级制造业星级园区 2 家、市级特色产业园 2 家。深入实施"343"现代服务业倍增发展行动,重点突破科技服务、会议展览、健康养老、人力资源等产业,推动生产性服务业、生活性服务业提质升级。系实施数字经济三年行动计划,力争数字经济核心产业增加值占地区生产总值比重超 10%,软件与信息服务业营收增速超 20%。加快发展工业互联网,创建市级及以上工业互联网平台 2 个,培育"5G＋工业互联网"试点企业 3 家以上,新增上云企业 1700 家。

(三)聚焦改革攻坚,构筑发展环境新气象

全面融入重大战略。深化共同富裕标杆区建设,围绕"五富"共创,实行领导小组办公室、区委社会建设委员会双牵头、双联动机制,共同推进标杆区建设各项工作,加大试点案例挖掘力度,为全省乃至全国提供可复制可推广的鄞州模式、县域范例。深度融入长三角一体化、宁波全球海洋中心城市建设等重大战略,落实工作载体和项目支撑。持续推进数字化改革,强化数字化改革牵引力,谋划建设城市大脑鄞州中心,以"三张清单"为抓手,实现平台、应用、体制"三个贯通"。加强全域土地综合整治,以新一轮全区国土空间规划为底图,优化产业空间布局,启动首南、东吴、五乡等工业土地治理试点。完善产业用地市场化配

置改革,加强工业用地全生命周期管理,推广工业用地"长期租赁、先租后让、租让结合"和弹性年期出让模式,盘活存量建设用地 1500 亩。

(四)聚焦需求扩容,打造循环发展新格局

一是巩固扩大有效投资。夯实重大项目基础,全面落实年度重大项目计划,紧盯进度、压实责任、齐抓共管、合力攻坚,全力推进项目建设。努力争取省市重点项目落户鄞州。发挥政府投资项目引领作用,通过政府购买服务、政府和社会资本合作(PPP)、政策支持等方式,大力吸引社会资本进入政府投资项目建设运营领域,提高政府项目运营效率。强化项目资金保障,用好专项债政策,积极谋划和申报一批项目,力争获取更大规模的专项债券额度和中央预算内投资补助资金。二是持续激发消费活力。引导多产业融合,以省级文化和旅游消费试点城市建设为契机,开展"文化+""旅游+""体育+"等系列活动,助推宁波书城、文化广场、罗蒙环球城等重点文旅消费场所蓬勃发展。加快培育新兴业态,提升万达、钱湖北路、东部新城等核心商圈消费能级,扩大新能源汽车、直播电商等新消费业态,丰富居民消费层次。

(五)聚焦全域整治,绘就城乡发展新画卷

统筹推进未来社区、未来乡村、未来工业社区等建设,全面推进划船、白鹤未来社区拆迁,新建姜山、龙汇未来社区,建成郡柳、海创等未来社区项目;推进庆安会馆东侧等重点区块征迁;迭代升级艺术振兴乡村模式,打造未来乡村新社区;集中成片开发姜山、中河未来工业社区,逐步建成产业鲜明、职住平衡的产城融合社区。精心打造精品点位,积极推动时尚滨江休闲线、东钱湖幸福水岸风景线、海丝之源特色街区及天童老街特色街区创建市第二批"精特亮"创建项目。启动南部创意魅力区、欢乐海岸律动湾 2 个城市风貌样板区,以及太白钱湖山水卷、大梅山谷生态脉 2 个县域风貌样板区创建。抓好重要农产品稳产保供,全力推动种业产业链、创新链、供应链、价值链全面升级。以"非粮化"整治为契机,持续深化整村流转、跨村连片流转等农村土地制度改革。开展农民专业合作社质量提升试点,探索股份经济合作社股权流转、终止退出等政策。加快培育新型职业农民,发展多种形式适度规模经营。健全低收入农户精准识别、科学认定机制,增强结对帮扶精准性。

作者单位:屠应超、惠河源,宁波市鄞州区社科联;杜运潮,宁波工程学院

2021 年奉化区经济社会发展情况报告

邬志坚　傅　娜　江长军　裘曙洁

2021 年,奉化区积极应对世界变局、经济下行和疫情散发的叠加冲击,在建党百年、"十四五"开局、共同富裕特色区起步的新形势下,坚持稳中求进工作总基调,巩固拓展疫情防控和经济社会发展成果,扎实推进高质量发展建设共同富裕特色区,持续推进争先创优进位,各项工作取得阶段性成效,较好地完成了全年目标任务,实现了"十四五"良好开局。

一、2021 年奉化区经济社会基本情况

(一)在坚持"全面创新"中提升发展效能

第一,动力创新持续加快。2021 年,浙江省首个"腾讯云启产业基地"成功落户奉化,秉航科技按摩器械工业设计中心入选省级工业设计中心,国泰智能制造产业创新中心、沪甬"双创"基地经佳科创中心等"飞入地"开工建设。新兴动能加速壮大,规上工业中高端装备制造业、数字经济核心产业、高技术制造业、人工智能产业增加值分别同比增长 22.8%、19.6%、18.6%、18.5%;规上工业实现利润总额 64.57 亿元,同比增长 12.7%,营业收入利润率为 6.2%。年末规模以上工业企业营业收入上亿元企业达到 157 家,比上年增加 32 家。

第二,产业创新扎实推进。在对上级申报政策和全区产业结构进行梳理的基础上,选取气动、智能家电、时尚服装、电子信息 4 个标志性产业以及人工智能、新能源、新材料等前沿产业进行重点培育。13 家企业入选 2021 年度宁波市专精特新"小巨人"名单,其中亿太诺、一机阀门等 7 家企业进入工信部第三批专

精特新"小巨人"名单；6家企业列入第一批第一年国家级重点专精特新"小巨人"企业名单。

第三，引智创新深入实施。深入贯彻人才强区战略，启动实施高层次人才招引攻坚行动，不断拓宽招才引智渠道，加快集聚各类优秀人才，先后赴东北、陕西、江西、湖南、重庆等地区开展"全国选才、才兴奉化"赴外招聘活动，成功举办了15次大型公益性人才交流大会，2.1万人次进场应聘。全年引进和新增各类人才1.85万名，其中博士48名，硕士497名，新增博士后工作站3家，奉化人力资源服务产业园顺利建成。

第四，机制创新稳步开展。梳理年度改革重点任务26项，农业转移人口带权进城、新奉化人"一件事"、城市管理体制机制国有企业高质量发展等重点机制改革稳步推进，同时启动实施新时代奉化工匠培育机制。全年举办各类职业技能竞赛16场，参赛人员近万人，创历年之最，新增高技能人才6568名，4人获评"浙江工匠"。

第五，治理创新不断深化。创新实施社会风险隐患滚动排查，深入开展平安护航建党100周年"风雷"严打整治行动，严厉打击电信网络诈骗、跨境网络赌博，常态化开展扫黑除恶专项斗争。全区镇级矛调中心实体化运作实现全覆盖，其中溪口镇"一支队伍管执法"试点运行，"县乡一体、条抓块统"高效协同治理格局已经基本建成。

（二）在推进"六大会战"中改善发展面貌

第一，项目大会战全速推进。100个"五年奉献一个新奉化"大会战项目全面完成，重点建设项目投资完成率达到112%。新引进项目56个，协议总投资137.8亿元，其中亿元以上项目35个。在实施数字经济、高新技术、新兴产业项目精准招商中，引进网易有道宁波区域中心、百度飞桨人工智能产业赋能中心等互联网头部企业项目。通过北上深杭四地孵化器新吸引入孵企业40家，注册落户奉化项目33个。

第二，城乡危旧房整治大会战持续发力。深入开展"城乡之美"专项行动，"背街小巷"整治和"拔杆清网"行动顺利推进，累计拆除城镇危房4幢118户，整治老旧农房883户，完成农房拆旧456亩、建新271亩；完成13.9万户农房排查并完成录入，录入率100%；共治理改造完成农村困难家庭危房35户；落实500幢城镇房屋日常动态监测和网格化巡查。完成阳光小区、强人花园等5个老旧小区的改造提升，滕头、金钟等5个社区列入省未来社区创建名单。东门广场、龙潭美丽田园等建成开放，新增绿地39万平方米，新增绿道57公里，成功创建4A级景区城。

第三，平台园区建设大会战平稳推进。完成投资21.6亿元，拆除旧厂房

33.5万平方米,新建厂房58.7万平方米,整治提升"低散乱"企业105家。在平台园区建设大会战中,已经形成"一区、五园、多微"的工业平台格局。在实施老工业园区改造中,完成投资20.5亿元,拆除旧厂房52万平方米,新建厂房48.5万平方米;在加强小微园区建设中,完成投资17亿元,新建厂房49万平方米。奉化经济开发区入选省产业链"链长制"试点,万洋众创城(二期)、联东U谷和怡诺科创园获评省级小微企业园。

第四,基层治理大会战有序进行。探索实施"党建＋信访"工作模式,全面推行"家园理事"制度,健全完善区镇村三级党群服务体系,加大配备村社治理干部和专职网格员,实行村社信访工作专职化管理,基本把问题解决在网格、矛盾化解在基层,全区信访总量明显下降,信访工作考核全省排名第8。在健全防范处置欠薪机制中,共处理各类劳资纠纷案件248起,涉及职工5930人,涉案金额8110万元,结案率达99％;在提升劳动人事争议处理效能中,受理劳动争议993件,仲裁结案率达到98.4％,调解率达到84.3％。全区安全生产进一步推进,事故起数、死亡人数分别同比下降23％和33.3％。

第五,民生同城化大会战加速攻坚。10项民生实事项目和29个民生同城化大会战项目进展顺利,群众获得感、幸福感进一步增强,全域幸福颐养服务区建设入选宁波市试点项目首批名单。全年全体居民人均可支配收入51587元,比上年增长9.8％,扣除价格因素,实际增长7.6％。其中城镇居民可支配收入64495元,同比增长9.3％;农村居民可支配收入38453元,同比增长10.0％。城镇新增就业19692人,城镇登记失业率控制在2.38％的低水平。新建省级康养联合体3个,建成居家养老服务机构333家,其中5A级居家养老服务机构1家,镇(街道)示范型居家养老服务机构13家,机构数量覆盖所有城市社区和农村,服务覆盖全区所有居家老年人。全区户籍人口基本养老保险参保率达到99.2％,城乡居保基础养老金实现同城同标。

第六,干部作风整治大会战不断深化。深入开展干部作风大整治,有效推动干部作风大转变、能力大提升。坚持在疫情防控一线、艰苦复杂地方考察、识别、培养干部,建立完善区直部门对口支援镇(街道)机制,精心设计百名科长下基层"坐堂答疑""双向交流""实战赋能"等活动。创新建立"五大员"工作机制,选派1492名干部赴基层担任"驻企专员""村社指导""项目经理""街巷跑长""镇街帮办",相关做法入选全市争当"重要窗口"模范生"十佳实践范例";创新打造"镇街一件事、帮办一键通"数字化平台,通过资源力量整合、多跨场景构建,打通系统内部、部门与部门之间壁垒,进一步推动机关党员干部下沉一线解决基层难题,有关做法入选全省"三服务"好典型。

二、奉化区经济社会发展过程中存在的问题

第一,结构失衡较严重。奉化的房地产开发投资占比过高,工业投资有待加快。财政收支虽高位增长,但税收稳定性有待提升。对外贸易虽增势良好,但"走出去""引进来"项目不多。商贸、交通、金融增长虽稳定,但营利性服务业、商品房销售下滑明显,服务业占比和贡献度有待提升。

第二,经济恢复不均衡。受疫情影响,经济指标增速趋缓,地区生产总值、服务业增加值等指标未完成年度目标任务。尽管工业经济支撑有力,增加值增速平稳,但产值和利润增速逐月回落。尤其是原材料价格上涨、用工困难、芯片紧张等因素造成企业综合生产成本大幅上升,利润增速回落较大,企业盈利能力面临较大挑战。

第三,人才引育难度较大。受区域位置、工作基础、产业结构及缺少承载力高、协同性好的承接平台载体等因素限制,支撑高质量发展的高层次人才特别是顶尖、特优类人才的全职引进存在一定难度,既有一定理论功底,又有工程建设、项目管理、工业经济、数字经济、现代金融等相关领域实际经验的复合型人才较为紧缺。

第四,"三农"发展后劲不足。一些村集体经济发展基础较为薄弱,经营造血能力仍旧不强,农业产业转型升级动能仍显不足。农民人均可支配收入绝对值相对较低、增速不够快、农村医疗卫生资源配置、公共服务均等化优质化发展等方面问题也依旧存在。

三、2022 年奉化区经济社会发展的展望与建议

(一)着力构筑现代产业的发展高地

第一,推动服务业双倍增发展。为实现服务业增加值从 2020 年的 240 亿元增加到 2025 年的 720 亿元,需要深入实施服务业优先发展行动,推动科技及软件信息、商务服务、现代金融、智慧物流等生产性服务业向专业化和价值链高端延伸,顺应居民消费升级趋势,促进商贸餐饮、文化服务、运动健康、休闲旅游等生活性服务业向高品质和多样化升级;要大力培育服务业市场主体,加大服务业招引力度。推进国家全域旅游示范区创建工作,争创滨海省级旅游度假区、大堰5A 级景区镇,增长旅游综合收入。要促进房地产市场平稳健康发展,加强预期

引导,完善商品房、人才房、公租房等多层次住房供应体系。

第二,发挥工业经济"压舱石"作用。提升制造业核心竞争力,开展新一轮制造业"腾笼换鸟、凤凰涅槃"攻坚行动,力争规上规下工业增加值都有增长。打造"8100"产业集群,力争气动关键基础件、电子信息产业率先实现百亿级产业集群。通过强链补链延链建设,重点打造气动、智能家电、时尚服装、电子信息等 4 条标志性产业链。加快老旧工业园区改造、提升、新建。在实施数字经济五年提质倍增工程中,明年的数字经济核心产业增加值有增长,建成数字化车间、智能工厂、数字化园区,加快通信基础设施建设,完成 5G 基站的新改建。

第三,推进都市农业特色化发展。提升稳产保供能力,确保粮食播种面积达到 15.9 万亩,粮食总产量达到 1.3 亿斤以上,连片集中打造星光农业"万亩方"和多个"千亩方"基地。积极应对"猪周期"影响,加强生猪规模养殖场生产指导,全年生猪存栏量达到 12 万头,生猪产能保持在 15 万头以上。推进具有休闲娱乐、旅游观光、教育和创新功能的现代化农业园项目建设,抓好草莓、水蜜桃、茶叶等优质农产品品牌建设,提升"欢喜奉桃""雪窦佛茶"等品牌价值和影响力;建成省级特色产品优势区,为市场提供名特优新农副产品。

(二)着力加快中小企业的健康发展

第一,扶持小微企业发展。落实减负降本部署,实施新的减税降费和降低融资成本、物流成本、用工成本等系列政策,落实和完善小额贷款、减税降费,努力为小微企业减税降费。强化小微企业融资保障,对小微企业园开发贷款实施差异化授信政策,实现制造业中长期综合融资成本稳中有降。加大政府融资担保支持力度,继续扩大首贷、信用贷、无还本续贷规模,实现普惠小微企业的贷款增长极。

第二,加强中小企业运营服务。完善"驻企专员"联企跑企制度,提升"8718 奉化平台"综合服务功能,有效引导企业提高资源要素集约节约利用水平和可持续发展能力,实现高质量发展。加强经济运行监测分析,高度关注企业运行情况,实时跟踪企业发展诉求,及时处置苗头性、倾向性问题,防范出现系统性、大规模风险。积极发挥财政资金引导作用,充分发挥政府产业基金在双招双引、产业培育中的导向作用,加大对企业运营的扶持力度,鼓励企业利用 5G、人工智能、区块链等新一代信息技术实施智能化运营。

第三,打造企业一流营商环境。全面对标国家营商环境创新试点标准,主动做好政策对接,实施营商环境优化提升行动方案,持续推进"浙里营商"集成应用建设,推行营商环境"无感监测"。工商、经信等部门要完善重点企业预报预测分析机制,建立分析交流例会制度,动态掌握重点企业的经营情况,以及新开工项目、新经济增长点情况,切实解决发展存在的困难和问题,确保企业发展稳中有进。深化市场主体全生命周期改革,推进极简审批许可、便利开办登记,联动实施证照并销、破销联办、简易注销,降低企业开办和退出成本。

(三)着力培育经济社会的发展动能

第一,创新开放揽才模式。整合现有的产业发展、开放型经济、科技创新、人才引育等相关政策文件,切实抓好政策落地。创新开展人才举荐制、认定制,深入实施"揭榜挂帅·全球引才"行动,梳理相关领域重大研发需求,滚动编制发布关键核心技术攻关榜单,吸引更多海内外人才。按照"集聚产业、培育市场、孵化企业、服务人才"功能定位,实施高层次人才招引和领军型人才创业团队项目招引两大攻坚行动,通过新增高端创新创业团队、引进博士、以"人才码"服务人才等举措,推进"青年创业之城"建设,加强青年英才集聚。并以新时代奉化工匠培育工程为抓手,大力实施"金蓝领"职业技能行动,全力推进职业技能等级认定工作,高水平办好各类职业技能大赛,努力打造"奉化工匠"名片,力争高技能人才有新增,提升奉化人力资源服务产业园能级层次。

第二,壮大创新主体培育。深化"小而美"企业培育体系,实施"引苗""育苗""筑巢"三大行动。通过建立"小而美"苗子企业培育库,出台"春苗计划"培育扶持政策,优化并综合运用政策资金、产业基金、社会资本、科技金融等方式,全力培育一批创新能力强、成长性好、科技含量高的"小而美"企业。依据《奉化区推进制造业创新发展的若干意见》,继续培育专精特新企业。如通过奉化经信局微信公众号、8718 企业服务平台、企业群等多种途径,大力宣传有关专精特新"小巨人"企业有关讯息。在推进"大优强"企业培育中,加强龙头企业培育。鼓励行业龙头企业建设技术、产业等高能级创新平台,并发挥新动能对奉化经济增长引领支撑作用。

第三,推进改革破题赋能。发挥好数字化改革的牵引作用,建成奉化智能公共数据平台,加快推进新一代信息技术和制造业的深度融合,深入开展数字化技术改造,全面推进智能制造新模式,积极谋划、培育、上线、提升一批重大应用。稳步推进国有资产改革提效,落实区属国企三级出资管理体制,力争区属国企资产总额、营业收入都有增长。深化低效用地"亩产倍增""亩均论英雄""标准地＋承诺制"改革,推动分类入园集聚、改造升级,倒逼亩均税收 1 万元以下企业动态出清。以智能制造为导向,对数字化车间、智能化工厂等新智造项目负责人培训赋能。通过大力引进智能制造工程服务公司和供应链金融服务公司,对接奉化区内外咨询管理服务公司,帮助奉化企业解决在推进数字化车间、智能化工厂改造过程中遇到的难题。

(四)着力实现城乡发展的能级提升

第一,加快城乡交通一体化发展。为推动城乡客货流、资金流、信息流等高速流动与集聚,在加快金甬铁路奉化段、奉化火车站扩建、溪口火车站建设,开工建设南部交通枢纽一期的同时,齐心合力地完善城乡主干路线,建成宝化路东延、恒兴东路二期等乡村路线,加快 203 省道奉化段二期、四明路东延、G15 高速奉化收费站、连山快速路一期、西环线北延等乡村道段建设,启动沿海中线改扩建工程,推进西环线南延乡村的前期工作,畅通南山路、东门路、瑞峰路、金峰路等城市路网系统,形成城乡即时配送共享业态,为城乡联动提供基础保障。

第二,不断优化城市功能。为持续优化、美化城市环境,不断满足人民群众对美好生活的需求,开展成片改造老旧区块和城中村拆迁整治,加快试点省级标准未来社区建设,着力补齐城市功能短板。注重水环境治理,确保城乡河道整治全面完工,水库通过蓄水验收;实施公园绿地、景观绿道建设;科学有序推进碳达峰碳中和,推动能耗双控达标见效;继续发力污染防治攻坚,为人民群众营造干净、整洁、有序的居住环境;加强"城市大脑"建设,加快推进各级各类平台数据资源的互联互通和信息共享。

第三,全面推进乡村振兴。围绕农业高质高效、乡村宜居宜业、农民富裕富足这个总目标,做强农业保供,做好产业转型,做深农业融合;聚焦强基、增收、美丽、安居、善治、亮点等重点任务,推进粮食生产稳面积提产能、产业发展稳基础提效益、乡村建设稳步伐提质量、农民增收稳势头提后劲等行动。通过大力开展农渔民技能培训、就业创业指导等活动,提升农渔增收致富能力,提升农渔幸福感和获得感;继续开展常态化"五大员""一户一策一干部"等帮扶结对工作,不断健全完善防止返贫动态监测和精准帮扶工作机制,巩固拓展低收入农户帮扶成果同乡村振兴有效衔接;进一步推进农村老旧农房治理和农房改造,全面夯实农户的住房安全。

作者单位:中共宁波市奉化区委党校

2021年余姚市经济社会发展情况报告

谢建龙

一、2021年余姚市经济社会发展基本情况

2021年以来,余杭市委市政府坚持以习近平新时代中国特色社会主义思想为指导,深入践行习近平同志对浙江、宁波工作的重要指示精神,对余姚的重要回信精神,认真落实上级决策部署,统筹推进疫情防控和经济社会发展,聚焦打造"三区三城",扎实开展"两强三提升"行动,经济社会发展保持稳定向好态势。全市实现地区生产总值1441.5亿元,同比增长9.1%,总量居全省第13位,较2020年提升1位,增幅居宁波第3;一般公共预算收入129.72亿元,同比增长13.6%;城镇和农村居民人均可支配收入分别同比增长9.7%和10.4%,增幅均位居宁波第1。

(一)发展质效持续提升

第一,农业生产总体平稳。2021年,通过优化落实粮食扶持政策,深挖粮食扩种潜力,完成粮食生产面积41.17万亩,开展高标准农田建设2.13万亩,完成"非粮化"整治3504亩,培育宁波市级以上龙头企业2家、规范化合作社3家、示范性家庭农场12家,新希望横坎头田园综合体开业运营,"四明臻货"农业区域公用品牌展示展销中心正式落户。

第二,工业生产增势强劲,实现规上工业增加值564.83亿元,同比增长13.4%;"246"产业、十大产业链、战略性新兴产业、高新技术产业、高端装备制造业增加值分别同比增长16.1%、12.3%、18.2%、16.2%、19.3%,均位居宁波前

列;舜宇光电公司列入省"未来工厂"试点名单,新增国家级专精特新企业18家、上市企业4家,实现规上数字经济核心产业制造业增加值102.1亿元,居宁波首位。

第三,服务业扩容提质。建成四明西路"红小西"党建特色示范街区,引进知名商业品牌45个,落地领克汽车销售、车淘淘等总部型商贸企业,中国塑料城荣获"全国十大著名品牌市场"称号,新增电商经营主体106家,培育直播基地1个;实现社会消费品零售总额449.7亿元,同比增长13.2%,增速连续4个月位居宁波首位;新增各类市场主体26134家,"个转企""小升规"分别新增414户、154家;加快全域旅游发展,河姆渡遗址博物馆列入"微改造、精提升"文博场馆省级试点,成功创建成为第二批浙江省全域旅游示范县(市、区)。

(二)动能活力不断增强

第一,科技创新成果丰硕。新增高新技术企业99家,累计达388家,入库国家科技型中小企业370家,实现规上工业企业研发费用78亿元,同比增长30%;研究与试验发展经费占地区生产总值的3.92%,居全省第5位;新增发明专利授权755件、知识产权贯标认证企业11家,主持制定行业标准1项,进入"中国县域知识产权竞争力百强"前十。

第二,投资规模稳步增长。全年完成固定资产投资343.8亿元,同比增长13.1%,其中工业投资122.95亿元、高新技术产业投资75.26亿元,分别增长25.5%、28%;居中国营商环境百强县第5位、赛迪投资竞争力百强县第7位。

第三,人才引育成效显著。积极创建省级人才管理改革试验区,出台本土特色领军人才培育、特殊金融人才贡献奖励等政策,新入选省级人才培养工程3人、宁波"甬江引才工程"人才(团队)20个,31个人才项目新获"4个500万"政策支持。

(三)城乡品质持续提升

第一,城市形象不断改善。全面启动乡镇国土空间总体规划编制,高标准推进高铁新城、南雷南路两侧等重大区块开发建设,启动城中村改造提升五年规划,加快推进老旧小区改造工程(二期)15个改造项目,黄山社区入选省级未来社区创建。

第二,基础建设有力推进。胜陆公路、余梁公路北延工程全线贯通,G228(黄箭山至姚东大桥)改建工程、余慈城际快速通道等建成通车,姚江上游余姚西分调控枢纽主体结构、贺墅江节制工程等水利项目基本完工,榨菜皮废弃物收集预处理中心、市域污水输送复线工程等建成投用,LNG应急气源站土建工程实现结顶。

第三,乡村振兴阔步前行,65 个省、市级新时代美丽乡村创建项目全面实施,85 个美丽城镇创建项目全部开工,农村"产权超市"深化完善,余姚杨梅获评省级特色农产品优势区,马渚镇生态水产特色强镇通过省级验收,泗门榨菜、陆埠裴岙村入选国家级"一村一品"示范村镇、乡村特色产业亿元村名单,梁弄镇创建成为宁波市首批红色旅游融合发展示范区。

(四)民生福祉切实增强

第一,共同富裕建设有序推进。坚决贯彻落实省、市关于推进共同富裕的各项决策部署,编制出台共同富裕行动计划和"四张清单",四明山革命老区红色基因传承工程入选宁波市首批共同富裕先行市试点项目,"余姚市鹿亭中村'丝'路掘金奋力书写增收答卷"发展"粉丝经济"作为群众增收的源头活水,推动实现共同富裕的重要举措入选省首批共同富裕典型案例。

第二,就业和社会保障体系不断完善。新增城镇就业 3.4 万人,新增创业实体 2.41 万家,创业带动就业 12.06 万人;本市户籍人员各类养老保险(障)参保率达到 98.9%,医疗保险参保率稳定在 99.75%以上。

第三,教文卫事业全面发展。深化幸福教育建设,新建公办幼儿园 4 所,持续推进北师大余姚实验学校、锦凤小学(暂名)等新建项目,启动建设宁职院余姚校区,新创建宁波市文明校园 19 所,中小学生"五项管理"工作做法得到国务院教育督导办领导肯定,余姚中学入选北京大学首批"博雅人才共育基地";推动卫生健康事业发展,市第四人民医院扩建工程和发热门诊改造工程顺利完成,市人民医院感染综合楼新建工程和市第三人民医院迁建工程顺利推进,市医共体基础设施扩面提升工程全面启动,顺利通过国家卫生城市复审;推动文化繁荣发展,成功举办 2021 宁波(余姚)阳明文化周,河姆渡国家考古遗址公园规划通过省级专家评审,井头山遗址入选"全国十大考古新发现"。

(五)改革开放成果丰硕

第一,数字化改革成效显著。积极谋划推进智慧防汛、四明山革命老区"富民强村"等具有余姚特色的多跨协同应用场景建设,"家电产业大脑"入选省级行业产业大脑"揭榜挂帅"试点,"好粮油供应平台"列入全省第一批数字政府"一地创新、全省共享"建设名单,"农村产权超市交易平台"列入省多跨应用场景第一批"先行先试"项目。

第二,政务服务更加高效。深化"三服务"2.0 版,迭代升级"四送一增强"服务企业专项行动 2.0 版,创新推出重点工业投资项目"拿地即开工"机制,优化企业开办"1+0"模式,建成运行"不见面"开标系统,政府采购电子化普及率居全省首位、全国前列。

第三,开放合作持续增强。积极开展外贸双翻番行动,推出重点境内外展会60 个,培育外贸综合服务平台 1 家,新建海外仓 3 个,进出口首次突破 1000 亿元;不断加强招商引资,全年新增签约项目 103 个,实到外资 2.57 亿美元,余姚市外实到内资 141.5 亿元,浙商创业创新实到资金 91.6 亿元。

(六)发展环境更加优化

第一,平安建设扎实推进。统筹抓好常态化疫情防控、安全生产、信访维稳等工作,顺利完成平安护航建党 100 周年活动各项任务,全市来信、来访、网信总量较近三年均值分别同比下降 53%、40.99%、21.5%,信访群众四级走访百万人口比值为宁波最低,各类生产安全事故和死亡人数分别下降 29.8%、40%,荣获平安中国建设示范县称号;打赢了台风"烟花""灿都"防台防汛攻坚战、岁末年初周边本土疫情阻击战、低温雨雪冰冻天气安全保卫战等,保障了人民群众生命财产安全和城市安全有序运行。

第二,环境治理扎实推进。积极开展生态环境问题"举一反三"大排查大整改、冬春季水环境整治百日攻坚战等系列行动,高标准落实中央生态环境保护督察反馈等问题整改、省委生态环境保护专项督察工作,完成涉 VOCs 排放企业治理 35 家,全年空气质量优良率达 93.2%,较上举提升 4.9 个百分点,PM2.5 平均浓度下降 7.1%,宁波市成功列入省首批低碳试点县创建单位。

第三,精细化治理扎实推进。完成智慧城管三期项目,实现智慧城管三级平台建设全覆盖,实施停车秩序、养犬管理等十大专项提升行动,推进城乡保洁一体化和城中村保洁一体化建设,全国文明城市创建成果不断巩固提升;巩固拓展"无违建"创建成果,7 个乡镇(街道)成功创建宁波市"无违建乡镇(街道)"。

二、余姚市经济社会发展过程中存在的问题

在总结成绩的同时,也清醒地看到余姚经济社会发展中存在的短板和不足:产业发展要素保障"瓶颈"还需加力破解,全域国土空间综合整治、重大产业项目招引、"低散乱污"企业整治、亩均效益提升仍要狠下功夫;生态环境保护治理、城中村改造、防洪排涝、文明城市创建等领域短板需要加快补齐补强,四明山革命老区发展步伐仍然欠快;教育、医疗、养老等方面优质公共服务供给还是不够充分均衡;意识形态领域的工作仍要加强,传承弘扬优秀传统文化力度还要加大;党风廉政建设和反腐败斗争任务依然艰巨,工作运行体制机制亟须理顺,干部队伍的能力作风有待进一步锤炼,全面从严治党尚需付出更大努力。

三、2022 年余姚市经济社会发展的展望与建议

当前,余姚正在信心百倍书写现代化新征程的壮丽篇章。新的一年,全市上下将以高度的政治自觉和政治担当,胸怀"两个大局",心怀"国之大者",准确把握外部环境变化蕴含的新机遇新挑战、上级赋予的新使命新要求、人民群众对美好生活的新向往新期盼,聚力打造更具硬核力的智造余姚、更富包容性的开放余姚、更加智慧化的数治余姚、更享美誉度的文化余姚、更显影响力的品质余姚、更有获得感的幸福余姚,在争创社会主义现代化先行市、高质量发展建设共同富裕先行地的进程中奋力争先进位,加快建设更具影响力、更具美誉度、更具幸福感的现代化美好活力"最名邑"。

(一)实施创新引领工程,聚力激发动能活力

以建设甬西智能科创走廊为牵引,大力实施研究院精准引进、优化提升等计划工程,充分发挥浙大机器人研究院等既有科研平台作用,谋划创建省市级重点实验室,加快打造区域性科创资源集聚平台。注重激发创新主体活力,组织开展全社会研发投入专项行动,统筹抓好创新企业"春耕播种"、高新技术企业"育苗造林"等计划,加快形成创新型企业梯队培育体系。实施"科技创新"重大专项,开展"揭榜挂帅"攻关关键核心技术,集中突破一批产业关键和共性技术瓶颈,形成一批自主知识产权成果。落实落细新时代人才强市新政策,引育更多急需紧缺的顶尖人才、高素质技术人才、能工巧匠,构建形成全系列全链条的人才引育体系。坚持科技创新与体制机制双轮驱动,持续优化科技管理体制机制。

(二)实施产业跃升工程,聚力做强实体经济

坚决落实"工业强基"理念,抢占高端制造发展制高点。充分发挥中国机器人峰会暨智能经济人才峰会等重大活动磁场效应,全力做强"35"千百亿产业集群,推进产业基础高级化和产业链现代化。大力实施数字经济 2.0 版,布局发展5G、大数据、柔性电子、边缘计算等新兴产业、未来产业。建立健全"重点产业园＋工业社区"机制,加速形成以"一园两区"为引领的平台体系。聚力建强中意宁波生态园,持续打响"国际合作"和"前湾硅谷"两大品牌,加快打造前湾新区前沿阵地。聚力建强余姚经济开发区,大力发展机器人、新材料等高新技术产业。聚力建强余姚工业园区,加快推动智能光电、智能家电等产业发展。大力培育专业化生产性服务业,力促生产性服务业向规模化和价值链高端延伸。全面提升现代商贸、家政社区、健康服务等业态功能,形成更多"15 分钟商贸便民生活圈"。

高质量实施"2966"乡村产业振兴行动,不断夯实农业高质量发展基础。

(三)实施改革领跑工程,聚力打造一流环境

加快推动一体化智能化公共数据平台建设,加紧建设数字资源和数据安全体系,不断优化数据治理机制,大力促进数据资源开放共享。坚持需求导向,高标抓好社会治安风险综合评价、四明山革命老区富民强村和智能家电产业大脑、舜宇"未来工厂"、黄山"未来社区"等省级先行示范项目,基于现实需求积极谋划建设特色场景应用,聚力推动重大应用贯通,力促"152"体系向乡镇以下延伸,不断提升治理效能和服务质量。深抓力推"放管服"改革,扎实开展营商环境创新工作,全面实现政务服务事项全城通办、就近能办、异地可办。高标抓好规范地方行政执法队伍人员编制管理等省级以上重大改革试点,力争打造一批领跑领先的标志性成果。精心抓好共同富裕40项重大改革任务,蹄疾步稳向共同富裕美好社会目标迈进。

(四)实施开放赋能工程,聚力拓展发展空间

深度融入"一带一路"建设,以及长江经济带、长三角一体化发展等国家战略,积极抢抓省"四大建设"、杭绍甬一体化、宁波前湾新区、宁波都市圈等机遇,全面承接长三角地区产业转移和功能外溢。紧盯产业链"链主企业"、世界500强、国内50强,加强招商队伍专业化、国际化建设,统筹推进基金招商、以商招商、驻点招商、飞地招商,着力引进一批行业龙头和带动性、引领性强的大项目、好项目、高端项目。深度参与宁波"一带一路"综合试验区、中国—中东欧国家经贸合作示范区和浙江自贸区宁波片区建设,加快发展服务贸易、数字贸易、离岸贸易、跨境电商等外贸新业态新模式,不断提升余姚外贸影响力。牢牢把握"扩大内需"这个战略基点,深入实施内外销产品"同线同标同质",不断拓展国内市场;积极促进线上线下消费双向提速,升级改造重点商圈、特色街区,大力发展首店经济、夜间经济,精心培育智慧零售、跨界零售、绿色零售等新消费业态,支持老字号转型升级、打造品牌,全面释放消费潜力。

(五)实施城乡融合工程,聚力提升功能品质

高水平编制实施市级(中心城区分区)、乡镇级国土空间总体规划,统筹做好综合交通、工业集聚区、公共服务设施、生态环境保护等专项规划,加快构建形成"一主一副五片区"的市域发展格局。坚持规划先行高质量推进城中村改造,加紧建设北部新城、东南组团等重点区块,持续深化"精特亮"创建,切实提高中心城区首位度、辨识度。精心培育泗门小城市(卫星城)功能,不断提升马渚镇、陆埠镇、梁弄镇发展能级。以打造全国乡村振兴示范区、省新时代美丽乡村标杆县为牵引,深入实施"千村示范、万村整治"等工程,分类建成一批美丽宜居示范村、特色精品村、历史文化村、梳理式改造村、景区村,加快构筑"环境美、村庄美、住房美、乡风美、生活美"的美丽宜居乡村新风格。实施"打通断头路"三年行动计划,畅通城市交通内循环。深入推进智慧城市建设,狠抓路、水、电、气等基础设施数字化转型,实现城市数字化智慧化转型。

(六)实施全域美丽工程,聚力擦亮生态底色

深化实施碳达峰、"6＋1"领域碳中和行动计划,建立完善节能预警调控常态化机制,深入推进低(零)碳乡镇、村(社区)试点建设。大力发展低碳高效产业,加快构建绿色产业链,加紧建立以光伏发电为主的多元清洁能源体系,全面推进建筑领域绿色低碳转型,始终做到资源全面节约、集约、循环利用。坚持山水林田湖草协同治理,建立覆盖全市的"三线一单"生态环境分区管控体系,加强生态保护与风险防范,守住自然生态安全边界。加强四明山区域生态修复和生物多样性保护,聚力打造"生态绿肺""天然氧吧"。更加注重"三水统筹",深化开展"五水共治"清新空气等行动,实现环境由"净"到"美"的提升。建立健全资源有偿使用机制,建立完善环境自动监测体系,以智慧化、网格化管理落实生态环境长效监管。深入推进生态环境保护委员会体制机制改革,严格落实"三管三必须"主管责任,全力推动政府治理、企业自治、社会调节实现良性互动。

(七)实施文化强市工程,聚力守护精神命脉

坚持社会主义核心价值体系,深入实施铸魂、溯源、走心工程,推动习近平新时代中国特色社会主义思想落地生根。构建全面落实意识形态领域工作责任制的"四梁八柱",深化网络生态"四明云哨"工程,打造具有余姚特色的全媒体传播矩阵,唱响主旋律、弘扬正能量。高标准常态化开展文明城市、文明村镇、文明单位、文明校园、文明家庭创建,持续深化文明好习惯养成工程,打造全民参与文明建设的新格局。全力创建国家历史文化名城,扎实做好河姆渡国家考古遗址公园申报建设,统筹抓好阳明古镇建设、姚江书院重建等工作,大力推动河姆渡文化、阳明文化、红色文化等优秀传统文化创造性转化、创新性发展,打造具有余姚辨识度的文化标识。深化新一轮文化体制改革和机制创新,用心建设大运河诗路文化带和浙东唐诗之路,加快构建余姚特色文化产业新体系。培育发展新兴文化业态,加速壮大文化内容产业,大力发展数字文化产业,全面提升文旅融合水平。

(八)实施幸福提标工程,聚力增进民生福祉

大力实施全民创业乐业增收等计划,优化健全公共就业服务体系,积极支持新业态和灵活就业模式,推动实现更加充分更高质量就业。实施居民收入水平提升工程,扩大中等收入群体,完善低收入群体精准帮扶机制,不断夯实全体人

民共同富裕的基础。深入实施全民参保计划,提高社会保障体系统筹层次。健全完善"1＋8＋X"大救助机制,构建以基本生活救助为主体、专项救助为支撑、急难救助为辅助、社会力量参与为补充的社会救助新格局。深化教育领域综合改革,全面落实立德树人根本任务,重点抓好"双减"等政策落地,积极推动城乡教育一体化,全面实现教育现代化。建立完善优质高效的医疗服务体系,大力推动全民健身和全民健康深度融合,全方位打造"健康余姚"。聚焦治理体系和治理能力现代化,加快建设党建统领的"四治融合"基层治理体系,整合提升"一中心四平台一网格"功能,持续擦亮"阿拉一起来"等基层治理品牌,不断完善矛盾风险源头预防化解机制和信访工作制度,着力构建多种主体共同参与的社会治理新格局。

作者单位:宁波市余姚市历史文化名城研究会

2021年慈溪市经济社会发展情况报告

陈 迪

一、2021年慈溪市经济社会发展基本情况

2021年,全市上下坚持以习近平新时代中国特色社会主义思想为指导,认真贯彻落实上级党委、政府各项决策部署,深入践行高质量发展理念,积极有效应对疫情冲击,奋发实干、勇毅前行,全市经济和社会发展呈现平稳、可持续的良好态势,综合实力居全国百强县市第6,连续6年获评中国最具幸福感县市。

(一)擘画发展新蓝图,综合实力跃上新台阶

1. 三大收入增长同步

2021年,全市实现地区生产总值2379.2亿元,同比增长7.9%,其中市级实现地区生产总值1616亿元,同比增长9.2%;市级规上工业增加值完成494.6亿元,同比增长16.9%;市级实现一般公共预算收入135.1亿元,同比增长13.9%和市级城镇、农村居民人均可支配收入分别达到7145元和4862元,分别同比增长9.6%和6%。

2. 投资出口消费稳健拉动

市级完成固定资产投资338.4亿元,同比增长12.7%,其中民间投资(占比81.5%)同比增长14.2%,拉动效应强。社会消费品零售总额700.8亿元。同比增长12.3%,商品销售额同比增长25%;外贸进出口突破1000亿元。

（二）聚焦经济新格局，产业层次得到新提升

1. 工业经济提质发展

新增国家和宁波市专精特新"小巨人"企业 16 家、28 家，宁波"大优强"企业培育名单 10 家，企业上云 132 家；入围省新智造区域试点，跻身全国县域工业互联网发展 10 强第 3、全省首位；完成新增 5G 基站 1053 个，实现 5G 信号城区重点镇全覆盖；新增省级数字化车间项目 6 个、宁波市级数字化车间 17 家；整治提升"低散乱污"企业 603 家；新增省认定小微园 4 个，获评省"小微企业三年成长计划"工作优秀市；入选省制造业高质量发展示范市创建，保持全国工业百强县（市）全省首位。

2. 新兴业态培育成长

数字经济核心产业增加值同比增长 30.3%，网络销售额 894.89 亿元，位列宁波市首位、浙江省第 9 位；健康产业、文化产业增加值分别同比增长 11.9% 和 6.0%；慈溪产业带直播基地建成投用，智能家电高新技术产业园区列入省级园区建设名单，创新创意（杭州）飞地入选省级数字经济"飞地"示范基地；新增宁波市级众创空间 2 家，"海卫智巢"实现慈溪市省级众创空间零的突破；成功入选国家第二批先进制造业和现代服务业融合发展试点单位名单。

3. 服务经济稳步发展

跨境电商、楼宇经济加速兴起，网络零售额领跑宁波。在全国服务业有强县中位居第 8，第三产业实现增加值 862.89 亿元，同比增长 4.5%。金融机构人民币存贷款余额分别为 3476.7 亿元、3044.3 亿元，分别同比增长 13.9%、11.6%，不良贷款率降至 0.33%；商品房销售面积 352.84 万平方米，同比下降 27.2%；社会消费品零售总额 700.76 亿元，同比增长 9.0%，其中限额以上社会消费品零售额 197.08 亿元，增长 11.7%；限上批发业零售额比上年增长 41.6%；公路货运量 1660 万吨，增长 9.4%。

4. 现代农业彰显亮点

2021 年，全市实现农林牧渔业总产值 92.05 亿元，同比增长 4.1%。成功入选全国首批农业现代化示范区创建单位、全国农产品产地冷链保鲜整县推进试点县。全国首批、全省首个创成国家级现代农业产业园，入围首批国家级农业现代化示范区创建名单。

（三）赓续改革新篇章，体制机制再创新优势

1. 科技创新提高能力

2021 年，全年市级入库国家科技型中小企业 521 家，认定宁波市科技型中

小企业 427 家,认定高新技术企业 169 家;合计有效高新技术企业数达 484 家。全年市级新增省级企业研究院 2 家、省级高新技术企业研究开发中心 12 家;新认定宁波市企业研究院 1 家,宁波市工程(技术)中心 59 家;合计创建宁波市级及以上企业研发机构 74 家。全市共获宁波市科技进步奖一等奖 1 个、三等奖 3 个。

2. 开放合作扩大成果

方位接轨上海扎实推进,深入参与前湾新区建设。持续推进营商环境攻坚行动,迭代升级无感智办、跨省异地通办,省内首创企业获得合法合规证明"一件事"掌上应用。全深化招商体制改革,累计实到外资 8.8 亿美元,引进宁波市外内资 557 亿元。助力贵州兴仁、安龙脱贫摘帽。

3. 深化改革扎实推进

实现一般企业投资项目审批"最多 80 天",推进低风险小型项目审批"最多 15 个工作日"、"标准地"出让全覆盖,全流程审批提速 50% 以上。97 项"一件事"实现全流程办理,"公证 E 通"、农村医疗基本公共服务标准化改革经验全国推广,获批国家首批数字乡村试点市,获评全国县域数字农业农村发展先进市。获评全国深化小型水库管理体制改革样板县。"三位一体"农合联改革创出慈溪模式。

(四)锻造城市新中轴,城市乡村展现新风貌

1. 提升城市发展能级

推动新城河、新潮塘等重大板块更新全面铺开,老旧住宅小区改造 4.4 万平方米,城中村改造 69 万平方米,房屋拆迁 75 万平方米,盘活低效用地 1878 亩,古韵秘色瓷文旅线、前湾产城融合示范线等"精特亮"创建项目陆续推出。

2. 市、区融合提速提效

开展北部副城综合交通一体化规划研究,通苏嘉甬铁路项目可研审批前置要件全部完成,高水准做好高铁慈溪站规划设计和场站集疏运体系研究;宁慈市域快轨慈溪境内线位稳定,杭甬高速复线宁波段一期全面施工,胜陆高架全线通车,中横线快速路一期等项目开工建设,建附线、横筋线等提升改造工程和浒运公路慈溪段等项目有序推进;中心城区新增公共停车位 131 个,新增优化公交线路 17 条、公交停靠站 86 个。

3. 乡村振兴深入推进

全面推进新时代美丽乡村建设,培育建设乡村振兴典范村 12 个,特色村 5 个,累计建成宜居村 130 个,市级精品线 2 条,镇级风景线 2 条。累计创建省级

美丽乡村示范镇 10 个,特色精品村 26 个,达标村 229 个(其中精品村 77 个),宁波市美丽乡村示范镇 6 个,示范村 15 个。

4. 生态治理扎实见效

生态环境不断改善,空气质量优良率提高到 90.4%,PM2.5 平均浓度降至 26 微克/立方米,加快四灶浦南延(新城河)拓疏一期等水利基础设施建设,市控以上断面水环境质量功能达标率达 100%。有序推进"无废城市"建设,打造 42 个"无废城市细胞",完善工业固废收运体系,创成省级生态文明建设示范市。

(五)贯彻共富新思想,民生福祉实现新增进

1. 公共服务持续优化

党建引领乡村片区组团发展打造乡村共同富裕新模式成功获批全省共同富裕 28 个首批试点之一,城乡收入倍差缩小到 1.59,宁波最优。年度 10 项民生实事工程圆满完成,全市一般公共预算民生支出累计 792.5 亿元,占比 77.7%。文锦书院、明月书院、温医大研究生培养基地(宁波)建成投用。乡村"复兴少年宫"建设列入全国首批试点。慈溪运动员石智勇、管晨辰、姚攒奥运夺冠。

2. 社会保障不断加强

新增城镇就业 5.34 万人,登记失业率降至 2.71%,完成各类职业技能培训 5.05 万人,创成省"无欠薪"县市。深化健康慈溪建设,市人民医院新医疗楼、市第三人民医院新门(急)诊大楼建成投用,基层医疗机构绩效考核居全省前列,创成省健康促进市。科学推进养老体系建设,户籍人口养老、医保参保率稳定在 98.5% 和 99% 以上。实现村(社区)居家养老服务、镇村退役军人服务保障体系、镇街残疾人之家 3 个全覆盖,城区社会福利院二期项目投用;新建省示范型居家养老服务中心 3 家。

3. 社会治理有效提升

圆满完成平安护航建党百年任务,信访工作扎实开展,网络综合治理优秀经验在全国推广,治安防控体系健全完善,道路交通事故全口径亡人数同比下降 6.3%。政务服务实体智慧大厅和网上智能大厅深度融合,创成国家级数字档案馆。连续 3 年获省法治政府建设先进。

二、慈溪市经济社会发展过程中存在的问题

在充分肯定成绩的同时,必须看到慈溪市经济社会发展还存在不少困难和问题。

一是面对世界百年未有之大变局和新冠肺炎疫情全球大流行反复交织,外部环境更趋复杂严峻,拉动经济增长的"三驾马车"动力有所不足,经济下行压力依然不小;二是发展质量效益还不够高,科技创新的引领力不够强,大项目、大企业的支撑力不够足,新旧动能转换尚需下更大功夫;三是城乡风貌整治提升压力巨大,面临"城市病"治理等诸多挑战;三是区域发展面临资源要素"紧约束",生态环境质量稳步提升面临不小压力;四是托育、教育、卫生、养老等与共富标准、群众期待还有不小差距,社会治理还存在短板不足;五是政府治理能力仍需进一步提高。对此,要高度重视,切实采取有效措施,认真加以解决。

三、2022 年慈溪市经济社会发展的展望与建议

2022 年是党的二十大召开之年,做好今年工作,意义十分重大。慈溪市委辩证把握国内外宏观形势,主动识变应变求变,沉着应对压力挑战,扩总量、提质量、补短板、守底线、争进位,重点抓好以下 8 方面工作。

(一)扩投资活市场,在推动经济稳中求进上开新局见实效

第一,狠抓投资提速放量。强化"项目为王"导向,开展投资攻坚年活动,建立健全"1335"项目推进机制,比学赶超抓项目,确保新建项目开工率三季度达到70%以上,力争全部开工,全速推进 180 个市级以上重点项目,跑出项目加速度。做好土地等要素保障,抢抓政策窗口期,形成更多实物工作量。

第二,积极促进消费扩容。积极发展在线经济、首店经济、夜间经济,加强与头部电商平台合作,加快发展小家电新电商。打造"15 分钟商贸便民服务圈",提升特色商业街区,加快打造区域性消费中心城市。出台促消费政策,丰富开展节庆消费提振活动。

第三,全力开拓内外市场。更深层次推进对外开放,抢抓 RCEP(区域全面经济伙伴关系协定)生效实施契机,在巩固欧美市场基础上,引导企业开拓以东南亚为重点的"一带一路"沿线国家市场。提高出口退税、出口信贷等政策便利度,扩大小微企业出口信保覆盖面。深入实施"三抢一稳""千企百展"行动计划,充分发挥前湾综保区政策优势,提升外贸服务中心运营质效,壮大外贸出口主体规模。深入推进内外贸一体化发展,引导慈溪市家电企业抢抓绿色智能家电下乡机遇,拓展国内市场。

第四,精准高效服务企业。进一步优化完善营商环境,加强改革系统集成,做好惠企助企政策承接配套,确保政策及早兑现、直达企业,不折不扣推进企业减税降费、降本减负。深入实施小微企业信贷"增氧计划"和金融服务"滴灌工

程"。强化审批、用工、用地、水电气等服务保障,探索实施容缺受理、并联审批。

（二）促转型求创新,在打造现代化产业体系上开新局见实效

第一,提升创新驱动力。迭代升级慈溪"人才码"等人才服务平台,力争引进高层次人才（团队）项目 20 个,新增高技能人才 6000 人。加强新生代企业家队伍建设。更好发挥宁波大学科技学院、慈溪生物医学工程研究所、慈溪产业应用技术研究院等科创平台作用,温医大研究生培养基地（宁波）投入使用。深化"科技独角兽"培育。

第二,做强先进制造业。坚持招大引强与激活民资、增资扩产与技术改造并重,围绕主导产业和细分领域,攻坚强链补链项目、"链主型企业"招引。做好产业平台整合提升后半篇文章,滨海经济开发区全力争先进位,启动智能家电高新技术产业园建设。实施制造业全域治理项目,整治高耗低效企业,改造提升"低散乱污"企业,盘活提升低效用地。

第三,做优现代服务业。实施"135"服务业跨越发展工程,力争服务业增加值增长 7%,争创省级现代服务业创新发展区。大力发展工业设计、科技服务、智慧物流等生产性服务业,推动先进制造业和现代服务业融合发展。抓好环创中心会议酒店等重点项目,建成投用轻纺布料城、聚美家居生活广场。

第四,提速农业现代化。高质量推进国家首批农业现代化示范区创建,深入推进"农业双强"行动,市现代农业产业园抓好农牧机械制造和食品加工基地建设。坚决遏制耕地"非农化"、防止"非粮化",完成粮食功能区整治优化任务,确保粮食播种面积 28 万亩。抓实"菜篮子"保障,稳定生猪生产。提质扩面农业保险。

（三）优格局提风貌,在深化全域国土空间整治上开新局见实效

第一,重塑空间格局。完善新一轮国土空间规划编制,加快构建"中心辐射、双核联动、三片发力、全域融合"市域空间格局。谋深谋透、抓紧抓实全域国土空间综合整治。加快推进老 329 国道综合整治,有力有序改变道路两侧产业"低散乱"、布局"碎片化"的现状,打造东融宁波的综合廊道、精品大道。

第二,提高建管水平。以国际视野、一流标准开展前湾创新城市设计,精致打造环创—新城河城市带、新潮塘等重点区块,高标准推进 5 个未来社区建设,适时启动新城河区块五期项目。实施城中村改造 58.9 万平方米,完成老旧小区改造 29.12 万平方米。推进以新城河、潮塘江为重点的中心城区绿道网环通,新增绿道 20 公里,完成人行道改造提升 2 万平方米,新增"口袋公园"4 个。严管施工质量安全,确保建设领域安全生产形势平稳可控,确保项目如期保质完成。提升城市精细化管理水平,深入开展治违除患促安全行动,实现存在消防安全隐患的企业违建清零。

第三,美化城乡风貌。实施城乡风貌整治提升行动,深化"精特亮"创建,高水平打造慈溪未来乡村示范线等精品线路,完成环白洋湖步道建设。开展城乡接合部出租房排查整治,打好美丽城镇收官战。大力发展全域旅游、乡村旅游,实施"微改造、精提升"工程,力争省新时代美丽乡村达标村全覆盖。加快农村基础设施规划建设、提档升级,推进农村生活污水治理扩面提质,健全农村危旧房排查整治长效机制,试点运行农房"浙建事"全生命周期综合管理服务平台。

(四)拓通道优网络,在外联内畅大交通建设上开新局见实效

第一,打通对外交通廊道。按照"综合枢纽＋文化地标"定位、"站城一体、产城融合"理念,高水准做好高铁慈溪站规划设计和场站交通运输组织研究。加快宁波—慈溪市域(郊)铁路前期工作,统筹考虑与宁波—余慈(二期)市域(郊)铁路的衔接换乘。积极推进杭州湾港区前期研究及纳规工作。推进杭甬高速复线慈溪段工程、新浦东互通连接线及服务区建设。

第二,织密市域交通路网。深入谋划城区快速路网可行方案,加快中横线快速路一期建设。实施掌二线、科兴路等新建项目,推进浒运公路、长邱线延伸段二期等续建工程。系统规划南部山区农村公路,高标准推进"四好农村路"建设,新(改)建、养护农村公路 63 公里。

第三,提升交通畅达水平。大力实施交通"治堵""治患"行动,加快编制城市治堵、公共停车场(位)建设等一揽子规划方案,重点围绕学校、医院、商业综合体、出城道口等易堵点,加强系统化治理,积极倡导文明出行、礼让行人。推广智慧停车应用,坚持公交优先。深入推进县道以上公路养护体制改革。

(五)探新路见真章,在共同富裕先锋市建设上开新局见实效

第一,推动强村富民。深入实施农民素质提升工程,积极培育新型职业农民,鼓励发展农村电商、乡村旅游、民宿经济,盘活闲置宅基地和闲置农房,不断拓宽农民增收渠道,城乡居民收入倍差持续优化。实施新一轮村级集体经济发展和乡村振兴帮促村扶持政策,巩固提升集体经济相对薄弱村消薄成果。大力推进"两进两回",积极推动公共服务、公共配套向农村延伸,不断缩小城乡发展差距。扎实开展省农业农村领域高质量发展推进共同富裕实践试点,力争创出慈溪经验。深化与布拖县对口帮扶,联动常山县推动山海协作"产业飞地"早出成效。

第二,增强民生幸福感。健全"困难群众主动发现"机制,稳步上调最低生活保障、最低工资标准,做好困难群众高额医疗费用化解工作。加快新市民融入融合步伐,提升外来务工人员社会保险参保率,完善住房保障体系,筹集保障性租赁住房 9540 套。健全多层次医疗保障体系,推进实施长期护理保险。加快构建普惠托育服务体系,发展 3 岁以下婴幼儿照护服务,加快幼儿园托幼一体化发展,实施第四轮学前教育三年行动计划,加强校外培训机构监管治理,规范民办义务教育发展,推进城乡教育共同体建设。提升完善医疗体系,深化县域医共体建设,促进市级医疗资源下沉基层,推进中医药传承创新发展,每千人拥有执业(助理)医师数达到 2.9 人。推进全国文明城市共建共享,不断提升市民文明素养。加强地域文化发掘展示,做好非遗文化传承保护,举办第二十二届全民读书月活动,开展文物安全大整治大提升。完善城乡一体"10 分钟体育休闲生活圈",办好市第十六届运动会。

第三,探索共富新路径。通过高质量就业、高水平创业、高层次技能带动致富增收、扩中提低。周巷、观海卫和龙山围绕城乡共治、共富、共美积极探路,其他镇街发挥特色优势、挖掘资源禀赋,形成基层首创经验,加快打造共富共美的慈溪样板。高水平开展省首批共同富裕试点,丰富拓展党建引领乡村片区组团发展模式。

(六)重保护抓长效,在新时代美丽慈溪建设上开新局见实效

第一,稳步推进"双碳"行动。编制实施碳达峰行动计划和"6+1"重点领域碳达峰碳中和行动方案。完善排污权、用能权交易制度。发展屋顶光伏,加快布局充电桩设施。实施全面节约战略,推进资源节约集约循环利用,倡导节约适度、绿色低碳的生活方式。

第二,大力开展兴水治水。全力攻坚水质达标,抓好省级全域"污水零直排区"创建,推进四灶浦、东横河、周家路江等重点河道流域治理,建成美丽河湖 2个。深入开展"千吨万人"以上饮用水水源地保护工作,加快推进城乡供水一体化,实现全市域供水主干管网环通。开展断面水质整治提升行动,实现宁波市控以上断面水质优良率 66% 以上。

第三,加大污染防治力度。开建建筑垃圾资源化处置中心,加快启动东部固废资源化利用项目,力争先期建成一般工业固废填埋场,构建覆盖全市的一般工业固废收运体系,深化生活垃圾分类,全面达到省级"无废城市"创建指标要求。全力攻坚治气提升,深化挥发性有机物综合治理,PM2.5 浓度降至每立方米 29微克以下,创成省级清新空气示范区。

第四,抓好生态保护修复。启动国家级生态文明建设示范市创建,深化"三线一单"生态环境分区管控。强化生态涵养和山林保护,推行林长制。严格落实第二轮中央生态环保督察反馈问题、长江经济带生态环境警示问题整改。建设生态环境监管与协同平台,强化环保执法联动,从严查处环境违法行为。

(七)赋动能谋红利,在数字化改革引领撬动上开新局见实效

第一,推动数字化改革争先进位。优化数字化改革体系架构,推进跨部门、跨领域的业务流程优化、系统重构。健全"城市大脑"功能,建立长效运维机制。围绕数字政府、数字经济、数字社会、数字法治和基层治理等系统,开发管用实用好用的场景应用,迭代升级"数字水利""智慧警务""智慧小区",争取承办全省数字乡村建设现场会,打造具有慈溪辨识度的数字化改革成果。

第二,加快数字经济扩量提质。加快推动数字产业化,积极发展软件和信息服务业,探索推进数据资产化,力争数字经济核心产业增加值增加10%。全力推动制造业数字化转型,迭代升级"工业地图",加快建设家电、轴承产业大脑。

第三,撬动重点领域改革突破见效。聚焦打造最优营商环境,深化"放管服"改革和"一件事"集成改革,迭代开发企业投资项目极速审批智慧云管家,推动一般企业投资项目、工程建设项目审批时效走在全省前列。深化要素配置市场化改革和"标准地"出让改革,深度参与宁波普惠金融改革试验区建设,深入推进省乡村人才振兴示范市、省新时代乡村集成改革试点市创建。扎实推进"大综合一体化"行政执法改革。

(八)防风险保平安,在市域社会治理现代化上开新局见实效

第一,从严抓好疫情防控。筑牢"外防输入、内防反弹"坚固防线,加快推进"141"体系同省疫情防控六大机制深入对接、深度融合,完善平战结合、无缝转换、快速响应体制。健全重大公共卫生事件监测预警体系,细化各项工作预案,不断提升核酸检测、流调溯源、集中隔离、医疗救治、物资保供等应急处置能力。持续推进疫苗接种,构筑全民免疫屏障。

第二,防范经济风险隐患。进一步加强房产预售资金监管,积极稳房价、稳地价、稳预期。有序推进政府隐性债务化解,深化国企"三个主体"改革,推动行业领域资产注入国有集团。密切关注企业"两链"风险,保持不良贷款率稳定在低水平,切实加强金融监管,开展非法集资风险排查化解处置,守住不发生系统性金融风险底线。

第三,加强安全生产监管。完善应急管理体系,坚持"三抓三促",打好"遏重大""控较大""降总量"攻坚战。全面开展安全生产和消防安全"大整治、大执法、大培训"专项行动,系统重塑消防安全新体系。加强交通安全管理,排查整治隐患点位,确保道路交通事故稳步下降。健全科学高效的自然灾害防治体系,提高气象、洪涝、地质等灾害的监测预警能力,加大防汛防台防洪设施建设力度,完成大山村地质灾害点搬迁安置项目。推进食品药品安全源头追溯和标准化监管。

第四,促进社会和谐稳定。深化社会信用体系建设,探索对发生火灾等安全

事故的市场主体信用惩戒。建设和谐劳动关系,深化巩固"无欠薪"长效机制。推进和谐促进会建设,努力补齐新市民在享有教育等公共服务方面的短板。强化国防动员,争创省双拥模范城,切实提升退役军人服务保障水平。加强社会治安防控体系建设,常态化开展扫黑除恶工作,高压严打电信网络诈骗等违法犯罪。抓好重要时段维稳安保,深化信访积案化解,构建矛盾纠纷调处闭环机制,营造和谐稳定的社会环境。

作者单位:宁波市慈溪市社科联

2021 年宁海县经济社会发展情况报告

周武军　俞欣妙　陈海球

一、2021 年宁海县经济社会发展基本情况

2021 年,宁海县域经济总体呈现稳中有进态势,地区生产总值 840.1 亿元,同比增长 8.8%,跻身全省 90 个县(市、区)中的 30 强、全国近 2000 个县(市)中的 70 强。人均地区生产总值攀升至 11.9 万元,财政总收入突破 100 亿元,一般公共预算收入达到 68.7 亿元。2021 中国建制县(旗)高质量发展排名中宁海位列全国第 7,"两山"发展百强县连续 4 年蝉联全国第 2。获评国家生态文明建设示范区,实现了国家级生态环境创建荣誉的"大满贯",在全市率先实现国家卫生县城"五连冠",入选全国文明城市提名城市。

(一)产业硬核力量迸发新动能

第一,工业经济提档升级。规上工业增加值达到 262.2 亿元,同比增长 14.3%,居全市前列,两年平均增长 10.2%;规下工业增加值同比增长 13.1%,高于全市平均水平 1 个百分点。重点产业引领发展,"365"产业增加值同比增长 13.9%,占全县规上工业增加值比重达 74.5%,"246"产业增加值同比增长 15.6%,高于全市平均水平 4 个百分点。企业培育蹄疾步稳,"215"培育企业产值突破 700 亿元,占全县规上工业产值比重超过 60%,新增上市公司 2 家,新增"品字标"认证企业 9 家,8 家企业入围市"大优强"企业培育工程。

第二,服务业质态持续优化。服务业增加值达到 360.03 亿元,同比增长 7.9%,其他营利性服务业营收、互联网软件行业营收分别同比增长 55.5%、

96.3％,居全市前列。商贸经济保持稳定,商品销售总额同比增长 26％以上,其中,零售业销售额同比增长 30％以上,居全市前列。交通运输业持续向好,道路、水上运输业周转量分别同比增长 10.4％、6.2％。邮政业务总量同比增长 46.3％,位列全市第 2。全域旅游蓬勃发展,"静城·宁海"品牌获评全省首批示范级文化和旅游 IP。

第三,农业基础更加稳固。农林牧渔业总产值预计超过 72 亿元,可比价增速达到 5％左右,政策性农业保险参保品种达 36 项,获评全国农产品质量安全县,富甬哈密瓜合作社成为国家级示范性农民合作社。宁海地域特色农产品品牌影响力持续扩大,实施中央财政宁海白枇杷、长街蛏子地理标志农产品保护工程,新增望海茶省级特色农产品优势区,"宁海珍鲜"步入市场化运营,长街蛏子成功注册国家地理标志证明商标。

(二)共富惠民建设展现新成果

第一,"扩中""提低"齐头并进。居民人均可支配收入预计达到 5.7 万元以上,与经济增长基本同步,城乡居民收入比进一步缩小。就业保障扩面提质,聚焦自由职业、高校毕业生和技工人员等中等收入群体,开展职业技能培训 2.3 万人次,新增城镇就业岗位 2.45 万个,城镇登记失业率为 1.19％,保持全市最低,安薪指数居全市第 1。

第二,公共服务优质共享。教育现代化水平稳步提高,乡村学校结对帮扶实现全覆盖,两项成果获评全国终身教育品牌项目。卫生事业统筹推进,医共体分级诊疗制度不断完善,获评健康浙江建设优秀单位,建成全省首批民生药事服务站,重点人群家庭医生签约率达 71.74％。养老服务日趋完善,县老年公寓正式投入运行,每百名老人拥有床位数达 5.2 张,养老护理型床位占比达 62％,居家养老服务中心、站实现乡镇(街道)、村(社)全覆盖,每万名老年人养老护理员数达 25 人。文化体育协同发展,新增基层公共文化设施面积 2000 平方米、公共体育场地设施面积 10 万余平方米。

第三,社会治理更趋现代。基层治理不断深化,实现全县 18 个乡镇(街道)村治保主任团队全覆盖,全面推进网格员专职化,村级小微权力清单 36 条入围全国乡村治理典型案例。法治建设成效明显,成功创建法治浙江(法治政府)建设示范县,岔路镇入围省级法治化综合改革试点乡镇,下畈村上榜全国民主法治示范村。

(三)城乡有序发展洋溢新生机

第一,城市品质再上新台阶。2021 年宁海成功入围全国文明城市提名城市,通过国家卫生县城省级复审。城市精细化管理水平持续提升,建成海绵城市

2.05 平方公里、省级绿道 14 公里,推进监控"一张图"迭代升级。新城市中心区建设稳步推进,14 个新城项目完成年度投资 25.48 亿元,天明湖公园二期进展顺利,潘天寿艺术中心主体基本建成。

第二,乡村振兴纵深推进。获评省级乡村振兴战略实绩先进县。交通助力乡村振兴有力有效,农村公路改造提升 71 公里,基本完成城乡公交一体化改革,全国首创"公交邮路"农村带货新模式,"集士驿站"农村物流寄递体系建设经验亮相全国峰会,全省客货邮融合发展现场推进会在宁海召开。旅游助力乡村振兴成果斐然,创成省 A 级景区村庄 44 个,宁海—景宁协作案例入选世界旅游联盟旅游助力乡村振兴案例,汶溪翠谷民宿集聚区通过民宿助推乡村振兴改革省级试点验收。艺术振兴乡村走在前列,获评中国民间文化艺术之乡,揭牌"艺术振兴乡村"人才学院大佳何分院,建成艺术特色村 7 个,艺术振兴乡村相关经验做法获省领导批示肯定。

第三,生态创建成绩喜人。荣获国家生态文明建设示范区称号,成为全省囊获全国生态示范区、国家生态县、国家生态文明建设示范区、"两山"实践创新基地这 4 项国家级荣誉的 2 个县(市、区)之一,实现国家级生态环境创建荣誉大满贯,连续 4 年位列"两山"发展百强县第 2。

(四)改革创新发展呈现新亮点

第一,创业创新亮点纷呈。研究与试验经费支出保持增长,占地区生产总值比重突破 3%。市场主体活力迸发,新增创业实体 1.5 万个,创业带动就业 6.5 万人,服务纾困小微企业和个体工商户、激发市场活力成效突出,获省政府嘉奖。

第二,重点改革扎实有序。数字化改革聚力推进,创新建设数改项目 23 个,其中获得省级揭榜 4 个、省级试点 11 个,文体用品和模具(金属)2 个产业大脑入选省首批产业大脑建设试点,企服通获省数字经济应用场景大赛一等奖,民生实事项目人大代表票决制应用在"宁波人大工作创新奖"评选中获"创新大奖"。

第三,重点平台不断壮大。宁波南部滨海经济开发区发展能级不断提升,宁波南滨集团顺利组建,成功引进震裕科技年产 9 亿件新能源动力锂电池顶盖项目等 13 个优质产业化项目,中南高科滨海智造产业园、天普中高压软管生产基地等项目加快施工。宁海经济开发区加速转型,入围国家"十四五"重点支持的产业转型升级示范园区创建名单,荣获省制造业四星级园区,中乌高端新材料产业园铜钛合金产业化步入轨道,新型热锻钛青铜材料实现量产。

二、宁海县经济社会发展过程中存在的问题

（一）产业创新能力稍显不足

第一，企业创新能力有待提升。目前而言，宁海大部分企业属于中小型企业，工业企业大部分都依赖原来的发展模式，大多数的研发机构都存在规模较小、层次较低、研发部门设备不齐全等问题。从企业本身来看，企业对自主研发的重视程度较低，缺乏相应的创新研发机制。部分规上企业研发机构缺位，企业在研发投入方面仍有不足。

第二，高端新兴产业尚有欠缺。宁海县高新技术产业类的企业较少，缺乏高端的制造产业，存在产业结构相对单一、新兴产业规模相对较小的情况。尤其是技术密集型产业、研发设计产业以及高端品牌产业比较匮乏，汽配、模具等传统优势产业存在弱链、断链环节，在高性能原材料、高端制造装备、高精度仪器等关键领域缺少核心竞争力，整体的产业竞争优势并不突出。

第三，产业发展生态有待优化。当前宁海制造业发展仍较大受制于生产要素，土地创新机制匮乏，目前土地二级市场试点未实现在宁海全域铺开。此外，融资难、引才难等问题尚未缓解，其中，制造业贷款占各项贷款的比重仍然较低；产业链与创新链、人才链、资金链、政策链的协同不强；产业布局碎片化、产业项目同质化仍存在。

（二）社会发展供给侧矛盾依然突出

第一，优质医疗服务有待提升。近年来，在县委县政府高度重视下，通过深入推进医疗体制改革、对外合作、学科建设，县域医疗服务能力持续提升。但从群众实际医疗需求分析，医院能级水平还不够强，目前全县三级医院数量较少，创建力度仍需加大。医院服务流程仍需改善，服务理念仍需更新，服务品质仍需提升，医院服务能力与品牌形象仍需进一步强化。

第二，优质教育资源不够均衡。全县教师队伍中名优教师数量偏少、质量不高、整体不强的现象还是存在。如县跃龙街道、桃源街道等城区初中学校县级以上骨干教师86人，农村初中学校县级以上骨干教师39人，城乡优质教学资源分配不均。

第三，保障性租赁住房供给相对不足。受用地供应指标减少和资金筹集相对单一等因素的影响，目前保障项租赁住房难以覆盖新市民群体，亟须大力发展政策性租赁住房，解决困难群体的住房问题。

（三）乡村振兴内生力尚待挖掘

第一，农业产业发展潜力有待挖掘。一是产业链条有待拉长。农业企业链条短，精深加工不足，抗风险能力较差。部分专业合作社没有发挥带动效应。茶产业发展还需加快；柑橘品种老化且销售渠道不畅；23 万亩竹林受环保制约难以高效开发；白枇杷品质有所退化，新品种更新慢。二是品牌营销有待加强。本土购销队伍培育不足，农业电商因包装物流成本高等原因发展缓慢，仓储保鲜冷链物流建设滞后。"宁海珍鲜"公用品牌尚在起步阶段，品牌运行等管理机制有待健全。三是扶持政策有待研究。三产融合设施用地政策落地性不强，农业经营主体融资还是较难，涉农资金整合在使用绩效上还有提升空间。

第二，美丽乡村建设长效机制有待完善。一是多元投入力度不大。以政府投入为主，社会民间资金投资建设的积极性不高，尚未形成政府、村集体、社会等多元投入格局。二是长效管护机制不全。项目建设统筹不够，存在重建设、轻管护现象，建成后管护人员和经费保障不足，如健身设施、绿化小品等长效管护不够到位。三是集体经济"造血"功能不强。存在"等、靠、要"思想，村级集体经济相对薄弱。

第三，农民收入增长有待加快。一是城乡居民收入差距仍然较大。"十三五"以来城乡居民收入比有所缩小，但山区农民增收后劲仍显不足，进一步缩小城乡差距的压力较大。二是农民增收渠道仍需拓宽。农民就业管理体制有待进一步理顺，受文化程度低、就业信息不对称、社会就业门槛提高等影响，就业机会、增收渠道减少。三是低收入农户长效保障仍需跟进。全县近 8000 户低收入农民中大多数是老弱病残，劳动就业能力非常弱，帮扶资金只能兜底救济。扶贫小额信贷政策力度有所减弱，影响农村经营主体带动低收入农户的积极性。

（四）引才育才机制仍需完善

第一，人才结构性短缺问题仍突出。2021 年，宁海县人才资源总量为 19.04 万人，新增 1.23 万人，同比增长 6.9%。新增 1.22 万人，同比增长 50.1%，居宁波市第 1 名。但是，高技能、高学历人才占比较低，大部分企业缺乏经营管理人才和产品研发技术带头人。

第二，平台的磁场和辐射作用仍不够。受疫情影响，海外人才"回流"趋势明显，高端引才平台作用发挥受限。同时，平台作为引导高端人才与地方经济社会发展需求对接、支撑高端人才服务产业转型升级乡村振兴的重要载体，发挥高端人才在科技研发、辐射带动周边产业转型升级、提质增效上的作用，实现区域协同高质量发展的平台辐射作用还不够显现。

第三，全链条式高端人才服务体系仍不全。良好的人才发展环境才能集聚人才资源、积蓄人才优势、激活发展动能,尤其是构建覆盖全域、精准高效的高端人才服务体系至关重要。目前宁海县的重点任务是探索高品质服务与高端人才创新创业目标规划的深度融合,对高端人才创新实行全周期、全链条、全方位的个性化定制服务模式。

三、2022 年宁海经济社会发展的展望与建议

(一)聚焦产业创新,全面发力产业革新

第一,优化产业资源配置。宁海县委县政府举全县之力推进"五大革新"行动,以此作为经济和社会发展的主抓手。"五大革新"是一套"组合拳",包括产业革新、制度革新、城市革新、社会革新和自我革新。每个"革新"可拆解为"五个任务模块"+"若干项抓手清单",形成了 25 个任务模块、112 项抓手清单。通过政府投资项目全流程管理、国资国企体制机制改革、政府政策系统梳理提升、项目用地精准高效配置和融资畅通工程 5 项举措优化资源配置,全面发力宁海产业革新。

第二,完善产业创新体系。争取创新试点平台,积极对接国家、省市科技部门,争取创新领域重大先行先试平台在宁海落地,争取在政策支持上取得重大突破。搭建重大科研平台,争取国家级和省级重大科研设施和产业科创攻关项目落户本地,争取高端产业技术研究院落户宁海,以及争取更多新型研发组织、公共研发平台等机构落地。实施引进大院名校共建创新载体计划,争取更多的高校技术转移中心落户宁海。围绕产业链部署创新链,建设一批与宁海"365"产业发展需求高度契合的产业创新服务综合体。

第三,打造产业创新生态。优化成果转化环境,发挥宁波科技大市场宁海分市场的作用,加速科技创新资源在宁海集聚转化。建成技术成果库和需求库,及时发布关键核心技术目录、企业技术难题、研究院科技成果供给、研究院英雄榜,定期组织开展产学研合作双向对接。支持企业在科教资源丰富国家设立海外研发中心,进行研发设计、生产制造,打造研发飞地。加快科技企业孵化器、加速器建设,形成"众创空间+科技企业孵化器+加速器+产业园区"的全生态科技型企业培育体系。

(二)聚焦"宁好工程",全面提升城乡居民幸福感

深入实施"宁好工程",具体包括宁好育、宁好学、宁好医、宁好居、宁好养、宁好暖 6 大工程。

第一,"宁好育"工程。围绕优婚、优生、优养、优育 4 个方面,形成新型婚恋文化构建、优生优育提升、托育体系建设等若干个支撑性工程,构建善育幸福城市,打造全国育儿友好型社会的制度创新先行区、儿童"医防护"健康管理样板区和育婴数字化服务引领区。

第二,"宁好学"工程。分为学前教育优质普惠、义务教育优质均衡、普高教育特色多样、职业教育提质培优、民办教育规范保质、特殊教育多元融合、终身教育开放便捷 7 个支撑性工程,扎实推动全县各项教育工作提档升级。

第三,"宁好医"工程。聚焦 7 大重点革新项目,具体包括实施医疗布局优化行动、实施医疗服务提升行动、实施公共卫生深化行动、实施数字赋能健康行动、实施美丽医院提升行动、实施人才聚能培育行动和实施医者初心护航行动,全面提升全县卫生综合服务能力,努力促进病有良医、老有康养、幼有优育,推进卫生健康领域高质量发展建设共同富裕标杆县。

第四,"宁好居"工程。通过保障性租赁住房项目、未来社会建设和老旧小区和城中村改造,推进城市居住条件的优化升级。具体措施包括:注重城市记忆留存和现代功能填充,大力实施"艺术点亮城市角落"行动,进行微创意、微改造、微提升。

第五,"宁好养"工程。以"养老＋数字""养老＋项目""养老＋社区""养老＋文旅"4 个主题为突破性抓手,积极应对人口老龄化,建设居家社区机构相协调,医养康养相结合的养老服务体系,打造具有宁海辨识度的"四位一体"养老新模式。

第六,"宁好暖"工程。围绕"为谁暖",建立精准界定机制;围绕"暖什么",建立高效帮扶机制;围绕"怎么暖",建立数字集成机制;围绕"谁来暖",建立资源统筹机制;围绕"回馈暖",建立服务激励机制,让社会救助更加精准及时暖心,推进社会救助改革创新。

(三)聚焦"双强行动",全面助力乡村振兴

第一,大力实施"双强行动"。实施"科技强农",以"种业强县"建设为引领,科学编制种业强县规划并制定专项扶持政策,在种质资源普查基础上,培育涉种龙头企业,打造特色种业品牌。实施"机械强农",以智慧农业为引领,建立"专家团队＋农技指导员＋科技示范户"模式,打造信息应用、实时监控、监测预警等智慧农业体系,探索农机装备"合作社购买、农民租用"、农户自愿联合共购共享等模式,引进推广特色产业和丘陵山区适用农机装备,提高农业生产效率。紧密关注、主动对接省市"双强行动"实施情况,积极争取工作试点和政策支持。

第二,构建美丽乡村建设新格局。坚持镇村联动、梯队推进、连线成片发展,形成从镇到中心村再到一般村的梯度布局。大力发展镇区经济,完善镇区基础

设施和公共服务设施,提高镇区的辐射带动和公共服务功能。以风景线和乡村振兴示范带串联沿线生产、生活、生态风光,因村制宜全面编制"多规合一"实用性村庄规划,大力建设共同富裕现代化基本单元,精雕细琢一批符合"五化十场景"的未来乡村。分类确定发展定位,集聚提升类按照小集镇式中心村实现"人口集中、产业集聚、要素集约、功能集成",特色保护类要在保护中传承发展乡村旅游、乡村艺术等特色产业,搬迁撤并类要稳步有序开展合村并点、生态搬迁。

第三,创优农民就业增收环境。梳理农业农村、人力社保等部门职能,明确促进农民就业的牵头部门,成立相关组织领导机构,建立定期协调议事机制,明确各方职责分工和任务要求,积极做好转变农民就业观念、畅通供需双方信息、加强职业技能培训等工作,确保农民就业问题有人管、管得好。支持有条件有需求的城镇,特别是西部片区发展小微产业园,吸收周边富余劳动力。推动"全域旅游再出发",以创建国家 5A 级旅游景区为核心,串联资源要素打造农旅精品线路、网红产品,打名气、聚人气、赚财气。加大对有自我发展能力和劳动意愿的低收入农户的扶植力度,通过技能培训、低收入农户贷款贴息、生产扶植等项目,带动农户增收。

(四)聚焦拓才聚才,全面聚力人才汇智

第一,靶向引进"高精尖缺"人才。迭代升级人才政策体系,出台加快打造高素质人才集聚地意见和文化、种业、旅游产业发展人才保障专项办法,修订市场化引才奖励、集聚高层次人才团队、人才安居保障等政策,通过政策叠加、差异化手段,实现精准引才、特色引才。抢引产业领军人才,抓住新材料、新能源、大健康、现代种业发展机遇,大力引进一批高端创新人才团队,注力打造中东欧新材料、千亿级光伏、国家级碳中和等高能级产业创新基地,助推宁波"246"万千亿级产业集群培育工程。加强博士后工作站建站力度,破解博士后招收难题。借宁海县人才政策修订东风,扩大博士后建站及招收政策补助经费,补充第三方协助招收博士后奖励政策,引进市场力量,提升对接精准度,拓宽人才招引渠道,吸引更多博士后进驻宁海企业共同研发项目。

第二,充分发挥平台的磁场和辐射作用。要紧贴宁海经济社会发展和人才队伍情况实际,搭建高端人才发挥作用的产业平台、创业平台、研发平台和成果转化平台,充分打造区域引才的强磁场。推进甬南"双创"大走廊,加快打造创新策源地,充分发挥中乌平台在新材料领域优势特长,积极对接中科院宁波材料所、甬江实验室,推动开展人才、技术交流合作。借力宁波与中东欧国家合作东风,将引才范围从乌克兰辐射至中东欧地区,努力把中乌平台打造成为中东欧国家引才重要枢纽和窗口,引进更多新材料领域的国际顶尖专家和青年人才,助力宁波建设"新材料之都"。加快生物产业园产业化进程,推动中加低碳研究院平台的科技研发和推广,积极发挥海洋生物种业研究院作用,提升揽才聚才能级。

第三,建立"标准化＋个性化"服务模式。研究制定贴合实际的高端人才服务规范,对服务事项进行标准化设计。对全县各级服务窗口与服务事项主管、承办机构以及用人单位工作流程进行明确,力求把高品质服务深度融入不同类型的高端人才创新创业目标规划中去,为高端人才到宁海干事创业开展个性化定制服务。组建项目对接服务专员队伍,针对有意向来宁海创新创业的高端人才开展"一对一"服务,确保人才项目在宁海转化落地、取得实效。

参考文献

[1]郁建兴:《社会治理共同体及其建设路径》,《公共管理评论》2019 年第 1 期。
[2]《宁海县"十四五"规划〈纲要〉2021 年实施检测评估报告》(内部资料)。
[3]《宁海县"十四五"制造业高质量发展规划》(内部资料)。

作者单位:周武军,中共宁海县委宣传部;俞故妙,宁海县社科联;陈海球,中共宁海县委党校

2021 年象山县经济社会发展情况报告

张海洋

一、2021 年象山县经济社会发展基本情况

2021 年,面对新冠肺炎疫情的持续影响和复杂多变的国内外环境,象山县坚持以习近平新时代中国特色社会主义思想为指导,坚决贯彻中央和省、市决策部署,围绕"聚力'一二五',奋力上台阶",深入实施"海洋强县、美丽富民"战略,经济社会保持平稳健康发展,实现"十四五"良好开局。

(一)综合情况

初步核算,全年完成地区生产总值 669.76 亿元,同比增长 8.3%(见图 1)。分产业看(见表 1),第一产业增加值 85.39 亿元,同比增长 3.2%;第二产业增加值 281.32 亿元,同比增长 7.0%;第三产业增加值 303.04 亿元,同比增长 11.0%;三次产业增加值结构比例由 2020 年的 13.9∶41.3∶44.8 调整为 12.7∶42∶45.2。人均生产总值 117193 元(按年平均汇率折算为 18166 美元),同比增长 7.7%。

图 1　2015—2021 年象山县地区生产总值

表 1　2021 年象山县地区生产总值及行业构成

指标	实绩/亿元	比上年增长/%	两年平均增速/%
地区生产总值	669.76	8.3	5.1
农林牧渔业	88.97	3.4	3.1
工业	208.80	11.5	6.9
建筑业	75.32	−3.6	−4.2
批发零售业	50.33	16.6	9.5
交通运输业	24.18	8.7	3.9
住宿餐饮业	11.31	19.1	5.7
金融业	39.50	4.6	5.7
房地产业	46.14	5.2	3.1
♯房地产开发	10.44	5.8	−2.3
其他营利性服务业	61.19	24.1	17.4
其他非营利性服务业	64.02	3.1	1.9
第一产业增加值	85.39	3.2	2.9
第二产业增加值	281.32	7.0	3.6
第三产业增加值	303.04	11.0	7.1

　　截至 2021 年底,全县总户数 183299 户,户籍人口 541481 人,比上年末减少 2713 人。其中,城镇户籍人口 212014 人,男性人口 273407 人。全年出生人口

2556 人,死亡人口 3804 人(见表 2)。

表 2　2021 年末象山县户籍人口及构成

	年末数/万人	占比/%
全县总人口	54.15	—
其中:城镇	21.20	39.2
乡村	32.95	60.8
其中:男性	27.34	50.5
女性	26.81	49.5
其中:0~17 岁	7.70	14.2
18~59 岁	32.18	59.4
60 周岁及以上	14.27	26.4

全年完成财政总收入 90.7 亿元,同比增长 11%。其中,一般公共预算收入 57.89 亿元,同比增长 11.7%;中央财政收入 32.81 亿元,同比增长 9.8%。一般公共预算支出 89.14 亿元,同比增长 6.2%,其中民生类支出 66.9 亿元,占一般公共预算支出的 75.1%(见图 2)。

图 2　2015—2021 年象山县财政收入情况

(二)农业

实施"亩均超万美元"工程,全年完成农林牧渔业增加值 88.97 亿元,同比增长 3.4%。开展耕地"非农化""非粮化"整治,粮食播种面积 16.71 万亩,与去年持平;粮食总产量 6.99 万吨,同比下降 4%。水果总面积 17.91 万亩,水果总产量 20.92 万吨,同比增长 0.1%,其中"红美人"柑橘产量 1.8 万吨,同比增长

22.2%,"象山红美人"获批国家地理标志证明商标。全年肉类总产量 1.67 万吨、增长 1.9%,禽蛋产量 1.11 万吨、下降 3.3%,水产品产量 62.03 万吨、增长 5%,海水产品养殖面积 16.82 万亩,创成全市首个省级渔业转型发展先行区,"象山白鹅"列入国家地理标志农产品保护工程。

表 3　2021 年象山县主要农产品产量

指　　标	产量/吨	比上年增长/%
粮食	69905	−4.0
水果	209190	0.1
柑橘	129298	1.1
其中:红美人柑橘	17753	22.2
杨梅	18066	22.9
枇杷	3519	−58.0
生猪存栏(万头)	13.27	21.7
生猪出栏(万头)	15.90	9.9
家禽存栏(万羽)	126.57	−22.8
家禽出栏(万羽)	175.09	−1.5
水产品产量	620258	5.0
其中:国内海洋捕捞	361957	5.0
海水养殖	158408	5.0
远洋渔业	83200	4.5

(三)工业和建筑业

大力培育制造业"123"百亿级产业集群,新增规上企业 125 家,全年完成规上工业产值 750.1 亿元,同比增长 12.9%,规上工业增加值 161.81 亿元,同比增长 12.3%,其中高新技术、高端装备、战略性新兴产业增加值分别同比增长 12.1%、7.7%、22.1%,分别占全县规上工业增加值的 53.2%、39.9%、22.5%。全年实现国内销售产值 580.49 亿元、出口交货值 132.77 亿元,分别同比增长 10.7%、21.2%,工业产销率 95.1%。规上工业营业成本同比增长 19.4%,比营业收入增幅高出 5.6 个百分点。规上工业完成利润总额 43.35 亿元,同比下降 16%,利税总额 59.49 亿元,同比下降 11.9%。规上工业企业投入研发费用

17.35 亿元,同比增长 13.9%(见表 4)。

表 4　2020 年象山县规模以上工业中重点新产业增加值及增速

指　标	增加值/亿元	比上年增长/%	两年平均增速/%
规模以上工业增加值	161.81	12.3	7.7
高技术产业	5.4	5.9	7.6
高新技术产业	86.02	12.1	8.3
战略性新兴产业	36.47	22.1	13.8
数字经济核心产业制造业	12.14	0.9	−10.9
节能环保制造业	24.87	21.6	16.0
健康产品制造业	2.44	−10.5	−2.6
时尚制造业	12.71	−2.9	−6.8
装备制造业	96.18	15.4	12.8
其中:高端装备制造业	64.51	7.7	5.5
文化制造业	1.14	3.3	−5.9

建筑业保持全市领先,全年完成建筑业总产值 712.48 亿元,同比增长 3.6%,其中省内产值 455.6 亿元,同比增长 16.6%。截至 2021 年底,全县共有建筑资质企业 179 家,其中特级资质企业 5 家、一级资质企业 23 家、二级资质企业 89 家。全年共荣获市级以上荣誉 32 项,各类获奖优质工程项目 46 个。

（四）固定资产投资和房地产业

围绕"月月有项目、季季抓开工",健全项目推进"三个一"机制,实行项目落地"四张清单"制度,全力保障项目建设,全年固定资产投资同比下降 7.1%。工业及工业技改投资增速领先,工业投资同比增长 28.9%,高于全市 8.5 个百分点,其中工业技术改造投资同比增长 42.7%(见图 3)。

房地产行业平稳发展,年末房屋施工面积 510.51 万平方米,同比增长 2.1%;全年竣工面积 134.99 万平方米,同比增长 38.6%;房地产开发投资 53 亿元,同比下降 19.1%。商品房销售面积 80.95 万平方米,同比增长 22%;销售额 88.74 亿元,同比增长 33.3%。

（五）贸易业、旅游和住宿餐饮业

城乡商贸提档升级,万达广场建成运营,实现社会消费品零售总额 232.67 亿元,同比增长 11.4%;批发零售业商品销售总额同比增长 47.1%。持续做深

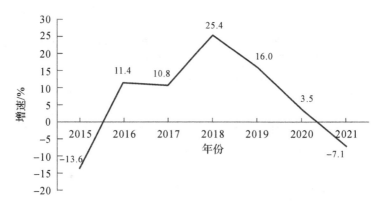

图 3　2015—2021 年象山县资产投资增速

旅游业 IP、流量、体验三篇文章,打响北纬 30 度最美海岸线品牌,跻身 2021 年全国县域旅游综合实力百强县第 4 位。全年接待游客 614.2 万人次,同比增长 12.9%;旅游总收入 105.39 亿元,同比增长 2.9%。在旅游业的带动下,住宿餐饮业逐步回升,住宿业营业额同比增长 25.8%,餐饮业零售额同比增长 37.4%。

(六)对外经济

受"一带一路"倡议深入实施、本地新冠肺炎疫情管控良好等因素影响,全县对外经济企稳回升,全年自营货物进出口总额 195.44 亿元,同比增长 15.8%,其中货物出口 177.08 亿元,同比增长 15.6%;货物进口 18.36 亿元,同比增长 17.8%。

聚焦目标产业链,大力开展产业链精准招商,新引进亿元以上项目 68 个,创历史新高。其中,全年引进外资项目 25 个,协议利用外资 25629 万美元,同比增长 468.6%;实际利用外资 13186 万美元,同比增长 626.9%;引进内资项目 233 个,实际利用内资 122.45 亿元,同比增长 10.8%。

(七)金融和保险业

深入实施融资畅通工程,建立政策性融资担保市场化运作机制,组建市场化运作的政府引导基金"象商基金"。截至 2021 年底,全县金融机构本外币存款余额 819.13 亿元,同比增长 8.6%;本外币贷款余额 1154.35 亿元,同比增长 12.8%(见图 4 和表 5)。

全县共有各级保险机构 26 家,其中财险机构 15 家、寿险机构 11 家。全年保险业保费收入 17.05 亿元,同比增长 1.7%。其中,财产险保费收入 7.36 亿元,同比增长 7.1%;人身险保费收入 9.69 亿元,同比下降 2%。支付各类赔款 6.97 亿元,同比增长 24.1%。

图 4　2015—2021 年全县金融机构本外币存贷款余额

表 5　2021 年底象山县金融机构人民币存贷款余额及增速

指　　标	年末余额 /亿元	比上年末增加 /亿元	比上年末增长 /%
各项存款余额	802.95	61.74	8.3
其中：住户存款	424.47	41.14	10.7
非金融企业存款	270.03	18.62	7.2
各项贷款余额	1150.39	131.16	12.9
其中：住户贷款	480.57	50.92	11.9
非金融企业及机关团体贷款	669.82	80.25	13.6

（八）科技和教育

创新体系逐步完善,中国机械科学研究总院南方中心一期建成投用,科创中心获评市特色产业园,蝉联中国创新百强县。企业研发能力不断增强,净增高新技术企业 33 家,新增硕士以上学历高层次人才 324 人,全年获得授权专利 1763 件,同比增长 5.3%,其中发明专利 183 件。

全县共有普通高中 5 所、中职学校 3 所、初中 23 所、小学 24 所、幼儿园 68 所,在校普高学生 7332 人、职高学生 5371 人、初中生 16454 人、小学生 35438 人、在园幼儿 16950 人。加快改善教育设施,全年投资 2 亿元,实施中小学新(改、扩)建项目 15 个,塔山中学、墙头幼儿园等正式启用。深化教育综合改革,严格落实"双减"要求,首次实施初中学校划片招生,"阳光招生""均衡分班"义务段学校全覆盖。中考成绩保持"南三县"首位,高考一段上线率高出全省平均水平 20 个百分点,中职学校全国技能大赛获奖数居全市前列。

（九）文化、体育和卫生

紧紧围绕党史学习教育和庆祝建党百年，积极开展各类宣传教育活动，成功举办第五届群众文化艺术节、第十五届"陈汉章读书节"等重大文化节庆活动。深入建设全省唯一的国家级海洋渔文化生态保护区，出台保护区五年建设方案，发布渔文化重点建设项目清单 20 项。象山竹根雕列入国家级非物质文化遗产名录，国遗数量达 7 项，居全市首位。

加快亚运场馆建设，沙滩排球基地建成投用，亚帆中心正式挂牌浙江海洋运动中心，成功争取并举办第 14 届全运会帆船比赛 8 个赛事项目。立足全民迎亚运，创建省市基层体育设施建设项目 28 个，开展全民健身系列活动、"一人一技"公益培训等 20 场，共取得市级以上赛事金牌 77 枚，其中国家级 4 枚、省级22 枚。

深入推进健康象山建设，全县共有医疗卫生机构 313 家（含村卫生室），其中县级医院 15 家、民营医院 9 家。新冠肺炎疫情防控取得阶段性成效，精密智控指数全市第四。医共体建设全省领先，挂牌浙江大学医学院附属第一医院象山分院、浙江中医药大学教学医院，获评国家级慢性病防控示范区。

（十）居民生活和社会保障

全年全县居民人均可支配收入 56312 元，同比增长 9.5%，其中城镇居民人均可支配收入 66425 元，同比增长 9.3%，农村居民人均可支配收入 39077 元，同比增长 9.9%，城乡居民收入比由 2017 年的 1.79∶1 缩小至 2021 年的 1.7∶1。全县居民人均消费支出 33379 元，同比增长 19.1%，其中城镇居民人均消费性支出 37844 元。同比增长 17.6%，农村居民人均消费支出 25770 元，同比增长16.5%，城、乡居民恩格尔系数分别由 2017 年的 28.9%、29.5%下降至 2021 年的 26.5%、28%。

多措并举稳就业促就业，全年发放就业专项资金 2100 万元，惠及 4.6 万人次，发放创业贷 5035 万元，惠及创业群体 135 家，城镇新增就业 2.54 万人，城镇登记失业率 1.8%。持续推动社保扩面提标，全县户籍养老保险参保率 99.2%，企业职工基本养老保险参保 16.59 万人，城乡居民养老保险参保 3.78 万人。健全多层次养老服务体系，新建 2 个乡镇（街道）示范型居家养老服务中心、1 个5A 级居家养老服务中心，全县建有养老机构 61 家、社会养老床位 11091 张，每千名老人拥有社会养老床位 81 张。实施精准高效社会救助，完善低保边缘家庭救助、单人户纳入低保救助、低保低边渐退期等政策，累计发放各类救助资金1.43 亿元，募集善款 4493 万元。

（十一）生态建设和社会安全

持续打好环境综合治理"组合拳"，5 个市控河流断面水质稳定在 Ⅲ 类标准，全县森林覆盖率 56.32%，PM2.5 年平均浓度值为 18 微克/立方米，空气质量优良率 98.9%，环境空气质量保持全市第 1 位、全省第 14 位。严格落实能源"双控"要求，规上工业万元增加值能耗 0.45 吨标准煤，同比下降 2.5%。

实施安全生产综合治理三年行动计划，开展"遏重大、控较大"专项整治，加强涉海涉渔、道路交通、危化品运输、消防等专项整治，全年发生安全死亡事故 4 起，死亡 14 人，起数比上年下降 66.7%，死亡人数比上年上升 100%。

二、象山县经济社会发展过程中存在的问题

2021 年，象山经济社会发展虽然取得了一些成绩，但受外部环境和自身短板制约，经济社会发展仍存在一些问题。

（一）新旧动能转换不够快

象山产业层次相对较低，亩均税收、亩均增加值仅为 21.2 万元、93.9 万元，低于省、市平均水平。传统产业提升和新兴产业培育较慢，高新技术产业、战略性新兴产业总体规模较小，高新技术产业、战略性新兴产业增加值占比分别为 12.1%、53.2%，分别低于全市平均水平 5.6 个、5.4 个百分点，特别是高新技术产业增加值增速也低于全市平均水平 0.5 个百分点，而纺织服装、汽模配等传统产业增加值占规上企业增加值超过 50%。

（二）人才集聚效应不够强

受经济水平、人才政策、地理位置等因素影响，象山人才招引和支撑力度不强，集聚效应不够凸显。2021 年，象山新增大学生 7290 人，仅占全市新增数量的 3.4%，新增高技能人才 5367 人，仅占全市新增数量的 6.5%，新引进博士后工作站 4 个，仅占全市新增数量的 7.5%。人才数量和层次的劣势制约了高质量发展，近 3 年引进高层次人才项目、市级以上引才工程分别只有 16 个、6 个，均低于周边兄弟县（市、区）。

（三）交通短板仍需加快补齐

象山作为半岛县，三面环海，一线通陆，长久以来是宁波交通的末梢，县域经济社会发展一直受到交通短板的制约。2021 年，象山交通建设的大事、喜事不少，但交通格局并未发生根本性改变。和周边县（市、区）相比，象山缺乏过境铁路，并且随着对外开放、融甬舟接沪杭，象山北部交通压力逐渐增大，急需建设象

山港二通道缓解压力。

三、2022 年象山县经济社会发展的展望与建议

(一)做强海洋经济,提升产业发展层级

第一,大抓制造业升级。加快建设"123"百亿级产业集群,坚持"亩均论英雄"导向,深化延链补链强链,培育壮大领军型、创新型、标杆型企业梯队,构建现代化产业体系。加快新旧动能转化,改造提升纺织服装、汽模配、船舶修造行业等传统产业,扶持工业互联网平台、数字化车间建设,加快培育"产业大脑+未来工厂"模式。坚持招商引资和稳商扩资两手抓,强化制造业和商旅服务业项目合同履约和落地转化,完善项目全生命周期服务。深化园区平台整合提升,建设国家级渔港经济示范区,修编浙台经贸合作区规划,推动经济开发区强区扩权改革,力争商业航天发射中心项目落地实施。

第二,紧抓旅游业提档。聚焦 IP、流量、体验,捕捉后疫情时代都市微旅游热度持续走高的新机遇,积极打造全省一流短途游目的地。强化全域旅游策划,运用艺术美学、体育运动、数字科技等多种方式,打响"北纬 30 度最美海岸线"全域旅游品牌。高质量建设核心景区,推进松兰山旅游度假区、象山影视城创建5A 级景区。营造滨海都市新消费场景,整合美食、文化、农渔、旅游等优势资源和亚运、影视、滨海等特色元素,激发滨海消费活力。实施传统消费提档升级行动,加快建设一批海鲜餐饮特色店和集聚区,支持展览、演出、节庆与商圈、商街、商场融合发展,提升夜间经济、社区商业等消费。

第三,稳抓农业增效。坚决遏制耕地"非粮化""非农化",稳定粮食种植面积和生猪存栏出栏量,守住粮食安全底线。高水平推动农业农村现代化,加快农村一、二、三产业融合发展,创建特色农业品牌,加强农业科技创新,壮大数字农业新业态,提高农业质量效益和竞争力。深化"肥药两制"改革,实施现代种业提升工程,创建国家级"象山柑橘"公用品牌培育,提升标准化示范区。高水平建设省渔业转型发展先行区,加大减船转产力度,加快渔业组织和生产方式变革。

第四,狠抓建筑业转型。加快建筑业向绿色化、数字化、智能化方向发展,巩固提升省建筑强县地位。推进建筑业数字赋能,引导龙元集团、宏润集团等龙头骨干企业拓展延伸业务领域,组建信息化推进机构,启动建筑产业互联网平台建设。鼓励企业加强绿色技术、绿色建材研发应用,引导行业向绿色建造、精益建造转变。支持建筑企业兼并重组,组建产业联盟、全过程咨询联盟,完善建筑业招商回归体系,营造良好的行业生态。

（二）抢抓亚运机遇，提高城乡综合品质

第一，优化城区规划。打造"一核两翼三极"城市发展空间布局，积极推动撤县设区。深入推进全域国土空间综合整治，全面实施城乡风貌整治提升，建设以人民广场为中心的商旅文融合发展城市核心区和城东、城西、大目湾商业中心，引导城市综合体主题化差异化发展。推进城市有机更新，加快改造老旧小区、城中村，持续改善中心城区功能品质。加快城市空间微治理精提升，创建国家园林城市，建设大地景观示范区。

第二，建设美丽乡村。高质量实施乡村振兴战略，落实省"百镇样板、千镇美丽"工程，推进石浦镇、西周镇等重点城镇建设，统筹中心镇、特色镇和一般镇建设。优化村庄布点和建设规划，推进全域"精特亮"创建，开展农村垃圾、污水、厕所等专项整治，深化"三清三美"行动，着力改善农村人居环境。破解乡村要素制约，加速资源要素流向农村，深入实施"两进两回"行动，深化村级集体经济巩固提升，打造一批共同富裕的未来乡村。

第三，打造文化强县。加快国家级海洋渔文化生态保护区建设，活化利用历史文化遗产和非遗文化，推进文化标识建设，精心办好中国开渔节、中国海洋论坛等活动，提升海洋文化影响力。提升文化惠民服务水平，新建城市书房、乡镇书吧等公共文化基础设施，构建"15 分钟品质文化生活圈"。做强文化企业，加快发展数字影视、创意设计、现代演艺等产业。借力杭州亚运会效应和宁波建设全球海洋中心城市机遇，加快大目湾—松兰山、环蟹钳港区域建设，大力发展海洋运动产业，将象山打造成为省体育现代化县、宁波国际滨海运动中心主阵地。

（三）聚焦生态价值，拓展"两山"转化通道

第一，推进污染防治攻坚。源头治理与末端治理相结合，抓好中央生态环境保护督查、国家海洋督查等反馈问题整改，举一反三提升整改成效。一体推进治气、治水、治土、治废，打赢蓝天保卫战，健全湾（滩）长制、林长制、河（湖）长制，全面建成"污水零直排区"，提升静脉产业园功能，强化垃圾处理能力，加大污染土壤修复力度，建成"无废城市"。加大重点生态功能区保护力度，实施海塘安澜工程，积极推进大塘港、蟹钳港、西沪港、花岙岛等区域保护和开发。

第二，做好产业能源转型。抢抓"双碳"机遇，加快谋划建设环石浦港零碳产业园，打造清洁能源岛。立足风光资源优势，做好新能源文章，实施"风光倍增"计划，培育发展"风光核水储氢"等清洁能源。按照"管住增量、调整存量、上大压小、扶优汰劣"的思想，遏制高能耗高排放项目，出清"低散乱污"企业，加速能耗"双控"向碳排放总量和强度"双控"转变。

第三，探索生态变现机制。研究健全生态产品价值实现机制，建立 GEP 核

算机制,设立具有象山特色的"两山银行",一体激活海域、陆域、权益使用类生态资源,打通生态资源变资产变资本转化通道。探索建立生态产品政府采购和市场交易制度,设置生态产品交易平台,实现排污权、用能权、碳排放权等市场化交易,完善市场化、多元化生态补偿机制。建立健全绿色低碳循环发展的经济体系,加快完善废旧物资网络回收机制,提高再生资源加工利用水平,构建废旧物资循环利用体系。做好"生态+"文章,培育发展绿色信贷、绿色基金、绿色保险等新型生态服务业。

(四)加快开放变革,释放县域发展活力

第一,改善交通条件。以亚运城市行动为抓手,切实推动交通基础设施建设。加快推进宁波市域铁路象山线建设,积极争取甬台温福沿海高铁过境设站,以铁路大动脉带动大发展。加快推进象山港二通道、G527石浦至长街象山段前期工作,建强与周边地区的联系纽带。强化石浦鹤浦跨海通道研究,完善县内交通网络。

第二,集聚创新动力。制定实施专项人才招引政策,强化青年人才、高层次人才、技术人才招引力度,完善全链条人才服务体系,完善出台人才安居、金融扶持等实施办法,涵养培植人才成长沃土。做优做强创新平台,优化科创中心运营管理,加快机械科学研究总院南方中心二期项目建设,完善出台异地孵化实施办法,做好飞地人才引进和成果转化服务。建强技术创新中心体系,提升全社会研发投入占比。完善科技助企政策,扩大科技金融专项资金补助范围。

第三,持续深化改革。聚焦省数字化改革"1612"体系架构,找准改革跑道,强化"大脑建设",打造数字渔港、柑橘大脑、宅基地盘活、村民说事、文明指数智慧管理、数字影城等应用系统。深化"放管服"改革,探索以承诺制为核心的极简审批程序,打造一流营商环境。深化投融资体制改革,加快国企市场化转型,推进"乡财县管"。推广海域立体分层设权,审慎推行宅基地资格权制度,加快盘活闲置资源资产。

第四,加快开放步伐。以"融甬城、接沪杭、联温台"为抓手,深度融入宁波南湾新区开发,加快对接长三角区域一体化,强化产业、科技、人才等全方位合作。抢抓甬舟一体化机遇,推动石浦港、象山港口岸正式对外开放。主动融入"双循环"新发展格局,紧扣区域全面经济伙伴关系协定(RCEP)生效机遇,主动对接宁波"一带一路"综合试验区建设,支持企业发展境外投资、跨境电商、海外仓等业务,提升开放型经济发展水平。

(五)深化共建共享,推动社会事业发展

第一,创新社会治理。推进市域社会治理现代化试点建设,健全党建引领、四治融合的治理体系,推进县镇村三级能级提升,打造具有象山辨识度的数字法治应用。推进社会矛盾"访调诉裁一体化",健全县乡两级矛盾纠纷调处化解机制,推进"村民说事"国家级标准化试点创建。整合完善小微权力清单、全科网络管理等制度,打造全国乡村治理体系建设示范县。

第二,深化平安建设。推进"八五"普法,深化司法体制综合配套改革,进一步完善社会信用体系。慎终如始抓好常态化疫情防控,建立健全动态清零精密智控"七大机制",筑牢"外防输入、内防反弹"严密防线。构建风险闭环管控大平安机制,加强涉海涉渔、道路交通、消防等领域安全监管,实现平安建设17连冠。筑牢舆论宣传阵地,把握意识形态主导权。常态化开展扫黑除恶斗争,防范打击新型网络犯罪。

第三,健全保障体系。深入实施就业优先战略,完善居民稳定增收机制,研究出台扩中提低政策体系,推动更高质量就业。稳妥落实基本医保市级统筹制度,实施企业职工基本养老保险扩面计划,推动养老事业、养老产业协同发展。完善分类分层救助帮扶体系,确保零就业家庭动态清零。坚持"房住不炒",鼓励租购并举,保持房地产业良性循环和健康发展。

第四,提升公共服务。深化"双减"等教育综合领域改革,扩大普惠性优质学前教育资源供给,实施以象山中学为代表的普高教育质量争先进位行动,加快创建象山港技师学院,打造全国义务教育优质均衡发展县、省教育现代化县。扩大高品质医疗服务资源供给,培育医疗优势品牌,完善医共体、健共体运行机制。

作者单位:宁波市象山县人民政府办公室